中国口腔医学年鉴

YEARBOOK OF CHINESE STOMATOLOGY

2016 年卷

主　编　周学东

副主编　王　兴　俞光岩　张志愿
赵铱民　边　专　凌均棨
王松灵　夏　刚

四川科学技术出版社
·成都·

图书在版编目(CIP)数据

中国口腔医学年鉴. 2016 年卷 / 周学东主编. —成都:四川科学技术出版社, 2017.9

ISBN 978 -7 -5364 -8777 -2

Ⅰ. ①中… Ⅱ. ①周… Ⅲ. ①口腔科学 - 中国 - 2016 - 年鉴 Ⅳ. ①R78 -54

中国版本图书馆 CIP 数据核字(2017)第 217113 号

中国口腔医学年鉴 2016 年卷

主　　编　周学东
出 品 人　钱丹凝
责任编辑　任维丽
特约编辑　吴　婷
责任出版　欧晓春
出版发行　四川科学技术出版社
　　　　　成都市槐树街 2 号　邮政编码 610031
　　　　　官方微博:http://e.weibo.com/sckjcbs
　　　　　官方微信公众号:sckjcbs
　　　　　传真:028 - 87734039
成品尺寸　185mm × 260mm
　　　　　印张 17.25　字数 400 千
印　　刷　成都市富生实业有限公司
版　　次　2017 年 9 月第一版
印　　次　2017 年 9 月第一次印刷
全书定价　80.00 元
ISBN 978 -7 -5364 -8777 -2

《中国口腔医学年鉴》第十二届编辑委员会

李长义　天津医科大学
李宁毅　青岛大学
李秉琦　四川大学
李铁军　北京大学
李新春　开封大学
李德华　第四军医大学
杨丕山　山东大学
沈　刚　上海交通大学
谷志远　浙江中医药大学
邱蔚六　上海交通大学
陆支越　卫生部北京医院
陈　力　哈尔滨医科大学
陈　刚　天津医科大学
陈　智　武汉大学
陈万涛　上海交通大学
陈吉华　第四军医大学
陈扬熙　四川大学
陈　江　福建医科大学
陈谦明　四川大学
周　洪　西安交通大学
周　健　安徽医科大学
周　诺　广西医科大学
周延民　吉林大学
周学东　四川大学
周曾同　上海交通大学
屈志国　内蒙古自治区人民医院
易新竹　四川大学
林　野　北京大学
罗颂椒　四川大学
郑立舸　泸州医学院
郑家伟　上海交通大学
金　岩　第四军医大学
侯玉东　滨州医学院
俞立英　复旦大学
俞光岩　北京大学
宫　苹　四川大学
胡　敏　解放军总医院
胡勤刚　南京大学
赵　今　新疆医科大学
赵士芳　浙江大学
赵云凤　四川大学
赵守亮　同济大学
赵志河　四川大学
赵怡芳　武汉大学
赵铱民　第四军医大学
钟良军　浙江中医药大学
钟德钰　广东省口腔医院
倪龙兴　第四军医大学
凌均棨　中山大学
唐瞻贵　中南大学
夏　刚　国家卫生计生委
徐　欣　山东大学
徐礼鲜　第四军医大学
徐　韬　北京大学
栾文民　卫生部北京医院
聂敏海　泸州医学院
高　军　银川市口腔医院
宿玉成　北京协和医学院
巢永烈　四川大学
康　宏　兰州大学
曹选平　郑州大学
梁景平　上海交通大学
章锦才　广东省口腔医院
麻健丰　温州医科大学
黄世光　暨南大学
黄建文　台湾牙医师协会
黄洪章　中山大学
彭贵平　澳门牙医学会
曾祥龙　北京大学
温玉明　四川大学
程祥荣　武汉大学
葛建埔　台北牙医师公会
董福生　河北医科大学
蒋欣泉　上海交通大学
谢志坚　浙江大学
路振富　中国医科大学
漆　明　宁夏医科大学
樊明文　武汉大学
潘亚萍　中国医科大学
蒯新春　中南大学
魏奉才　山东大学

序　言

《中国口腔医学年鉴》是中国口腔医学领域唯一一部史书性、综合性、实用性和资料密集型的连续出版物，自1984年创刊至2016年已连续出版了24卷。本卷为2016年卷，选材基础时限为2016年1－12月。该书的编纂出版旨在客观、公正、全面地向国内外读者介绍中国口腔医学界的历史与现状。其汇集的重要资料主要体现于学科建设、人才培养、科学研究、医疗工作等领域，是了解和研究中国口腔医学发展史的珍贵资料，也是中国口腔医学与国际口腔医学广泛交流的重要平台。

本卷栏目主要内容按照回顾与论坛、医教研、学会工作和人物分类。“回顾与论坛”栏目刊载了邓旭亮教授的“口腔医学科研管理综述与发展前景展望”、王晓娟教授的“中国口腔药学的发展与未来”、林梅教授的“我国口腔医学的中西医结合历程回顾与思考”。“医疗”栏目汇总2016年新发布的口腔医学病种临床路径，刊载了突出的医师、医疗信息及新发布的行业标准。“教育”栏目汇总了2016年度中国高等学校口腔医学专业学生的培养文献；介绍了2016年度中国高等学校口腔医学博士、硕士研究生及本科生招生培养简况；刊载了进一步做好原七年制临床医学教育调整改革的相关材料及这两年长江学者入选情况。“科学研究”栏目重点介绍了中国高等院校口腔医学院、口腔医院科技成果获奖和获得的科研基金资助项目；介绍了2016年公开出版发行的口腔医学专著、教材等。“学会工作”栏目刊载了2016年新成立或换届的中华口腔医学会及其口腔医学专业委员会与学组组织机构名录；记载了2016年度在中国召开的部分口腔学术会议、展会、学会简讯及院校新闻动态。“人物”栏目记录了第十届中国医师奖获奖医师、全国五一劳动奖章获得者、2016年度全国卫生系统先进工作者、第七届全国优秀科技工作者、第十一届光华工程科技奖、全国优秀护理部主任，以及新增列口腔医学博士研究生导师等。

《中国口腔医学年鉴》在编纂出版过程中得到了全国口腔医学院（系）、口腔医院以及众多口腔医学专家们的鼎力支持和热心帮助，受到广大读者的厚爱和关心。出版单位与编委会保持着长期友好的合作关系，在此谨致衷心谢意。为进一步办好《中国口腔医学年鉴》，不断丰富和充实内容，提高质量，欢迎广大读者提出宝贵的建议和意见。

感谢全体编委，感谢兄弟院校，让我们共创中国口腔医学事业的辉煌明天。

《中国口腔医学年鉴》第十二届编辑委员会

2017年7月

目　次

回顾与论坛

口腔医学科研管理综述与发展前景展望

中华口腔医学会口腔医学科研管理分会
北京大学口腔医学院
邓旭亮

20 世纪 80 年代后期至 90 年代前期，经历了启蒙、消化吸收和实践探索的酝酿准备，我国的医学科研管理学应运而生。医学科研管理是研究医药卫生科学技术创新性活动的人、事、物系统的性质、特点及规律，并遵循其规律进行现代化管理，使之产生系统放大功效的知识体系。作为一个独立学科，经过近 40 年的奠基期、成长期、调整发展期的阶段式发展，我国医学科研管理不断成熟和完善。随着医学科学研究的不断进步，国家对科学研究工作的规划管理也逐渐提升。近年，国务院相继出台了一系列的科技政策，促进我国科学研究以及科研管理工作的开展。2016 年 5 月，我国召开了共和国历史上的又一次科技盛会——全国科技创新大会、两院院士大会、中国科协第九次全国代表大会，习近平总书记在会上再次强调科技创新的重要性，提出“为建设世界科技强国而奋斗”。

现代医院肩负医疗、教学、科研三大主要任务。其中，医学科学研究是促进医学持续发展，提升医院核心竞争力的重要手段，也是保证并不断提高医疗质量、培养医学人才、促进医院现代化的必要措施。随着我国社会的进步和口腔医学的发展，从事科学研究的口腔医生不断增加，医院科研能力和研究水平与世界接轨、甚至在某些领域达到世界领先水平，这对口腔医学科研管理工作的内涵提出了新的要求，对科研管理的专业化水平和能力提出了更高的要求。

一、国际科研管理发展现状

科研管理在全球范围内均有不同程度的发展，而发达国家随着科技和经济的较快发展，对科研管理的需求相对较强，故发展历史长、程度深。发达国家的科研管理发展至今，已具有相对成熟的管理模式和运行机制，相应的科研管理学会对科研管理学术交流、培训等组织工作也比较全面、科学、系统、完善。

英国政府对科研实行分散管理，其科研管理体制表现为松散型的管理模式。大致分为两个层次：议会、内阁级科研管理机构；政府部门科研管理机构。前者重在制定重大方针政策，后者则是各司其职的专门化管理。早在 1991 年，英国成立了“英国科研管理者协会”(The Professional Association of Research Managers and Administrators，ARMA)，是英国科研管理者与行政人员的专业协会。该组织涉及一系列机构，包括大学、资助机构、独立研究机构以及为科研支持办公室提供服务的机构。大学是其主体，来自大学的成员超过 90%。该协会的使命是通过鉴别和确定成功经验来促进科研活动的卓越水平。其核心活动有三个方面：第一，对科研管理者和行政人员提供专业培训；第二，在成员之间提供最佳实践与知识之间的共享与协作；第三，提升科研管理与行政作为一种职业的地位与形象。

美国政府在二战后，根据大科学时代发展的需要，先后成立了若干科技管理部门，如国家卫生研究院、原子能委员会、国家科学基金会、国家航空与航天局等。与美国三权分立的多元化政治体制相适应,美国对国家的科学技术也实行多元化管理:立法、司法和行政从不同角度干预科技政策的制定和科技工作的管理。联邦政府不设对科技发展行使全面管理职能的部门。政府各部门有相当大的自主权,分别制定自己的科技政策,掌握研究经费。政府的主导作用主要是通过采取经济手段和制定法律法规对全国的科技活动施加直接和间接的影响。1959 年,美国成立了"美国大学科研管理者全国委员会"(National Council of University Research Administration, ACURA),其核心目的与使命是通过教育与专业发展计划、知识与经验的共享,来提升科研管理者共同体形象,服务成员发展,促进科研管理领域的发展。其发展目标有四项:第一,使"美国大学科研管理者全国委员会"成为科研行政管理在专业发展、知识交流、个体发展方面的领导者。第二,使其成为科研行政管理共同体的重要信息平台。第三,准备充足的经费资源和设施来满足其目标的实现,并快速和创造性地应对各种机遇。第四,促使科研行政管理成为科研共同体中受人尊重和有价值的职业。

欧盟作为世界主要的经济体,在科研管理方面的研究和发展也走在世界前列,早在 1995 年就成立了欧洲科研管理学会(European association of research managers and administrators, EARMA)。EARMA 是欧洲科研管理者的专业联合组织,总部位于比利时布鲁日。EARMA 与欧盟、各国国内和国际基金组织协同工作,通过举办网络论坛、培训、提供经验和实践交流场所的方式为其学会和其他科研管理组织提供服务。EARMA 会员为致力于建设欧洲研究区(European Research Area, ERA)的人员,其工作包括为科研基金会组织与科研团队建立联系、消融文化和法律、企业与研究机构方面的隔阂、提供政策方面的咨询、以及为科学研究建立流畅的流程。EARMA 会员分为机构会员和个人会员。机构会员享有参加大学、企业及其他组织联系网络、参与欧洲科学政策发展、参与指导项目、举办相关会议的机会;个人会员则有机会参加科研管理相关专业发展项目、在欧洲顶尖科研管理会议上发言、参加科研管理培训等。

二、我国口腔医学科研管理发展特点

在 20 世纪 70 年代末,西方国家的科学学、科学技术学为我国科学技术管理的科学化提供了重要的理论依据,也促进了科学技术管理研究的兴起。随着科学技术尤其是医学研究的快速发展,从最初单纯的行政管理、经验管理的科研管理不断向科学管理迈进,这促使医学科研管理也在我国兴起,并发展成为一门独立的学科。20 世纪 80 年代,卫生部科技局组织代表团到美国、英国、德国等相关科研机构考察并撰写考察报告。依据国外考察经验,并结合 80 年代末举办的第一期医学科研管理讲习班情况,卫生部和广大医学科研管理工作者初步认识到学习现代管理科学理论和方法的必要性。随着国家对科学研究的投入与支持,进一步促进了医学科技管理者迫切学习、实践和探索科学管理基本理论、基本方法。1987 年,中华医学会成立医学科学研究管理学分会,通过创办《中华医学科研管理杂志》、编写《医学科研管理》等著作以及在全国范围内举办医学科研管理培训班的形式促进了学科发展和国内外学术交流。并且科研管理作为医院管理的一个特殊部分,要努力在医院整体战略框架下最大限度地促进科研产出,与医院发展的总体目标始终一致,与医院的定位和社会责任相符,以便更好地促进医院各个学科的发展和整体水平的提高。

口腔医学是国家一级学科,持续发展。其除了具有医学特点外还有口腔医学的独特之处。早期口腔医学研究的活动中,口腔医学科研管理围绕服务于口腔医学科学研究处于探索和经验总结阶段。近年,随着我国口腔医学科研迅速发展,口腔医学科研各个学科领域在国内外均有较好的交流合作,尤其是在中华口腔医学会组织下,丰富、高效的全国性的学术交流对口腔医学各个专业学科的发展起到了促进作用。因此,口腔医学科研管理也不断增强,在学术组织交流、相关理论探索等方面不断探索提高。口腔医学科研管理人员队伍也不断壮大,管理学术交流成为提升组织能力的重要途径之一。

鉴于我国口腔医学科研管理发展起步晚、理论体系建设相对不足,口腔医学的发展急需形成专业能力强,学术水平高的服务于口腔医学的科研管理学术组织和交流平台,需要建设专业性强和权威性高的医学科研管理学术组织,以加强口腔医学科研管理学科发展,深化口腔医学科研管理理论体系建设,提高全国口腔医学科研管理人员交流思想,分享经验的积极性,增强科研管理工作者的学术研究水平和服务口腔医学科研发展的能力,最终促进我国口腔医学事业的发展。

三、中华口腔医学会口腔医学科研管理分会的成立及定位

2015 年初,北京大学口腔医院科研副院长邓旭亮教授牵头,与全国口腔医学领域多家兄弟院校科研管理专家反复多次研讨组建科研管理分会的必要性、紧迫性和可行性,并成立工作筹备组。经过全国 9 家医院联合开展的可行性论证,筹备组正式向中华口腔医学会提出成立口腔医学科研管理分会的申请。10 月 19 日,中华口腔医学会第四届理事会第 17 次常务理事会批复同意。12 月 25 日,中华口腔医学会口腔医学科研管理分会第一次成立筹备会在北京召开,就分会定位、筹备工作和委员人选等进行了商讨并达成共识。2016 年 8 月初,中华口腔医学会口腔医学科研管理分会第二次成立筹备会在北京召开,邓旭亮教授对发起工作的进展、成立大会的筹备和第一次学术年会的筹备进行汇报。8 月 16 日经中华口腔医学会第四届理事会第 22 次常务理事会议审议同意成立“中华口腔医学会口腔科研管理分会”。

2016 年 9 月 26 日,中华口腔医学会口腔医学科研管理分会成立大会暨第一次学术年会在上海国家会展中心举行。全国 24 个省、市、自治区的 55 名到会委员采取无记名投票,选举出北京大学口腔医学院副院长邓旭亮教授为主任委员,副主任委员 8 名,常务委员 10 名。同期举行了中华口腔医学会口腔医学科研管理分会第一次学术年会,特别邀请上海交通大学医学院附属第九人民医院张志愿院士和科技部资源配置与管理司利斌处长,进行了主题为“口腔肿瘤精准医疗”和“中央财政科研项目资金改革讲解”的讲座。

中华口腔医学会口腔医学科研管理分会明确定位,积极围绕承接政府职能、加强口腔医学科研管理服务队伍的建设、开展口腔科研人才计划、促进各院校间开展有效的实质性合作、提升口腔医学在医学领域的影响力和知名度五大方面内容开展工作,加强口腔医学科研管理工作者之间的交流合作,提升业务能力,更好地服务于口腔医学科研工作,积极建设较为系统、全面、科学的口腔医学科研管理理论体系。

2015 年 4 月,中华口腔医学会口腔医学科研管理分会筹备组依托中华口腔医学会申报并获批中国科协青年科学家论坛项目。9 月在上海成功举办中国科协第 291 次青年科学家论坛,这是口腔医学领域首次中国科协的青年科学家论坛。来自全国 21 个省、市、自治区、直辖市的 27 家单位和科研院所的近 100 位青年学者参加,45 人在论坛上做主题报告。与会学者包括中国工程院院士、长江学者、科技部中青年科技创新领军人才、国家杰青、优青等 20 余人。作为我国口腔医学科研工作者的一次盛会,全面展示了我国口腔

颌面组织再生领域所面临的机遇、挑战及未来的发展方向，为从事口腔颌面组织再生前沿研究的中国青年科学家提供高层次交流平台，通过前沿学术思想的交流碰撞推进口腔医学前沿科学研究的发展，为高水平青年科技人才成长营造更为有利的环境和氛围。

2015年12月，中华口腔医学会口腔医学科研管理分会筹备组依托中华口腔医学会申报并获批中国科协"青年人才托举工程"项目。12月15日，中国科学技术协会"青年人才托举工程"项目人才推荐答辩评审会在北京召开，遴选出5位创新能力强、发展潜力大的口腔医学青年科技人才进行经费支持和专家培养。通过组建培养专家团队，针对口腔医学领域人才进行支持和指导，系统研究青年科研人才培养模式，落实青年人才成长所需要的支持培养工作，为其成长提供全面、长效系统的支持，辅助其成长为德才兼备并具有国际视野的学术人才，成为国家主要科技领域高层次领军人才和高水平创新团队的重要后备力量。

2016年8月中华口腔医学会口腔医学科研管理分会筹备组依托中华口腔医学会申报并获批中国科协2016年承接政府转移职能与科技公共服务工程——中华口腔医学会"口腔医学科技创新人物"。12月14日在北京召开项目评审会评选出10名创新人物。此项目是以行业和科技工作者需求为导向，以公平、公正、公开为原则建立的科技奖项品牌（学会公共服务示范项目）。

12月16日，中华口腔医学会口腔医学科研管理分会依托中华口腔医学会申报并获批中国科协2016－2018年度"青年人才托举工程"项目。2017年1月11日中华口腔医学会组织专家完成了评审工作，确定7位能力较强、发展潜力较大的青年人才。此项目在引导、支持学会探索、创新青年科技人才的选拔机制、培养模式、评价标准，培育造就大批优秀青年科技人才等方面发挥着积极作用。

四、我国口腔医学科研管理发展展望

口腔医学科研管理是以口腔医学科研发展为核心，以国家科技政策为导向，为我国口腔医学持续、长远发展提供系统支持和全面保障。口腔医学科学研究的学术性、前沿性和交叉性对口腔医学科研提出了较高要求，也为其快速发展提供了空间，口腔医学科研管理的研究实践中不断摸索，从科学问题的形成、科研项目资助到成果专利、临床转换、成果产业化等系列工作，在实践过程中将不断摸索形成一套独特的理论体系，进一步指导科学研究。

中华口腔医学会科研管理分会将根据现有基础，结合口腔医学发展特点，不断探索更加科学合理的快速发展模式。由于起步较晚，要承担的任务较艰巨，相信在中华口腔医学会的领导及指导下，中华口腔医学会口腔医学科研管理分会将克服困难，为口腔医学发展贡献力量。作为一个年轻的学科，分会今后的主要工作是搭建好平台，创新人才培养机制，引导国际交流与合作。即着重搭建科研管理经验交流平台、专业期刊管理经验交流平台和实验室建设交流平台，通过经验交流，提高科研服务水平，加强国家、省部级重点实验室、工程实验室、国家临床研究中心的建设。在此基础上依托承担国家、协会的人才项目，探索、创新口腔医学青年科技人才选拔机制、培养模式和评价标准，形成多方位、全周期的口腔医学人才培养模式。并通过与上级科技主管部门的沟通协调工作，及时掌握科技新政策，加强国际交流，了解国际科技发展前沿，做好国内口腔医学发展技术预测，把握好学科发展方向，为中国口腔医学科研管理发展提供全面、专业的服务。

［关键词］ 口腔医学；科研管理；发展特点

中国口腔药学的发展与未来

中华口腔医学会口腔药学专业委员会
第四军医大学口腔医学院　王晓娟

每一门学科的诞生都是社会相关产业不断发展变化的结果,尤其对于医药类学科来说,更是为了满足日益增加的民众对于健康的需求。口腔卫生是健康生活的组成部分,是社会文明的重要标志。

药物治疗口腔疾病有着十分悠久的历史,我国多部医学著作记载了丰富的经验,如司马迁史记《扁鹊仓公列传》、孙思邈的《千金要方》、李时珍的《本草纲目》等等。欧美许多国家更是十分重视口腔用药品的研发和合理使用,如在口腔溃疡治疗中有较好疗效的抗过敏药物氨来呫诺就是于 1996 年由 FDA 批准并作为治疗免疫相关口腔溃疡首选药物的,又如牙周缓释药物米诺环素软膏注射剂,作为中、重度牙周炎的有效辅助治疗方式,现已广泛用于临床。

如今,医疗卫生水平不断提高,口腔医生诊疗过程中应用的药物也越来越多,那么必然药学工作者对口腔临床医生规范化、合理化用药将产生重要的协助作用,这种情况下,口腔药学应运而生。

广大口腔医院药学工作者以更好的服务临床为导向,以临床药学工作思路为指导,在保证药品供应的同时,提高自身素质,加强业务学习,创新思维,在促进临床合理用药、保障患者安全用药、开展临床药学实践、探索口腔临床药物学教育模式等方面进行了诸多尝试,开创了具有中国特色的口腔药学工作模式。同时口腔医学、口腔药学人才共同努力,开发了大量院内制剂,为保证口腔医疗工作做出了巨大贡献。口腔药学学科无论在药学服务、教学、人才培养和临床药学工作开展等方面均取得了极为显著进步。

一、口腔药学的发展回顾

1. 口腔药学服务的水平发生巨大变化

众所周知,口腔临床疾病的主要治疗手段是包括手术在内的基础治疗,而药物治疗只是大多数口腔疾病的辅助治疗方式,因此,在口腔医院,药学服务长时间的仅限于药房对于药品的调剂工作,药师并没有在口腔临床用药中发挥应有的作用,药品使用咨询、信息化服务等工作与综合医院相比还是有一定的差距,但随着国外技术的不断引进,国内口腔药学人员的不断创新与实践,口腔药学服务的内容日益丰富,服务质量日益提高,在口腔药学从业人员的一起努力下,正在逐渐缩小着与综合医院药学服务水平的差距。如第四军医大学口腔医院等口腔专科医院的门诊药房已由窗口式改为开放柜台式,这种形式不仅拉近了患者与药师的距离,方便患者的咨询,药剂人员在发药时与患者的近距离交流,认真、专业地提供与所配药物相关的信息,包括与食物的相互作用、最佳服药时间、不良反应的处理方法、药物的贮存方法和疾病的食物疗法等,来提高患者对药物治疗的顺应性和有效性;同时也提高了对于柜台后药师的专业要求,需要药师不光药学知识过硬还要有基础的口腔保健常识和对口腔常见疾病的了解。这种双向的促进作用让口腔药学服务有了质的跨越。

2. 医院制剂为我国的人民群众的口腔健康发挥了巨大作用

口腔科用药大多以局部制剂为主,其中主要是一些消毒防腐、止血制剂和口腔黏膜病的治疗药物,因为此类制剂市场流通产品并不能满足临床需要，为了保障患者的临床用药，很多口腔医院都建立了自己的制剂室，由药学人员及临床医生密切合作，根据多年临床治疗经验，以满足临床需求研发、生产各种实用、价格患者能够接受的医院特色制剂，如北京大学口腔医院、第四军医大学口腔医院、上海交通大学第九附属人民医院等大型口腔专科医院及综合医院均有各自研发的广受临床医生及患者好评的口腔院内制剂。

从西药制剂到中药制剂，医院制剂在满足口腔临床医疗需求、保障及时供货方面发挥了积极的不可替代的作用。

3. 口腔医院临床药学服务发展迅速

随着药学和药品生产在我国的迅速发展，药效学和药物动力学得到深入研究，新剂型和新制剂开发层出不穷。只凭本科时学到的药理学内容，医师不可能掌握太多太前沿的药学知识，造成了药物选择和使用方面的困难，尤其对于口腔医师，本身临床中用药相比其他专科就少，用药经验不够丰富，就更增加了临床用药难度；而药师则由于在教育培养阶段就没有接受过关于临床的基础培训，也不了解在临床中药物的实际使用情况，很难使自己的工作直接适应临床需要。而通过国家一系列临床药师培养模式的推广，有一批药师已经开始走向临床，与医、护师结合，相互协助搞好药物治疗。这一模式发展到今天，已经为我国成功培养了一大批能够满足临床需求的临床药师，取得了阶段性的成功，很多的口腔专科医院也开始派出药师参与国家临床药师培训，当然由于培训专业限制及学科需要，基本是以抗感染专业和抗肿瘤专业为主，如今，大多数口腔专科医院临床药师的配备已经达到了国家综合医院对于临床药师的要求。

与综合临床药学相比，口腔临床药学服务有相同点又具有自己的特色，处方分析，药物咨询、用药会诊，药物不良反应监测，药物相互作用等均是口腔临床药学应该开展的工作，而口腔临床用药一直以来因为不被重视，因而缺乏直接的一些的用药指南或者专家共识，所以口腔临床药师在日常工作的同时还需要与医生、患者经常沟通，收集、整理和总结一些临床用药的病例，然后与更多的药师、医生合作制订相关口腔疾病药物治疗的指南及专家共识，规范口腔科用药，提高用药安全性、合理性。这是一项非常艰巨而长远的工作，目前也还仅仅处在起步阶段，但是已经能够见到初期的成果，一众年轻的口腔临床药师在全国临床药学平台上交流病例，展现自我，数家口腔医院已开始共同协作，打算申报国家临床药师培训的口腔用药专业，万里长征迈开的这一大步就是成功的开始。

4. 口腔临床药学课程在口腔医学专业受到肯定

为了提高口腔医学专业学生的药学基本知识和对口腔临床用药的认识，《口腔临床药物学》这门课程应运而生，最初仅仅是作为选修课在几所口腔医学院内开设，一开设便受到了学生们的欢迎，随着课程内容的不断丰富和深化及口腔医学院校对医生临床用药能力的重视，《口腔临床药物学》逐渐成为了口腔医学专业的必修课，学时也增加到了 20 至 40 个不等。除此之外，像《口腔感染类疾病的药物治疗》《口腔黏膜病用药》这些临床实际意义较大的讲座课程也受到了各口腔专科医院进修生的肯定，而《口腔临床药物学》教材也从第一版经过十余年的不断变革与发展到如今已经第四版，由第四军医大学口腔医学院口腔临床药物学教研室主任王晓娟担任主编的《口腔临床药物学》数字教材及慕课都将在不远的将来正式上线。

5. 中华口腔医学会口腔药学委员会的成立为口腔药学发展带来新契机

一个成员广泛、影响力深远的学术交流平台对于学科的发展十分重要。中华口腔医学会是中国口腔医学学科最齐全、地域范围最广、影响力最大、最权威的学术平台及组织，包括牙体、种植、牙周等等口腔主流学科均在中华口腔医学会下设有自己的二级专委会。早在 2010 年，国内多家口腔专科医院及综合医院的口腔药学领域专家就已经萌生了组建口腔药学专业委员会的想法，在四医大口腔医院药剂科主任王晓娟、北大口腔药剂科主任郑利光等多位学科带头人的努力下，在中华口腔医学会的大力帮助下，第一届中华口腔医学会口腔药学专业委员会于 2012 年 9 月 15 日在西安正式成立。

专科会员发展是专委会建设的核心，口腔药学从业人员并不多，但通过四年多的发展仍然实现了会员人数 100% 的增长，目前的会员遍及全国除西藏、港澳台之外的所有省市自治区，包括了大型综合医院、口腔专科医院及众多的基层医疗单位及民营企业，实现了多元化的人员分布。为更好地推进专委会的组织建设工作，专委会于 2015 年开始下设四个工作小组，学术组、继教组、组织组及外联组的工作小组制度，每组由一位常委负责，开展专委会各项工作，这样的工作模式必将能够给专委会带来变化！

从 2012 年专委会成立至今，专委会共主办了分别以“新形势下如何开展口腔药学工作”“口腔专业临床药学服务的发展与思考”“全程化口腔药学服务”“移动互联网时代下口腔药学的发展”“大数据时代下口腔药学的发展”为主题的全国口腔药学学术会议。五次口腔药学人的聚会，参会人数稳步上升。学术交流中邀请了包括周曾同、赵志刚、胡开进、朱珠等二十余位口腔医学、药学、临床药学领域的著名学者授课，学科交叉，精彩绝伦。除了简单的学术研讨专委会每年还举行了全员参与的征文活动，出版了三本论文集；为更好地展现口腔青年医师药师的精神风貌，于 2014 年举办了青年风采大赛，十余名青年医师、药师在学术会议中登上舞台展示风采，充分地展现了专委会卓越的青年人才队伍，象征了专委会充满希望的未来。

“开展口腔药学服务，为口腔用药安全保驾护航”一直以来都是口腔药学专委会的建立目标。专委会委员积极参与各类口腔用药书籍的编写，“十二五”规划国家级数字教材《口腔临床药物学》正是多名委员参编的本科生教材，专委会也为《超说明书药品使用循证评价与参考》中口腔超说明书用药及《老年口腔医学》中老年人口腔疾病用药编写提供了指导并参与了编写。

在口腔临床用药服务方面，专委会的数十名委员多次受邀在全国口腔各大学术会议及继续教育项目中授课交流，与北京安贞医院、麻醉专委会、儿童口腔专委会及老年口腔专委会等医疗机构、学术团体均形成了长期互利的学术交流关系。2016 年上海年会期间，专委会与麻醉、儿牙专委会共同举办了交叉学科论坛，受到了口腔医生的欢迎及好评，彰显了学科特色！为更好的方便口腔临床医生用药，经过一年多的筹备和临床数据收集，2015 年的全体委员大会启动了《口腔科药物治疗学》专著的编写工作，2016 年 1 月定稿，2016 年 11 月正式出版。专委会正在逐步履行作为口腔药学学术团体的责任与义务。

6. 口腔药学科研工作突飞猛进，进一步拉近与综合医院药学的差距

科研实力是衡量一个单位核心竞争力的重要指标之一，是研究型单位的基石，是单位可持续发展的原始动力。医疗机构药师应当结合临床药物治疗实践，进行药学临床应用研究；开展药物利用评价和药物临床应用研究；参与新药临床试验和新药上市后安全性与有效性监测。最初，大部分口腔专科医院都存在药学部门规模小，无专职科研人员，软硬件薄弱等问题，很难在科研方面做出成绩，这就使得药剂科在医院地位无法提升。面对困难，口腔药学从业人员并没有退缩而是迎难而上，根据学科特点制定了科研策略，因地制宜地开展实验性研究的同时紧跟形势开展医院药学软科学研究。如根据临床需要，开

展制剂处方优化、新制剂研制，满足临床用药需求。近些年，相关产品广泛用于临床，解决了部分临床用药问题，并有相应的研究论文发表在核心期刊，四医大口腔医院口腔药学专家针对高原官兵唇炎问题研制的高原护唇膏受到了广大官兵的好评；随着国家对药物制剂监管力度的加大，制剂质量标准需不断提高，以保证制剂的安全、有效以及制剂再注册的需要，多家口腔专科医院药学部门均承担了地方及军队的制剂质量标准提升科研项目；同时，药事管理研究、药物利用研究、处方及病历用药合理性的调查研究；药品不良反应的监测和研究；药物政策学研究等等也都如火如荼的在口腔专科医院开展。

二、口腔药学未来发展展望

作为一个年轻但充满冲劲的学科，口腔药学仍有很长的路要走，有很多的困难要去克服，有很多的机遇去把握。

1. 扩大学科平台，增加学科影响力

口腔药学专委会仅仅成立 4 年有余，但十分重视青年人才的培养与储备，各委员充分发掘人才资源，向专委会推荐青年医师、药师作为专委会储备人才，为他们提供锻炼平台和机会，为专委会的发展储备后续力量，保持专委会长足健康发展。年轻人的积极参与是专委会发展壮大的有力保证，作为依然处于起步阶段的专委会，专委会希望能够吸引更多的口腔医学、口腔药学、全科医学等各行业的青年人才加入，这样才能带给专委会新鲜血液和创造力，才能实现更高的发展目标。

由于口腔用药的特点，口腔药学学科与口腔其他专科的学科交叉还处在起步阶段，作为口腔药学学科平台，专委会应努力加强口腔药学与其他专业的交叉融合，进一步提升口腔药学在口腔大学科中的影响力。

2. 拓展科研领域，提升口腔药学内涵

口腔药学领域的科研活动虽然已经取得了一些成绩，但其实还有很多方面的研究有待开展。在我国医院药学研究主要涉及药品的研制、使用和管理三个方面，大部分实验性研究的文献量每 5 年约增长 1 倍，大部分软科学研究的文献量每 5 年普遍增长 2 倍以上，预示医院药学研究方向：围绕以病人为中心、以合理用药为核心，开展与临床相关、有利于提供药学技术服务的药学科研。口腔药学应该在医院药学大的研究方向中找到自己特色的科研之路，如以药物治疗为主的口腔黏膜病的合理用药，不同人群的镇静药物及麻醉药物选择等等，在日常工作中找到突破口，当然更高层次的科研工作也就要求更高层次的口腔药学人才，这就对口腔医院药师提出了更高的要求。相信随着学科内涵的不断提升，口腔药学人才整体水平也能顺应形势达到学科不断发展的要求。

3. 口腔专科临床药学的趋势不可阻挡

在我国，临床药学服务的发展正处于飞跃期，各专科临床药师的价值已经在一定程度上得到了临床医务人员和患者的认可。临床药学在我国经过三十多年的努力和沉淀，其受关注程度已超过了医院药学本身。

医学和药学发展迅速，药物和药物治疗的科技水平越来越高、越来越复杂、越来越专科化。临床药师专科化不可避免，而口腔专科临床药学也必将成为我国临床药学版图上必不可少的一块。

对于口腔临床药师来说，必备的一定是过硬的专业素养，渊博的药学和药物治疗知识与技能并能够不断学习保持在同行中的领先水平，除此之外当然需要具有一定的口腔医学基础知识和基础技能，这样才有可能与临床医师顺畅的交流，同时产生互补性，在为患者服务中发挥实质性作用。实施临床药师专科化的实质是药师精通地利用专科化的药学知识直接为患者提供药学服务。

总之，口腔药学作为 21 世纪朝阳职业医院药学的一个分支必定具有广阔的发展前景，当然相较于医院药学大学科甚至部分临床药学专科，口腔药学的发展仍在起步阶段，且存在的困难还很多，但这也说明学科的未来有着更多的可能。目前我国正在开展的医疗卫生体制改革势必将对医院药学的发展产生巨大影响，口腔药学也无法避免，我们能做的就是在认准新形势，把握新形势，抓住一切机遇，迎接挑战，加快口腔药学人才的培养，提高口腔专科医院药学人员的综合素质，实现我们一直在呼吁的医院药学全程化服务，促进口腔药学工作更好地服务于临床，服务于患者。

[关键词]　口腔药学；药学服务；临床药学；口腔药学专业委员会

我国口腔医学的中西医结合历程回顾与思考

中华口腔医学会中西医结合专业委员会
四川大学华西口腔医学院　　林　梅

目前我国医学领域并存着中医学、西医学，而中西医结合医学的出现是医学的一个发展。中医学对口腔疾病的诊疗记载可追溯到秦汉时期的著名中医典籍《黄帝内经》。其后历代医家，多有论及口腔疾病，如唐代的《口齿论》《排玉集》口腔专著。宋袭唐制，设立"口齿兼咽喉科"；元代设立独立的"口齿科"，这些都是中医学对口腔医学的贡献。明清之后，随着西方医学的传入，口腔疾病的诊疗渐被西医牙科和外科所替代，中医的口齿科渐渐淡出消失。

中华人民共和国成立后，由于政府的支持和重视，培养了大批中医师，中医事业蓬勃发展起来。20 世纪五六十年代开始，中国出现了有组织的"西学中"，即西医学习中医。当时的卫生工作方针提出"中国医药学是一个伟大的宝库，应当努力挖掘，加以提高"，以此成为了中西医结合事业开展的重要标志。当时涉及各个医学领域的医务人员都参与"西学中"，其中不少参与"西学中"的口腔专家后来为口腔医学的中西医结合做出了贡献。中西医结合医疗可涉及口腔各临床学科的疾病，比如口腔黏膜病、牙周病、牙体疾病、口腔颌面部肿瘤、涎腺疾病、颌面部炎症等。中西医结合治疗对于疑难的、比较棘手的疾病，比如口腔黏膜病中的一些疑难病症、神经疾病等有独到之处，起到整体调节的功效，中西医结合可以发挥各自优势，取长补短，相辅相成。

我国口腔中西医结合的医学实践与中华口腔医学会中西医结合专委会的发展息息相关，我们大致可以分为以下几个阶段。

一、学组成立前期(1949－1987 年)

建国初期医疗、科研基础薄弱，但中医对口腔疾病的相关研究及诊治逐渐见诸报道。可查阅到 500 余篇公开发表的文章，以口腔黏膜疾病为主，其中以口疮(复发性阿弗他溃疡/疱疹性龈口炎)、狐惑病(白塞病)、牙宣(牙龈萎缩)、齿衄(牙龈出血)等中医术语的疾病为多。此外，颌面外科、牙体牙髓疾病、牙周疾病、正畸、颌面肿瘤等内容也见诸报道。研究文章以综述、临床研究、病例报道为主，总体研究方法的科学性、严谨性有所欠缺，基础研究很少，少见中西医结合治疗，对疗效的评价缺乏长期追踪观察，这时期的研究算是一种起步。

二、学组成立时期(1987－2008 年)

继口腔白斑、口腔扁平苔藓"两病"协作

组成立后，1987 年全国第一届口腔中西医结合学术会议于北京召开，同期成立了中华口腔医学会口腔中西医结合学组。此后在历经四届学组的推动下，从 1987 – 2008 年先后召开了 5 次全国性的口腔中西医结合学术大会。这段时期，研究从单纯中医对口腔的诊断治疗开始涉猎中西医结合的探讨，虽研究质量不一，但眼界较前更为开拓。临床研究的范围已广泛覆盖口腔领域，研究的病种亦比较丰富。受研究条件的局限，基础性的机制研究相对较少。

1. 口腔黏膜病

口腔黏膜病是中西医交叉活跃的领域，复发性阿弗他溃疡、口腔扁平苔藓、灼口综合征、白塞病、慢性唇炎、干燥综合征、口干症、多形性红斑、慢性盘状红斑狼疮、手足口病、疱疹性龈口炎、真菌性口炎、放疗后口腔黏膜损害均可见相关报道。以中药的临床研究最为多见，被成功转化上市的中成药“口炎颗粒”就是本时期的研究成果。黏膜疾病中以复发性阿弗他溃疡的相关研究最为多见，基础研究方面有了建立动物口腔溃疡模型，从分子水平上探究中药对口腔溃疡相关影响的文献报道。口腔癌前病变的治疗是口腔癌防治的重要阶段，临床有效药物的种类尚显单薄，中药研究显示绞股蓝、增生平（山豆根、黄药子、百花蛇舌草等）有抑制异常增生的作用，这不失是一种补充，也向我们提示了从丰富的天然植物药中筛选高效、低毒的药物处方是很有价值的临床探索。此外，中医或中西医结合治疗磷中毒口腔损害、唾液增多症、川崎病的研究也见诸报道。

2. 牙体牙髓疾病

在龋病预防、牙本质敏感症、牙髓炎、根尖周炎均涉及了中西医结合的研究，显示出了中药治疗的临床价值。期间进行了五倍子、茶多酚的系列基础研究，如：五倍子对致龋菌斑的影响机制；茶多酚对致龋菌的影响作用等等。

3. 牙周疾病

中医认为肾气虚损，气血不足，后天脾胃失调，脾肾两虚与牙周病有关，临床上患者多兼脾胃两经及火热证候，因宜兼而治之，脾肾两虚者应补肾健脾，益气养血，可用经方金匮肾气丸等治疗。收藏于中国中成药药典的“补肾固齿丸”就是在此期研发的成果。中药作用机制的基础研究也见诸报道，如黄芩苷对牙周炎的抑制机制等。

4. 颌面外科领域

中医的研究涵盖了药物研究、非药物研究、病例报道、综述。病症包括炎症、间隙感染、骨折、干槽症、颞下颌关节紊乱综合征、三叉神经痛、面瘫、丹毒等。研究显示：针灸疗法对面瘫，普济消毒饮对急性涎腺炎有更好的临床疗效；丹参、当归等中药有促进骨痂形成的作用。在颌面部肿瘤的研究中，中药被用于术后辅助提高免疫，延长生存周期。在诊断方面，有学者把舌象与口腔癌的诊断结合起来研究。

本阶段出版了《实用中医口腔病学》《口齿类要》等十余部口腔专著，口腔中西医结合的整体水平有所提高，但是总体来看，工作开展缓慢，与其他临床学科相比还有较大差距，当时全国各口腔院校和口腔专科医院基本上尚未建立口腔中医科或口腔中西医结合科，缺少开展口腔中西医结合工作的平台

三、专委会成立时期（2008 – 今）

随着科学技术、实验手段的迅速发展，国家对中西医科研的支持，中西医结合诊治口腔疾病进入了更快的发展期。

历经了三届中西医结合专委会的努力，研究文章的数量超过中华人民共和国后到专委会成立前文章数量之和，研究的质量也出现了明显跃升。9 年来，在中西医结合专委会的推动下，每年召开全国性的学术大会和专题研讨会，从现有的文献报道来看，口腔医学中西医结合研究主要集中在针对口腔具体病

症的防治方面。包括口腔肿瘤的预防和术前、术后治疗；口腔黏膜病的中西医结合防治；龋病的中医药防治；牙周病的中西医结合综合诊疗；口腔颌面部疼痛的中医针灸和药物镇痛；颞下颌关节病的中医药内外治法；以及中医药在牙列畸形治疗中的应用等。这些研究涉及病因病机、诊断分型和疗效标准、治疗方法和药物、预防和护理等临床研究和基础研究内容。专委会提倡学科交叉、整体观念，有研究者目光投向口腔黏膜病伴发系统疾病的中医诊治及中西医结合治疗方面。

近年来口腔中西医结合的科研课题得到了国家自然基金、国家重点基础研究发展计划、国家中医药管理局重点项目及地方科研基金项目的资助。此外，专委会每年举办国家级或地方级的继续教育培训班，参加国际学术交流，配合国家支援基层、援疆计划和公益项目的实施。

我国高等中医药院校在 1956 年创建起步，1978 年国家重新恢复研究生制度以来，国务院学位委员会就设立了中西医结合硕士、博士学位，中西医结合学科即与中医药等学科同时招收研究生。80 年代后期，开始进行五年制的硕博连续培养试点。

在专委会时期，口腔医学领域的中西医结合专业硕士、博士学位毕业生出现了“零”的突破。口腔中西医结合专委会的专家担任了卫生部研究生规划教材《口腔黏膜病学》的主编和本科统编教材的编委，出版了《中西医结合口腔黏膜病学》等专著。涉及中西医结合治疗口腔疾病的多中心新药临床试验也陆续开展起来，现代医学理念和中医基本理论相结合的药物试验方案，提高了中、西医学界的认同感。可见，在中西医结合专委会的推动下，口腔中西医医学实践和影响会在广度和深度上得到更大的拓展。

从口腔中西医结合学组成立以来，经历了 30 年的发展。从基础研究，临床医疗到人才培养都取得了明显的进步，但中西医结合发展道路上也存在若干问题，如中西医结合医学不成熟，目前尚缺乏新的理论指导，如何选择专业领域内中西医结合切入点，如何确立中医诊疗标准和疗效评价体系，适合口腔疾病的高效中医制剂或中西医结合药物研发不足。

中西医结合是中医发展的一条重要途径，目前在结合层次、方法、目标等方面还处于实践摸索阶段，还未形成统一的新理论，但未来有着广阔的发展空间。从现有的很多文献研究来看，对口腔疾病的研究方面，一些尚停留在分别罗列西医和中医的病因学知识，这种“平行叙述”的方式虽然对进一步的中西医结合研究能起到收集整理的作用，但尚未达到“结合”境界。中西医结合的层面依次为交叉兼容、中西互补、结合创新。目前中西医的结合探索主要还在前两层面，主要体现在以下几个方面：①中医的介入阶段：中医在病情的哪个阶段介入最合适；②中药的介入途径：面对某个病人的具体病情，中药以哪种途径介入最合适；③中药的介入依据：中药在何种理论的指导下介入，是以辨证论治的方式介入还是以西医的药理医理为指导进行介入；④中药介入的时间：中药介入多长时间获得的效益最大；⑤中西医的协同作用；⑥中医介入导致的微观变化和临床变化。

四、思考

中西医结合作为一种研究方法和途径，是口腔医学和中医学的一个交叉学术领域，此地医学实践地蓬勃开展，有利于口腔医学的丰富和发展，但口腔中西医结合的研究探索任重道远，需要我们一步步踏实地走下去，针对中西医结合研究的基础薄弱环节，将来应在以下几方面努力改变：

1. 中医口腔古籍的发掘和传承

历代医籍中不乏解决口腔疾患的精华，尤其是针对口腔软组织疾病，有许多方药、方法至今仍有较高的应用价值。发掘和整理中医口腔古籍是理清思路、摸清“家底”、传承祖国医学精华、发挥创新的基石。

2. 学术名词的标准化

有必要将中医口腔的学术名词与现代口腔医学的学术名词作系统性的对照研究，含混不清的学术名称，必然造成研究对象的混淆和不确定。

3. 诊疗过程的规范化

中医诊疗讲究辨证施治，异病同治和同病异治是常见现象。这种诊治传统既有个体化的诊疗优势，但存在模糊性，有疗效重复性、稳定性不够的短板，与现代循证医学研究的要求相差甚远。为此，“十一五”国家科技支撑计划特别设立了“中医治疗常见病研究”的重点项目，要求对中医治疗有优势、疗效突出的常见病进行研究，形成可供推广的规范化诊疗方案。

4. 评价体系的客观化

现代口腔医学强调客观指标的价值，与此相反，中医疗效的评判却以患者整体自觉症状的改善为主，鲜有客观指标。中西医结合口腔医学应将两者有机地结合起来，在以宏观体征改善为主的中医评价体系和以微观检验数据为主的西医评价体系里引进当代的“结局评价(outcome assessment)”“生命质量(quality of life，QOL)”和“中医微观辨证”等疗效评价新概念，创建量化的中西医结合疗效评价系统。

5. 创建证型化动物模型

中医理论的“证”模型相对较困难，这是制约中西医结合研究的瓶颈。可借鉴心血管疾病、呼吸系统疾病病症结合动物模型的方法和思路进行探索。

6. 重视和加强循证医学的研究

学科方向的调整与变革，首先是以大数据技术支撑，使用循证医学证据，更加贴近“真实世界”。中西医结合要重视叙事医学与循证医学的密切关联性，提倡在个人经验和已存在客观的科学研究结论的基础上作医疗决策。辨证论治的理念是临床医学的精髓，重视分析相关因素的联系，从个体化诊疗经验上升到向群体化的转化。

目前，我国医疗在“推动中医药振兴发展，坚持中西医并重，推动中医药和西医药相互补充、协调发展，促进中西医结合”等大政方针的指导下，中西医结合医学迎来了新的发展机遇。科技的创新，如：血清药理学、血清药化学、代谢组学技术、分子生物色谱技术、中药组合化学技术、高效液相色谱技术、中药生物芯片技术、病证生物组学、方药组学的发展也为口腔中西医结合研究带来了新的方法和思路。相信随着科技进步，中西医结合将为中国口腔医学带来发展，为人类的口腔健康做出贡献。

[关键词] 口腔医学；中西医结合；专业委员会；回顾与思考

医疗工作

国家卫生计生委办公厅关于实施有关病种临床路径的通知

国卫办医函[2016]1315 号

各省、自治区、直辖市卫生计生委，新疆生产建设兵团卫生局：

为进一步推进深化医药卫生体制改革，规范诊疗行为，保障医疗质量与安全，我委委托中华医学会组织专家制(修)订了一批临床路径；同时，对此前印发的有关临床路径进行了整理。现将上述共 1 010 个临床路径一并在中华医学会网站发布，供卫生计生行政部门和医疗机构参考使用。请各地卫生计生行政部门指导医疗机构结合实际，细化分支路径并组织实施。同时，要落实以下要求，进一步提高临床路径管理水平和实施效果。

一、推进临床路径管理与医疗质控和绩效考核相结合。要充分发挥临床路径作为医疗质量控制与管理工具的作用，实施医疗服务全程管理，同时将临床路径管理有关要求纳入绩效考核管理，保障医疗质量与安全。

二、推进临床路径管理与医疗服务费用调整相结合。要注重研究临床路径实施后医疗服务的收费情况，科学测算相关疾病医疗费用，合理控制医疗费用，进一步减轻群众看病就医负担。

三、推进临床路径管理与支付方式改革相结合。通过临床路径合理测算单病种付费、按疾病相关诊断组付费(即 DRGs 付费)等支付方式的支付标准，有效推动支付方式改革。

四、推进临床路径管理与医疗机构信息化建设相结合。要提高临床路径实施与管理的信息化水平，提高临床路径实施效率，加强对临床路径的实时管理和全面统计分析。

我委将适时组织对各地临床路径管理工作情况进行督导调研。

国家卫生计生委办公厅
二〇一六年十二月二日

中华医学会根据“国家卫生计生委办公厅关于实施有关病种临床路径的通知”要求发布临床路径

国家卫生计生委办公厅 2016 年 12 月 2 日发布了“国家卫生计生委办公厅关于实施有关病种临床路径的通知国卫办医函[2016]1315 号”，根据通知要求，现将 1 010 个临床路径发布如下。

1. 2016 年新发布的临床路径(1－524)
2. 2016 年已发布的临床路径(525－574)
3. 2013 年已发布的临床路径(575－586)
4. 2012 年已发布的临床路径(587－686)
5. 2011 年已发布的临床路径(687－795)
6. 2010 年已发布的临床路径(796－898)
7. 2009 年已发布的临床路径(899－1 010)
8. 2009－2016 年发布的 1 010 个临床路径清单
9. 国家卫生计生委关于实施有关病种临床路径的通知

中华医学会科技评审部
二〇一六年十二月九日

2016 年新发布的口腔医学病种临床路径

（502 – 516）

502 放射性口腔黏膜炎临床路径
503 骨性Ⅲ类错殆正畸治疗临床路径
504 骨性Ⅱ类错殆正畸治疗临床路径
505 急性下颌智齿冠周炎临床路径
506 慢性牙周炎行牙周基础治疗临床路径
507 年轻恒前牙复杂冠折临床路径
508 牙性Ⅲ类错殆正畸治疗临床路径
509 颈部良性肿物切除术临床路径
510 后牙不可复性牙髓炎（县医院版）临床路径
511 急性下颌智齿冠周炎（县医院版）临床路径
512 慢性牙周炎行牙周基础治疗（县医院版）临床路径
513 牙体缺损 – 烤瓷熔附金属全冠修复（县医院版）临床路径
514 牙性Ⅲ类错殆正畸治疗（县医院版）临床路径
515 唇裂临床路径
516 腭裂临床路径

放射性口腔黏膜炎临床路径

（2016 年版）

一、放射性口腔黏膜炎临床路径标准住院流程

（一）适用对象

第一诊断为 3 – 4 级放射性口腔黏膜炎。行头颈部肿瘤放射治疗过程中或放射治疗结束后 2 周内。

（二）诊断依据

根据美国肿瘤放射治疗协作组（Radiation Therapy Oncology Group，RTOG）急性放射损伤分级标准，《肿瘤放射治疗学（第四版）》（中国协和医科大学出版社）等国内、外临床诊疗指南。

0 级：口腔黏膜无变化。

1 级：口腔黏膜轻度疼痛，可不使用止痛剂。

2 级：口腔黏膜中度疼痛，可耐受，也可使用止痛剂。

3 级：口腔成片纤维性黏膜炎，重度疼痛，需使用强镇痛剂。

4 级：口腔黏膜溃疡形成、出血、剧痛。

上述各项加上头颈部正在或刚结束的放疗病史，基本可明确诊断。

（三）治疗方案的选择

根据根据美国肿瘤放射治疗协作组（Radiation Therapy Oncology Group，RTOG）急性放射损伤分级标准，《肿瘤放射治疗学（第四版）》（中国协和医科大学出版社）等国内、外临床诊疗指南。

1. 对症支持治疗，进食困难或无法进食者采用胃肠营养。

2. 口腔护理。

3. 局部口腔用药（消炎、修复黏膜）。

4. 经验性抗感染治疗：包括抗菌及激素治疗。

5. 根据病原学检查及治疗反应调整抗菌治疗用药。

（四）标准住院日为 7 – 10 天

（五）进入路径标准

1. 第一诊断必须符合疾病编码 ICD：K12.105，B37.001。

2. 当患者同时具有其他疾病诊断，但在治疗期间不需要特殊处理也不影响第一诊断的临床路径流程实施时，可以进入路径。

（六）入院后第 1 – 3 天

必须检查项目：

（1）血常规、尿常规、大便常规、生化全套；

（2）病原学检查及药敏。

（七）治疗方案与药物选择

1. 评估特定病原体的危险因素，入院后尽快给予营养支持（4 – 8 小时内）、口腔护理（4 – 8 小时内）、抗菌药物和激素等治疗（4 – 24 小时内）。

2. 药物选择：根据《抗菌药物临床应用指导原则（2015 年版）》（国卫办医发［2015］43 号），结合患者病情合理使用抗菌药物。

3. 初始治疗 2 – 3 天后进行临床评估，根据患者病情变化调整抗菌药物。

4. 对症支持治疗：局部止痛、营养支持治疗。

（八）出院标准

1. 症状好转，可正常进食 48 小时。

2. 体检见溃疡面缩小，黏膜充血红肿消退。

二、放射性口腔黏膜炎临床路径表单

适用对象：第一诊断为Ⅱ – Ⅲ度放射性口腔黏膜炎

患者姓名：________ 性别：_____ 年龄：_____ 门诊号：______ 住院号：______

住院日期：___ 年 ___ 月 ___ 日　出院日期：___ 年 ___ 月 ___ 日　标准住院日：7 – 10 天

时间	住院第 1 – 3 天	住院期间
主要诊疗工作	□ 询问病史及体格检查 □ 进行病情初步评估 □ 上级医师查房 □ 评估特定病原体的危险因素，进行初始口腔清洁、止痛、支持治疗、经验性抗感染及激素治疗 □ 开化验单，完成病历书写	□ 上级医师查房 □ 核查辅助检查的结果是否有异常 □ 病情评估，维持原有治疗或调整抗菌药物 □ 观察药物不良反应 □ 住院医师书写病程记录
重点医嘱	**长期医嘱** □ 放疗科护理常规 □ 一 – 三级护理（根据病情） □ 吸氧（必要时） □ 抗菌药物 □ 祛痰剂 **临时医嘱** □ 血常规、尿常规、大便常规 □ 生化全套、口腔 pH 值测定 □ 病原学检查及药敏 □ 对症止痛处理	**长期医嘱** □ 放疗科护理常规 □ 一 – 三级护理（根据病情） □ 口腔护理 □ 雾化吸入（必要时） □ 胃肠营养 □ 抗菌药物 □ 激素治疗 □ 根据病情调整抗菌药物 **临时医嘱** □ 对症处理 □ 复查病原学检查 □ 异常指标复查
护理工作	□ 入院介绍 □ 护理评估 □ 健康教育 □ 用药指导 □ 医嘱执行，病情观察 □ 协助患者完成实验室检查及辅助检查	□ 护理评价 □ 用药效果观察 □ 健康教育 □ 医嘱执行

续表

时间	住院第 1－3 天	住院期间
病情变异记录	□无　□有，原因： 1. 2.	□无　□有，原因： 1. 2.
护士签名		
医师签名		

时间	出院前 1－3 天	住院第 7－10 天（出院日）
主要诊疗工作	□　上级医师查房 □　评估治疗效果 □　确定出院后治疗方案 □　完成上级医师查房记录	□　完成出院小结 □　向患者交待出院后注意事项 □　预约复诊日期
重点医嘱	**长期医嘱** □　放疗科护理常规 □　二－三级护理（根据病情） □　营养支持治疗 □　抗菌药物 □　激素的使用 □　根据病情调整 **临时医嘱** □　复查病原学检查 □　根据需要，复查有关检查	**出院医嘱** □　出院带药 □　门诊随诊
主要护理工作	□　观察患者一般情况 □　观察疗效、各种药物作用和副作用 □　康复护理 □　出院指导	□　协助患者办理出院手续 □　出院指导
病情变异记录	□无　□有，原因： 1. 2.	□无　□有，原因： 1. 2.
护士签名		
医师签名		

骨性Ⅲ类错殆正畸治疗临床路径

（2016 年版）

一、骨性Ⅲ类错殆正畸治疗临床路径标准流程

（一）适用对象

第一诊断恒牙期骨性Ⅲ类错殆（ICD－10:Z46.4）。正畸掩饰治疗 ICD－9－CM－3:24.7104。

（二）诊断依据

根据《临床诊疗指南——口腔医学分册》（中华医学会编著，人民卫生出版社）

1. 临床表现：后牙近中关系、前牙反殆；下颌骨长度较大；面中部凹陷、颏部前凸。

2. X 线表现：头颅侧位片显示上颌骨矢状向发育不足、位置相对后缩和/或下颌骨矢状向发育过度。

（三）治疗方案的选择

根据《临床诊疗指南——口腔医学分册》（中华医学会编著，人民卫生出版社）

正畸掩饰治疗的患者为中度以下的骨性畸形，通过减数矫治解除前牙反殆矫治磨牙关系。治疗方案：

1. 拔除四个第一双尖牙或第二双尖牙；

2. 拔除上颌第二、下颌第一双尖牙。

（四）标准治疗时间 30－40 个月

（五）进入路径标准

1. 第一诊断符合骨性Ⅲ类错殆（ICD－10:Z46.4）疾病编码。

2. 恒牙期，拔除四个双尖牙进行矫治的（符合上述治疗方案）患者。

3. 患者同时具有其他疾病诊断，如在正畸治疗期间不需要特殊处理也不影响第一诊断的临床路径流程实施时，可以进入路径。

存在以下情况的骨性Ⅲ类错殆不进入路径：

1. 有影响正畸治疗的其他疾病如全身系统疾病、牙周病、颞下颌关节病患者不进入路径。

2. 存在严重错位的牙齿，如尖牙助萌、磨牙直立、后牙锁殆、磨牙压低等情况不进入该路径。

3. 存在骨性开殆、骨性宽度不调及需要正畸－正颌联合治疗的患者不进入该路径。

4. 存在牙齿缺失或严重损坏需要拔除其他牙齿的患者不进入该路径。

5. 替牙期骨性Ⅲ类及需要进行生长改型治疗患者不进入该路径。

（六）正畸前检查

1. 临床检查患者面型、口腔健康状况、牙列阶段、牙齿排列咬合关系、覆殆覆盖等情况；

2 记存牙殆模型；

3. 面牙殆像；

4. 头颅侧位、全口曲面断层片。

（七）治疗完成标准

牙列整齐、覆殆覆盖基本正常。

（八）变异及原因分析

1. 个别后牙颊侧面较大充填物，无法直接粘接托槽或颊管或需要配合戴用上颌扩弓矫治器者，需要在第三次复诊进行后牙分牙，第四次复诊粘接矫治器。

2. 正畸治疗中患者出现其他全身疾病影响正畸治疗进行者、正畸治疗中出现严重颞下颌关节症状、牙周病等需要暂停正畸治疗现行其他治疗者，则退出路径。

3. 正畸治疗需要患者配合，患者频繁失约、依从性差将延长治疗时间并影响治疗结果，则退出路径。

二、骨性Ⅲ类错殆－掩饰性正畸治疗临床路径表单

适用对象：第一诊断骨性Ⅲ类错殆（ICD－10：Z46.4）

行掩饰性正畸治疗 ICD－9－CM－3：24.7104

患者姓名：____________性别：______年龄：______门诊号：________

初诊日期：____年____月____日 正畸完成日期：____年____月____日 疗程____月

时间	诊疗第 1 次 （初次门诊）	诊疗第 2 次 （治疗计划）	诊疗第 3 次 （黏着矫治器）
主要诊疗工作	□ 询问病史及临床检查 □ 完成病历书写 □ 影像学检查 □ 取研究模型 □ 面殆像 □ 相关检查（合位记录、功能检查等） □ 交代治疗过程和注意事项	□ 完成必要的相关科室会诊 □ 补充检查 □ 确定治疗计划 □ 签署治疗计划和治疗费用知情同意书 □ 预约矫正器粘着日期	□ 黏着矫治器 □ 向患者/家属口头及书面交代注意事项 □ 病历记录
重点医嘱	**临时医嘱** □ 曲面断层片 □ 头颅侧位片 □ 颞颌关节片（视情况而定）	**临时医嘱** □ 疗程、复诊要求 □ 口腔健康教育 □ 牙周洁治	**长期医嘱** □ 饮食：硬、黏食物禁食 □ 每餐后刷牙 **临时医嘱** □ 正畸加力后注意事项
护理工作	□ 制取记存模型 □ 拍摄面殆像	□ 执行医嘱	□ 配合黏着矫治器 □ 指导饮食、刷牙 □ 矫正器戴用后注意事项宣教
病情变异记录	□无 □有，原因： 1. 2.	□无 □有，原因： 1. 2.	□无 □有，原因： 1. 2.
护士签名			
医师签名			
时间	复诊 （黏着矫治器后第 1－9 个月）	复诊 （黏着矫治器后 9－20 个月）	复诊 （黏着矫治器后 20－30 个月）
主要诊疗工作	□ 观察牙齿排列情况 □ 更换矫治弓丝 □ 病历记录	□ 观察牙齿排列情况 □ 调整弓丝，打开深覆殆 □ 颌间关系调整 □ 病历记录	□ 检查反殆改善情况 □ 弓丝调整 □ 拔牙间隙关闭 □ 颌间关系调整 □ 病历记录
重点医嘱	**长期医嘱** □ 饮食：硬、黏食物禁食 □ 每餐后刷牙 **临时医嘱** □ 定期牙周维护	**长期医嘱** □ 饮食：硬、黏食物禁食 □ 每餐后刷牙 **临时医嘱** □ 定期牙周维护	**长期医嘱** □ 饮食：硬、黏食物禁食 □ 每餐后刷牙 **临时医嘱** □ 指导患者完成颌间牵引
护理工作	□ 执行医嘱	□ 执行医嘱	□ 执行医嘱

续表

时间	复诊 （黏着矫治器后第 1－9 个月）	复诊 （黏着矫治器后 9－20 个月）	复诊 （黏着矫治器后 20－30 个月）
病情变异记录	□无　□有，原因： 1. 2.	□无　□有，原因： 1. 2.	□无　□有，原因： 1. 2.
护士签名			
医师签名			
时间	复诊 （黏着矫治器后 30－36 个月）	复诊 （矫治器去除、正畸治疗结束）	复诊 （保持器戴用后复诊）
主要诊疗工作	□　检查牙齿排列、间隙关闭情况及咬合关系 □　精细调整牙齿排列及咬合关系 □　病历记录	□　去除固定矫治器 □　牙面清洁抛光 □　戴入保持器 □　取完成记存模	□　检查保持器戴用情况 □　牙齿排列、咬合关系检查
重点医嘱	**长期医嘱** □　饮食：硬、黏食物禁食 □　每餐后刷牙 **临时医嘱** □　定期牙周维护	**长期医嘱** □　保持器戴用要求 □　口腔健康指导 **临时医嘱** □　曲面断层片 □　头颅侧位片 □　面骀像	**长期医嘱** □　指导保持器戴用 □　口腔健康指导 □　复诊
护理工作	□　执行医嘱	□　执行医嘱 □　保持器戴用注意事项 □　口腔健康指导	
病情变异记录	□无　□有，原因： 1. 2.	□无　□有，原因： 1. 2.	□无　□有，原因： 1. 2.
护士签名			
医师签名			

骨性Ⅱ类错殆正畸治疗临床路径

（2016 年版）

一、骨性Ⅱ类错殆正畸治疗临床路径标准流程

（一）适用对象

第一诊断恒牙期骨性Ⅱ类错殆（ICD－10:Z46.4）。行正畸掩饰治疗 ICD－9－CM－3:24.7102。

（二）诊断依据

根据《临床诊疗指南——口腔医学分册》（中华医学会编著，人民卫生出版社）

1. 临床表现：恒牙殆，后牙远中关系、前牙深覆盖、深覆殆。

2. X 线表现：头颅侧位片显示上颌骨矢状向发育过度和/或下颌骨矢状向发育不足；前牙区牙槽骨发育过度和/或后牙区牙槽骨发育不足。

（三）治疗方案的选择

根据《临床诊疗指南——口腔医学分册》（中华医学会编著，人民卫生出版社）

正畸掩饰治疗的患者为中度以下的骨性畸形，通过减数矫治减小覆盖、覆殆矫治磨牙关系。治疗方案：

1. 拔除四个第一双尖牙或第二双尖牙；

2. 拔除上颌第一、下颌第二双尖牙；

3. 拔除上颌第一双尖牙。

（四）标准治疗时间 30－40 个月

（五）进入路径标准

1. 第一诊断恒牙期骨性Ⅱ类错殆（ICD－10:Z46.4）疾病编码。

2. 恒牙期，拔除双尖牙进行矫治（符合上述治疗方案）。

3. 患者同时具有其他疾病诊断，如在正畸治疗期间不需要特殊处理也不影响第一诊断的临床路径流程实施时，可以进入路径。

存在以下情况的骨性Ⅱ类患者不进入路径：

1. 有影响正畸治疗的其他疾病如全身系统性疾病、牙周病、颞下颌关节病等患者不进入该路径。

2. 存在严重错位的牙齿，如尖牙助萌、磨牙直立、后牙锁殆、磨牙压低等情况时不进入该路径。

3. 存在骨性开殆及骨性宽度不调的患者不进入该路径。

4. 存在牙齿缺失或严重损坏需要拔除其他牙齿的患者不进入该路径。

5. 患者不同意拔牙治疗，要求折中治疗者不进入路径。

6. 替牙期骨性Ⅱ类及需要进行生长改型治疗患者不进入该路径。

（六）正畸前检查

1. 临床检查患者面型、口腔健康状况、牙列阶段、牙齿排列咬合关系、覆殆覆盖等情况；

2. 记存牙殆模型；

3. 面殆像；

4. 头颅侧位、全口曲面断层片；

5. 必要时双侧颞下颌关节片。

（七）治疗完成标准

牙列整齐、覆殆覆盖基本正常。

（八）变异及原因分析

1. 个别后牙颊侧面较大充填物，无法直接粘接托槽或颊管或需要配合戴用 Nance 弓或其他扩弓矫治器者，需要在第三次复诊进行后牙分牙，第四次复诊粘接矫治器。

2. 正畸治疗中患者出现其他全身疾病影响正畸治疗进行者、正畸治疗中出现严重颞下颌关节症状、牙周病等需要暂停正畸治疗现行其他治疗者，则退出路径。

3. 正畸治疗需要患者配合，患者频繁失

约、依从性差将延长治疗时间并影响治疗结果，则退出路径。

二、骨性Ⅱ类错㕲-掩饰性正畸治疗临床路径表单

适用对象：第一诊断骨性Ⅱ类错㕲(ICD-10:Z46.4)。行掩饰性正畸治疗 ICD-9-CM-3:24.7102。

患者姓名：＿＿＿＿＿＿性别：＿＿＿年龄：＿＿＿门诊号：＿＿＿＿

初诊日期：＿＿年＿＿月＿＿日　正畸完成日期：＿＿年＿＿月＿＿日　疗程＿＿月

时间	诊疗第 1 次 (初次门诊)	诊疗第 2 次 (治疗计划)	诊疗第 3 次 (粘矫治器)
主要诊疗工作	□ 询问病史及临床检查 □ 完成病历书写 □ 影像学检查 □ 取研究模型 □ 面㕲像 □ 相关检查(合位记录、功能检查等) □ 交代治疗过程和注意事项	□ 完成必要的相关科室会诊 □ 补充检查 □ 确定治疗计划 □ 签署治疗计划和治疗费用知情同意书 □ 预约矫正器粘着日期	□ 矫治器黏着 □ 向患者/家属口头及书面交代注意事项 □ 病历记录
重点医嘱	**临时医嘱** □ 曲面断层片 □ 头颅侧位片 □ 颞颌关节片(视情况而定)	**临时医嘱** □ 疗程、复诊要求 □ 口腔健康教育 □ 牙周治疗	**长期医嘱** □ 饮食：硬、黏食物禁食 □ 每餐后刷牙 **临时医嘱** □ 正畸加力后注意事项
护理工作	□ 制取记存模型 □ 拍摄面㕲像相	□ 执行医嘱	□ 配合黏着矫治器 □ 指导饮食、刷牙 □ 矫正器戴用后注意事项宣教
病情变异记录	□无　□有，原因： 1. 2.	□无　□有，原因： 1. 2.	□无　□有，原因： 1. 2.
护士签名			
医师签名			

时间	复诊 (黏着矫治器后第 1-9 个月)	复诊 (黏着矫治器后 9-20 个月)	复诊 (黏着矫治器后 20-30 个月)
主要诊疗工作	□ 观察牙齿排列情况 □ 更换矫治弓丝 □ 病历记录	□ 观察牙齿排列情况 □ 调整弓丝，打开深覆㕲 □ 病历记录	□ 检查深覆㕲改善情况 □ 弓丝调整 □ 拔牙间隙关闭 □ 颌间关系矫正 □ 病历记录

续表

时间	复诊 （黏着矫治器后第 1 – 9 个月）	复诊 （黏着矫治器后 9 – 20 个月）	复诊 （黏着矫治器后 20 – 30 个月）
重点医嘱	**长期医嘱** □ 饮食:硬、黏食物禁食 □ 每餐后刷牙 **临时医嘱** □ 定期牙周维护	**长期医嘱** □ 饮食:硬、黏食物禁食 □ 每餐后刷牙 **临时医嘱** □ 定期牙周维护	**长期医嘱** □ 饮食:硬、黏食物禁食 □ 每餐后刷牙 **临时医嘱** □ 指导患者完成颌间牵引
护理工作	□ 执行医嘱	□ 执行医嘱	□ 执行医嘱
病情变异记录	□无 □有,原因: 1. 2.	□无 □有,原因: 1. 2.	□无 □有,原因: 1. 2.
护士签名			
医师签名			
时间	复诊 （黏着矫治器后 30 – 40 个月）	复诊 （矫治器去除、正畸治疗结束）	复诊 （保持器戴用后复诊）
主要诊疗工作	□ 检查牙齿排列、间隙关闭情况及咬合关系 □ 精细调整牙齿排列及咬合关系 □ 病历记录	□ 去除固定矫治器 □ 牙面清洁抛光 □ 戴入保持器 □ 取完成记存模	□ 检查保持器戴用情况 □ 牙齿排列、咬合关系检查
重点医嘱	**长期医嘱** □ 饮食:硬、黏食物禁食 □ 每餐后刷牙 **临时医嘱** □ 定期牙周维护	**长期医嘱** □ 保持器戴用要求 □ 口腔健康指导 **临时医嘱** □ 曲面断层片 □ 头颅侧位片 □ 面殆像	**长期医嘱** □ 指导保持器戴用 □ 口腔健康指导 □ 复诊
护理工作	□ 执行医嘱	□ 执行医嘱 □ 保持器戴用注意事项 □ 口腔健康指导	
病情变异记录	□无 □有,原因: 1. 2.	□无 □有,原因: 1. 2.	□无 □有,原因: 1. 2.
护士签名			
医师签名			

急性下颌智齿冠周炎临床路径

（2016年版）

一、急性下颌智齿冠周炎临床路径标准门诊流程

（一）适用对象

第一诊断为急性下颌智齿冠周炎（ICD10：K05.201）。

（二）诊断依据

根据《临床诊疗指南——口腔医学分册》（中华医学会编著，人民卫生出版社）。

1. 症状：患处局部肿痛，可伴面部肿胀，及不同程度的张口受限和咀嚼吞咽疼痛。可伴有畏寒、发热、头痛和全身不适。

2. 检查：可发现牙齿萌出不全，冠周有盲袋，牙龈红肿，触痛明显，可有脓液自龈瓣下溢出，可在牙冠远中或颊侧形成脓肿。可伴有同侧下颌下淋巴结肿大、压痛。

3. X线片（牙片、曲面体层片等）有助于阻生牙诊断。

（三）治疗方案的选择

根据《临床诊疗指南——口腔医学分册》（中华医学会编著，人民卫生出版社），对急性下颌智齿冠周炎的治疗指征为：符合以上症状者；临床检查除外可以引起局部肿痛的其他疾病。

1. 局部治疗

（1）以生理盐水，或者与下列药物之一：1%－3%过氧化氢溶液、1:5 000高锰酸钾溶或0.1%氯己定溶液，交替冲洗盲袋，至溢出液清亮为止；

（2）擦干局部，盲袋内置入下列药物之一：2%碘酒、碘甘油或碘酚溶液；

（3）如有牙冠周脓肿形成应切开引流；

（4）温热水或含漱剂含漱每日一至三次；

（5）物理治疗：局部肿痛、开口受限时可采用超短波、红外线在下颌角区理疗。

2. 全身治疗

（1）结合患者全身情况给予抗生素和解热镇痛药物；

（2）必要时全身支持及输液治疗；

3. 根据治疗效果在复诊时再次局部及全身治疗。

4. 健康教育：如果牙齿已无可能萌出建立正常咬合关系应择期拔除。

（四）临床路径标准治疗疗程为2－3次

（五）进入路径标准

1. 第一诊断符合ICD10：K05.201急性下颌智齿冠周炎疾病编码。

2. 当患者同时具有其他疾病诊断时，但在治疗期间不需要特殊处理也不影响第一诊断的临床路径流程实施时，可以进入路径。

（六）治愈标准或疗效好转标准

1. 治愈：患牙无自觉症状，功能良好。

2. 未愈：肿痛未缓解；炎症加重引起临近组织器官或筋膜间隙的感染。

（七）变异及原因分析

1. 病人未能配合，感染迁延、慢性化。

2. 初期治疗效果不理想，需更换或增加抗菌药物。常由于病原菌复杂或病人特殊体质引起。

3. 炎症加重，向邻近组织和间隙扩散，形成间隙感染、颌骨骨髓炎等。

4. 如病人需要在冠周炎治疗期间拔除患牙，则退出路径。

二、急性下颌智齿冠周炎临床路径表单

适用对象：第一诊断为急性下颌智齿冠周炎（ICD10：K05.201）

姓名：________性别：______出生日期：______年______月 年龄：______

门诊号：________就诊日期：______年______月______日 标准治疗次数：2－3 次

时间	诊疗第 1 次	诊疗第 2 次（治疗 5 天后）	诊疗第 3 次（必要时）
主要诊疗工作	□ 询问病史，完成临床检查，明确诊断。 □ 向患者交代诊疗过程 □ 盲袋冲洗，上碘酚 □ 如有脓肿需行切开引流 □ 抗菌药物，漱口药剂 □ 如需复诊告知病人	□ 询问疗效、病史，完成临床检查。 □ 向患者交代诊疗过程 □ 盲袋冲洗，上碘酚 □ 如已切开脓肿需冲洗 □ 抗菌药物，漱口药剂 □ 如需复诊告知病人	□ 询问疗效、病史，完成临床检查。 □ 向患者交代诊疗过程 □ 盲袋冲洗，上碘酚 □ 如已切开脓肿需冲洗 □ 抗菌药物，漱口药剂 □ 如需复诊告知病人
重点医嘱	**长期医嘱** □ 口腔卫生宣教 □ 建议炎症消除后拔除不能建立咬合关系的阻生牙 **临时医嘱** □ 按所用药物交代术后注意事项 □ 交代复诊时间及要求	**长期医嘱** □ 口腔卫生宣教 □ 建议炎症消除后拔除不能建立咬合关系的阻生牙 **临时医嘱** □ 按所用药物交代术后注意事项 □ 交代复诊时间及要求	**长期医嘱** □ 口腔卫生宣教 □ 建议炎症消除后拔除不能建立咬合关系的阻生牙 **临时医嘱** □ 按所用药物交代术后注意事项 □ 交代复诊时间及要求
主要护理工作	□ 协助医师完成准备药品器械 □ 协助交代术后医嘱及口腔卫生宣教	□ 协助医师完成准备药品器械 □ 协助交代术后医嘱及口腔卫生宣教	□ 协助医师完成准备药品器械 □ 协助交代术后医嘱及口腔卫生宣教
病情变异记录	□无 □有，原因： 1. 2.	□无 □有，原因： 1. 2.	□无 □有，原因： 1. 2.
护士签名			
医师签名			

慢性牙周炎行牙周基础治疗临床路径

（2016 年版）

一、慢性牙周炎行牙周基础治疗临床路径标准门诊流程

（一）适用对象

第一诊断为慢性牙周炎（ICD－10：K05.301）。行牙周基础治疗（ICD－9－CM－3：24.39，89.31，96.54）。

（二）诊断依据

根据《临床诊疗指南——口腔医学分册》（中华口腔医学会编著，人民卫生出版社，2016 年）。

1. 临床表现

（1）牙龈炎症表现：牙龈色鲜红色或暗红色、质松软、易出血、龈缘变厚、龈乳头变圆钝，牙龈组织表面光亮，点彩消失，有时牙龈

也可表现为肥厚。

(2)有牙周袋形成，并有附着丧失，即袋底在釉牙骨质界的根方。

(3)牙槽骨吸收。可表现为水平型吸收；垂直型吸收；凹坑状吸收；以及其他形式的牙槽骨吸收。

(4)可出现牙齿松动和移位。

(5)可伴发牙周牙髓联合病变、根分叉病变、牙周脓肿、牙龈退缩和牙根面敏感。

2. 诊断要点

(1)牙龈红肿或探诊后有出血。

(2)探诊深度 >3mm，且有附着丧失 >1mm。

(3)X 线片显示牙槽骨吸收。

(三)治疗方案的选择

根据《临床诊疗指南——口腔医学分册》(中华口腔医学会编著，人民卫生出版社)，治疗原则及方案为：

1. 慢性牙周炎的治疗原则是有效清除和控制菌斑及其他致病因子，消除炎症并促进牙周组织的修复和再生，恢复牙周组织的生理形态，重建有稳定的良好功能的牙列。

2. 牙周基础治疗

(1)口腔卫生指导，菌斑控制。

(2)施行洁治术、龈下刮治术和根面平整，以消除龈上和龈下菌斑、牙石，平整根面。

(3)消除菌斑滞留因素和其他局部刺激因素。

(4)拔除无保留价值或预后极差的牙。

(5)炎症控制后进行必要的咬合调整，如需要可做暂时性松牙固定。

(6)药物治疗。对有明显的急性炎症或某些重症患者，可辅予局部用抗菌药物或全身用抗菌药物。

(7)尽可能纠正全身危险因素或环境危险因素，如全身病的控制、戒烟等。

3. 牙周手术治疗：在基础治疗后 4 - 12 周，对牙周情况进行再评估。若仍有较深的牙周袋(≥5mm)，且探诊有出血，或根面牙石不易彻底清除，炎症不能控制，或有牙龈及骨形态不良、膜龈关系不正常时，可选择各种牙周手术治疗。

4. 正畸与修复治疗：一般在牙周手术治疗后 3 个月进行。

5. 牙周支持治疗：是牙周疗效得以长期保持的先决条件。根据复查发现的问题进行治疗和口腔卫生指导。

(四)临床路径标准治疗疗程为 2 到 9 次

(五)进入路径标准

1. 第一诊断必须符合慢性牙周炎(ICD - 10：K05.301)。

2. 当患者同时具有其他疾病诊断时，但在治疗期间不需要特殊处理也不影响第一诊断的临床路径流程实施时，可以进入路径。

(六)疗效好转标准

1. 好转：牙龈炎症减轻，自觉症状明显改善。

2. 未愈：症状未改善或症状加重。

(七)变异及原因分析

1. 患者病情重，存在下列病情之一者不进入路径

(1)探诊深度≥6mm。

(2)牙槽骨吸收超过根长的 1/2。

(3)牙齿松动。

(4)炎症较明显且伴有牙周脓肿。

(5)后牙有二度或三度根分叉病变。

(6)牙周牙髓联合病变。

2. 患者病情较重，基础治疗后仍存在探诊深度≥5mm 位点且有探诊出血时，若再次治疗效果不佳，可进一步考虑牙周手术治疗或药物治疗。

3. 患者因身心原因不能耐受或配合治疗时，需在征得患者或监护人同意后延缓治疗，此前需完成必要的相关检查。

二、慢性牙周炎行牙周基础治疗的临床路径表单

适用对象：第一诊断为慢性牙周炎（ICD－10：K05.301）。行牙周基础治疗（ICD－9－CM－3：24.39，89.31，96.54）。

患者姓名：____________性别：______年龄：______门诊号：________

初诊日期：____年____月____日 治疗完成日期：____年____月____日 疗程____天

<table>
<tr><th>时间</th><th>诊疗第 1 次
（初次门诊、洁治）</th><th>诊疗第 2 次
（补充洁治）</th><th>诊疗第 3 次
（牙周专科检查）</th></tr>
<tr><td>主要诊疗工作</td><td>□ 询问病史及体格检查
□ 牙周检查
□ 必要的辅助检查
□ 诊断
□ 制定治疗计划
□ 必要时会诊
□ 完成病历书写
□ 洁治治疗(部分或全部牙齿)
□ 局部冲洗
□ 局部用药
□ 牙面抛光术（色素多、牙龈炎症轻的患者）
□ 口腔卫生指导</td><td>□ 口腔卫生情况检查
□ 牙龈炎症情况的检查
□ 余留牙齿洁治（必要时）
□ 局部冲洗
□ 局部用药
□ 喷砂
□ 牙面抛光术
□ 口腔卫生指导</td><td>□ 口腔卫生情况检查
□ 牙龈炎症情况的检查
□ 详细牙周专科检查记录
□ 必要时会诊
□ 完善治疗计划
□ 局部冲洗
□ 局部用药
□ 口腔卫生指导</td></tr>
<tr><td>重点医嘱</td><td>长期医嘱
□ 向患者或监护人交代诊疗过程和注意事项
□ 需转科治疗的患牙
□ 定期复查复治
临时医嘱
□ 洁治后注意事项
□ 菌斑抑制剂
□ 局部消炎药</td><td>长期医嘱
□ 定期复查复治
临时医嘱
□ 治疗后注意事项
□ 菌斑抑制剂
□ 局部消炎药</td><td>长期医嘱
□ 需转科治疗的患牙
□ 定期复查复治
临时医嘱
□ 治疗后注意事项
□ 菌斑抑制剂
□ 局部消炎药
□ 全身应用抗生素</td></tr>
<tr><td>主要护理工作</td><td>□ 协助医师完成相关工作</td><td>□ 协助医师完成相关工作</td><td>□ 协助医师完成相关工作</td></tr>
<tr><td>病情变异记录</td><td>□无 □有，原因：
1.
2.
3.</td><td>□无 □有，原因：
1.
2.
3.</td><td>□ 无 □有，原因：
1.
2.
3.</td></tr>
<tr><td>护士签名</td><td></td><td></td><td></td></tr>
<tr><td>医师签名</td><td></td><td></td><td></td></tr>
</table>

时间	诊疗第 4 次 （龈下刮治及根平）	诊疗第 5 次 （龈下刮治及根平）	诊疗第 6 次 （龈下刮治及根平）
主要诊疗工作	□ 口腔卫生情况检查 □ 牙龈炎症情况的检查 □ 治疗计划的调整 □ 局部麻醉 □ 分区段龈下刮治及根面平整 □ 局部冲洗 □ 局部用药 □ 口腔卫生指导	□ 口腔卫生情况检查 □ 牙龈炎症情况的检查 □ 治疗计划的调整 □ 局部麻醉 □ 分区段龈下刮治及根面平整 □ 局部冲洗 □ 局部用药 □ 口腔卫生指导	□ 口腔卫生情况检查 □ 牙龈炎症情况的检查 □ 治疗计划的调整 □ 局部麻醉 □ 分区段龈下刮治及根面平整 □ 局部冲洗 □ 局部用药 □ 牙面抛光术 □ 口腔卫生指导
重点医嘱	**长期医嘱** □ 需转科治疗的患牙 □ 定期复查复治 **临时医嘱** □ 治疗后注意事项 □ 菌斑抑制剂 □ 局部消炎药 □ 全身应用抗生素	**长期医嘱** □ 需转科治疗的患牙 □ 定期复查复治 **临时医嘱** □ 治疗后注意事项 □ 菌斑抑制剂 □ 局部消炎药 □ 全身应用抗生素	**长期医嘱** □ 需转科治疗的患牙 □ 定期复查复治 **临时医嘱** □ 治疗后注意事项 □ 菌斑抑制剂 □ 局部消炎药 □ 全身应用抗生素
主要护理工作	□ 协助医师完成相关工作	□ 协助医师完成相关工作	□ 协助医师完成相关工作
病情变异记录	□ 无 □有，原因： 1. 2. 3.	□ 无 □有，原因： 1. 2. 3.	□ 无 □有，原因： 1. 2. 3.
护士签名			
医师签名			
时间	诊疗第 7 次 （龈下刮治及根平）	诊疗第 8 次 （龈下刮治及根平）	诊疗第 9 次 （龈下刮治后检查）
主要诊疗工作	□ 口腔卫生情况检查 □ 牙龈炎症情况的检查 □ 治疗计划的调整 □ 局部麻醉 □ 分区段龈下刮治及根面平整 □ 局部冲洗 □ 局部用药 □ 口腔卫生指导	□ 口腔卫生情况检查 □ 牙龈炎症情况的检查 □ 治疗计划的调整 □ 局部麻醉 □ 分区段龈下刮治及根面平整 □ 局部冲洗 □ 局部用药 □ 口腔卫生指导	□ 口腔卫生情况检查 □ 牙龈炎症情况的检查 □ 咬合检查和调整 □ 松牙夹板 □ 喷砂 □ 牙面抛光 □ 口腔卫生指导

续表

时间	诊疗第7次 （龈下刮治及根平）	诊疗第8次 （龈下刮治及根平）	诊疗第9次 （龈下刮治后检查）
重点医嘱	**长期医嘱** □　需转科治疗的患牙 □　定期复查复治 **临时医嘱** □　治疗后注意事项 □　菌斑抑制剂 □　局部消炎药 □　全身应用抗生素	**长期医嘱** □　需转科治疗的患牙 □　定期复查复治 **临时医嘱** □　治疗后注意事项 □　菌斑抑制剂 □　局部消炎药 □　全身应用抗生素	**长期医嘱** □　需转科治疗的患牙 □　定期复查复治 **临时医嘱** □　治疗后注意事项 □　菌斑抑制剂 □　局部消炎药 □　全身应用抗生素
主要护理工作	□　协助医师完成相关工作	□　协助医师完成相关工作	□　协助医师完成相关工作
病情变异记录	□　无 □有，原因： 1. 2. 3.	□　无 □有，原因： 1. 2. 3.	□　无 □有，原因： 1. 2. 3.
护士签名			
医师签名			

年轻恒前牙复杂冠折临床路径

（2016年版）

一、年轻恒前牙复杂冠折临床路径标准流程

（一）适用对象

第一诊断为年轻恒前牙复杂冠折（ICD－10：S02.501）。行直接盖髓术（ICD－9－CM－3：23.7），或牙髓切断术（ICD－9－CM－3：23.7）。

年轻恒牙是指已经萌出到口腔内，但其形态、结构上尚未完全形成成熟的恒牙。年轻恒前牙从萌出至牙根发育完成需要2－3年，而恒后牙需要3－5年。

（二）诊断依据

根据《临床诊疗指南——口腔医学分册》（中华医学会编著，人民卫生出版社）。

1.症状

（1）近期有外伤史；

（2）牙冠折断，牙髓暴露；

（3）进食时或冷热刺激时不适或疼痛。

2.检查：牙冠折断，牙本质暴露未波及牙骨质，牙髓暴露，牙齿无松动或有Ⅰ度松动，牙齿无移位，无叩痛或叩诊不适或轻叩痛，牙龈无异常。

3.X线片患牙冠折，波及髓腔，牙根未发育完成，未见根折，牙周膜基本均匀，未见牙槽骨骨折。

（三）治疗方案的选择

同时具有其他疾病诊断时，但在治疗期间不需要特殊处理也不影响第一诊断的临床路径流程实施时，可以进入路径。

（四）治愈标准或疗效好转标准

1. 治愈：无自觉症状，功能良好，修复体完好，X 线片提示牙根继续发育，根尖周组织无病理性改变。

2. 好转：无明显自觉症状，功能基本恢复，修复体基本完好，X 线片示牙根未继续发育，根尖周组织无病理性改变。

3. 未愈：症状未消失或加重，修复体折断或脱落，X 线片示牙根未继续发育或根尖周组织出现明显病理性改变。

（五）变异及原因分析

1. 露髓时间长，牙髓已有大范围炎症者甚至牙髓坏死者，不能保留活髓者。

2. 患者牙列拥挤，为正畸治疗需要有可能需要拔除患牙者。

3. 患儿因身心原因不能耐受或配合治疗时，需在征得监护人同意后采取全身麻醉、镇静或束缚下的治疗方式，此前需完成必要的相关检查。

二、年轻恒前牙复杂冠折临床路径表单

适用对象：第一诊断为年轻恒前牙复杂冠折 ICD－10：S02.501。拟行直接盖髓术（ICD－9－CM－3：23.7），或牙髓切断术（ICD－9－CM－3：23.7）。

患者姓名：__________性别：______年龄：______门诊号：________

就诊日期：______年______月______日　标准治疗次数：3 次

时间	诊疗第 1 次	诊疗第 2 次（2 周左右）	诊疗第 3 次（3 个月左右）
主要诊疗工作	□ 询问病史，完成临床检查，明确诊断 □ 向患儿及其监护人交代诊疗过程 □ 根据患者具体情况选择相应的治 疗方法： □ 直接盖髓术 □ 牙髓切断术 □ 在局部麻醉下完成预定的牙髓治疗操作 □ 制备必要的洞型，按所使用的充填材料要求完成对牙齿硬组织缺损的修复 □ 修整磨光	□ 询问患者上次治疗后的反应 □ 必要时检查牙髓活力 □ 检查患者口腔卫生情况 □ 必要时拍摄口内 x 线片	□ 询问患者上次治疗后的反应 □ 必要时检查牙髓活力 □ 检查患者口腔卫生情况 □ 拍摄口内 x 线片，观察牙根是否继续发育及根尖周状况
重点医嘱	**长期医嘱** □ 口腔卫生宣教 □ 不用前牙咬硬物 **临时医嘱** □ 局部麻醉注意事项	**长期医嘱** □ 口腔卫生宣教 □ 说明需要及时就诊的情况 □ 不用前牙咬硬物 **临时医嘱** □ 根据患者具体情况预约下次复查时间	**长期医嘱** □ 口腔卫生宣教 □ 说明需要及时就诊的情况 □ 不用前牙咬硬物 **临时医嘱** □ 根据患者具体情况预约下次复查时间
主要护理工作	□ 协助医师完成相关工作	□ 协助医师完成相关工作	□ 协助医师完成相关工作

续表

时间	诊疗第 1 次	诊疗第 2 次(2 周左右)	诊疗第 3 次(3 个月左右)
病情变异记录	□无　□有,原因: 1. 2.	□无　□有,原因: 1. 2.	□无　□有,原因: 1. 2.
医师签名			

牙性Ⅲ类错殆正畸治疗临床路径

(2016 年版)

一、牙性Ⅲ类错殆正畸治疗临床路径标准流程

(一)适用对象

第一诊断恒牙期牙性Ⅲ类错殆(ICD－10:Z46.4)。正畸治疗 ICD－9－CM－3:24.7103。

(二)诊断依据

根据《临床诊疗指南——口腔医学分册》(中华医学会编著,人民卫生出版社)。

1. 临床表现:后牙近中关系、前牙反殆、面型基本正常。

2. X 线表现:头颅侧位片显示上下颌骨矢状向关系正常、上颌前牙位置偏后、直立,下颌前牙前凸或唇倾。

(三)治疗方案的选择

根据《临床诊疗指南——口腔医学分册》(中华医学会编著,人民卫生出版社)。

正畸治疗的患者为牙性Ⅲ类错殆畸形,通过减数矫治解除前牙反殆矫治磨牙关系。治疗方案:

1. 拔除四个第一双尖牙;

2. 拔除上颌第二、下颌第一双尖牙。

(四)标准治疗时间 24－30 个月

(五)进入路径标准

1. 第一诊断符合牙性Ⅲ类错殆(ICD－10:Z46.4)疾病编码。

2. 恒牙期,治疗方案为拔除四个双尖牙(符合上述两种拔牙方案)者。

3. 患者同时具有其他疾病诊断,如在正畸治疗期间不需要特殊处理也不影响第一诊断的临床路径流程实施时,可以进入路径。

存在以下情况的不能进入路径:

1. 有影响正畸治疗的其他疾病如全身系统疾病、牙周病、颞下颌关节病的患者不进入该路径。

2. 存在严重错位的牙齿,如尖牙助萌、磨牙直立、后牙锁殆、磨牙压低等情况时不进入该路径。

3. 存在骨性开殆、骨性后牙反殆的患者不进入该路径。

4. 存在牙齿缺失或严重损坏需要拔除其他牙齿的患者、替牙期牙性Ⅲ类错殆患者不进入该路径。

(六)正畸前检查

1. 临床检查患者面型、口腔健康状况、牙列阶段、牙齿排列咬合关系、覆殆覆盖等情况;

2. 记存牙殆模型;

3. 面殆像;

4. 头颅侧位片、全口曲面断层片;

5. 必要时双侧颞下颌关节片。

（七）治疗完成标准

面型正常、牙列整齐、覆𬌗覆盖基本正常。

（八）变异及原因分析

1. 个别后牙颊侧面较大充填物，无法直接粘接托槽或颊管者，需要在第三次复诊进行后牙分牙，第四次复诊粘接矫治器。

2. 正畸治疗中患者出现其他全身疾病影响正畸治疗进行者、正畸治疗中出现严重颞下颌关节症状、牙周病等需要暂停正畸治疗现行其他治疗者，则退出路径。

3. 正畸治疗需要患者配合，患者频繁失约、依从性差将延长治疗时间并影响治疗结果，则退出路径。

二、牙性Ⅲ类错𬌗－正畸治疗临床路径表单

适用对象：第一诊 骨性Ⅱ类错𬌗（ICD－10 Z46.4）。掩饰性正畸治疗 ICD－9－CM－3：24.7103。

患者姓名：________性别：______年龄：______门诊号：______

初诊日期：____年____月____日　正畸完成日期：____年____月____日　疗程____月

时间	诊疗第 1 次（初次门诊、洁治）	诊疗第 2 次（补充洁治）	诊疗第 3 次（牙周专科检查）
主要诊疗工作	□ 询问病史及临床检查 □ 完成病历书写 □ 影像学检查 □ 取研究模型 □ 面𬌗像 □ 相关检查（合位） □ 交代治疗过程和注意事项	□ 完成必要的相关科室会诊 □ 确定治疗计划 □ 签署治疗计划和治疗费用知情同意书 □ 预约矫正器粘着日期	□ 矫治器黏着 □ 向患者/家属口头及书面交代注意事项 □ 病历记录
重点医嘱	**临时医嘱** □ 曲面断层片 □ 头颅侧位片 □ 颞颌关节片（视情况而定）	**临时医嘱** □ 疗程、复诊要求 □ 口腔健康教育 □ 牙周洁治	**临时医嘱** □ 正畸加力后注意事项 **长期医嘱** □ 饮食：硬、黏食物禁食 □ 每餐后刷牙
护理工作	□ 制取记存模型 □ 指导进行面𬌗像照相	□ 执行医嘱	□ 配合黏着矫治器 □ 指导饮食、刷牙 □ 矫正器戴用后注意事项宣教
病情变异记录	□无　□有，原因： 1. 2.	□无　□有，原因： 1. 2.	□无　□有，原因： 1. 2.
护士签名			
医师签名			

时间	复诊 （黏着矫治器后第 1 – 7 个月）	复诊 （黏着矫治器后 8 – 16 个月）	复诊 （黏着矫治器后 16 – 24 个月）
主要诊疗工作	□ 观察牙齿排列情况 □ 更换矫治弓丝 □ 病历记录	□ 观察牙齿排列情况 □ 调整弓丝，打开咬合 □ 病历记录	□ 弓丝调整 □ 拔牙间隙关闭 □ 颌间关系调整至正常 □ 病历记录
重点医嘱	**长期医嘱** □ 饮食：硬、黏食物禁食 □ 每餐后刷牙 **临时医嘱** □ 定期牙周维护	**长期医嘱** □ 饮食：硬、黏食物禁食 □ 每餐后刷牙 **临时医嘱** □ 定期牙周维护	**长期医嘱** □ 饮食：硬、黏食物禁食 □ 每餐后刷牙 **临时医嘱** □ 指导患者完成颌间牵引
护理工作	□ 执行医嘱	□ 执行医嘱	□ 执行医嘱
病情变异记录	□无 □有，原因： 1. 2.	□无 □有，原因： 1. 2.	□无 □有，原因： 1. 2.
护士签名			
医师签名			

时间	复诊 （黏着矫治器后 24 – 30 个月）	复诊 （矫治器去除、正畸治疗结束）	复诊 （保持器戴用后复诊）
主要诊疗工作	□ 检查牙齿排列、间隙关闭情况及咬合关系 □ 精细调整牙齿排列及咬合关系 □ 病历记录	□ 去除固定矫治器 □ 牙面清洁抛光 □ 戴入保持器 □ 取完成记存模	□ 检查保持器戴用情况 □ 牙齿排列、咬合关系检查
重点医嘱	**长期医嘱** □ 饮食：硬、黏食物禁食 □ 每餐后刷牙 **临时医嘱** □ 定期牙周维护	**长期医嘱** □ 保持器戴用要求 □ 口腔健康指导 **临时医嘱** □ 曲面断层片 □ 头颅侧位片 □ 面殆像	**长期医嘱** □ 指导保持器戴用 □ 口腔健康指导 □ 复诊
护理工作	□ 执行医嘱	□ 执行医嘱 □ 保持器戴用注意事项 □ 口腔健康指导	
病情变异记录	□无 □有，原因： 1. 2.	□无 □有，原因： 1. 2.	□无 □有，原因： 1. 2.
护士签名			
医师签名			

颈部良性肿物切除术临床路径

（2016 年版）

一、颈部良性肿物切除术临床路径标准住院流程

（一）适用对象

第一诊断为：颈部肿物（ICD－10：R22.101）。行颈部探查术（ICD－9－CM－5：06.09）。

（二）诊断依据

根据《临床诊疗指南——口腔医学分册》（中华医学会编著，人民卫生出版社）：颈部，B 超或 CT 显示囊性或实性，边界清楚。

（三）治疗方案的选择

根据《临床诊疗指南——口腔医学分册》（中华医学会编著，人民卫生出版社）选择颈部肿物切除术，适应证为：

1. 颈部良性占位；

2. 患者全身状况可耐受手术；

3. 患者无明显手术禁忌证。

（四）标准住院日为 5－7 天

（五）进入路径标准

1. 第一诊断符合上述 ICD－10 疾病编码。

2. 患者同时具有其他疾病诊断，如在住院期间不需要特殊处理，也不影响第一诊断的临床路径流程实施时，可以进入路径。

（六）术前准备（术前评估）2 天

1. 必须检查的项目

（1）血常规、尿常规；

（2）凝血功能；

（3）血生化；

（4）感染性疾病筛查（乙肝、丙肝、艾滋病、梅毒等）；

（5）B 超或 CT。

2. 根据患者病情可选择：增强 CT 或 MRI 检查。

（七）预防性抗菌药物选择与使用时机。

1. 抗菌药物：按照《抗菌药物临床应用指导原则（2015 年版）》（国卫办医发［2015］43 号）执行。

2. 抗菌药物选用非限制级抗菌药物，预防性用药时间为术前 30 分钟。

（八）手术日为入院第 3 天

1. 麻醉方式：全麻或局麻。

2. 手术内固定物：无。

3. 术中用药：除麻醉用药外无特殊用药。

（九）术后住院恢复 2－7 天

术后用药：选用非限制级抗菌药物，用药时间 1－2 天。

（十）出院标准

1. 生命体征平稳。

2. 手术切口无红、肿、热、痛等炎症表现，无新鲜渗血。

3. 伤口无明显积液、渗出等需要住院治疗的并发症。

（十一）变异及原因分析

1. 如肿瘤生长时间长，特别巨大，有生长迅速、疼痛或出现面瘫症状等恶变倾向时不进入该临床路径。

2. 复发性肿瘤的手术方式根据具体情况酌定。

二、颈部良性肿物切除术 临床路径表单

适用对象：第一诊断为腮腺良性肿瘤（ICD－10：D11.001），颌下腺良性肿瘤（ICD－10：D11.701），慢性颌下腺炎（ICD－10：D11.206），颌下肿物（ICD－10：D11.901），颈部肿物（ICD－10：R22.101）。行部分腮腺切除术（ICD－9－CM－5：26.31）或颌下腺切除术（ICD－9－CM－5：26.32），颈部探查术（ICD－9－CM－5：06.09）。

患者姓名：＿＿＿＿＿＿性别：＿＿＿年龄：＿＿＿门诊号：＿＿＿＿住院号：＿＿＿＿

住院日期：＿＿年＿＿月＿＿日　出院日期：＿＿年＿＿月＿＿日　标准住院日：5－7 天

时间	住院第 1 天	住院第 2 天	住院第 3 天（手术日） （术前）
主要诊疗工作	□ 询问病史、体格检查 □ 完成入院病历和首次病程记录 □ 入院医嘱 □ 上级医师查房，明确手术方案 □ 术前谈话，签署手术同意书	□ 完成术前准备 □ 完成术前小结 □ 签署麻醉同意书	□ 检查备皮情况 □ 术前 30 分钟给抗菌药物 □ 必要时准备术中冰冻活检
重点医嘱	**长期医嘱** □ 口腔科入院护理常规 □ 三级护理 □ 普食 **临时医嘱** □ 血常规 □ 尿常规 □ 凝血 □ 生化 □ 术前免疫八项 □ 心电图 □ 胸片 □ B 超或 CT	**长期医嘱** □ 三级护理 □ 普食 **临时医嘱** □ 腮腺浅叶切除或部分腮腺切除术，颌下腺切除术，颈部肿物切除术 □ 术前 6 小时禁食水 □ 备皮 □ 抗菌药物皮试 □ 抗菌药物术前 30 分钟 □ 术前导尿	
主要护理工作	□ 介绍病房环境及设施 □ 入院护理评估 □ 执行入院后医嘱 □ 指导进行心电图、影像学检查等	□ 晨起静脉取血 □ 卫生知识及手术知识宣教 □ 交代围手术期注意事项 □ 药敏试验 □ 术前手术区域皮肤准备	□ 术前更衣、遵医嘱给药 □ 术前导尿 □ 交代围手术期注意事项
病情变异记录	□无 □有，原因： 1. 2.	□无 □有，原因： 1. 2.	□无 □有，原因： 1. 2.
护士签名			
医师签名			

时间	住院第 3 天(手术日)(术后)	住院第 4 天(术后第 1 天)	住院第 5－7 天(术后第 2－4 天,出院日)
主要诊疗工作	□ 手术 □ 完成手术记录及术后病程 □ 向患者家属交代手术情况及术后注意事项	□ 上级医师查房 □ 换药 □ 完成病程记录	□ 换药 □ 完成出院总结 □ 完成病历并填写首页 □ 通知患者出院 □ 交代出院注意事项
重点医嘱	**长期医嘱** □ 口腔科术后护理常规 □ 一级护理 □ 半流食或流食 □ 记引流量 □ 预防性应用抗菌药物 **临时医嘱** □ 吸氧 2 小时 □ 血压、氧饱和度、心电监护 2 小时 □ 补液 □ 6 小时后拔尿管	**长期医嘱** □ 停二级护理 □ 三级护理 □ 普食(禁忌刺激性食物) **临时医嘱** □ 局部换药 □ 必要时实验室检查	**出院医嘱** □ 今日出院 □ 术后 1 周拆线 □ 出院带药
主要护理工作	□ 监测术后生命体征 □ 术后 6 小时拔尿管 □ 观察术后病情变化 □ 观察创口出血情况 □ 观察术后进食情况并给予饮食指导 □ 术后心理与生活护理	□ 观察病情变化及饮食情况 □ 观察创口出血及引流情况 □ 心理与生活护理 □ 指导勿食刺激性食物	□ 指导办理出院手续 □ 指导复查时间及注意事项
病情变异记录	□无 □有,原因: 1. 2.	□无 □有,原因: 1. 2.	□无 □有,原因: 1. 2.
护士签名			
医师签名			

后牙不可复性牙髓炎临床路径

(2016 年县级医院版)

一、后牙不可复性牙髓炎临床路径标准门诊流程

(一)适用对象

第一诊断为后牙不可复性牙髓炎(ICD－10:K04.003,K04.011)。行根管治疗术(ICD－9－CM－3:23.7)再行牙体修复。

(二)诊断依据

根据《临床诊疗指南——口腔医学分册》(中华医学会编著,人民卫生出版社)。

1. 症状:一般有牙痛史,可表现为:

(1) 患牙区出现自发性、阵发性疼痛,也

可有放散性疼痛；

（2）患牙区出现不能定位的隐痛、钝痛；

（3）患牙区夜间发作疼痛；

（4）温度刺激使疼痛加重。

（5）个别病例，可无明显疼痛症状。

2. 检查：可查及症状区有近髓或及髓的牙体硬组织疾患，如深龋洞、深牙体缺损、隐裂、冠折、牙齿发育异常，等体征；或有深牙周袋。叩诊时患牙可无明显疼痛或有轻度不适感，温度测验反应可表现为敏感或疼痛，或出现迟缓性反应痛，疼痛可持续数秒或更长时间。

3. X 线片显示患牙冠部牙本质层可有近髓腔或达髓腔的 X 线密度减低区（深的牙体缺损），根尖周组织无异常改变或有轻微根尖周膜增宽表现。

（三）治疗方案的选择

根据《临床诊疗指南——口腔医学分册》（中华医学会编著，人民卫生出版社）。

对后牙不可复性牙髓炎的治疗：

1. 凡确诊为不可复性牙髓炎的患牙，首选做根管治疗，再行牙体修复。

2. 获得患者或其监护人的知情同意。

（四）临床路径标准治疗疗程为 1－4 次

（五）进入路径标准

1. 第一诊断必须符合 ICD－10：K04.003，K04.011 后牙不可复性牙髓炎疾病编码。

2. 当患者同时具有其他疾病诊断、在治疗期间不需要特殊处理也不影响第一诊断的临床路径流程实施时，可以进入路径。

（六）治愈或好转标准

1. 治愈：无疼痛及其他自觉症状，功能良好，修复体完好，复查时，X 线片显示根尖周组织无异常改变。

2. 好转：无疼痛症状，偶有轻微不适感，功能良好，修复体基本完好，复查时，X 线片显示根尖周组织无异常改变。

3. 未愈：症状未消失或加重，X 线片示根尖周组织出现明显病理性改变。

（七）变异及原因分析

1. 患者术后反应和愈合过程因人而异，个别患者需要增加 1－2 个疗次，以避免过重的术后反应，改善愈合过程。

2. 患牙根管治疗后持续感觉轻度不适，或有轻度叩诊不适，无牙龈和牙周异常，X 线片显示根管充填完好，无根尖周组织病变表现的，可能为治疗后的机体反应，可观察 6－12 个月，一般症状可逐渐缓解和消失。观察期间，症状加重或出现根尖周病变，应考虑牙体解剖变异，建议采取根管再治疗术或根尖手术，进入相应临床路径。

3. 根管治疗前如判断髓腔解剖复杂、变异等复杂情况时，不进入路径。根管治疗中如无法疏通所有根管，可以出径。

4. 患牙牙体组织有大面积缺损的，应建议采用全冠、桩核冠等间接修复方法，进入相应临床路径。

5. 患者因身心原因不能耐受或配合治疗的，患牙预后不明确的，患牙无法正常修复的，不进入路径。

二、后牙不可复性牙髓炎临床路径表单

适用对象:第一诊断为后牙不可复性牙髓炎(ICD－10:K04.003,K04.011)。行根管治疗术(ICD－9－CM－3:23.70)。

患者姓名:＿＿＿＿＿性别:＿＿＿出生日期:＿＿年＿＿月＿＿日　年龄:＿＿

门诊号:＿＿＿＿＿就诊日期:＿＿年＿＿月＿＿日　标准治疗次数:2－4 次

日期	诊疗第 1－2 次	诊疗第 3－4 次
主要诊疗工作	1. 完成诊断与治疗计划 □ 询问病史,完成临床及 X 线片检查,明确诊断和治疗计划 □ 向患者或其监护人交代治疗计划、方法、疗程、风险和费用等,并获得知情同意 2. 缓解临床症状 □ 局麻,隔离患牙,去腐,开髓,拔髓(或放置牙髓失活剂) □ 通畅根管,确定工作长度,初步清理和成形根管 □ 必要时拍摄术中 X 线片 □ 根管冲洗、消毒 □ 清洁、干燥根管 □ 根管封药,用暂封材料封闭冠部缺损 □ 必要时降低咬合 □ 预约复诊	3. 完成根管治疗 □ 询问患者上次治疗后的反应 □ 隔离患牙,去除暂封物 □ 核对工作长度 □ 必要时拍摄术中 X 线片 □ 完成根管预备、根管冲洗和消毒 □ 根管充填,拍 X 线根尖片确认根充情况。 □ 延期修复牙体缺损的,用暂封材料封闭冠部缺损 4. 完成牙体修复 □ 隔离患牙,去除暂封材料,封闭根管口。 □ 如采用充填术修复牙体组织缺损,按所使用修复材料的要求完成牙体修复 □ 修整外形,调合,抛光 □ 必要时建议后续间接修复治疗
重点医嘱	**长期医嘱** □ 口腔卫生指导 **临时医嘱** □ 局麻时交代相关注意事项 □ 封牙髓失活剂时交代相关注意事项 □ 根管封药时交代相关注意事项	**长期医嘱** □ 定期复查 □ 牙齿健康维护 **临时医嘱** □ 根管预备时交代相关注意事项 □ 根管充填时交代相关注意事项 □ 充填术后按所使用充填材料交待注意事项 □ 建议后续间接修复治疗时交代相关注意事项
护理工作	□ 协助医师完成相关工作 □ 术前器械准备 □ 术中配合 □ 术后器械整理和完成医嘱	□ 协助医师完成相关工作 □ 术前器械准备 □ 术中配合 □ 术后器械整理和完成医嘱
病情变异记录	□无　□有,原因: 1. 2.	□无　□有,原因: 1. 2.
护士签名		
医师签名		

急性下颌智齿冠周炎临床路径

（2016 年县级医院版）

一、急性下颌智齿冠周炎临床路径标准门诊流程

（一）适用对象

第一诊断为急性下颌智齿冠周炎（ICD10：K05.201）。

（二）诊断依据

根据《临床诊疗指南——口腔医学分册》（中华医学会编著，人民卫生出版社）。

1. 症状：患处局部肿痛，可伴面部肿胀，及不同程度的张口受限和咀嚼吞咽疼痛。可伴有畏寒、发热、头痛和全身不适。

2. 检查：可发现牙齿萌出不全，冠周有盲袋，牙龈红肿，触痛明显，可有脓液自龈瓣下溢出，可在牙冠远中或颊侧形成脓肿。可伴有同侧下颌下淋巴结肿大、压痛。

3. X 线片（牙片、曲面体层片等）有助于阻生牙诊断。

（三）治疗方案的选择

根据《临床诊疗指南——口腔医学分册》（中华医学会编著，人民卫生出版社），对急性下颌智齿冠周炎的治疗指征为：符合以上症状者；临床检查除外可以引起局部肿痛的其他疾病。

1. 局部治疗：

（1）以生理盐水，或者与下列药物之一：1% –3% 过氧化氢溶液、1∶5 000 高锰酸钾溶或 0.1% 氯己定溶液，交替冲洗盲袋，至溢出液清亮为止；

（2）擦干局部，盲袋内置入下列药物之一：2% 碘酒、碘甘油或碘酚溶液；

（3）如有牙冠周脓肿形成应切开引流；

（4）温热水或含漱剂含漱每日一至三次；

（5）物理治疗：局部肿痛、开口受限时可采用超短波、红外线在下颌角区理疗。

2. 全身治疗：

（1）结合患者全身情况给予抗生素和解热镇痛药物；

（2）必要时全身支持及输液治疗；

3. 根据治疗效果在复诊时再次局部及全身治疗。

4. 健康教育：如果牙齿已无可能萌出建立正常咬合关系应择期拔除。

（四）临床路径标准治疗疗程为 2 – 3 次

（五）进入路径标准

1. 第一诊断符合 ICD10：K05.201 急性下颌智齿冠周炎疾病编码。

2. 当患者同时具有其他疾病诊断时，但在治疗期间不需要特殊处理也不影响第一诊断的临床路径流程实施时，可以进入路径。

（六）治愈标准或疗效好转标准

1. 治愈：患牙无自觉症状，功能良好。

2. 未愈：肿痛未缓解；炎症加重引起临近组织器官或筋膜间隙的感染。

（七）变异及原因分析

1. 病人未能配合，感染迁延、慢性化。

2. 初期治疗效果不理想，需更换或增加抗生素。常由于病原菌复杂或病人特殊体质引起。

3. 炎症加重，向邻近组织和间隙扩散，形成间隙感染、颌骨骨髓炎等。

4. 如病人需要在冠周炎治疗期间拔出患牙，则退出路径。

二、急性下颌智齿冠周炎临床路径表单

适用对象：第一诊断为急性下颌智齿冠周炎（ICD10：K05.201）。

姓名：________性别：_____出生日期：_____年_____月 年龄：_____

门诊号：________就诊日期：_____年_____月_____日 标准治疗次数：2－3 次

时间	诊疗第 1 次	诊疗第 2 次（治疗 5 天后）	诊疗第 3 次（必要时）
主要诊疗工作	□ 询问病史，完成临床检查，明确诊断 □ 向患者交代诊疗过程 □ 盲袋冲洗，上碘酚 □ 如有脓肿需行切开引流 □ 抗菌药物，漱口药剂 □ 如需复诊告知病人	□ 询问疗效、病史，完成临床检查 □ 向患者交代诊疗过程 □ 盲袋冲洗，上碘酚 □ 如已切开脓肿需冲洗 □ 抗菌药物，漱口药剂 □ 如需复诊告知病人	□ 询问疗效、病史，完成临床检查 □ 向患者交代诊疗过程 □ 盲袋冲洗，上碘酚 □ 如已切开脓肿需冲洗 □ 抗菌药物，漱口药剂 □ 如需复诊告知病人
重点医嘱	**长期医嘱** □ 口腔卫生宣教 □ 建议炎症消除后拔除不能建立咬合关系的阻生牙 **临时医嘱** □ 按所用药物交代术后注意事项 □ 交代复诊时间及要求	**长期医嘱** □ 口腔卫生宣教 □ 建议炎症消除后拔除不能建立咬合关系的阻生牙 **临时医嘱** □ 按所用药物交代术后注意事项 □ 交代复诊时间及要求	**长期医嘱** □ 口腔卫生宣教 □ 建议炎症消除后拔除不能建立咬合关系的阻生牙 **临时医嘱** □ 按所用药物交代术后注意事项 □ 交代复诊时间及要求
主要护理工作	□ 协助医师完成准备药品器械 □ 协助交代术后医嘱及口腔卫生宣教	□ 协助医师完成准备药品器械 □ 协助交代术后医嘱及口腔卫生宣教	□ 协助医师完成准备药品器械 □ 协助交代术后医嘱及口腔卫生宣教
病情变异记录	□无 □有，原因： 1. 2.	□无 □有，原因： 1. 2.	□无 □有，原因： 1. 2.
护士签名			
医师签名			

慢性牙周炎行牙周基础治疗临床路径

（2016 年县级医院版）

一、慢性牙周炎行牙周基础治疗临床路径标准门诊流程

（一）适用对象

第一诊断为慢性牙周炎（ICD－10：K05.301）。行牙周基础治疗（ICD－9－CM－3：24.39，89.31，96.54）。

（二）诊断依据

根据《临床诊疗指南——口腔医学分册》（中华口腔医学会编著，人民卫生出版社，2016 年）。

1. 临床表现

（1）牙龈炎症表现：牙龈色鲜红色或暗红色、质松软、易出血、龈缘变厚、龈乳头变圆

钝,牙龈组织表面光亮,点彩消失,有时牙龈也可表现为肥厚。

(2)有牙周袋形成,并有附着丧失,即袋底在釉牙骨质界的根方。

(3)牙槽骨吸收。可表现为水平型吸收;垂直型吸收;凹坑状吸收;以及其他形式的牙槽骨吸收。

(4)可出现牙齿松动和移位。

(5)可伴发牙周牙髓联合病变、根分叉病变、牙周脓肿、牙龈退缩和牙根面敏感。

2. 诊断要点

(1)牙龈红肿或探诊后有出血。

(2)探诊深度>3mm,且有附着丧失>1mm。

(3)X线片显示牙槽骨吸收。

3. 诊断要点

(1)有附着丧失,且探诊深度>3mm。

(2)牙周袋表面牙龈表面有红肿或探诊后有出血。

(3)X线片可显示牙槽骨高度降低。

(三)治疗方案的选择

根据《临床诊疗指南——口腔医学分册》(中华口腔医学会编著,人民卫生出版社),治疗原则及方案为:

1. 慢性牙周炎的治疗原则是有效清除和控制菌斑及其他致病因子,消除炎症并促进牙周组织的修复和再生,恢复牙周组织的生理形态,重建有稳定的良好功能的牙列。

2. 牙周基础治疗

(1)口腔卫生指导,菌斑控制。

(2)施行洁治术、龈下刮治术和根面平整,以消除龈上和龈下菌斑、牙石,平整根面。

(3)消除菌斑滞留因素和其他局部刺激因素。

(4)拔除无保留价值或预后极差的牙。

(5)炎症控制后进行必要的咬合调整,如需要可做暂时性松牙固定。

(6)药物治疗。对有明显的急性炎症或某些重症患者,可辅予局部用抗菌药物或全身用抗菌药物。

(7)尽可能纠正全身危险因素或环境危险因素,如全身病的控制、戒烟等。

2. 牙周手术治疗:在基础治疗后4-12周,对牙周情况进行再评估。若仍有较深的牙周袋(≥5mm),且探诊有出血,或根面牙石不易彻底清除,炎症不能控制,或有牙龈及骨形态不良、膜龈关系不正常时,可选择各种牙周手术治疗。

3. 正畸与修复治疗:一般在牙周手术治疗后3个月进行。

4. 牙周支持治疗:是牙周疗效得以长期保持的先决条件。根据复查发现的问题进行治疗和口腔卫生指导。

(四)临床路径标准治疗疗程为2到9次

(五)进入路径标准

1. 第一诊断必须符合慢性牙周炎(ICD-10:K05.301)。

2. 当患者同时具有其他疾病诊断时,但在治疗期间不需要特殊处理也不影响第一诊断的临床路径流程实施时,可以进入路径。

(六)疗效好转标准

1. 好转:牙龈炎症减轻,自觉症状明显改善。

2. 未愈:症状未消失或加重。

(七)变异及原因分析

1. 患者病情较重,存在下列病情之一者不进入路径:

(1)探诊深度≥6mm。

(2)牙槽骨吸收超过根长的1/2。

(3)牙齿松动。

(4)炎症较明显且伴有牙周脓肿。

(5)后牙有二度或三度根分叉病变。

(6)牙周牙髓联合病变。

2. 患者病情较重,基础治疗后仍存在探诊深度≥5mm位点且有探诊出血时,若再次治疗效果不佳,可进一步考虑牙周手术治疗或药物治疗。

3. 患者因身心原因不能耐受或配合治疗

时，需在征得患者或监护人同意后延缓治疗，此前需完成必要的相关检查。

二、慢性牙周炎行牙周基础治疗的临床路径表单

适用对象：第一诊断为慢性牙周炎（ICD－10：K05.301）。行牙周基础治疗（ICD－9－CM－3：24.39，89.31，96.54）。

患者姓名：________性别：_____年龄：_____门诊号：________

初诊日期：____年____月____日　治疗完成日期：____年____月____日　疗程____天

时间	诊疗第 1 次 （初次门诊、洁治）	诊疗第 2 次 （补充洁治）	诊疗第 3 次 （牙周专科检查）
主要诊疗工作	□ 询问病史及体格检查 □ 牙周检查 □ 必要的辅助检查 □ 诊断 □ 制定治疗计划 □ 必要时会诊 □ 完成病历书写 □ 洁治治疗（部分或全部牙齿） □ 局部冲洗 □ 时局部用药 □ 牙面抛光术（色素多、牙龈炎症轻的患者） □ 口腔卫生指导	□ 口腔卫生情况检查 □ 牙龈炎症情况的检查 □ 余留牙齿洁治（必要时） □ 局部冲洗 □ 局部用药 □ 喷砂 □ 牙面抛光术 □ 口腔卫生指导	□ 口腔卫生情况检查 □ 牙龈炎症情况的检查 □ 详细牙周专科检查记录 □ 必要时会诊 □ 完善治疗计划 □ 局部冲洗 □ 局部用药 □ 口腔卫生指导
重点医嘱	**长期医嘱** □ 向患者或监护人交代诊疗过程和注意事项 □ 需转科治疗的患牙 □ 定期复查复治 **临时医嘱** □ 洁治后注意事项 □ 菌斑抑制剂 □ 局部消炎药	**长期医嘱** □ 定期复查复治 **临时医嘱** □ 治疗后注意事项 □ 菌斑抑制剂 □ 局部消炎药	**长期医嘱** □ 需转科治疗的患牙 □ 定期复查复治 **临时医嘱** □ 治疗后注意事项 □ 菌斑抑制剂 □ 局部消炎药 □ 全身应用抗生素
主要护理工作	□ 协助医师完成相关工作	□ 协助医师完成相关工作	□ 协助医师完成相关工作
病情变异记录	□无　□有，原因： 1. 2. 3.	□无　□有，原因： 1. 2. 3.	□无　□有，原因： 1. 2. 3.
护士签名			
医师签名			

<table>
<tr><td>时间</td><td>诊疗第 4 次
（龈下刮治及根面平整）</td><td>诊疗第 5 次
（龈下刮治及根面平整）</td><td>诊疗第 6 次
（龈下刮治及根面平整）</td></tr>
<tr><td>主要诊疗工作</td><td>□ 口腔卫生情况检查
□ 牙龈炎症情况的检查
□ 治疗计划的调整
□ 局部麻醉
□ 分区段龈下刮治及根面平整
□ 局部冲洗
□ 局部用药
□ 口腔卫生指导</td><td>□ 口腔卫生情况检查
□ 牙龈炎症情况的检查
□ 治疗计划的调整
□ 局部麻醉
□ 分区段龈下刮治及根面平整
□ 局部冲洗
□ 局部用药
□ 口腔卫生指导</td><td>□ 口腔卫生情况检查
□ 牙龈炎症情况的检查
□ 治疗计划的调整
□ 局部麻醉
□ 分区段龈下刮治及根面平整
□ 局部冲洗
□ 局部用药
□ 牙面抛光术
□ 口腔卫生指导</td></tr>
<tr><td>重点医嘱</td><td>长期医嘱
□ 需转科治疗的患牙
□ 定期复查复治
临时医嘱
□ 治疗后注意事项
□ 菌斑抑制剂
□ 局部消炎药
□ 全身应用抗生素</td><td>长期医嘱
□ 需转科治疗的患牙
□ 定期复查复治
临时医嘱
□ 治疗后注意事项
□ 菌斑抑制剂
□ 局部消炎药
□ 全身应用抗生素</td><td>长期医嘱
□ 需转科治疗的患牙
□ 定期复查复治
临时医嘱
□ 治疗后注意事项
□ 菌斑抑制剂
□ 局部消炎药
□ 全身应用抗生素</td></tr>
<tr><td>主要护理工作</td><td>□ 协助医师完成相关工作</td><td>□ 协助医师完成相关工作</td><td>□ 协助医师完成相关工作</td></tr>
<tr><td>病情变异记录</td><td>□无　□有，原因：
1.
2.
3.</td><td>□无　□有，原因：
1.
2.
3.</td><td>□无　□有，原因：
1.
2.
3.</td></tr>
<tr><td>护士签名</td><td></td><td></td><td></td></tr>
<tr><td>医师签名</td><td></td><td></td><td></td></tr>
</table>

<table>
<tr><td>时间</td><td>诊疗第 7 次
（龈下刮治及根面平整）</td><td>诊疗第 8 次
（龈下刮治及根面平整）</td><td>诊疗第 9 次
（龈下刮治和根面平整后检查）</td></tr>
<tr><td>主要诊疗工作</td><td>□ 口腔卫生情况检查
□ 牙龈炎症情况的检查
□ 治疗计划的调整
□ 局部麻醉
□ 分区段龈下刮治及根面平整
□ 局部冲洗
□ 局部用药
□ 口腔卫生指导</td><td>□ 口腔卫生情况检查
□ 牙龈炎症情况的检查
□ 治疗计划的调整
□ 局部麻醉
□ 分区段龈下刮治及根面平整
□ 局部冲洗
□ 局部用药
□ 口腔卫生指导</td><td>□ 口腔卫生情况检查
□ 牙龈炎症情况的检查
□ 咬合检查和调整
□ 松牙夹板
□ 喷砂
□ 牙面抛光
□ 口腔卫生指导</td></tr>
</table>

续表

时间	诊疗第 7 次 （龈下刮治及根面平整）	诊疗第 8 次 （龈下刮治及根面平整）	诊疗第 9 次 （龈下刮治和根面平整后检查）
重点医嘱	**长期医嘱** □ 需转科治疗的患牙 □ 定期复查复治 **临时医嘱** □ 治疗后注意事项 □ 菌斑抑制剂 □ 局部消炎药 □ 全身应用抗生素	**长期医嘱** □ 需转科治疗的患牙 □ 定期复查复治 **临时医嘱** □ 治疗后注意事项 □ 菌斑抑制剂 □ 局部消炎药 □ 全身应用抗生素	**长期医嘱** □ 需转科治疗的患牙 □ 定期复查复治 **临时医嘱** □ 治疗后注意事项 □ 菌斑抑制剂 □ 局部消炎药 □ 全身应用抗生素
主要护理工作	□ 协助医师完成相关工作	□ 协助医师完成相关工作	□ 协助医师完成相关工作
病情变异记录	□ 无 □有，原因： 1. 2. 3.	□ 无 □有，原因： 1. 2. 3.	□ 无 □有，原因： 1. 2. 3.
护士签名			
医师签名			

牙体缺损－烤瓷熔附金属全冠修复临床路径

（2016 年县级医院版）

一、牙体缺损－烤瓷熔附金属全冠修复临床路径标准门诊流程

（一）适用对象

第一诊断为牙体缺损（ICD－10：Z46.301，K03.804）。行烤瓷熔附金属全冠修复治疗（ICD－9－CM－3：23.4102）。

（二）诊断依据

根据《临床诊疗指南——口腔医学分册》（中华医学会编著，人民卫生出版社）。

1. 身体状况能满足常规固定义齿修复治疗要求。

2. 牙冠组织不同程度的缺损和牙冠外形的异常。

3. 牙冠形态、咬合关系及邻接关系的破坏。

4. 牙冠颜色的异常。

5. 牙冠缺损充填治疗的抗力形差。

6. 失去牙髓活力的患牙，已行完善根管治疗，X 线片示根充恰填。

7. 根尖周炎患牙已行完善治疗，能满足全冠修复治疗要求。

8. 牙列和牙周、牙冠高度、咬合关系、张口度等均满足全冠修复治疗要求。

（三）治疗方案的选择

1. 经临床及影像学检查符合上述诊断依据。

2. 对拟采用的金属无过敏史。

3. 非髓腔宽大、髓角高耸的活髓牙。

4. 患者本人要求并自愿选择烤瓷熔附金属全冠修复治疗。

（四）临床路径标准治疗次数≤3 次

1. 问诊、临床检查、交代治疗方案、患者知情同意、临床牙体预备、排龈(可选)、取印模、比色(可选)、制作临时冠(1 次)。

2. 试基底冠(0 - 1 次)。

3. 戴冠(1 次)。

(五)进入路径标准

1. 第一诊断必须符合 ICD10:K03.804 疾病编码。

2. 当患者同时具有其他疾病诊断时,但在门诊治疗期间不需要特殊处理也不影响第一诊断的临床路径流程实施时,可以进入路径。

(六)修复前准备

必须的检查项目:

1. 全口牙列、牙周状况检查及基础治疗状况检查。

2. 拟行全冠修复的患牙检查,包括口腔影像学检查。

(七)烤瓷熔附金属全冠治愈标准

1. 全冠修复体龈边缘密合,邻接触和咬合接触关系良好,患者无不适感受。

2. 全冠形态适合,色泽与邻牙和同名牙协调。

3. 无持续性或不可逆的症状,没有需要临床处理的并发症和/或合并症。

(八)变异及原因分析

1. 患有全身性疾病者,必要时请相关学科会诊及检查。

2. 患牙因固位、抗力较差,需要行桩核冠修复。

3. 患牙预备中露髓或预备后出现牙髓炎,需行根管治疗。

4. 治疗难度大,需要增加诊疗内容和次数。

5. 患者由于其他主观或客观原因无法继续治疗。

二、牙体缺损 - 烤瓷熔附金属全冠修复临床路径表单

适用对象:第一诊断牙体缺损(ICD - 10:K03.804)。行牙体缺损 - 烤瓷熔附金属全冠修复(ICD - 9 - CM - 3:23.4102)。

患者姓名:____________性别:______年龄:______门诊号:________

初诊日期:____年____月____日 修复完成日期:____年____月____日 疗程:____次

时间	诊疗第 1 次	诊疗第 2 次(可选)	诊疗第 2 - 3 次
主要诊疗工作	□ 问诊 □ 临床检查 □ 影像学检查 □ 交代治疗方案、风险、费用 □ 患者知情同意 □ 比色 □ 牙体预备 □ 排龈(可选) □ 取常规印模 □ 咬合记录(可选) □ 制作并暂粘临时冠 □ 模型转技工室	□ 问诊:治疗后有无不适 □ 临床检查:口腔卫生状况、患牙体征、临时冠情况 □ 试基底冠 □ 暂粘临时冠	□ 问诊:治疗后有无不适 □ 临床检查:口腔卫生状况、患牙体征、临时冠情况 □ 试冠 □ 上釉或抛光 □ 消毒、粘接 □ 粘接后检查边缘和咬合

续表

时间	诊疗第 1 次	诊疗第 2 次(可选)	诊疗第 2－3 次
重点医嘱	**长期医嘱** □ 口腔卫生宣教 **临时医嘱** □ 牙体预备后的注意事项 □ 临时修复体的注意事项 □ 复诊时间 □ 不适随诊	**长期医嘱** □ 口腔卫生宣教 **临时医嘱** □ 牙体预备后的注意事项 □ 临时修复体的注意事项 □ 复诊时间 □ 不适随诊	**长期医嘱** □ 口腔卫生宣教 **临时医嘱** □ 牙体预备后的注意事项 □ 修复体黏结后的注意事项 □ 复诊时间 □ 不适随诊
主要护理工作	□ 配合医师完成相关诊疗工作 □ 患者宣教	□ 配合医师完成相关诊疗工作 □ 患者宣教	□ 配合医师完成相关诊疗工作 □ 患者宣教
病情变异记录	□无 □有,原因: 1. 2.	□无 □有,原因: 1. 2.	□无 □有,原因:
护士签名			
医师签名			

牙性Ⅲ类错殆正畸治疗临床路径

(2016 年县级医院版)

一、牙性Ⅲ类错殆正畸治疗临床路径标准流程

(一)适用对象

第一诊断恒牙期牙性Ⅲ类错殆(ICD－10:Z46.4)。正畸掩饰治疗 ICD－9－CM－3:24.7103。

(二)诊断依据

根据《临床诊疗指南——口腔医学分册》(中华医学会编著,人民卫生出版社)

1. 临床表现:后牙近中关系、前牙反殆、面型基本正常。

2. X 线表现:头颅侧位片显示上下颌骨矢状向关系正常、上颌前牙位置偏后、直立,下颌前牙前凸或唇倾。

(三)治疗方案的选择

根据《临床诊疗指南——口腔医学分册》(中华医学会编著,人民卫生出版社)。

正畸治疗的患者为牙性Ⅲ类错殆畸形,通过正畸矫治解除前牙反殆矫治磨牙关系。治疗方案:

1. 拔除四个第一双尖牙。

2. 拔除上颌第二、下颌第一双尖牙。

3. 不拔牙,通过牙弓开展及邻面去釉。

(四)标准治疗时间 30－36 个月

(五)进入路径标准

1. 第一诊断符合牙性Ⅲ类错殆(ICD－10:Z46.4)疾病编码。

2. 恒牙期,拔除双尖牙或不拔牙矫治者。

3. 患者同时具有其他疾病诊断,如在正畸治疗期间不需要特殊处理也不影响第一诊断的临床路径流程实施时,可以进入路径。

存在以下情况的牙性Ⅲ类错殆不进入路径:

1. 有影响正畸治疗的其他疾病如全身系统疾病、牙周病、颞下颌关节病的患者不进入该路径。

2. 存在严重错位的牙齿，如尖牙助萌、磨牙直立、后牙锁殆、磨牙压低等情况时不进入该路径。

3. 存在骨性开殆、骨性后牙反殆的患者不进入该路径。

4. 存在牙齿缺失或严重损坏需要拔除其他牙齿的患者、替牙期牙性Ⅲ类错殆患者不进入该路径。

（六）正畸前检查

1. 临床检查患者面型、口腔健康状况、牙列阶段、牙齿排列咬合关系、覆殆覆盖等情况。

2. 记存牙殆模型。

3. 头颅侧位、全口曲面断层片。

（七）治疗完成标准

面型正常、牙列整齐、覆殆覆盖基本正常

（八）变异及原因分析

1. 个别后牙颊侧面较大充填物，无法直接粘接托槽或颊管者，需要在第三次复诊进行后牙分牙，第四次复诊粘接矫治器。

2. 正畸治疗中患者出现其他全身疾病影响正畸治疗进行者、正畸治疗中出现严重颞下颌关节症状、牙周病等需要暂停正畸治疗现行其他治疗者，则退出路径。

3. 正畸治疗需要患者配合，患者频繁失约、依从性差将延长治疗时间并影响治疗结果，则退出路径。

二、牙性Ⅲ类错殆－正畸治疗临床路径表单

适用对象：第一诊断 骨性Ⅱ类错殆（ICD－10：Z46.4）。掩饰性正畸治疗 ICD－9－CM－3：24.7103。

患者姓名：＿＿＿＿＿＿性别：＿＿＿年龄：＿＿＿门诊号：＿＿＿＿

初诊日期：＿＿年＿＿月＿＿日　正畸完成日期：＿＿年＿＿月＿＿日　疗程＿＿月

时间	诊疗第 1 次 （初次门诊）	诊疗第 2 次 （治疗计划）	诊疗第 3 次 （正畸前准备）
主要诊疗工作	□ 询问病史及临床检查 □ 完成病历书写 □ 影像学检查 □ 取研究模型 □ 相关检查（合位） □ 交代治疗过程和注意事项	□ 完成必要的相关科室会诊 □ 确定治疗计划 □ 签署治疗计划和治疗费用知情同意书 □ 预约矫正器粘着日期	□ 后牙分牙（可选）
重点医嘱	**临时医嘱** □ 曲面断层片 □ 头颅侧位片	**临时医嘱** □ 疗程、复诊要求 □ 口腔健康教育 □ 牙周洁治	**临时医嘱** □ 口腔健康教育（刷牙指导）
护理工作	□ 制取记存模型	□ 执行医嘱	□ 指导刷牙
病情变异记录	□无 □有，原因： 1. 2.	□无 □有，原因： 1. 2.	□无 □有，原因： 1. 2.
护士签名			
医师签名			

时间	诊疗第4次 (黏着矫治器)	复诊 (黏着矫治器后 第1－10个月)	复诊 (黏着矫治器后 第11－20个月)	复诊 (黏着矫治器后 第21－30个月)
主要诊疗工作	□ 黏着矫治器 □ 向患者/家属口头及书面交代注意事项 □ 病历记录	□ 观察牙齿排列情况 □ 更换矫治弓丝 □ 病历记录	□ 观察牙齿排列情况 □ 调整弓丝,打开咬合 □ 病历记录	□ 弓丝调整 □ 拔牙间隙关闭 □ 颌间关系调整至正常 □ 病历记录
重点医嘱	**长期医嘱** □ 饮食:硬、黏食物禁食 □ 每餐后刷牙 **临时医嘱** □ 正畸加力后注意事项	**长期医嘱** □ 饮食:硬、黏食物禁食 □ 每餐后刷牙 **临时医嘱** □ 定期牙周维护	**长期医嘱** □ 饮食:硬、黏食物禁食 □ 每餐后刷牙 **临时医嘱** □ 定期牙周维护	**长期医嘱** □ 饮食:硬、黏食物禁食 □ 每餐后刷牙 **临时医嘱** □ 指导患者完成颌间牵引
护理工作	□ 配合黏着矫治器 □ 指导饮食、刷牙 □ 矫正器戴用后注意事项宣教	□ 执行医嘱	□ 执行医嘱	□ 执行医嘱
病情变异记录	□无 □有,原因: 1. 2.	□无 □有,原因: 1. 2.	□无 □有,原因: 1. 2.	□无 □有,原因: 1. 2.
护士签名				
医师签名				

时间	复诊 (黏着矫治器后31－36个月)	复诊 (矫治器去除、正畸治疗结束)	复诊 (保持器戴用后复诊)
主要诊疗工作	□ 检查牙齿排列、间隙关闭情况及咬合关系 □ 精细调整牙齿排列及咬合关系 □ 病历记录	□ 去除固定矫治器 □ 牙面清洁抛光 □ 戴入保持器 □ 取完成记存模	□ 检查保持器戴用情况 □ 牙齿排列、咬合关系检查
重点医嘱	**长期医嘱** □ 饮食:硬、黏食物禁食 □ 每餐后刷牙 **临时医嘱** □ 定期牙周维护	**长期医嘱** □ 保持器戴用要求 □ 口腔健康指导 **临时医嘱** □ 曲面断层片 □ 头颅侧位片	**长期医嘱** □ 指导保持器戴用 □ 口腔健康指导 □ 复诊
护理工作	□ 执行医嘱	□ 执行医嘱 □ 保持器戴用注意事项 □ 口腔健康指导	
病情变异记录	□无 □有,原因: 1. 2.	□无 □有,原因: 1. 2.	□无 □有,原因: 1. 2.
护士签名			
医师签名			

唇裂临床路径

（2016 年版）

一、唇裂临床路径标准住院流程

（一）适用对象

第一诊断为唇裂（ICD－10：Q36）。行唇裂修复术（ICD－9－CM－3：27.54）。

（二）诊断依据

根据《临床诊疗指南——口腔医学分册》（中华口腔医学会编著，人民卫生出版社）。

1. 上唇裂开，可为完全性裂，也可为不完全性裂；可为单侧裂，也可为双侧裂。

2. 有的上唇皮肤与黏膜完整，但肌发育或连接不全，称为唇隐裂。

3. 可同时伴有鼻孔、鼻翼、鼻小柱、牙槽嵴不同程度的畸形。

（三）治疗方案的选择

根据《临床诊疗指南——口腔医学分册》（中华口腔医学会编著，人民卫生出版社）。

选择唇裂修复术，其适应证为：

1. 唇裂的手术年龄在 3－6 个月。

2. 体重应在 5 公斤以上。

3. 血尿常规以及其他化验检查应在正常范围。

4. 无发热和上呼吸道感染以及腹泻等症状。

5. X 线胸片无异常，胸腺大小在正常范围。

6. 无其他脏器的先天性异常，如：先天性心脏病，心血管系统等疾病。

7. 口、鼻唇区皮肤、黏膜无糜烂和皮疹。

（四）标准住院日为≤10 天

（五）进入路径标准

1. 第一诊断必须符合 ICD－10：Q36 唇裂疾病编码。

2. 患者同时具有其他疾病诊断，如在住院期间不需要特殊处理也不影响第一诊断的临床路径流程实施时，可以进入路径。

（六）术前准备（术前评估）1－2 天

1. 必须检查的项目：

（1）血常规、尿常规、便常规、血型；

（2）凝血功能；

（3）肝肾功能；

（4）感染性疾病筛查（乙肝、丙肝、艾滋病、梅毒等）；

（5）胸片、心电图。

2. 根据具体情况选择：超声心动图（心脏杂音/先心病）。

（七）预防性抗菌药物选择与使用时机

1. 按照《抗菌药物临床应用指导原则（2015 年版）》（国卫办医发［2015］43 号）执行。

2. 用青霉素类及其他类抗菌药物，预防性用药时间为术前 30 分钟。

（八）手术日为入院第 3－4 天

1. 麻醉方式：气管内插管全麻。

2. 手术内固定物：无。

3. 术中用药：麻醉常规用药。

4. 输血：视术中情况定。

（九）术后住院恢复 5－7 天

1. 必须复查的检查项目：根据当时病人情况而定。

2. 术后用药：青霉素类或其他类抗菌药物，用药时间≤3 天。

（十）出院标准

1. 伤口愈合良好，拆线后出院。使用可吸收线者无须拆线。

2. 没有需要住院处理的并发症和/或合并症。

（十一）变异及原因分析

1. 有影响手术的综合征，需要进行相关的检查、诊断和治疗，必要时需要行 CT、MRI 和超声心动图等检查。

2. 上颌骨段移位严重的唇裂必要时需要正畸辅助复位移位的骨段、缩小裂隙。

3. 裂隙过宽的双侧唇裂可能需要二次手术来分别关闭两侧的唇裂裂隙。

二、唇裂临床路径表单

适用对象：第一诊断为唇裂（ICD－10：Q36）。行唇裂修复术（ICD－9－CM－3：27.54）。

患者姓名：＿＿＿＿＿性别：＿＿＿年龄：＿＿＿门诊号：＿＿＿＿住院号：＿＿＿＿

住院日期：＿＿年＿＿月＿＿日　出院日期：＿＿年＿＿月＿＿日　标准住院日：≤10 天

时间	住院第 1 天 （入院日）	住院第 2 天 （手术准备日）	住院第 3－4 天 （手术日）
主要诊疗工作	□ 询问病史及体格检查 □ 完成病历书写 □ 开术前化验单、影像检查单、心电图检查单、会诊单（根据病情需要） □ 上级医师查房，初步确定手术方式和日期 □ 向患儿家属交代诊疗过程和住院事项	□ 上级医师查房，确认手术方案 □ 开术前医嘱、完成术前准备 □ 术前讨论（视情况而定） □ 完成必要的相关科室会诊 □ 签署手术知情同意书、自费用品协议书 □ 签署手术麻醉知情同意书 □ 向家属交代围手术期注意事项 □ 完成术前小结和上级医师查房记录	□ 完成手术 □ 开术后医嘱 □ 术者完成手术记录 □ 住院医师完成术后病程 □ 术者查房 □ 向患者/家属交代病情及术后注意事项
重点医嘱	**临时医嘱** □ 血尿便常规检查、血型、凝血功能 □ 肝肾功能、感染性疾病筛查 □ 心电图（视情况而定） □ 正位胸片 □ 超声心动图（先心病患儿） **长期医嘱** □ 外科二级护理 □ 饮食：◎普食◎半流食◎流食◎其他	**临时医嘱** □ 拟明日全麻下行唇裂修复术 □ 术前 6 小时禁食水 □ 口鼻腔清洁 □ 抗菌药物：术前 30 分钟	**临时医嘱** □ 心电监护 □ 持续/间断吸氧 □ 抗菌药物 **长期医嘱** □ 全麻术后护理常规 □ 外科一级护理 □ 术后 6 小时流食
主要护理工作	□ 介绍病房环境、设施及设备 □ 入院护理评估 □ 指导饮食及喂养方法 □ 执行入院后医嘱 □ 指导进行心电图、影像学检查等 □ 护理记录	□ 晨起静脉取血 □ 术前宣教及告知卫生知识 □ 嘱禁食、水时间 □ 口鼻腔清洁 □ 药敏试验 □ 护理记录	□ 术前更衣、遵医嘱给药 □ 观察术后病情变化 □ 观察创口出血情况 □ 给予术后饮食指导 □ 指导并协助术后活动 □ 护理记录
病情变异记录	□无　□有，原因： 1. 2.	□无　□有，原因： 1. 2.	□无　□有，原因： 1. 2.
护士签名			

续表

时间	住院第 1 天 （入院日）	住院第 2 天 （手术准备日）	住院第 3－4 天 （手术日）
医师签名			

时间	住院 4－5 天 （术后第 1 日）	住院 5－7 天 （术后第 2－3 日）	住院 8－10 天 （术后第 4－7 天，出院前日）
主要诊疗工作	□ 上级医师查房，观察病情 □ 住院医师常规病历记录 □ 询问进食量 □ 观察体温 □ 观察伤口渗出，伤口清洁	□ 上级医师查房，观察病情 □ 住院医师常规病历记录 □ 询问进食量 □ 观察体温 □ 观察伤口渗出，伤口清洁 □ 必要时复查血常规	□ 上级医师查房，评估手术效果和伤口愈合 □ 住院医师完成出院记录、病案首页、出院证明书等，向患者交代出院后的注意事项，如：返院复诊的时间、地点，发生紧急情况时的处理等
重点医嘱	**长期医嘱** □ 二级护理 □ 流食 □ 陪住 1 人 □ 静脉输注或口服抗菌药物 □ 解热镇痛类（小儿） □ 创口换药	**长期医嘱** □ 二级护理 □ 静脉输注或口服抗菌药物	**临时医嘱** □ 拟明日全麻下行唇裂修复术拆线 □ 术前 6 小时禁食水 □ 明日出院（出院前 1 日）
主要护理工作	□ 观察病情变化 □ 观察创口出血情况 □ 观察进食情况并给予指导 □ 术后心理与生活护理 □ 护理记录	□ 观察病情变化 □ 观察饮食情况 □ 心理与生活护理 □ 护理记录	□ 指导办理出院手续 □ 指导伤口及进食护理 □ 指导复查时间及注意事项 □ 护理记录
病情变异记录	□无 □有，原因： 1. 2.	□无 □有，原因： 1. 2.	□无 □有，原因： 1. 2.
护士签名			
医师签名			

腭裂临床路径

（2016 年版）

一、腭裂临床路径标准住院流程

（一）适用对象

第一诊断为腭裂（ICD－10：Q35）。行腭裂修复术（ICD－9－CM－3：27.62）。

（二）诊断依据

根据《临床诊疗指南——口腔医学分册》（中华医学会编著，人民卫生出版社）。

1. 腭部裂开，可为完全性裂，也可为不完全性裂；可为单侧裂，也可为双侧裂。

2. 有的为黏膜下裂(隐裂),腭部未见明显裂隙。

3. 完全性腭裂常伴有牙槽突裂及唇裂,牙列错乱。

4. 常伴有上颌骨发育不足,面中部凹陷畸形。

(三)治疗方案的选择

根据《临床技术操作规范——口腔医学分册》(中华医学会编著,人民卫生出版社)。

选择腭裂修复术,其适应证为:

1. 10 个月以上的患儿,血常规、胸片等都在正常范围内;

2. 无严重先天性其他脏器的异常;

3. 无上呼吸道感染,腹泻及其他异常;

4. 口腔内无溃疡及黏膜糜烂;

5. 两侧扁桃体、增殖体无炎症。

(四)标准住院日为≤9 天

(五)进入路径标准

1. 第一诊断符合 ICD－10:Q35 腭裂疾病编码。

2. 患者同时具有其他疾病诊断,如在住院期间不需要特殊处理也不影响第一诊断的临床路径流程实施时,可以进入路径。

(六)术前准备(术前评估)2－3 天

1. 必须检查的项目:

(1)血常规、尿常规、便常规、血型;

(2)凝血功能;

(3)肝肾功能;

(4)感染性疾病筛查(乙肝、丙肝、艾滋病、梅毒等);

(5)X 线片(胸片);

(6)心电图(视情况而定)。

2. 根据病情可选择:

(1)超声心动图(心脏杂音/先心病);

(2)头颅定位侧位片、头颅 CT(必要时);

(3)有条件、能够配合的患儿可开展鼻咽纤维镜和/或鼻流计等腭咽功能及语言功能检查。

(七)预防性抗菌药物选择与使用时机

1. 抗菌药物:按照《抗菌药物临床应用指导原则(2015 年版)》(国卫办医发[2015]43 号)执行。

2. 选用青霉素类或其他类抗菌药物,预防性用药时间为术前 30 分钟。

(八)手术日为入院第 3－4 天

1. 麻醉方式:气管内插管全麻。

2. 手术内固定物:无。

3. 术中用药:麻醉常规用药、术后镇痛泵的应用。

4. 输血:视术中情况定。

(九)术后住院恢复 2－5 天

1. 根据当时病人情况而定复查的检查项目。

2. 术后用药:抗菌药物选用青霉素类或其他类抗菌药物,用药时间 2－5 天。

3. 必要时使用止血药及激素类药。

(十)出院标准

1. 伤口愈合良好。

2. 没有需要住院处理的并发症和/或合并症。

(十一)变异及原因分析

1. 有影响手术的综合征疾病,需要进行相关的检查、诊断和治疗,必要时需要行 CT、MRI 和超声心动图等检查。

2. 上颌骨段移位严重的腭裂必要时需要正畸辅助复位移位的骨段、缩小裂隙。

3. 裂隙过宽的单、双侧腭裂可能需要犁骨粘骨膜瓣来关闭腭裂的鼻腔侧裂隙。

4. 软腭过短、腭咽闭合功能差的腭裂必要时需要同时行咽成形术以改善发音。

二、腭裂临床路径表单

适用对象：第一诊断为腭裂（ICD－10：Q35）。行腭裂修复术（ICD－9－CM－3：27.62）。

患者姓名：＿＿＿＿＿性别：＿＿＿年龄：＿＿＿门诊号：＿＿＿＿住院号：＿＿＿＿

住院日期：＿＿年＿＿月＿＿日　出院日期：＿＿年＿＿月＿＿日　标准住院日：≤10 天

时间	住院第 1 天 （入院日）	住院第 2 天 （手术准备日）	住院第 3－4 天 （手术日）
主要诊疗工作	□ 询问病史及体格检查 □ 完成病历书写 □ 开术前化验单、影像检查单、心电图检查单、会诊单（根据病情需要） □ 上级医师查房，初步确定手术方式和日期 □ 向患儿家属交代诊疗过程和住院事项	□ 上级医师查房，确认手术方案 □ 开术前医嘱、完成术前准备 □ 术前讨论（视情况而定） □ 完成必要的相关科室会诊 □ 签署手术知情同意书、自费用品协议书 □ 签署手术麻醉知情同意书 □ 向家属交代围手术期注意事项 □ 完成术前小结和上级医师查房记录	□ 完成手术 □ 开术后医嘱 □ 术者完成手术记录 □ 住院医师完成术后病程 □ 术者查房 □ 向患者或家属交代病情及术后注意事项
重点医嘱	**临时医嘱** □ 血尿便常规、血型、凝血功能、肝肾功能、感染性疾病筛查 □ 心电图（视情况而定） □ 超声心动图（先心病患儿） □ 正位胸片 □ 头颈部 CT（下颌明显后缩或睡眠时打鼾患儿） **长期医嘱** □ 外科二级护理 □ 饮食：◎普食◎半流食◎流食◎其他	**临时医嘱** □ 拟明日全麻下行腭裂修复术 □ 术前 6 小时禁食水 □ 口鼻腔清洁 □ 药敏试验 □ 抗菌药物：术前 30 分钟	**临时医嘱** □ 心电监护 □ 持续或间断吸氧 □ 抗菌药物 **长期医嘱** □ 全麻术后护理常规 □ 外科一级护理 □ 术后 6 小时流食
主要护理工作	□ 介绍病房环境、设施及设备 □ 入院护理评估 □ 指导饮食及喂养方法 □ 执行入院后医嘱 □ 指导进行心电图、影像学检查等 □ 护理记录	□ 晨起静脉取血 □ 术前宣教：卫生及手术知识 □ 嘱禁食、水时间 □ 口鼻腔清洁 □ 药敏试验 □ 护理记录	□ 术前更衣、遵医嘱给药 □ 观察术后病情变化 □ 观察创口出血情况 □ 给予术后饮食指导 □ 指导并协助术后活动 □ 护理记录
病情变异记录	□无　□有，原因： 1. 2.	□无　□有，原因： 1. 2.	□无　□有，原因： 1. 2.
护士签名			
医师签名			

时间	住院第 4－5 天 术后第 1 日	住院第 5－7 天 （术后第 2－3 日，出院前日）	住院第 8－9 天 （术后第 3－4 天，出院日）
主要诊疗工作	□ 上级医师查房，观察病情 □ 住院医师常规病历记录 □ 询问进食量 □ 观察体温 □ 观察伤口情况	□ 上级医师查房，观察病情 □ 住院医师常规病历记录 □ 询问进食量 □ 观察体温 □ 观察伤口情况 □ 必要时复查血常规	□ 上级医师查房，评估手术效果和伤口愈合 □ 住院医师完成出院记录、病案首页、出院证明书等，向患者交代出院后的注意事项，如：返院复诊的时间、地点，发生紧急情况时的处理等
重点医嘱	**长期医嘱** □ 一级护理 □ 流食 □ 陪住 1 人 □ 静脉输注或口服抗菌药物 □ 解热镇痛类（小儿） □ 创口换药 **临时医嘱** □ 必要时使用止血药及激素类药 □ 根据患儿进食量补液	**长期医嘱** □ 二级护理（更改护理级别） □ 明日出院（出院前 1 日） □ 出院带药	
主要护理工作	□ 观察病情变化 □ 观察创口出血情况 □ 观察进食情况并给予指导 □ 术后心理与生活护理 □ 护理记录	□ 观察病情变化及饮食情况 □ 心理与生活护理 □ 护理记录	□ 指导办理出院手续 □ 指导伤口及进食护理 □ 指导复查时间及注意事项 □ 护理记录
病情变异记录	□无　□有，原因： 1. 2.	□无　□有，原因： 1. 2.	□无　□有，原因： 1. 2.
护士签名			
医师签名			

马绪臣教授、胡静教授荣获得第十届“中国医师奖”

中国医师协会第十届“中国医师奖”颁奖大会于 2016 年 6 月 26 日在北京国际会议中心隆重举行，国家卫生计生委李斌主任、中国医师协会张雁灵会长等领导出席并致辞，中华口腔医学会俞光岩副会长应邀出席。中国医师协会口腔医师分会、北京大学口腔医院派出由张伟副总干事/副院长为代表的 23 人参加颁奖大会。

第十届“中国医师奖”获奖医师共计 80 位，较第九届“中国医师奖”遴选更加严格，更加注重临床一线医师、基层医师和偏远地区及少数民族医师。获奖医师来自全国 31 个省、自治区、直辖市，解放军及武警部队，涵盖内、外、妇、儿、全科、口腔、核医学等 11 个学科。由中国医师协会口腔医师分会推荐的北京大学口腔医院马绪臣教授、四川大学华西口腔医院胡静教授,因其为中国口腔医学事业的发展做出了突出贡献而获此殊荣。其中,马绪臣教授从事医师职业 40 余年来,始终坚守临床一线,亲自诊治了大量疑难颞颌关节病患者,深受患者尊敬和爱戴。胡静教授是我国著名的口腔颌面外科医师,在正颌外科学临床和基础研究上均做出了突出贡献,在其身患疾病期间仍然坚守在临床一线工作。两位口腔医师的获奖,充分体现了国家对口腔医学事业发展的重视与支持,体现了国家卫生计生委和中国医师协会广大同仁对口腔医师追求卓越、无私奉献精神的肯定与嘉奖。

"中国医师奖"是经国务院审核批准于 2003 年设立的我国医师行业的最高奖项,在行业及社会产生了广泛而深远的影响,迄今已举办十届,表彰了 785 位优秀医师代表。自 2004 年以来全国共有 25 名口腔医师获得"中国医师奖",其中由中国医师协会口腔医师分会推荐的获奖者 17 名,由地方医师协会推荐获奖的 8 名;另有人 6 人于 2008 年因四川大地震医疗保障工作中的突出表现获得中国医师奖 · 提名奖。这些获奖医师是广大医疗卫生工作者的优秀代表,是医务工作者学习的楷模与榜样。中国医师协会口腔医师分会号召全国口腔医务工作者应当努力学习他们无私奉献、救死扶伤的崇高信念,精诚为业、仁爱为医的高尚医德,精益求精、一丝不苟的敬业精神,关爱患者、廉洁自律的职业操守,真正做到全心全意为保障全国人民群众的口腔卫生与健康而努力服务。

2016 年度基层口腔医师学术培训

为促进基层口腔医学事业发展、提升偏远地区口腔卫生服务能力,中国医师协会口腔医师分会决定开展资助基层口腔医师参加学术培训活动(以下简称"资助活动")。第一期资助活动已于 2016 年 2 月启动,目前正在顺利实施中。

一、背景

口腔医师分会第四届委员会注重发挥分会社会公益服务能力,关注基层口腔医师诊治与学术水平,积极规划基层口腔医师义务培训工作,对此,分会于 2015 年专门制定资助基层口腔医师参加学术培训活动实施方案(草案),并经 2015 年 9 月第四届委员会第一次常委会(通讯)工作会议由全体常委通讯审议通过,决定每年组织一批次基层口腔医师免费参加中国国际口腔设备材料展览会学术交流与培训班,资助地区与人数依当年计划适时调整。分会审时度势积极响应国家西部开发与"一带一路"战略构想,第一期资助活动确定面向西部十二个省、直辖市和自治区实施。

二、2016 年资助活动

(一)启动

按照资助活动的总体规划,2016 年 2 月分会制订本年度的资助活动方案并启动第一期资助活动,面向重庆市、四川省、贵州省、云南省、广西壮族自治区、陕西省、甘肃省、青海省、宁夏回族自治区、西藏自治区、新疆维吾尔自治区、内蒙古自治区等西部 12 个省、市、自治区,资助县级行政区(县、自治县、旗、自治旗、县级市、市辖区)公立医疗机构执业注册的口腔医师赴京参加 2016 年 6 月第二十一届中国国际口腔设备材料展览会学术交流与培训班,每地区 3 个名额。

(二)推荐征集

考虑各地口腔医师/医学行业组织掌握本地区基层口腔医疗行业现状,分会资助活动将西部地区的口腔医师分会、口腔医学会(未成立地方口腔医师分会的地区)作为推荐机构组织西部基层口腔医师的上报工作,由分会办公室专门发出征集函,对资助活动的总体安排、资助费用、医师入选条件及推荐要求做出详细说明,委托推荐机构协助分会完成当地基层口腔医师的推荐工作。考虑西藏地区情况较为特殊,分会具体委托西藏自治区人民医院完成西藏地区医师的推荐工作。资助活动得到推荐单位的大力支持与积极配合,12 个省、市、自治区共推荐口腔医师 35 名。

(三)资助审核

分会办公室按照活动方案要求对 35 名西部基层口腔医师个人信息进行审核,最终确定对 33 名医师给予资助,其中重庆、四川、贵州、广西、陕西、青海、宁夏、新疆、内蒙古各 3 名,云南、甘肃、西藏各 2 名,由分会办公室向获资助资格医师本人及推荐机构分别发函进行确认与告知。

(四)资助情况

1. 获资助资格医师基本情况

获资助资格的 33 名口腔医师基本情况如下:①性别:男医师 21 名,女医师 12 名;②民族:汉族 27 名,藏族 2 名,羌族 1 名,土家族 1 名,维吾尔族 1 名,蒙古族 1 名;③职称:主任医师 1 名,副主任医师 13 名,主治医师 10 名,住院医师 7 名,助理医师 1 名,医士 1 名;④职务:有行政职务 20 名,无职务 13 名;⑤执业年限:执业 30 年及以上 3 名,20 – 29 年 12 人,10 – 19 年 4 人,10 年以下 14 人;⑥学历:研究生学历 1 名,本科学历 27 名,大专学历 2 名,中专学历 3 名。⑦执业机构:31 名来自综合医院口腔科,来自口腔医院、牙病防治所各 1 名;⑧执业地点:17 个县级(含旗)医疗机构,16 个(地)市级、市辖区医疗机构。

2. 由于部分基层医师个人原因,分会最终实际资助医师 28 名。

3. 资助培训课程

①免费课程:《国际口腔论坛》《管理论坛》《口腔热点难点专题讲座》《新产品、新技术交流会》等 4 类培训,共计 88 节课程。

②收费课程:《第二十一届北京口腔医学新进展报告会》,17 节课程,授予国家级继续医学教育 I 类学分 8 分。经分会协调,费用统一由中华口腔医学会予以免除。

4. 费用承担

获资助医师在京培训期间的培训课程、三餐、往返会场交通、住宿由口腔医师分会统一安排,费用由分会支付;医师往返北京及住宿酒店的交通费用自理。

(五)资助活动得到国家卫生与计划生育委员会国际交流与合作中心、中华口腔医学会的大力支持。

中国医师协会口腔医师分会
二〇一六年七月三十日

“口腔健康海南行”医疗队

2016 年 11 月 6 日至 11 月 27 日,第四军医大学口腔医学院“口腔健康海南行”医疗队携带第二代数字化野战口腔诊疗车,跨越琼州海峡,机动行程 5 500 多公里,全程 22 天,圆满完成了海军潜艇某基地与南海舰队部队等 5 个单位的口腔卫勤保障任务。院党委对本次海南行活动非常重视,医疗队由陈吉华院长、贺建军副院长担任队长,抽组预防、牙体、黏膜、口腔外科、牙周科等科室骨干 21 人组成医疗队。出发前陈吉华院长做了动员讲话，王利民政委为医疗队授旗。

受检海军官兵长年 24 小时战备，工作强度大，长期处于高温、高盐、封闭、震动和高噪音等特殊工作环境，口腔疾病呈现高发、重度的特点。医疗队员克服季节转换、水土不服、长途跋涉等难题，超负荷、高标准完成保障任务，单日最高接诊量达 300 多人次。共治疗官兵 1 697 人次；以海军潜艇官兵为主体，完成军事医学科研课题问卷 1 650 份，采集标本 80 人份；心理状况调查量表 300 份，开展口腔健康宣教两次。海军潜艇某基地专门为医疗队赠送锦旗“妙手丹心，强军筑梦捍核盾；杏林春暖，情系官兵卫蓝鲸”。

针对海军基层口腔保障力量薄弱的现状，第四军医大学口腔医学院还全资捐建了一个功能齐备的口腔诊室。11 月 19 日，学校王茜副校长和潜艇某基地梅文政委签署了《卫生业务合作协议》，并为第四军医大学口腔医学院援建的三亚海螺基地生活小区口腔诊室开业剪彩，开拓了为基层部队留下一支“带不走的医疗队”的工作新模式。

四川省口腔“医疗作战区”成立

2016 年 1 月 15 日，为响应国家“分级诊疗，双向转诊”号召，促进四川省口腔医疗机构分工协作，为患者提供科学、适宜、连续性的口腔诊疗服务，四川省口腔“医疗作战区”成立暨转诊协议签订仪式在四川大学华西口腔医院举行。省卫计委领导、省口腔医学会领导、29 家基层医院代表、医院全体院领导及 8 个国家临床重点专科负责人参加了签订仪式。仪式由医院副院长石冰主持，周学东院长代表医院致辞，凉山州第二人民医院、汶川县人民医院、攀钢集团总医院、宣汉县人民医院 4 家医院代表基层医院发言，四川省卫生计生委张祖芸副主任在仪式上表示四川省口腔医疗作战区成立将带动四川省口腔医疗整体水平的提高、推动口腔分级诊疗工作的进一步落实。

作为四川省口腔“医疗作战区”的领头医院，四川大学华西口腔医院牵头 8 个国家临床重点专科主任分别和 29 家基层医院签订了转诊协议，将国家临床重点专科与基层医院结成对子，具体联系帮扶医院，是医院践行优秀医疗资源下沉的又一创新举措，必将有力推进口腔“医疗作战区”工作。

行业标准发布

关于发布《医院消毒供应中心 第一部分：管理规范》等 10 项卫生行业标准的通告

国卫通［2016］23 号

现发布《医院消毒供应中心 第一部分：管理规范》等 10 项卫生行业标准，其编号和名称如下：

一、强制性卫生行业标准

WS 310.1－2016 医院消毒供应中心第一部分:管理规范(代替 WS310.1－2009)

WS 310.2－2016 医院消毒供应中心第二部分:清洗消毒及灭菌技术操作规范(代替 WS 310.2－2009)

WS 310.3－2016 医院消毒供应中心第三部分:清洗消毒及灭菌效果监测标准(代替 WS 310.3－2009)

WS 506－2016 口腔器械消毒灭菌技术操作规范

WS 507－2016 软式内镜清洗消毒技术规范

二、推荐性卫生行业标准

WS/T 508－2016 医院医用织物洗涤消毒技术规范

WS/T 509－2016 重症监护病房医院感染预防与控制规范

WS/T 510－2016 病区医院感染管理规范

WS/T 511－2016 经空气传播疾病医院感染预防与控制规范

WS/T 512－2016 医疗机构环境表面清洁与消毒管理规范

上述标准自 2017 年 6 月 1 日起施行,WS 310.1－2009、WS 310.2－2009、WS 310.3－2009 同时废止。

特此通告。

国家卫生计生委

二〇一六年十二月二十七日

其中,准《WS 506－2016 口腔器械消毒灭菌技术操作规范》如下,其他标准略。

口腔器械消毒灭菌技术操作规范

Regulation for disinfection and sterilization technique of dental instruments

前　言

本标准的 4.2.2 d)、4.3.3、4.4.3、6.1.2 a)和 c)、6.2.2、6.2.3、6.2.4、6.3、6.6.2、6.6.3、6.7.2、7.1.3 为推荐性条款,其余为强制性条款。

根据《中华人民共和国传染病防治法》和《医院感染管理办法》制定本标准。

本标准按照 GB/T 1.1－2009 给出的规则起草。

本标准起草单位:北京大学口腔医院、首都医科大学附属北京口腔医院、天津南开大学附属口腔医院、吉林大学口腔医院、中山大学附属口腔医院、中国疾病预防控制中心、北京大学第一医院。

本标准主要起草人:沈曙铭、刘翠梅、俞光岩、苏静、丁效芳、刘东玲、章小缓、班海群、李六亿、王春丽、李秀娥。

口腔器械消毒灭菌技术操作规范

1　范围

本标准规定了口腔器械消毒灭菌的管理要求、基本原则、操作流程、灭菌监测、灭菌物品放行和器械储存要求。

本标准适用于各级各类开展口腔疾病预防、诊断、治疗服务的医疗机构。已实现消毒供应中心集中供应的，其口腔器械的处置方法可参照本标准执行。

2　规范性引用文件

下列文件对于本文件的应用是必不可少的。凡是注日期的引用文件，仅注日期的版本适用于本文件。凡是不注日期的引用文件，其最新版本（包括所有的修改单）适用于本文件。

GB 15982　医院消毒卫生标准

GB/T 19633　最终灭菌医疗器械的包装

WS 310.2　医院消毒供应中心　第二部分：清洗消毒及灭菌技术操作规范

WS 310.3　医院消毒供应中心　第三部分：清洗消毒及灭菌效果监测标准

WS/T 367　医疗机构消毒技术规范

YY 0646　小型蒸汽灭菌器　自动控制型

3　术语和定义

下列术语和定义适用于本文件。

3.1　口腔器械 dental devices

用于预防、诊断、治疗口腔疾患和口腔保健的可重复使用器械、器具和物品。

3.2　牙科小器械 small dental devices

规格较小的牙科器械，如各种型号车针、根管器具等。

3.3　牙科手机 handpiece；dental

用来向牙科工具或器具传递（带转换或不带转换）工作所需能量的手持工具夹。

3.4　根管器具 root－canal instruments

用来对根管进行探查、穿透、预备或充填的器具，如根管锉、根管扩大器、根管光滑髓针等。

3.5　牙洁治器 dental scaler

专门设计和（或）用于清除牙齿表面牙垢的手动或电动牙科器械。

3.6　高度危险口腔器械 critical dental instruments

穿透软组织、接触骨、进入或接触血液或其他无菌组织的口腔器械。

3.7　中度危险口腔器械 semicritical dental instruments

与完整黏膜相接触，而不进人人体无菌组织、器官和血流，也不接触破损皮肤、破损黏膜的口腔器械。

3.8　低度危险口腔器械 noncritical dental instruments

不接触患者口腔或间接接触患者口腔，参与口腔诊疗服务，虽有微生物污染，但在一般情况下无害，只有受到一定量的病原微生物污染时才造成危害的口腔器械。

3.9　小型压力蒸汽灭菌器自动控制型 small steam sterilizer－automatic type

由电加热产生蒸汽或外接蒸汽的自动控制，其灭菌室容积不超过 60 L 的小型自动控制蒸汽灭菌器，以下简称小型灭菌器。

3.10　A 类空腔负载 hollow load A　单端开孔负载，其长度（L）与孔直径（D）的比率大于等于 1，小于或等于 750（1≤L/D≤750）并且长度不大于 1 500 mm（L≤1 500 mm），或者两端开孔负载其长度与孔直径的比率大于等于 2，小于或等于 1 500 之间（2≤L/D≤1 500）并且长度不大于 3 000 mm（L≤3 000 mm），而且不属于 B 类空腔负载。

示例：牙科手机属于 A 类空腔负载器械。

［YY 0646－2015，定义 3.4］

3.11　B 类空腔负载 hollow load B

单端开孔负载，其长度（L）与孔直径（D）的比率大于等于 1，小于或等于 5（1≤L/D≤5）而且孔径不小于 5 mm（D≥5 mm）；或者两端开孔负载其长度与孔直径的比率大于等于 2，小于或等于 10（2≤L/D≤10）而且孔径不小于 5 mm（D≥5 mm）。

［YY 0646－2015，定义 3.5］

3.12　工艺变量 processing variable

灭菌工艺的条件，其变化会影响杀灭微生物的效果。

3.13　验证 verification

通过提供客观证据,对规定要求是否已得到满足的认定。

4　管理要求

4.1　医疗机构

4.1.1　应制定本机构口腔器械消毒灭菌工作管理制度。

4.1.2　应设立独立的器械处理区。

4.1.3　应根据口腔诊疗服务工作量配备专职或兼职口腔器械消毒灭菌工作人员。消毒灭菌的工作人员应参加岗前培训和继续教育,培训内容见附录 A。

4.2　器械处理区

4.2.1　应与口腔诊疗服务的范围和工作量相匹配,布局符合医院感染预防与控制的要求。

4.2.2　区域内分为回收清洗区、保养包装及灭菌区、物品存放区:

a)回收清洗区承担器械回收、分类、清洗、干燥工作。

b)保养包装及灭菌区承担器械保养、检查、包装、消毒和(或)灭菌工作。

c)物品存放区存放消毒、灭菌后物品,以及去除外包装的一次性卫生用品等。

d)工作量少的口腔门诊可不设物品存放区,消毒灭菌后将物品直接放于器械储存车内。

4.2.3　回收清洗区与保养包装及灭菌区间应有物理屏障。

4.2.4　工作流程设计应由污到洁,装饰材料应耐水、易清洁,并按照所配设备预留水、电、气等管线。

4.3　设备、设施

4.3.1　应根据口腔诊疗服务的实际情况合理配置设备、设施,并应符合国家相关标准或规定。

4.3.2　应配有污物回收器具、手工清洗池、工作台、超声清洗器及灭菌设备。

4.3.3　宜配备机械清洗消毒设备、牙科手机专用自动注油养护机、医用热封机、干燥设备等。

4.4　耗材

4.4.1　清洁剂:应符合国家相关标准或规定。根据器械的材质、污染物种类,选择适用口腔器械的清洁剂。

4.4.2　消毒剂:应选择合法有效的消毒剂。

4.4.3　润滑剂:牙科手机宜选择专用清洁润滑油,使用宜遵循生产厂家或供应商提供的说明书。其他口腔器械可选水溶性润滑剂。

4.4.4　包装材料:一次性医用皱纹纸、纸塑袋、纸袋、纺织品、无纺布等应符合 GB/T 19633 的要求;牙科器械盒应具有微生物屏障作用,适合各类型车针、根管器具等器械的放置。

4.4.5　消毒灭菌监测材料:应合法有效,并在有效期内使用。

5　口腔器械处理基本原则

5.1　口腔器械应一人一用一消毒和(或)灭菌。

5.2　高度危险口腔器械应达到灭菌水平。

5.3　中度危险口腔器械应达到灭菌水平或高水平消毒。

5.4　低度危险口腔器械应达到中或低水平消毒。

5.5　口腔器械危险程度分类与消毒灭菌要求见附录 B。

6　口腔器械处理操作流程

6.1　回收

6.1.1　口腔器械使用后应与废弃物品分开放置,及时回收。

6.1.2　口腔器械应根据器械材质、功能、处理方法的不同进行分类放置。具体如下:

a)结构复杂不易清洗的口腔器械(如牙科小器械、刮匙等)宜保湿放置,保湿液可选择生活饮用水或酶类清洁剂。

b)牙科手机、电动牙洁治器和电刀应初步去污,存放于干燥回收容器内。

c)其他器械可选择专用回收容器放置。

6.1.3　回收容器应于每次使用后清洗、消毒、干燥备用。

6.2　清洗

6.2.1　口腔器械清洗方法包括手工清洗和机械清洗(含超声波清洗)。手工、超声清洗操作方法应符合附录 C 要求;机械清洗方法应遵循生产厂家的使用说明或指导手册。

6.2.2 非电源口腔器械可选择机械清洗方法。

6.2.3 带电源口腔器械、精密复杂口腔器械宜选择手工清洗。

a)可拆的器械应拆开后分别清洗，如电动牙洁治器。

b)电动牙洁治器手柄宜选择手工清洗方法。

6.2.4 牙科小器械及其他结构复杂的器械宜首选超声清洗，清洗方法见附录 C 的 C.2。

6.2.5 牙科手机清洗应符合附录 D 要求。

6.3 干燥

6.3.1 宜选用干燥设备对器械、器具进行干燥处理。根据器械、器具的材质选择适宜的干燥温度：金属类干燥温度 70℃ –90℃；塑料类干燥温度 65℃ –75℃。

6.3.2 无干燥设备和不耐热的器械、器具，可使用低纤维絮擦布进行干燥处理。

6.4 检查与保养

6.4.1 应采用目测或使用带光源放大镜对干燥后的口腔器械进行检查。器械表面、螺旋结构处、关节处应无污渍、水渍等残留物质和锈斑。对清洗质量不合格的器械应重新处理；损坏或变形的器械应及时更换。

6.4.2 牙科手机的保养见附录 D。

6.5 消毒方法选择

6.5.1 物理消毒方法应首选湿热消毒，湿热消毒参数符合 WS 310.2 要求；清洗消毒器消毒方法见附录 C 的 C.3。

6.5.2 化学消毒方法应符合 WS/T 367 的要求。

6.6 包装

6.6.1 应根据器械特点和使用频率选择包装材料。

6.6.2 低度、中度危险的口腔器械可不包装，消毒或灭菌后直接放人备用清洁容器内保存。

6.6.3 牙科小器械宜选用牙科器械盒盛装。

6.6.4 封包要求如下：

a)包外应有灭菌化学指示物，并标有物品名称、包装者、灭菌器编号、灭菌批次、灭菌日期及失效期，如只有 1 个灭菌器时可不标注灭菌器编号。

b)口腔门诊手术包的包内、包外均应有化学指示物。

c)纸塑袋包装时应密封完整，密封宽度 > 6 mm，包内器械距包装袋封口处 > 2.5 cm。纸袋包装时应密封完整。

d)医用热封机在每日使用前应检查参数的准确性。

6.7 灭菌方法选择

6.7.1 口腔器械应首选压力蒸汽灭菌，选择小型灭菌器灭菌应符合附录 E 要求。

6.7.2 碳钢材质的器械宜选干热灭菌。

6.7.3 其他灭菌方法应符合 WS 310.2 要求。

7 监测要求

7.1 消毒监测

7.1.1 湿热消毒：每次应监测温度、时间，并记录。

7.1.2 化学消毒：应根据消毒剂种类定期监测化学消毒剂的浓度、消毒时间，并记录。

7.1.3 消毒效果监测：消毒后直接使用的物品宜至少每季度监测一次，监测方法及结果判读符合 WS/T 367 的要求。

7.2 灭菌监测

7.2.1 小型灭菌器监测应符合附录 E。

7.2.2 其他灭菌器灭菌方法的监测应符合 WS 310.3 相关规定。

7.2.3 每个灭菌周期运行均应形成文件记录，文件记录应保存 3 年，记录格式内容见附录 F。

8 消毒与灭菌物品放行

8.1 消毒物品放行

8.1.1 机械热力消毒应检查额定参数（温度、时间），所得参数符合要求时，消毒物品方可放行。

8.1.2 用化学消毒剂消毒物品时应检查其消毒时间、浓度，符合 WS/T 367 的要求时，物品方可放行。

8.2 灭菌物品放行

8.2.1　每一灭菌周期结束后应检查所有物理参数、化学指示物，所得数据、指示物的显示与规定灭菌参数一致时，灭菌物品方可放行。

8.2.2　灭菌周期的各种监测或参数不合格时不应放行，应查找灭菌失败原因，重新调整后再进行物理、化学监测. 合格后灭菌器方可再次使用，必要时做生物监测，并应记录全过程。

9　器械储存

9.1　储存区应配备物品存放柜（架）或存放车，并应每周对其进行清洁消毒。并注意以下事项：

a）灭菌物品和消毒物品应分开放置，并有明显标识；

b）采用灭菌包装的无菌物品储存有效期见表 1；

表 1　包装材料无菌有效期

包装类型	纺织材料和牙科器械盒	一次性纸袋	一次性皱纹纸和医用无纺布	一次性纸塑袋
有效期/d	7	30	180	180

c）裸露灭菌及一般容器包装的高度危险口腔器械灭菌后应立即使用，最长不超过 4 h；

d）中、低度危险口腔器械消毒或灭菌后置于清洁干燥的容器内保存，保存时间不宜超过 7 d。

9.2　储存室内环境应符合 GB 15982 要求。

附录 A　培训内容与管理要求

（资料性附录）

A.1　医疗机构应为消毒灭菌人员提供参加技术培训机会，培训应有文字记录或证明。

A.2　专兼职消毒灭菌工作人员，每年应至少参加消毒灭菌专业技术培训 1 次。

A.3　培训内容应包括《传染病防治法》《医院感染管理办法》、WS/T 367、职业暴露的预防等相关知识和表 A.1 所列培训内容和本标准内容。

表 A.1　消毒灭菌人员培训内容

类别	培训内容
回收清洗	污染器械的安全回收；器械去污和清洁；清洗设备使用；清洗方法选择；个人防护用品的正确使用
消毒与监测	消毒方法的选择；消毒药液的配比；消毒设备的使用；消毒效果的监测
消毒、灭菌前准备	清洗后器械的检查；器械保养方法的选择；待灭菌物品包装的选择；灭菌前质量检查
灭菌与监测	灭菌器使用；灭菌物品装载；灭菌程序选择；物理监测方法；化学监测方法；生物监测方法；各类监测的周期；监测结果判定；灭菌后放行标准
储存	储存条件与有效期
文件管理	灭菌监测记录；灭菌器维修保养及处理记录；各种记录保存时间

附录 B　口腔器械危险程度分类与消毒、灭菌、储存要求

（资料性附录）

口腔器械危险程度分类与消毒、灭菌、储存见表 B.1。牙科手机灭菌后应清洁保存。

表 B.1　口腔器械危险程度分类与消毒、灭菌、储存

危险程度	口腔器械分类	消毒、灭菌水平	储存要求
高度危险	拔牙器械：拔牙钳、牙挺、牙龈分离器、牙根分离器、牙齿分离器、凿等	灭菌	无菌保存
	牙周器械：牙洁治器、刮治器、牙周探针、超声工作尖等		
	根管器具：根管扩大器、各类根管锉、各类根管扩孔钻、根管充填器等		
	手术器械：包括种植牙、牙周手术、牙槽外科手术用器械、种植牙用和拔牙用牙科手机等		
	其他器械：牙科车针、排龈器、刮匙、挖匙、电刀头等		
中度危险	检查器械：口镜、镊子、器械盘等	灭菌或高水平消毒	清洁保存
	正畸用器械：正畸钳、带环推子、取带环钳子、金冠剪等		
	修复用器械：去冠器、拆冠钳、印模托盘、垂直距离测量尺等		
	各类充填器；银汞合金输送器		
	其他器械：牙科手机、卡局式注射器、研光器、吸唾器、用于舌、唇、颊的牵引器、三用枪头、成形器、开口器、金属反光板、拉钩、挂钩、口内 X 光片夹持器、橡皮障夹、橡皮障夹钳等		
低度危险	调刀：模型雕刻刀、钢调刀、蜡刀等	中、低水平消毒	清洁保存
	其他器械：橡皮调拌碗、橡皮障架、打孔器、牙锤、聚醚枪、卡尺、抛光布轮、技工钳等		

附录 C　器械、器具和物品的清洗操作方法

（资料性附录）

C.1　手工清洗

C.1.1　操作程序

C.1.1.1　冲洗：将器械、器具和物品置于流动水下冲洗，初步去除污染物。

C.1.1.2　冲洗后，应用酶清洁剂或其他清洁剂浸泡后刷洗、擦洗。

C.1.1.3　漂洗：刷洗、擦洗后，再用流动水清洗。

C.1.2　注意事项

C.1.2.1　手工清洗时水温宜为 15℃ –30℃。

C.1.2.2　去除干固的污渍宜先用酶清洁剂浸泡，浸泡时间和酶清洁剂使用液浓度参考生产厂家使用说明书，浸泡后再行刷洗或擦洗。

C.1.2.3　刷洗操作应在水面下进行，防止产生气溶胶。

C.1.2.4　管腔器械应用压力水枪冲洗，可拆卸部分应拆开后清洗。

C.1.2.5　应选用相匹配的刷洗用具、用品，避免器械磨损。

C.1.2.6　清洗用具、清洗池等应每日清洁和消毒。

C.2　超声清洗

C.2.1　操作程序

C.2.1.1　冲洗:流动水下冲洗器械,初步去除污染物。

C.2.1.2　洗涤:清洗器内注入清洗用水,并添加清洁剂。水温应≤45℃。应将器械放人篮筐中,浸没于水面下,管腔内注满水。

C.2.1.3　终末漂洗:使用流动水进行漂洗。

C.2.1.4　超声清洗操作,应遵循生产厂家的使用说明或指导手册。

C.2.2　注意事项

C.2.2.1　清洗时应盖好超声清洗机盖子,防止产生气溶胶。

C.2.2.2　应根据器械的不同材质选择相匹配的超声频率和时间。

C.2.2.3　牙科小器械使用超声清洗时宜配备专用网篮。

C.3　自动清洗消毒

C.3.1　适用于耐湿热物品的清洗和消毒,如玻璃调拌板、金属调拌刀、橡皮碗等。

C.3.2　根据器械的形状和特性选择适宜的清洗盛装架,精细和锐利器械应固定放置。

C.3.3　清洗消毒器用水应符合清洗设备说明书要求,预洗阶段水温不应高于 45℃。

C.3.4　消毒温度与时间应符合 WS 310.2 要求。

C.3.5　应定期检查设备的清洗消毒效果。

C.3.6　注意事项如下:

a)可拆卸器械清洗时应拆开清洗,器械轴节应充分打开;

b)选择不同清洗消毒程序时应注意确认消毒参数;

c)应定时检查清洁剂泵、管是否通畅。

附录 D　牙科手机清洗、保养方法

(资料性附录)

D.1　牙科手机清洗保养原则

D.1.1　牙科手机应根据内部结构或功能选择适宜的清洗保养方法。

D.1.2　特殊用途牙科手机,应遵循生产厂家或供应商提供的使用说明进行清洗与保养。

D.2　牙科手机清洗方法

D.2.1　手工清洗方法

D.2.1.1　牙科手机使用后在带车针情况下使用牙科综合治疗台水、气系统冲洗牙科手机内部水路、气路 30 s,如图 D.1。

D.2.1.2　将牙科手机从快接口或连线上卸下,取下车针,去除表面污染物,如图 D.2。

a)带光纤牙科手机可用气枪吹净光纤表面的颗粒和灰尘,擦净光纤表面污渍;

b)带螺纹的牙科手机表面可用软毛刷在流动水下清洗,如图 D.3。

D.2.1.3　使用压力罐装清洁润滑油清洁牙科手机进气孔管路,或使用压力水枪冲洗进气孔内部管路,然后使用压力气枪进行干燥。

D.2.1.4　注意事项如下:

a)使用压力罐装清洁润滑油过程中使用透明塑料袋或纸巾包住机头部,避免油雾播散,如图 D.4;

b)部件可拆的种植牙专用手机应拆开清洗;不可拆的种植牙专用手机可选用压力水枪进行内部管路清洗;

c)使用压力水枪清洗牙科手机后应尽快使用压力气枪进行内部气路的干燥,避免轴承损坏;

d)压力水枪和压力气枪的压力宜在 200 kPa－250 kPa,不宜超过牙科手机使用说明书标注压力;

e)牙科手机不应浸泡在液体溶液内清洗;

f)使用罐装清洁润滑油清洁内部的过程中,如有污物从机头部位流出,应重复 D.2.1.3 操作直到无污油流出为止。

D.2.2　机械清洗方法

D.2.2.1　表面清洁应符合 D.2.1.2。

D.2.2.2 牙科手机放人机械清洗设备内，固定牙科手机，选择正确的清洗程序。

D.2.2.3 机械清洗设备内应配有牙科手机专用接口，其清洗水流、气流符合牙科手机的内部结构。

D.2.2.4 机械清洗设备用水宜选用去离子水、软水或蒸馏水。

D.2.2.5 注意事项如下：

a）电源马达不应使用机械清洗机清洗；

b）牙科手机清洗后内部管路应进行充分干燥；

c）牙科手机不宜选用超声波清洗；

d）牙科手机不宜与其他口腔器械同时清洗。

D.3 牙科手机保养

D.3.1 手工保养方法

D.3.1.1 用压力罐装润滑油连接相匹配的注油适配器或接头对牙科手机注入润滑油，如图 D.5。

D.3.1.2 牙科手机夹持器械的部位（卡盘或三瓣簧）应每日注油，如图 D.6。

D.3.1.3 内油路式牙科手机宜采用油脂笔对卡盘或三瓣簧和轴承进行润滑，图 D.7。

D.3.1.4 低速牙科弯机和牙科直机注油可参考以上注油方式（若适用），特殊注油方式应参考厂家或供应商使用说明书执行。

D.3.1.5 注意事项如下：

a）清洁注油时应将注油接头与牙科手机注油部位固定，以保证注油效果；

b）避免油雾播散应符合 D.2.1.4 a）要求；

c）选择压力罐装清洁润滑油对牙科手机进行清洁的可以不用再次注入润滑油。

D.3.2 机械保养方法

D.3.2.1 将牙科手机连接相匹配的注油适配器或接头后插入自动注油养护机内进行注油。

D.3.2.2 选择适宜的注油程序。

D.4 其他方法

牙科手机可选择清洗注油灭菌一体机进行清洗、润滑保养。

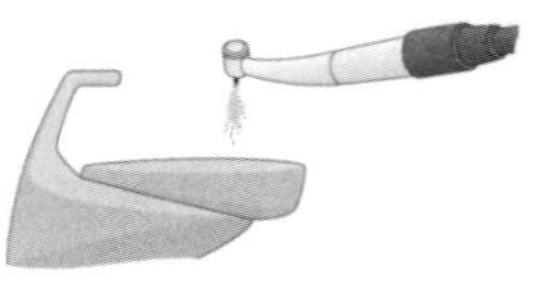

图 D.1 牙科手机内部冲洗

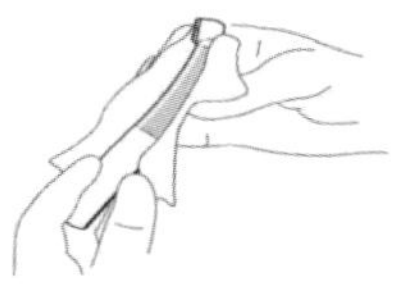

图 D.2 牙科手机表面清洁

图 D.3 带螺纹牙科手机表面清洁

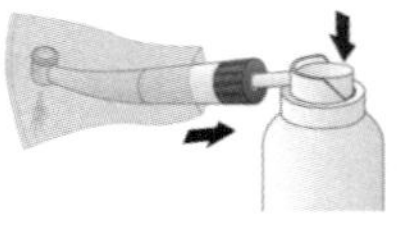

图 D.4 避免油雾播散

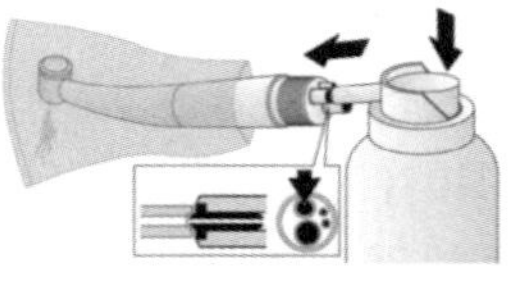

图 D.5 牙科手机手工注油

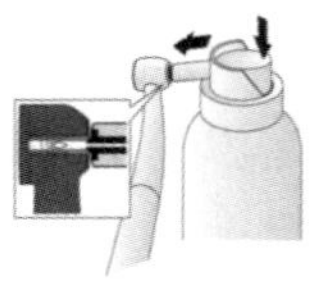

图 D.6 牙科手机卡盘或三瓣簧注油

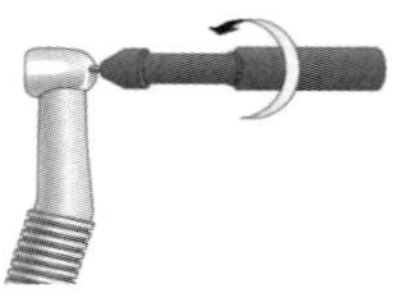

图 D.7 内油路式牙科手机油脂笔注油

附录 E　小型灭菌器灭菌与监测要求

（资料性附录）

E.1　灭菌要求

E.1.1　灭菌周期

E.1.1.1　根据待灭菌物品的危险程度、负载范围选择灭菌周期。小型灭菌器周期见表 E.1。

E.1.1.2　不同分类的灭菌周期和相关的设置只能应用于指定类型物品的灭菌。对于特定负载的灭菌过程需要通过验证。

表 E.1　小型灭菌器灭菌周期

灭菌器周期	灭菌负载范围
B 类灭菌周期	用于所有包装的和无包装的实心负载、A 类空腔负载和多孔渗透负载的灭菌
N 类灭菌周期 a	用于无包装的实心负载的灭菌
S 类灭菌周期 b	用于制造商规定的特殊灭菌物品，包括无包装实心负载和至少以下一种情况：多孔渗透性物品、小量多孔渗透性条状物、A 类空腔负载、B 类空腔负载、单层包装物品和多层包装物品

a　N 类灭菌周期不能用于牙科手机等管腔类器械的灭菌。

b　S 类灭菌周期应有生产厂家或供应商提供可灭菌口腔器械的类型、灭菌验证方法。

E.1.2　灭菌参数

灭菌参数见表 E.2。

其使用中温度上限、相对压力波动范围可参考小型灭菌器使用说明书。

表 E.2　灭菌参数

温度/℃	最短灭菌时间/min	相对压力/kPa
121	15	103.6
132	4	185.4
134	3	202.8

注：相对压力一般指表压，是测量系统相对于大气压的压力值。

E.1.3　灭菌前准备

E.1.3.1　每日设备运行前应进行安全检查，包括：压力表处于“零”的位置；记录打印装置处于备用状态；灭菌柜门密封圈平整无松懈；柜门安全锁扣能够灵活开、关；柜内冷凝水排出口通畅；电源、水源等连接妥当。

E.1.3.2　打开电源，开机预热，选择相应灭菌周期。

E.1.3.3　灭菌器用水应符合 YY 0646 要求。

E.1.4　灭菌装载

E.1.4.1　灭菌物品不能超过该灭菌器最大装载量。

E.1.4.2　灭菌器应配有灭菌架或托盘，托盘应有足够的孔隙使蒸汽穿透。

E.1.4.3　使用灭菌架摆放包装类灭菌物品，物品间应留有一定的间隙。

E.1.4.4　使用托盘摆放纸塑包装器械和无包装器械应单层摆放，不可重叠。

E.1.4.5　配套使用器械应分开灭菌，如牙科手机与车针、电动牙洁治器手柄与工作尖等。

E.1.4.6　待灭菌物品应干燥后装入灭菌器内。

E.1.5　灭菌器维护

E.1.5.1　应根据生产厂家或供应商提供的使用说明对灭菌器进行维护。

E.1.5.2　灭菌器操作人员应对灭菌器进行日常维护，包括检查灭菌门密封圈、排放滤网、灭菌舱内外表面的清洁、更换记录器打印纸等。

E.1.5.3　灭菌器调试或更换消耗性的部件，如记录装置、过滤器、蒸汽阀、排水管、密封圈等应由经过专业培训的人员进行维护。

E.1.5.4　灭菌器使用满 12 个月或使用中出现故障时应由专业人员进行全面维护。

E.1.5.5　灭菌器的日常维护、年度维护、维修或调试均应形成文字记录。

E.2　灭菌器监测要求

E.2.1　物理参数监测

E.2.1.1　每一灭菌周期应监测物理参数，并记录工艺变量。

E.2.1.2　工艺变量及变化曲线应由灭菌器自动监控，并打印。

E.2.1.3　工艺变量结果应符合附录 E 中表 E.2 灭菌参数要求。

E.2.2　化学监测

E.2.2.1　每个灭菌周期应进行化学监测，并记录监测结果。

E.2.2.2　化学监测应将包内化学指示物放置在常用的、有代表性的灭菌包或盒内，置于灭菌器最难灭菌的部位。裸露灭菌的实心器械可将包内化学指示物放于器械旁进行监测。空腔器械可选择化学 PCD 进行监测。

E.2.2.3　应通过观察化学指示物颜色变化，判定是否暴露于灭菌工艺变量或达到灭菌要求。

E.2.3　生物监测

E.2.3.1　生物监测包应选择灭菌器常用的、有代表性的灭菌包制作，或使用生物 PCD，置于灭菌器最难灭菌的部位，且灭菌器应处于满载状态。

E.2.3.2　使用中的灭菌器应每月进行生物监测。

E.2.3.3　生物监测方法和结果判断应符合 WS 310.3 标准要求。

E.2.4　注意事项

E.2.4.1　小型灭菌器每使用满 12 个月或维修后应同时进行物理监测、化学监测和生物监测，合格后灭菌器方可正常使用。

E.2.4.2　小型灭菌器新安装或更换主要部件时应进行灭菌性能确认，验证方法应符合国家相关要求。

附录 F　灭菌器灭菌周期运行记录表

（资料性附录）

灭菌器灭菌周期运行记录见表 F.1。

表 F.1　灭菌周期运行记录表

灭菌日期：　年　月　日	灭菌器标识（编号）：	灭菌周期：B 类□S 类□N 类□	灭菌锅次：第　　锅
化学监测：合格□　不合格□　未测□	生物监测：合格□　不合格□　未测□		其他监测[a]：合格□　不合格□
工艺变量监测（物理参数）：合格□　不合格□ 自动打印工艺变量粘贴处（灭菌压力、温度、时间）			
灭菌装载物说明[b]　或编号[c]：			
确定监测数据：灭菌物品放行　□　放行人员签名：			
[a]注明监测方法。 [b]注明灭菌的包装类型、主要器械名称。如纸塑包装类器械、多孔布包、器械盒等。 [c]如牙科手机为 01，牙科小器械为 02 等。			

关于发布《寄生虫病诊断名词术语》等 2 项推荐性卫生行业标准的通告

国卫通［2015］13 号

现发布《寄生虫病诊断名词术语》等 2 项推荐性卫生行业标准。其编号和名称如下：

WS/T 471 －2015 寄生虫病诊断名词术语

WS/T 472 －2015 口腔健康调查检查方法

上述标准自 2016 年 2 月 1 日起施行。

特此通告。

国家卫生计生委

二〇一五年九月十七日

其中，标准《WS/T 472 － 2015 口腔健康调查检查方法》如下，其他标准略。

口腔健康调查　检查方法
Oral health survey – Examination methods

前　　言

本标准按照 GB/T 1.1 －2009 给出的规则起草。本标准主要起草单位：上海交通大学医学院附属第九人民医院。

本标准参与起草单位：中华口腔医学会、北京大学口腔医院、首都医科大学口腔医院、四川大学华西口腔医院、武汉大学口腔医院、中山大学附属口腔医院、南方医科大学口腔医院、上海市杨浦区牙病防治所。

本标准主要起草人：冯希平。

本标准参与起草人：王兴、王伟健、台保军、司燕、边专、刘雪楠、孙正、江汉、许全林、张志愿、杜民权、陆海霞、陈曦、林焕彩、郑树国、俞光岩、胡德渝、荣文笙、徐韬、章锦才、葛立宏。

口腔健康调查　检查方法

1　范围

本标准规定了口腔健康调查中的基本检查方法、评判标准、记录代码和记录方法。

本标准适用于全国或局部地区针对人群开展的口腔健康调查或疾病监测，可根据不同的调查目的选择不同的检查内容。

2　缩略语

下列缩略语适用于本文件。

CEJ：釉牙骨质界（Cemento – Enamel Junction）

CPI：社区牙周指数（Community Periodontal Index）

DAI：牙齿美学指数(Dental Aesthetic Index)

3　口腔黏膜状况

3.1　检查内容

检查黏膜是否存在口腔癌、口腔白斑、口腔扁平苔藓、口腔溃疡、口腔念珠菌病、脓肿或其他情况。按下列顺序进行：唇红、口角、唇黏膜、唇沟、颊黏膜、舌、口底、硬腭、软腭、牙槽嵴和牙龈。

3.2　检查器材

平面口镜、一次性医用清洁手套和照明灯。

3.3　检查方法

在人工光源下，用平面口镜和手指牵拉

口腔软组织,采用视诊结合触诊的方式进行检查。

3.4 评判标准和记录代码

3.4.1 评判标准

3.4.1.1 无异常 口腔黏膜湿润光滑、连续,有弹性,柔软,呈粉红色。

3.4.1.2 口腔癌 口腔内红色或白色增殖性肿块或溃疡,常呈菜花样或草莓样,触诊基底部质较硬。

3.4.1.3 口腔白斑 发生在口腔黏膜上不能被擦去、不能诊断为其他疾病的白色斑块。

3.4.1.4 口腔扁平苔藓 口腔黏膜网状花纹样病损。多见于颊黏膜及龈颊移行沟,病损常呈对称性。

3.4.1.5 口腔溃疡 黏膜表面组织的局限性缺损,表面有假膜。常见有阿弗他溃疡、疱疹性溃疡、创伤性溃疡。

3.4.1.6 口腔念珠菌病 口腔黏膜充血,可见白色乳凝状伪膜。

3.4.1.7 脓肿 肉眼可见的脓肿通常由牙体病或牙周病引起。慢性牙周脓肿一般无明显症状,可见牙龈表面有窦道开口. 叩痛不明显,有时可有咬合不适。牙槽脓肿多为牙髓病或根尖周病变发展而来。一般有龋或非龋疾病或修复体,牙髓多无活力,范围较弥散,脓肿中心位于龈颊沟附近。慢性牙槽脓肿可见窦道形成。

3.4.1.8 其他情况 除上述病变外的其他所有口腔黏膜异常状况,例如天疱疮、唇炎、口角炎、急性坏死性龈炎、口腔黏膜下纤维病变、毛状白斑或卡波西肉瘤等。

3.4.1.9 不做记录 因不能张口或受检者拒绝等原因未能行口腔黏膜状况检查。

3.4.2 记录代码

3.4.2.1 口腔黏膜状况记录代码 口腔黏膜状况的记录代码见表1。诊断不明确的,宜对病变组织进行拍照,请口腔黏膜病专家或专科医师协助进一步诊断。

表1 口腔黏膜状况记录代码

代码	状况
0	无异常
1	口腔癌
2	口腔白斑
3	口腔扁平苔藓
4	口腔溃疡
5	口腔念珠菌病
6	脓肿
7	其他情况
9	不作记录

3.4.2.2 口腔黏膜部位记录代码 口腔黏膜部位记录代码见表2。

表2 口腔黏膜部位记录代码

代码	部位
0	唇红
1	口角
2	唇黏膜
3	唇沟
4	颊黏膜
5	口底
6	舌(舌腹和舌背)
7	硬腭和软腭
8	牙槽嵴和牙龈

3.5 记录方法

口腔黏膜状况记录表见表3。记录格(1)(2)(3)用于记录口腔黏膜状况。记录格(4)(5)(6)用于记录黏膜状况的部位。如果口腔黏膜状况和部位超过三个,可以增加记录格。

表3 口腔黏膜状况记录表

状况		部位
0 = 无异常		0 = 唇红缘
1 = 口腔癌		1 = 口角
2 = 口腔白斑		2 = 唇黏膜
3 = 口腔扁平苔藓	(1)□□(4)	3 = 唇沟
4 = 口腔溃疡	(2)□□(5)	4 = 颊黏膜
5 = 口腔念珠菌病	(3)□□(6)	5 = 口底
6 = 脓肿		6=舌(舌腹和舌背)
7 = 其他情况,请注明		7 = 硬腭和软腭
9 = 不做记录		8=牙槽嵴和牙龈

4　牙状况

4.1 检查内容

牙状况的检查内容包括牙或牙面是否存在下列状况：龋齿、因龋充填、因龋失牙、因其他原因失牙、窝沟封闭、桥基牙、特殊冠或贴面、未萌牙、牙外伤等。

4.2 检查器材

平面口镜、CPI 探针、一次性医用清洁手套、棉签、照明灯。

CPI 探针的示意图见图 1。CPI 探针用轻质金属材料制成，探针的头部为球形，直径 0.5 mm，在 3.5 mm 和 5.5 mm 之间是第一段黑区，在 8.5 mm 和 11.5 mm 之间是第二段黑区。

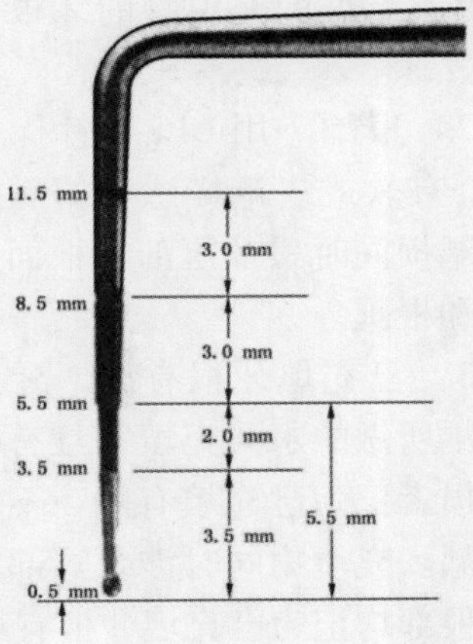

图 1　CPI 探针

4.3 检查方法

受检者平躺或斜躺位。检查应在人工光源下，以视诊结合探诊的方式进行。必要时可借助棉签擦去软垢。检查应按顺序从右上象限第三恒磨牙或第二乳磨牙开始至左上象限第三恒磨牙或第二乳磨牙，再至左下象限第三恒磨牙或第二乳磨牙，最后到右下象限第三恒磨牙或第二乳磨牙。从一个牙或缺牙间隙到相邻牙或缺牙间隙逐一进行检查，包括第三磨牙的检查。以牙面为记录单位的牙列状况检查也应采用此方法。

4.4　评判标准及记录代码

4.4.1　牙冠

4.4.1.1　评判标准

4.4.1.1.1　无龋　牙冠健康，无因龋所做的充填物，无龋坏迹象的完整牙冠记为无龋牙。

4.4.1.1.2　冠龋　牙冠有以下情况应记为冠龋：

a）明显的龋洞；

b）明显的牙釉质下破坏（潜行性龋）

c）明确的可探及软化洞底或洞壁的病损；

d）牙上有暂时充填物（包括氧化锌、磷酸锌水门汀等）同时伴有龋齿；

e）牙上有窝沟封闭同时伴有龋齿。

应使用 CPI 探针证实咬合面、颊舌面视诊所判断的龋损，若有任何疑问，不应记为冠龋。以下情况不记为冠龋：

a）白垩色的斑点；

b）牙冠上变色或粗糙的斑点，用 CPI 探针探测未感觉组织软化；

c）牙釉质表面点隙裂沟染色，但无肉眼可见的釉质下潜行破坏，CPI 探针未探到洞底或沟壁有软化；

d）中到重度氟牙症所造成牙釉质质硬、色暗的凹状缺损；

e）牙釉质表面的磨蚀；

f）没有发生龋损的楔状缺损。

4.4.1.1.3　已充填有龋　牙冠上有一个或多个因龋所做的永久充填物（包括银汞、玻璃离子、复合树脂、复合体等）且伴有一个或多个部位龋损记为已充填有龋。无须区分原发龋或继发龋（即不管龋损是否与充填体有关）。

4.4.1.1.4　已充填无龋　牙冠有一个或多个因龋所做的永久充填物且无任何部位龋损，记录为已充填无龋。因龋而做冠修复的牙也记录为此类别。

4.4.1.1.5　因龋缺失　因龋而拔除的恒牙或乳牙。对于儿童乳牙的丧失，不能以正常替牙来解释的乳牙缺失均记为此类别。30 岁以下者须区分牙缺失的原因，是因龋缺失还是因其他原因缺失。

4.4.1.1.6　因其他原因缺失　因先天缺失，或因正畸、牙周病、外伤等丧失的乳牙或恒牙。30 岁及以上者，不管任何原因只要牙不存在均记录为“因其他原因缺失”，包括第三磨牙。

4.4.1.1.7　窝沟封闭　牙的深窝沟部位(包括咬合面和颊腭沟)已做窝沟封闭。

4.4.1.1.8　桥基牙、冠修复或贴面　牙成为固定桥的组成部分即桥基牙。也包括非龋原因而进行的冠修复、覆盖牙唇面的贴面，这些牙无龋或充填物存在。种植牙做的桥基牙和已用桥体修复的失牙，30 岁以下者根据牙缺失的原因记为“因龋缺失”或“因其他原因缺失 30 岁及以上者不管任何原因只要牙不存在均记录为”因其他原因缺失。

4.4.1.1.9　未萌牙　仅用于恒牙未萌且没有乳牙存在的缺牙或者乳牙未萌。这项记录不参与与龋病相关的计算。未萌牙不包括先天缺失或因外伤等造成的牙缺失。

4.4.1.1.10　牙外伤　牙冠因外伤而使部分牙面缺损、变色或移位. 且无龋损的现象。

4.4.1.1.11　不做记录　用于记录任何原因(如正畸带环、严重发育不良等)造成的已萌出但无法被检查的牙。

4.4.1.2　记录代码　牙冠状况的记录代码见表 4。

表 4　牙冠状况的记录代码

乳牙代码	恒牙代码	牙冠状况
A	0	无龋
B	1	冠龋
C	2	已充填有龋
D	3	已充填无龋
E	4	因龋缺失
X	5	因其他原因缺失
F	6	窝沟封闭
G	7	桥基牙、冠修复或贴面
X	8	未萌牙
T	T	牙外伤
–	9	不做记录

4.4.2　牙根

4.4.2.1　说明　牙根的检查随着牙冠的检查同时进行，检查方法和顺序与牙冠相同。

根龋只有在牙根面暴露的情况下才可能发生，因此在进行根龋检查时首先应判断牙根是否暴露，其标志是 CEJ 暴露。

根龋可始自釉 CEJ 或 CEJ 下面，早期为小而圆的龋损，可沿牙颈部向两侧扩展，与相邻龋坏相连形成沟或成为牙颈部的一个龋环，牙颈部的冠龋向根面发展超过 CEJ 后累及牙根也可形成根龋。根龋在活动期颜色为黄色或橘色，静止期颜色可发暗或呈黑色。

4.4.2.2　评判标准

4.4.2.2.1　无龋牙根　牙根已暴露，无龋损，也无因龋所做的充填物的牙根记为无龋牙根。

4.4.2.2.2　根龋　用 CPI 探针探及根面牙骨质破坏，有软或皮革样感觉的病损记为根龋。一个龋损同时累及冠部和根面则分别记录为冠龋和根龋。

4.4.2.2.3　已充填牙根有龋　牙根有一个或多个因龋所做的永久充填物且有一个或多个部位龋损者记为已充填有龋。不区分原发龋和继发龋。充填物同时涉及冠部和根部的则冠部和根部均记为已充填牙根有龋。

4.4.2.2.4　已充填牙根无龋　根面有一个或多个因龋所做的永久充填物而无任何部位龋损者记为已充填牙根无龋。充填物同时涉及冠部和根部的则冠部和根部均记为已充填牙根无龋。

4.4.2.2.5　残根　牙冠已被破坏，牙所有面的 CEJ 均丧失记为残根。

4.4.2.2.6　种植牙　种植体作为基牙。

4.4.2.2.7　未暴露牙根　牙根面没有暴露即牙龈缘未退缩到 CEJ 以下。

4.4.2.2.8　不做记录　牙缺失或牙结石太多不能进行根部检查。

4.4.2.3　记录代码　牙根状况的记录代码见表 5。

表 5　牙根状况的记录代码

牙根代码	牙根状况
0	无龋牙根
1	根龋
2	已充填牙根有龋
3	已充填牙根无龋
6	残根
7	种植牙
8	未暴露牙根
9	不作记录

4.5 记录方法

以牙为记录单位的牙状况记录表见表 7。按照 4 个象限,使用记录符号在相应的牙位上记录检查结果。以牙面为记录单位的牙状况记录表见表 6。同一牙位如存在乳牙滞留且恒牙萌出的情况,只记录恒牙,不记录乳牙。

表 6　以牙面为记录单位的牙状况记录表

				55	54	53	52	51	61	62	63	64	65			
	18	17	16	15	14	13	12	11	21	22	23	24	25	26	27	28
咬合面	□	□	□	□	□	☒	☒	☒	☒	☒	☒	□	□	□	□	□
近中面	□	□	□	□	□	□	□	□	□	□	□	□	□	□	□	□
唇颊面	□	□	□	□	□	□	□	□	□	□	□	□	□	□	□	□
远中面	□	□	□	□	□	□	□	□	□	□	□	□	□	□	□	□
舌腭面	□	□	□	□	□	□	□	□	□	□	□	□	□	□	□	□
牙根	□	□	□	□	□	□	□	□	□	□	□	□	□	□	□	□

				85	84	83	82	81	71	72	73	74	75			
	48	47	46	45	44	43	42	41	31	32	33	34	35	36	37	38
咬合面	□	□	□	□	□	☒	☒	☒	☒	☒	☒	□	□	□	□	□
近中面	□	□	□	□	□	□	□	□	□	□	□	□	□	□	□	□
唇颊面	□	□	□	□	□	□	□	□	□	□	□	□	□	□	□	□
远中面	□	□	□	□	□	□	□	□	□	□	□	□	□	□	□	□
舌腭面	□	□	□	□	□	□	□	□	□	□	□	□	□	□	□	□
牙根	□	□	□	□	□	□	□	□	□	□	□	□	□	□	□	□

表 7 以牙为记录单位的牙状况记录表

				55	54	53	52	51	61	62	63	64	65			
	18	17	16	15	14	13	12	11	21	22	23	24	25	26	27	28
牙冠																
牙根																
				85	84	83	82	81	71	72	73	74	75			
	48	47	46	45	44	43	42	41	31	32	33	34	35	36	37	38
牙冠																
牙根																

5 牙周状况

5.1 检查内容

牙周状况的检查包括改良 CPI 检查和指数牙附着丧失检查。

改良 CPI 检查的内容包括牙龈出血情况和牙周袋深度。牙龈出血是牙龈炎症的指征;牙周袋深度是指龈缘到牙周袋底的距离,是牙周炎最重要的病理改变之一。附着丧失是指 CEJ 到牙周袋底的距离,反映累积的牙周附着破坏的情况。

5.2 检查器材

平面口镜、CPI 探针、一次性医用清洁手套、照明灯。

5.3 检查方法

5.3.1 改良 CPI 检查

5.3.1.1 改良 CPI 检查的检查顺序为先检查牙龈出血情况,然后检查牙周袋深度。每名受检者检查全口牙齿。未满 15 周岁者,不检查牙周袋深度。

5.3.1.2 改良 CPI 检查时以探诊为主,结合视诊。CPI 探针使用时所用的力不超过 20g,简单测试方法是将 CPI 探针插入拇指指甲缝内.轻轻压迫显示指甲盖发白且不造成疼痛或不舒服感觉的力量为适宜力量。

5.3.1.3 牙龈出血情况按照象限检查,每个象限从后牙舌面检查到前牙舌面,然后观察该象限内每颗牙齿舌面的牙龈出血情况。若牙齿的舌面已经有了出血,这颗牙齿的唇颊面可以不再检查。若牙齿的舌面没有出血,则应从该象限后牙的颊面检查到前牙的唇面,然后再观察该象限内每颗牙齿唇颊面的牙龈出血情况。探诊的角度是探针与牙面成 45°角,沿着龈缘轻轻地从牙齿舌面或颊面的远中探查到近中,避免深探。检查中应注意在检查每一颗牙齿的唇颊面时,应拉开颊黏膜,以避免颊黏膜与牙齿接触而影响牙龈出血的观察。

5.3.1.4 牙周袋深度按牙检查。全口每颗牙检查六个位点,唇颊面的近中点、正中点、远中点,舌腭面的近中点、正中点、远中点。在近远中位点探查时,探针尽量靠近牙齿的邻面接触点。探诊的角度是探针与牙长轴平行。每颗牙齿的牙周袋以六个位点中最重的情况计分。

5.3.2 附着丧失检查

5.3.2.1 未满 15 周岁者,不检查附着丧失。

5.3.2.2 附着丧失只检查指数牙。将口腔分为 6 个区段,以牙位表示为:18-14、13-23、24-28、38-34、33-43、44-48,检查每个区段的指数牙。指数牙见图 2。

5.3.2.3 每个区段内应有 2 颗或 2 颗以上功能牙且无拔牙指征,该区段才做检查。成年人的后牙区段,有时缺失一颗指数牙或有拔牙指征,则只检查另一颗指数牙。如果一个区段内的指数牙全部缺失或有拔牙指征时,则检查此区段内的所有其余牙,以最重情况记分。每个区段检查结果,以最重情况记分。

17 16	11	26 27
47 46	31	36 37

图 2　附着丧失检查指数牙图示

5.3.2.4　每颗指数牙检查六个位点,唇颊面的近中点、正中点、远中点,舌腭面的近中点、正中点、远中点。在近远中位点探查时,探针尽量靠近牙齿的邻面接触点。在探查牙周袋深度的同时记录附着丧失情况。

5.3.2.5　牙的 CEJ 未暴露且无牙周袋或牙周袋深度为 4 - 5 mm 时,则该牙的附着丧失为 0 - 3 mm。深牙周袋但牙的 CEJ 又没有暴露的情况下,尽量轻轻推移牙龈寻找 CEJ,计算附着丧失程度。如果仍然找不到 CEJ,记录为“不做记录”。

5.3.2.6　CEJ 未暴露且龈缘在 CEJ 冠方时,附着丧失等于牙周袋深度减去龈缘到 CEJ 的距离;若探牙周袋深度与龈缘到 CEJ 的距离相同,则没有附着丧失;龈缘与 CEJ - 致时,附着丧失即是牙周袋深度;CEJ 暴露,龈缘在 CEJ 根方时,附着丧失等于牙周袋深度加上龈缘到 CEJ 的距离。

5.4　评判标准和记录代码

5.4.1　改良 CPI 检查牙龈出血情况

5.4.1.1　评判标准

5.4.1.1.1　探诊后牙龈无出血　探诊后牙的唇颊和舌腭面牙龈均无出血。

5.4.1.1.2　探诊后牙龈有出血　探诊后牙的唇颊或舌腭面牙龈有出血。

5.4.1.1.3　不做记录　由于大量牙石覆盖牙面或为残根或有不良修复体导致无法检查。

5.4.1.1.4　缺失牙　牙缺失。

5.4.1.2　记录代码　改良 CPI 检查牙龈出血情况的记录代码见表 8,牙龈出血情况图示见图 3。

5.4.2　改良 CPI 检查牙周袋深度

5.4.2.1　评判标准

5.4.2.1.1　无牙周袋

探诊时 CPI 探针的第一段黑区全部可见,即未探及牙周袋。

表 8　牙龈出血情况的记录代码

代码	牙龈出血情况
0	探诊后牙龈无出血
1	探诊后牙龈有出血
9	不做记录
X	缺失牙

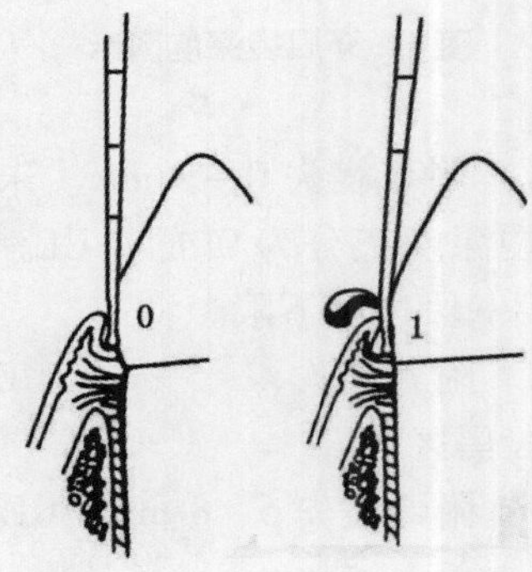

图 3　牙龈出血情况图示

5.4.2.1.2　牙周袋 4 - 5 mm　探诊时龈缘在 CPI 探针的第一段黑区内,即表示牙周袋深度为 4 - 5 mm。

5.4.2.1.3　牙周袋 6 mm 或以上　探诊时龈缘超过 C. PI 探针的第一段黑区的上限,即表示牙周袋深度为 6 mm 或以上。

5.4.2.1.4　不做记录　由于大量牙石覆盖牙面或为残根或有不良修复体导致无法检查。

5.4.2.1.5　缺失牙　牙缺失。

5.4.2.2　记录代码　改良 CPI 检查牙周袋深度的记录代码见表 9,牙周袋深度图示见图 4。

5.4.3　附着丧失

5.4.3.1　评判标准

表 9　牙周袋深度的记录代码

代码	牙周袋深度
0	无牙周袋
1	牙周袋 4 – 5 mm
2	牙周袋 6 mm 或以上
9	不做记录
X	缺失牙

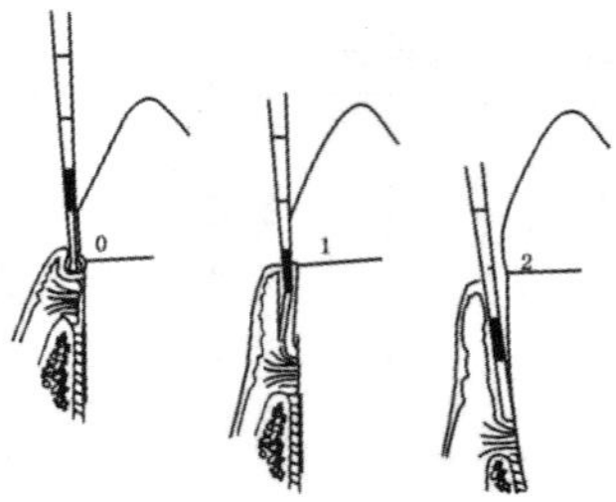

图 4　牙周袋深度图示

5.4.3.1.1　附着丧失 0 – 3 mm。未见 CEJ，并且牙周袋深度记分为 0 或 1；CEJ 可见，在 CPI 探针第一段黑区下限。

5.4.3.1.2　附着丧失 4 – 5 mm。CEJ 在 CPI 探针第一段黑区内。

5.4.3.1.3　附着丧失 6 – 8 mm。CEJ 在 CPI 探针第一段黑区上限和第二段黑区下限之间。

5.4.3.1.4　附着丧失 9 – 11 mm。CEJ 在 CPI 探针第二段黑区内。

5.4.3.1.5　附着丧失 12 mm 或以上。CEJ 超过 CPI 探针第二段黑区上限。

5.4.3.1.6　除外区段。少于两颗功能牙存在。

5.4.3.1.7　不做记录。由于存在大量牙石覆盖牙面或为残根或有不良修复体导致无法检查而不做记录。

5.4.3.2　记录代码　附着丧失状况的记录代码见表 10 和图 5。

表 10　附着丧失状况的记录代码

代码	附着丧失状况
0	附着丧失 0 – 3 mm
1	附着丧失 4 – 5 mm
2	附着丧失 6 – 8 mm
3	附着丧失 9 – 11 mm
4	附着丧失 12 mm 或以上
9	不做记录
X	除外区段

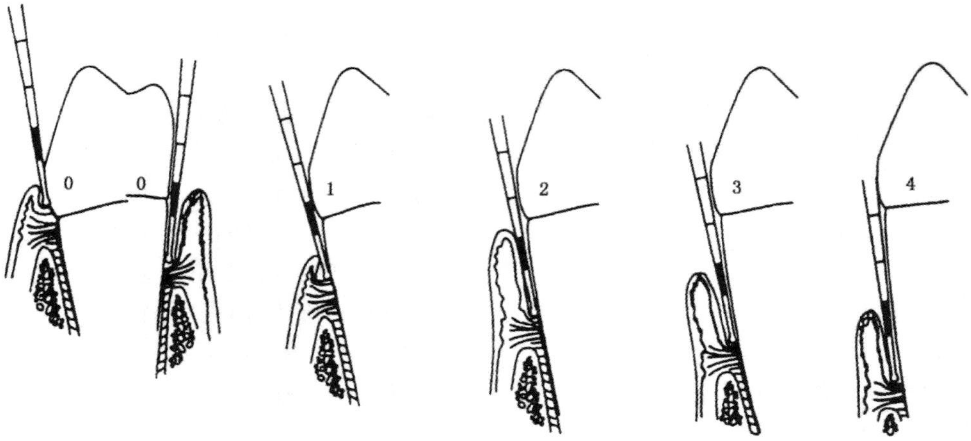

图 5　附着丧失状况记录代码的图示

5.5 记录方法

改良 CPI 检查记录表见表 11。按照 4 个象限，使用记录符号在相应的牙位上记录检查结果。只记录恒牙牙周情况，不记录乳牙。

如果相应牙位未见恒牙,记为恒牙缺失。

指数牙附着丧失状况记录表见表12。

表11　改良CPI记录表

	18	17	16	15	14	13	12	11	21	22	23	24	25	26	27	28
牙龈出血																
牙周袋深度																
	48	47	46	45	44	43	42	41	31	32	33	34	35	36	37	38
牙龈出血																
牙周袋深度																

表12　附着丧失状况记录表

17/16	11	26/27
47/46	31	36/37

6　氟牙症

6.1 检查内容

氟牙症是在牙发育形成期间,由于机体摄氟过多导致牙釉质发育缺陷而引起的牙体硬组织改变,也称氟斑牙。检查内容是用肉眼检查牙釉质的表面是否失去正常光泽,出现白垩色斑纹、色素沉着、缺损样改变等。

6.2 检查器材

平面口镜、CPI探针、镊子、一次性医用清洁手套、照明灯和棉卷。

6.3 检查方法

检查时采用自然光,光线充足,用棉卷清洁牙的唇颊面,使牙面保持洁净干燥。检查部位为全口牙的唇颊面,选择2颗病损最重的牙,依其釉面损害程度逐个进行氟牙症分度诊断,若被选的两颗牙记分一致,则受检者氟牙症记分与被选的两颗牙记分相同,若被选的两颗牙记分不同,则以记分较小的诊断作为受检者的记分。乳牙、恒牙氟牙症应分开记录,乳牙、恒牙同时存在时只查恒牙氟牙症。

6.4　评判标准和记录代码

6.4.1　评判标准

6.4.1.1　正常　牙釉质似半透明,表面光滑,有光泽,通常呈浅乳白色。

6.4.1.2　可疑　牙釉质透明度有轻度改变,从少数白纹到偶有白色斑点。临床不能诊断为很轻,而又不完全正常的情况。

6.4.1.3　很轻　小的似纸样的白色不透明区不规则地分布在牙面上,且不超过牙面的25%。常见于前磨牙或第二磨牙的牙尖顶部,呈1－2 mm的白色不透明区。

6.4.1.4　轻度　牙釉质白色不透明区更广泛,但不超过牙面的50%。

6.4.1.5　中度　牙釉质表面受累超过50%,常可见磨损和棕色斑,影响外观。

6.4.1.6　重度　牙釉质表面严重受累,明显发育不全,甚至可影响牙的整体外形。此型诊断要点为不连续或融合的凹陷缺损区,棕染广泛。牙常有侵蚀样表现。

6.4.1.7　不做记录　由于牙有修复体、牙缺失或牙未萌出等不能检查。

6.4.2　记录代码　氟牙症的记录代码见表13和图6。记录为2或以上者,诊断为氟牙症。

6.5　记录方法　氟牙症记录表见表14。

表 13　氟牙症的记录代码

代码	氟牙症
0	正常
1	可疑
2	很轻
3	轻度
4	中度
5	重度
9	不做记录

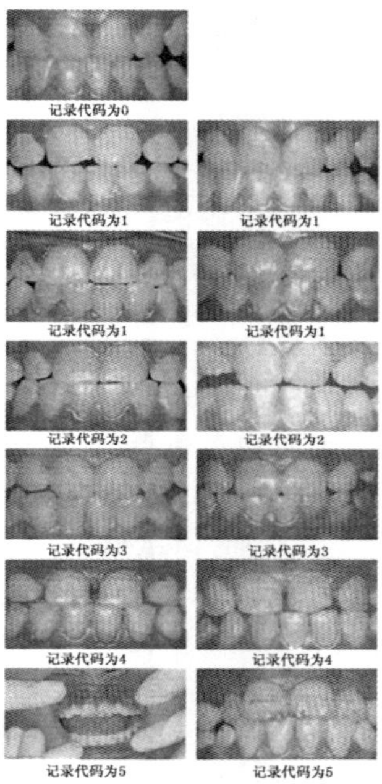

图 6　氟牙症记录代码图示

表 14　氟牙症记录表

代码	记录结果
0＝正常	
1＝可疑	
2＝很轻	
3＝轻度	
4＝中度	
5＝重度	
9＝不做记录	

7　义齿修复状况

7.1　检查内容

成年人群宜进行义齿修复状况检查，内容包括种植义齿修复、固定义齿修复、可摘局部义齿修复、全口义齿修复、非正规义齿修复、有缺牙未修复。

7.2　检查器材

平面口镜、镊子、一次性医用清洁手套和照明灯，必要时可配合使用 CPI 探针。

7.3　检查方法

检查者在人工光源下，以视诊为主，结合问诊和探诊的方式进行。对于无法判断是否为种植义齿修复时，可以结合问诊，特别需要与“粧冠”或“桩核冠”区分开。对于修复体边缘需要探查的，可以结合使用 CPI 探针探诊。

7.4　评判标准和记录代码

7.4.1　评判标准

7.4.1.1　种植义齿修复　上颌或下颌进行了种植义齿修复，包括单个或多个种植义齿修复。

7.4.1.2　固定义齿修复　上颌或下颌进行了固定义齿修复，包括单个固定桥或多个固定桥。

7.4.1.3　可摘局部义齿修复　上颌或下颌进行了可摘局部义齿修复，包括单个可摘局部义齿或多个可摘局部义齿。

7.4.1.4　全口义齿修复　进行了全口义齿修复。

7.4.1.5　非正规义齿修复　上颌或下颌存在非正规义齿修复，包括一个或多个非正规固定桥。

7.4.1.6　有缺牙未修复　存在有缺牙未修复，包括无义齿修复但存在有缺牙未修复以及有义齿修复但仍存在有缺牙未修复。

7.4.2　记录代码　根据上述评判标准，记录代码如下：

a）若口腔内有种植义齿修复，则记为“1”，没有记为“0”；

b）若口腔内有固定义齿修复，则记为“1”，没有记为“0”；

c）若口腔内有可摘局部义齿修复，则记为“1”，没有记为“0”；

d）若口腔内有全口义齿修复，则记为“1”，没有记为“0”；

e）若口腔内有非正规义齿修复，则记为“1”，没有记为“0”；

f）若口腔内有缺牙未修复，则记为“1”，没有记为“0”。

7.5 记录方法

义齿修复状况记录表见表 15。根据下列几种义齿修复状况是否存在，在右侧记录格内逐条填写相应代码。

表 15　义齿修复状况记录表

义齿修复状况	记录结果
种植义齿修复	
固定义齿修复	
可摘局部义齿修复	
全口义齿修复	
非正规义齿修复	
有缺牙未修复	

8　牙排列和殆异常状况

8.1 检查内容

牙排列和殆异常状况检查包括 DAI 指数和唇腭裂检查，DAI 指数检查内容包括前牙和前磨牙缺失、切牙段拥挤、切牙段间隙、中切牙间隙、前牙排列不齐、前牙覆盖、前牙开殆、磨牙前后关系。

8.2 检查器材

平面口镜、CPI 探针、镊子、一次性医用清洁手套、照明灯。

8.3 检查方法

检查者在人工光源下，以视诊为主，结合 CPI 探针进行测量的方式进行。

8.4　评判标准和记录代码

8.4.1　前牙和前磨牙缺失　记录上下颌前牙和前磨牙缺失总数。检查上下颌前牙和前磨牙的缺失情况，记录缺牙总数。了解所有前牙缺失原因是否因美观原因而拔牙，若缺牙后间隙已关闭，或乳牙滞留而继承恒牙未萌，或缺失的前牙和前磨牙已做固定修复，则不记为缺失牙。

8.4.2　切牙段拥挤　包括上颌和下颌切牙段的拥挤情况。上下颌两侧尖牙之间的间隙不足以容纳 4 颗正常排列的切牙，切牙扭转或错位于牙弓之外。对于 4 颗切牙排列整齐但两侧的 1 颗或 2 颗尖牙错位的情况，则不记录切牙段拥挤。若上颌和下颌均不存在切牙段拥挤，则记为“不拥挤”；若上颌或下颌存在切牙段拥挤，则记为“一段拥挤”；若上颌和下颌均存在切牙段拥挤，则记为“两段拥挤”；若有疑问，以低标准记分。切牙段拥挤的记录代码见表 16。

表 16　切牙段拥挤状况的记录代码

代码	拥挤状况
0	不拥挤
1	一段拥挤
2	两段拥挤

8.4.3　切牙段间隙　包括上颌和下颌切牙段间隙的情况。上下颌两侧尖牙之间的间隙超过 4 颗切牙的正常排列所需，则出现间隙。如果一颗或多颗切牙的邻面没有牙间接触，此段记录为切牙段间隙。对于乳牙刚脱落继承恒牙即将萌出而出现的间隙，不记录为切牙段间隙。若上颌和下颌均不存在切牙段间隙，则记为“无间隙”，若上颌或下颌存在切牙段间隙，则记为“一段有间隙”，若上颌和下颌同时存在切牙段间隙，则记为“两段有间隙”，若有疑问，以低标准记分。切牙段间隙状况的记录代码见表 17。

8.4.4　中切牙间隙　指两颗上颌恒中切牙在正常接触点相离开的最小距离，可按两中切牙近中面之间最短的距离（mm）记录。

表 17　切牙段间隙状况的记录代码

代码	间隙状况
0	无间隙
1	一段有间隙
2	两段有间隙

8.4.5　前牙排列不齐　前牙排列不齐指上下颌前牙扭转、错位排列于正常牙弓之外。用 CPI 探针分别测量上下颌 4 颗切牙中偏离正常牙弓排列的最大量。测量时探针与殆平面平行，与正常牙弓线垂直，探针的顶端置于最舌向突出或扭转的牙的唇面，根据 CPI 探针的刻度，可以估算出牙排列不齐的毫米数，以最接近的毫米数作为前牙排列不齐的记分，此项记录上下前牙排列不齐的最大量。前牙排列不齐可以有前牙拥挤或者不拥挤，如果 4 颗切牙正常排列的间隙足够且仍有牙扭转或错位，按前牙排列不齐记分，不按切牙段拥挤记分。上下颌前牙分别检查记分，如果存在侧切牙远中面排列不齐也应记录（图 7）。

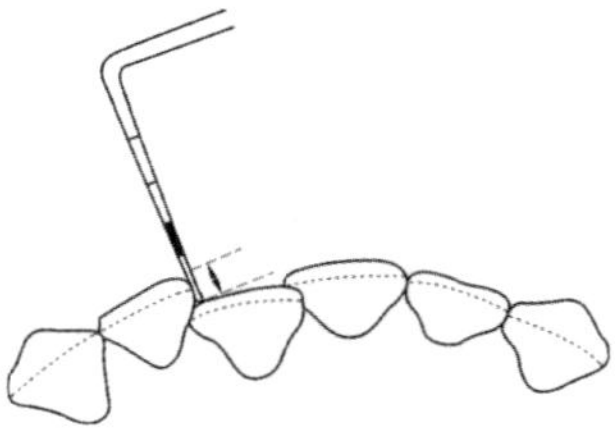

图 7　前牙排列不齐的测量方法

8.4.6　覆盖　覆盖包括前牙覆盖和前牙反覆盖。指在牙尖交错位（正中颌位）测量切牙间的水平距离。

测量时，CPI 探针与殆平面平行。测量覆盖时，测量最突出的上切牙切缘至相应下切牙唇面之间的距离，以最接近的毫米数作为前牙覆盖的记分，此项记录前牙覆盖的最大量。若所有的上颌切牙缺失或反殆，则不记录前牙覆盖。对刃殆记录为 0。

当任何下前牙向前或向唇侧突出于上前牙，则记录前牙反覆盖。测量前牙反覆盖时，测量最突出下切牙的切缘至相应上切牙唇面之间的距离，以最接近的毫米数作为前牙反覆盖的记分，此项记录前牙反覆盖的最大量。若 1 个下切牙扭转而使一部分切缘在唇侧而另一部分在舌侧，则不记录前牙反覆盖（图 8）。

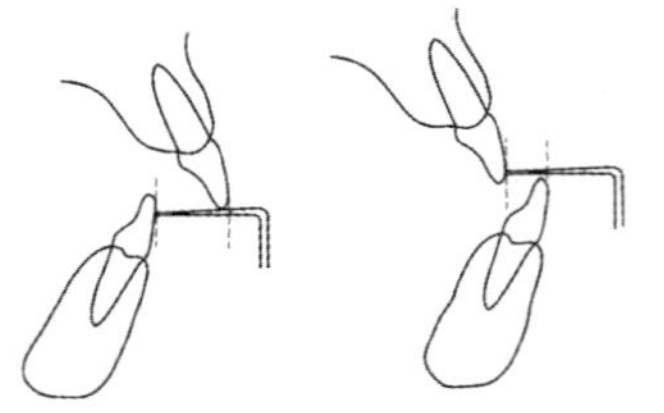

图 8　前牙覆盖的测量方法

8.4.7　前牙开殆　前牙开给指任何对应的切牙间均无垂直性交叠。可用 CPI 探针测量开殆的程度，以最接近的毫米数记录对应的上下切牙切缘之间的距离（mm），记录前牙开殆的最大量（mm）（图 9）。

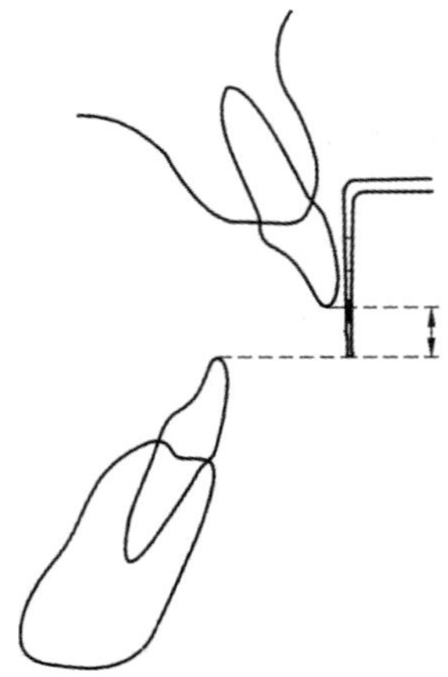

图 9　前牙开殆的测量方法

8.4.8　磨牙前后关系　依据上下颌第一恒磨牙的关系进行测量。当一颗或两颗第一恒磨牙缺失或未完全萌出，广泛龋坏或充填物而不能依此判断磨牙前后关系时，则可通过恒尖牙和前磨牙的关系评估。根据咬合时左右两侧出现的偏差情况，记录磨牙前后关系的最大偏差。磨牙前后关系的记录代码见表18。

表 18　磨牙前后关系的记录代码

代码	磨牙前后关系
0	正常
1	半个牙尖，下颌第一恒磨牙与正常殆\关系相比，向近中或远中错位半个牙尖
2	一个牙尖，下颌第一恒磨牙与正常给关系相比，向近中或远中错位一个牙尖

8.4.9　唇腭裂　唇腭裂包括唇裂、腭裂和唇裂合并腭裂 3 种类型。唇腭裂的记录代码见表 19。

8.5　记录方法

8.5.1　说明　牙排列和殆异常状况的检查共包括以上 9 个方面，其中前牙和前磨牙的缺失是填写缺失牙的数目，切牙段拥挤、切牙段间隙、磨牙前后关系和唇腭裂填写相应代码，中切牙间隙、前牙排列不齐、前牙覆盖和前牙开殆填写毫米数。

8.5.2　牙排列和殆异常状况记录表　牙排列和殆异常状况记录表见表 20。

表 19　唇腭裂的记录代码

代码	唇腭裂代码
0	无唇腭裂
1	唇裂
2	腭裂
3	唇裂合并腭裂
4	唇裂已修复
5	腭裂已修复
6	唇裂合并腭裂已修复

表 20　牙排列和颌异常状况记录表

项目	记录内容				
牙列	N1□□[a]				
间隙	N2□[b]	N3□[c]	N4□mm	N5□mm	N6□mm
	切牙段拥挤	切牙段间隙	中切牙间隙	上颌前牙排列不齐	下颌前牙排列不齐
牙殆	N7□mm	N8□mm	N9□mm	N10□[d]	
	前牙覆盖	前牙反覆盖	前牙开颌	磨牙前后关系	
唇腭裂	□[e]				

a　请填入前牙和前磨牙缺失牙数。
b　请记录代码：0 = 不拥挤；1 = 1 段拥挤；2 = 2 段拥挤。
e　请记录代码：0 = 无间隙；1 = 1 个段有间隙；2 = 2 个段有间隙。
d　请记录代码：0 = 正常；1 = 半个牙尖；2 = 一个牙尖。
e　请记录代码：0 = 无唇腭裂；1 = 唇裂；2 = 腭裂；3 = 唇裂合并腭裂；4 = 唇裂已修复；5 = 腭裂已修复；6 = 唇裂合并腭裂已修复。

9　感染预防措施

调查过程中感染预防措施的内容参见附录 A。

10　质量控制

调查过程中质量控制的内容见附录 B。

11　统计指标的计算方法

口腔黏膜状况、牙列状况、牙周状况、氟牙症、义齿修复状况、牙殆异常状况、牙颌面畸形状况的统计指标的计算方法参见附录 C。

附录 A 感染预防措施

（资料性附录）

A.1 感染预防措施的基本原则

A.1.1 检查过程中受检者双手不可触摸任何器械和设备，不乱吐唾液。

A.1.2 佩戴义齿的受检者，摘下的义齿须放置于清洁的纸上或一次性杯中，避免污染环境。

A.1.3 参加调查的医务人员应严格执行手卫生，遵循 WS/T 313－2009 的要求。

A.1.4 检查者应佩戴医用口罩。在整个检查过程中，不能用一次性医用清洁手套触摸口罩。

A.1.5 检查者应穿着工作服。

A.1.6 工作人员必须保持良好的个人卫生。指甲应剪短保持清洁与光滑，不戴假指甲，不戴手或指甲饰品，头发剪短或束起。

A.2 避免环境传播

负责口腔健康调查的机构应提供安全、整洁的环境。

A.3 医疗废物处置

检查中产生的医疗废物按照国家《医疗废物管理条例》及相关文件要求处理。

A.4 器械处置

A.4.1 检查中使用的可重复使用口腔器械应达到一人一用一灭菌；一次性口腔器械应达到一人一用一更换。

A.4.2 器械处理的流程遵照国家有关规定。

附录 B 质量控制

（资料性附录）

B.1 关键环节控制

为确保口腔健康调查的质量，收集到准确、可靠的信息，必须进行口腔健康调查的质量控制。整个调查过程做到统一调查方案，统一调查中需使用的器材，如探针、检查椅、照明灯等，统一现场调查流程，包括口腔检查现场的布置和程序安排，统一资料录入和质量审核。

B.2 人员的选择和培训

B.2.1 参考检查者的选择

参考检查者应为有流行病学调查经验、国家级或省级三级甲等医院或省级口腔专科医院并经过培训的具有高级职称的口腔临床医师担任。

B.2.2 检查者的选择

检查者应具有一定业务水平，具体要求：

a）口腔执业医师或口腔执业助理医师；

b）能认真、严格、耐心地进行临床检查。

B.2.3 记录者的选择

记录员应由经过培训的口腔医师、护士或口腔医学生担任。

B.2.4 检查者的培训

B.2.4.1 现场调查进行前，检查者应接受理论和现场检查培训，包括熟悉和正确使用调查表，准确掌握各项现场检查方法和标准及 Kappa 值的计算。在严格选择调查人员的基础上，采取统一集中理论培训，使调查员掌握调查方案、方法和检查技术。

B.2.4.2 临床检查培训时，每名检查者先连续对一组含 10 个不同程度龋病状况和牙周袋深度的受检者进行检查，对不同的结果进行讨论，加以统一，对检查标准进行校准。然后，每名检查者与参考检查者一起检查一组含 20 个受检者的样本，评定其现场检查的一致性，包括检查者与参考检查者之间的一致性和检查者之间的一致性。分别计算检查者与参考检查者之间龋病状况和牙周袋深度检查结果的 Kappa 值(计算方法见后)。龋病状况的 Kappa 值达到 0.8 以上方为完全可靠,牙周袋深度的 Kappa 值达到 0.6 以上可靠度为好。

B.2.4.3　牙周状况中其他检查内容(包括牙龈出血和附着丧失)以及牙排列和殆异常状况的培训,按检查标准准备病例统一培训。氟牙症和口腔黏膜状况通过用符合检查标准的典型病例照片进行培训,现场检查时如有疑问可将病例拍照后请专家确诊。

B.3　调查过程中的质量控制

B.3.1　在检查过程中,记录者应与检查者密切配合,准确清晰记录检查结果,及时发现可能出现的错误。记录者要注意检查的牙位和顺序,以免将检查结果填错位置,必要时主动报出牙位,与检查者核实。

B.3.2　在口腔检查中应注意避免各项检查之间的相互干扰,按照方案的顺序进行。

B.3.3　建立质量控制制度,加强技术督导。在口腔健康检查中,受检者按照 5% 的复查率,接受另一位检查者的复查。保留所有复查结果并与正常检查结果一起做标准一致性分析。复查时发现的差异,调查小组组长应在受检者离开之前请所有检查者一并讨论,重新领会标准,达成共识,但复查结果不能更改。

B.3.4　在整个调查过程中,组织培训与督导专家深入调查现场进行现场督导和检查。每个调查点随机抽查 10 名受检者进行复查。复查中年或老年人除牙周状况项目以外的所有项目。龋病复查结果当场计算 Kappa 值。

B.3.5　调查小组组长应掌握和控制调查的进程,避免抢时间、赶速度。检查者不应在过度疲劳和情绪波动的状况下进行临床检查。

B.4　标准一致性检验

B.4.1　Kappa 值

标准一致性试验也就是可靠度的检验,包括检查者本身可靠度检验和检查者之间可靠度检验。有多种方法可以用来评估检查者之间与检查者本身的一致性,较可靠的评估检查者之间一致性的方法为 Kappa 统计法。具体做法是:选 15 - 20 名受检者,由检查者及 1 名参考检查者对受检者各做一次口腔检查,然后每个检查者的检查结果按相同牙位与参考检查者比较,观察检查者之间诊断误差大小;或检查者于隔日上午对相同受检者再做一次检查,检查者两次检查结果比较,观察检查者本身诊断误差大小。Kappa 值的大小与可靠度的关系见表 B.1。

表 B.1　Kappa 值的大小与可靠度的关系

Kappa 值	可靠度
0.40 以下	可靠度不合格
0.40 - 0.60	可靠度中等
0.61 - 0.80	可靠度好
0.81 - 1.0	完全可靠

B.4.2　龋病状况的 Kappa 值

WHO 推荐的龋病状况的 Kappa 值计算方法见表 B.2,计算 Kappa 值的公式见式(B.1)和式(B.2)。

表 B.2　龋病状况的 kappa 值计算表

检查者 2	检查者 1		
	正常	龋	合计
正常	a	c	a + c
龋	b	d	b + d
合计	a + b	c + d	a + b + c + d(= 1)

a　为两名检查者同意为正常的牙数的比例。
b　为检查者 1 认为正常而检查者 2 认为龋的牙数的比例。
c　为检查者 1 认为龋而检查者 2 认为正常的牙数的比例。
d　为两名检查者都认为是龋的牙数的比例。

$$k = \frac{P_o - P_e}{1 - P_e} \tag{B.1}$$

式中：

P_O——观察一致的比例，即(a + d)；

P_e——随检查机遇可望一致的比例，即(a + c)×(a +b)为正常牙，(b +d)×(c +d)为龋。

$$P_e = \frac{(a+c)\times(a+b)+(b+d)\times(c+d)}{(a+b+c+d)^2} \tag{B.2}$$

式中：

a——两名检查者同意为正常牙的比例；

b——检查者 1 认为正常而检查者 2 认为龋的比例；

c——检查者 1 认为龋而检查者 2 认为正常的比例；

d——两名检查者都认为是龋的比例。

当完全一致时，k = 1，完全不一致时，a + d = 0，k = 0，k 值 > 0.8，表明一致性为完全可靠，0.6 - 0.8 为优，0.4 - 0.6 为中。

示例：假设两位检查者检查了 20 名 12 岁学生，共 560 颗牙；两个检查者均认为正常的牙 526 颗；检查者 1 认为正常、检查者 2 认为有龋的牙 3 颗；检查者 1 认为有龋、检查者 2 认为正常的牙 5 颗；两个检查者均认为有龋的牙 26 颗，通过表 B.3 求 Kappa 值。

表 B.3　龋病状况的 Kappa 值计算表

检查者 2	检查者 1(参考检查者)		
	正常	龋	合计
正常	526(0.939 3)	5(0.008 9)	531(0.948 2)
龋	3(0.005 3)	26(0.046 4)	29(0.052 0)
合计	529(0.944 6)	31(0.055 0)	560(1.000 0)

代人式(B.2)：

$$P_e = \frac{(a+c)\times(a+b)\times(b+d)\times(c+d)}{(a+b+c+d)^2}$$

$$= \frac{(0.939\,3+0.008\,9)\times(0.939\,3+0.005\,3)+(0.535\,3+0.046\,4)\times(0.008\,9+0.046\,4)}{(0.939\,3+0.005\,3+0.008\,9+0.046\,4)^2}$$

$$= 0.898\,6$$

$$P_o = a + d = 0.939\,3 + 0.046\,4 = 0.985\,7$$

$$K = \frac{0.985\,7 - 0.898\,6}{1 - 0.898\,6} = \frac{0.087\,1}{0.101\,4} = 0.859\,0$$

结论：检查者 2 龋病检查可靠度为完全可靠。

B.4.3　牙周袋深度的 Kappa 值

牙周袋深度的 Kappa 值计算方法见表 B.4。计算 Kappa 值的公式见式(B.3)。

$$k = \frac{P_o - P_e}{1 - P_e} \tag{B.3}$$

式中：

P_o——观察一致的比例，即(a + e + i)；

P_e——随检查机遇可望一致的比例，具体计算公式见 B.4。

$$P_c = \frac{\alpha\times\zeta+\beta\times\eta+\gamma\times\lambda}{\xi^2} \tag{B.4}$$

式中：

α——检查者 1(参考检查者)认为是 0 的牙比例；

ζ——检查者 2 认为是 0 的牙比例；

β——检查者 1(参考检查者)认为是 1

的牙比例；

η——检查者 2 认为是 1 的牙比例；

γ——检查者 1（参考检查者）认为是 2 的牙比例；

λ——检查者 2 认为是 2 的牙比例；

ξ——1。

表 B.4　改良 CPI 的 Kappa 计算表

检查者 2	检查者 1（参考检查者）			
	0	1	2	合计
0	a	d	g	ζ(a+d+g)
1	b	e	h	η(b+e+h)
2	c	f	i	λ(c+f+i)
合计	α(a+b+c)	β(d+e+f)	γ(g+h+i)	ξ(a+b+c+d+e+f+g+h+i)

a　为两名检查者同意为 0 的牙数的比例。
b　为检查者 1 认为 0 而检查者 2 认为 1 的牙数的比例。
c　为检查者 1 认为 0 而检查者 2 认为 2 的牙数的比例。
d　为检查者 1 认为 1 而检查者 2 认为 0 的牙数的比例。
e　为两名检查者同意为 1 的牙比例。
f　为检查者 1 认为 1 而检查者 2 认为 2 的牙数的比例。
g　为检查者 1 认为 2 而检查者 2 认为 0 的牙数的比例。
h　为检查者 1 认为 2 而检查者 2 认为 1 的牙数的比例。
i　为两名检查者同意为 2 的牙数的比例。

B.5　数据的核对和整理

B.5.1　核对

在现场应对检查资料进行认真核对，资料收集后对每一项内容进行仔细检查，核对有无缺漏和逻辑错误，差错一经发现，应及时纠正，以保证分析的结果不致发生偏差。

B.5.2　整理

将核对后的调查资料进行整理，按照资料的不同性质进行归类，清点各类资料的数量是否满足要求，有无缺失，如发现数量不够，应及时补足。

附录 C　统计指标的计算方法

（资料性附录）

C.1　口腔黏膜状况

C.1.1　口腔黏膜异常的检出率

口腔黏膜异常的检出率是指有口腔黏膜异常的人数占受检人数的比例（1/10 万），具体见式（C.1）。

$$P = \frac{S}{N} \times \frac{100\ 000}{10\text{万}} \qquad (C.1)$$

式中：

P——口腔黏膜异常的检出率；

S——受检人群口腔黏膜记分状况为“1”“2”“3”“4”“5”“6”“7”的人数之和；

N——受检人数。

C.1.2　某种口腔黏膜异常状况的检出率

各种口腔黏膜异常状况的检出率是指有某一种口腔黏膜异常状况的人数占受检人数的比例（1/10 万），具体见公式 C.2。

$$P = \frac{S}{N} \times \frac{100\ 000}{10\text{万}} \qquad (C.2)$$

式中：

P——某种口腔黏膜异常状况检出率；

S——受检人群口腔黏膜记分状况为“1”“2”“3”“4”“5”“6”“7”中某一种的人数之和；

N——受检人数。

C.2 牙列状况

C.2.1 恒牙龋失补牙数

恒牙龋失补牙数(DMFT)是指恒牙龋坏牙(Decayed)、因龋缺失的牙(Missing)和因龋充填牙(Filled)的牙数之和，具体见式(C.3)。用于统计每个调查对象患龋的严重情况。

$$DMFT = \sum DT + \sum MT + \sum FT \quad (C.3)$$

式中：

$DMFT$——恒牙龋失补牙数；

$\sum DT$——受检者记分为1E2 的牙数之和；

$\sum MT$——受检者记分为 4 的牙数之和；

$\sum FT$——受检者记分为 3 的牙数之和。

成年人因牙周病而失牙的概率较高，统计成年人龋失补牙数时有可能将因牙周病丧失的牙也计算在内。因此，检查 30 岁及以上者，不再区分是龋病还是牙周病导致的失牙，其失牙数按口腔内实际失牙数计。对于 30 岁及以上的调查对象，龋失补牙数的计算方法则见式(C.4)。

$$DMFT = \sum DT + \sum MT + \sum FT \quad (C.4)$$

式中：

$DMFT$——恒牙龋失补牙数；

$\sum DT$——受检者记分为1或2 的牙数之和；

$\sum MT$——受检者记分为4 或5 的牙数之和；

$\sum FT$——受检者记分为 3 的牙数之和。

C.2.2 恒牙龋补牙数

恒牙龋补牙数(DFT)是指恒牙龋坏牙(Decayed)、因龋充填牙(Filled)的牙数之和，具体计算见式(C.5)。用于 30 岁及以上年龄组对象的统计。

$$DFT = \sum DT + \sum FT \quad (C.5)$$

式中：

DFT——恒牙龋失补牙数；

$\sum DT$——受检者记分为1 或2 的牙数之和；

$\sum FT$——受检者记分为 3 的牙数之和。

C.2.3 乳牙龋失补牙数

乳牙龋失补牙数(dmft)是指乳牙龋坏牙(decayed)、因龋缺失的牙(missing)和因龋充填牙(filled)的牙数之和，具体见式(C.6)。用于统计每个调查对象患龋的严重情况。

$$dmft = \sum dt + \sum mt + \sum ft \quad (C.6)$$

式中：

$dmft$——乳牙龋失补牙数；

$\sum dt$——受检者记分为 B 或 C 的牙数之和；

$\sum mt$——受检者记分为 E 的牙数之和；

$\sum ft$——受检者记分为 D 的牙数之和。

C.2.4 龋均

龋均(mean DMFT or dmft)是指调查人群中每人口腔中的平均龋失补牙数，具体见式(C.7)。

$$mDMFT = \frac{DMFT}{N}$$

$$mdmft = \frac{dmft}{N} \quad (C.7)$$

式中：

$mDMFT$——受检人群恒牙龋均；

$mdmft$——受检人群乳牙龋均；

$DMFT$——受检人群恒牙龋失补牙数；

$dmft$——受检人群乳牙龋失补牙数；

N——受检人数。

C.2.5 恒牙龋失补牙面数

恒牙龋失补牙面数(DMFS)是指恒牙龋坏(Decayed)、因龋缺失(Missing)和因龋充填(FUled)的牙面数之和，具体见式(C.8)。

$$DMFS = \sum DS + \sum MS + \sum FS \quad (C.8)$$

式中：

$DMFS$——恒牙龋失补牙面数；

$\sum DS$——受检者记分为 1 或 2 的牙面数之和；

$\sum MS$——受检者记分为4 的牙面数之和；

$\sum FS$——受检者记分为3 的牙面数之和。

成年人因牙周病而失牙的几率较高，统计成年人龋失补牙面数时有可能将因牙周病丧失的牙也计算在内。因此，检查 30 岁及以上者，不再区分是龋病还是牙周病导致的失牙，其失牙数按口腔内实际失牙数计。对于 30 岁及以上的调查对象，龋失补牙面数的计算方法则见式（C.9）。

$$DMFS = \sum DS + \sum MS + \sum FS \quad (C.9)$$

式中：

$DMFS$——恒牙龋失补牙面数；

$\sum DS$——受检者记分为 1 或 2 的牙面数之和；

$\sum MS$——受检者记分为 4 或 5 的牙面数之和；

$\sum FS$——受检者记分为 3 的牙面数之和。

C.2.6　乳牙龋失补牙面数

乳牙龋失补牙面数（dmfs）是指乳牙龋坏（decayed）、因龋缺失（missing）和因龋充填（filled）的牙面数之和，具体见式（C.10）。

$$dmfs = \sum ds + \sum ms + \sum fs \quad (C.10)$$

式中：

$dmfs$——乳牙龋失补牙面数；

$\sum ds$——受检者记分为 B 或 C 的牙面数之和；

$\sum ms$——受检者记分为 E 的牙面数之和；

$\sum fs$——受检者记分为 D 的牙面数之和。

C.2.7　龋面均

龋面均（mean DMFS or dmfs）是指调查人群中每人口腔中的平均龋失补牙面数，具体见式（C.11）。

$$mDMFS = \frac{DMFS}{N}$$

$$mdmfs = \frac{dmfs}{N} \quad (C.11)$$

式中：

$mDMFS$——受检人群恒牙龋面均；

$mdmfs$——受检人群乳牙龋面均；

$DMFS$——受检人群恒牙龋失补牙面数；

$dmfs$——受检人群乳牙龋失补牙面数；

N——受检人数。

C.2.8　龋充填构成比

受检人群中龋失补牙数之和中因龋充填的牙数所占的比重，常用百分数表示，具体见式（C.12）。如果已充填牙存在继发龋，此牙仍算作龋，不计为已充填的牙。

$$P = \frac{\sum FT(\sum ft)}{DMFT(dmft)} \times 100\% \quad (C.12)$$

式中：

P——龋充填构成比；

$\sum FT$——受检人群已充填的恒牙牙数之和；

$\sum ft$——受检人群已充填的乳牙牙数之和；

$DMFT$——受检人群恒牙龋失补牙数；

$dmft$——受检人群乳牙龋失补牙数。

C.2.9　患龋率

在调查期间某一人群中患龋病的人数占总受检人数的百分率，具体见式（C.13）。

$$P = \frac{S}{N} \times 100\% \quad (C.13)$$

式中：

P——患龋率；

S——患龋人数（DMPT 或 dmft > 0）；

N——受检人数。

C.2.10　根龋龋均

根龋龋均（mean DF－Root）是指所调查的成人人群中人均根龋数，具体见式（C.14）。

$$mDF-Root = \frac{\sum DT-Root + \sum FT-Root}{N} \quad (C.14)$$

式中：

$mDF-Root$——受检人群根龋龋均；

$\sum DT-Root$——受检人群患根龋的牙数之和；

$\sum FT-Root$——受检人群因根龋充填的牙数之和；

N——受检人数。

C.2.11　根龋患龋率

在调查期间患根龋的人数占受检人数的百分率，具体见式（C.15）。

$$P = \frac{S}{N} \times 100\% \quad (C.15)$$

式中：

P——根龋患龋率；

S——受检人群中患根面龋人数（DF－

Root >0)；

N——受检人数。

C.3　牙周状况

C.3.1　牙龈出血检出率

有牙龈出血的人数占受检人数的百分数，具体见式(C.16)。

$$BP = \frac{S}{N} \times 100\% \qquad (C.16)$$

式中：

BP——牙龈出血检出率；

S——改良 CPI 记分中牙龈出血记分为“1”的牙数之和≥1 的人数；

N——受检人数。

C.3.2　牙龈出血平均检出牙数

受检人群中每人口腔中改良 CPI 记分为“1”的平均牙数，具体见式(C.17)。

$$TB = \frac{\sum TB1}{N} \qquad (C.17)$$

式中：

TB——牙龈出血平均检出牙数；

$\sum TB1$——改良 CPI 牙龈出血记分为“1”的牙数总和；

N——受检人数。

C.3.3　浅牙周袋检出率

有浅牙周袋的人数占受检者人数的百分数，具体见式(C.18)。

$$PSP = \frac{S}{N} \times 100\% \qquad (C.18)$$

式中：

PSP——浅牙周袋检出率；

S——改良 CPI 记分中牙周袋深度记分为“1”的牙数之和 >1 的人数；

N——受检者人数。

C.3.4　浅牙周袋平均检出牙数

受检人群中每人口腔中改良 CPI 牙周袋深度记分为“1”的平均牙数，具体见式(C.19)。

$$TSP = \frac{\sum TP1}{N} \qquad (C.19)$$

式中：

TSP——浅牙周袋平均检出牙数；

$\sum TP1$——CPI 记分为“1”的牙数总和；

N——受检人数。

C.3.5　深牙周袋检出率

有深牙周袋的人数占受检者人数的百分数，具体计算公式见式(C.20)。

$$PDP = \frac{S}{N} \times 100\% \qquad (C.20)$$

式中：

PDP——深牙周袋检出率；

S——改良 CPI 记分中牙周袋深度记分为“2”的牙数之和≥1 的人数；

N——受检者人数。

C.3.6　深牙周袋平均检出牙数

受检人群中每人口腔中改良 CPI 牙周袋深度记分为“2”的平均牙数，具体计算公式见式(C.21)。

$$TDP = \frac{\sum TP2}{N} \qquad (C.21)$$

式中：

TDP——深牙周袋平均检出牙数；

$\sum TP2$——CPI 记分为“4”的牙数总和；

N——受检人数。

C.3.7　牙周附着丧失≥4 mm 检出率

有牙周附着丧失≥4 mm 的人数占受检者人数的百分数，具体计算公式见式(C.22)。

$$ALP = \frac{S}{N} \times 100\% \qquad (C.22)$$

式中：

ALP——牙周附着丧失≥4 mm 检出率；

S——附着丧失记分中最高记分为“1”、“2”、“3”或“4”的人数；

N——受检人数。

C.3.8　牙周附着丧失≥6 mm 检出率

有牙周附着丧失≥6 mm 的人数占受检者人数的百分数，具体计算公式见式(C.23)。

$$ALP = \frac{S}{N} \times 100\% \qquad (C.23)$$

式中：

ALP——牙周附着丧失≥6 mm 检出率；

S——附着丧失记分中最高记分为“2”、

"3"或"4"的人数；

N——受检人数。

C. 3. 9　牙周附着丧失≥9 mm 检出率

有牙周附着丧失≥9 mm 的人数占受检者人数的百分数，具体计算公式见式（C. 24）。

$$ALP = \frac{S}{N} \times 100\% \quad (C.24)$$

式中：

ALP——牙周附着丧失≥9 mm 检出率；

S——附着丧失记分中最高记分为"3"或"4"的人数；

N——受检人数。

C. 3. 10　牙周健康率

全口无牙龈出血、无牙周袋以及无附着丧失的人数占受检者人数的百分数，具体计算公式见式（C. 25）。

$$PHP = \frac{S}{N} \times 100\% \quad (C.25)$$

式中：

PHP——牙周健康率；

S——改良 CPI 记分及附着丧失记分均为"0"的人数；

N——受检人数。

C. 4　氟牙症

C. 4. 1　氟牙症患病率

在调查期间患氟牙症的人数占受检人数的百分率，具体计算公式见式（C. 26）。

$$P = \frac{S}{N} \times 100\% \quad (C.26)$$

式中：

P——氟牙症患病率；

S——氟牙症记分为"2""3""4""5"的人数之和；

N——受检人数。

C. 4. 2　社区氟牙症指数

社区氟牙症指数（community fluorosis index, CFI）是指一个地区人群氟牙症的流行状况的严重程度。具体计算公式见式（C. 27）。

$$CFI = \frac{(0.5 \times N_1) + (1 \times N_2) + (2 \times N_3) + (3 \times N_4) + (4 \times N_5)}{N} \quad (C.27)$$

式中：

CFI——社区氟牙症指数；

N_1——氟牙症诊断为"可疑"人数；

N_2——氟牙症诊断为"很轻"人数；

N_3——氟牙症诊断为"轻度"人数；

N_4——氟牙症诊断为"中度"人数；

N_5——氟牙症诊断为"重度"人数；

N——受检人数。

C. 5　义齿修复状况

C. 5. 1　义齿修复率

在调查期间有义齿修复人数占缺牙人数的百分率，具体计算公式见式（C. 28）。

$$P = \frac{S}{N} \times 100\% \quad (C.28)$$

式中：

P——义齿修复率；

S——义齿修复状况中存在任何一种修复状况（除"有缺牙仍需修复"之外）的人数；

N——受检人群中缺牙人数。

C. 5. 2　某类义齿修复率

全口牙列中进行某类义齿修复的人数占调查期间受检缺牙人数的百分率。具体计算公式见式（C. 29）。

$$P = \frac{S}{N} \times 100\% \quad (C.29)$$

式中：

P——某类义齿修复率；

S——6 种义齿修复状况中某类义齿修复状况记分为"1"的人数；

N——受检人群中缺牙人数。

C. 6　牙排列和𬌗异常状况

C.6.1　计算 DAI 值

具体计算方法见式(C.30)。

$$DAI = 6 \times N_1 + 1 \times N_2 + 1 \times N_2 + 3 \times N_4 + 1 \times N_5 + 1 \times N_6 + 2 \times N_7 + 4 \times N_8 + 4 \times N_9 + 3 \times N_{10} + 13 \quad (C.30)$$

式中：

DAI——牙科美学指数；

N_1——缺失牙数；

N_2——切牙段拥挤量记分；

N_3——切牙段间隙量记分；

N_4——中切牙间隙量；

N_5——上颌前牙排列不齐量；

N_6——下颌前牙排列不齐量；

N_7——覆盖量；

N_8——前牙反覆盖量；

N_9——前牙开𬌗量；

N_{10}——磨牙前后关系记分。

C.6.2　唇腭裂检出率

有唇腭裂的人数占受检人数的比例(1/10 万)，具体计算公式见式(C.31)。

$$P = \frac{S}{N} \times \frac{100\ 000}{10\text{万}} \quad (C.31)$$

式中：

P——唇腭裂检出率；

S——受检人群中唇腭裂记分状况为“1”“2”“3”的人数之和；

N——受检人数。

C.7　无牙颌率

全口无牙的人数占受检人数的百分率，具体计算公式见式(C.32)。

$$EP = \frac{S}{N} \times 100\% \quad (C.32)$$

式中：

EP——无牙颌率；

S——受检人群中全口无牙的人数；

N——受检人数。

参考文献

[1]　WS/T 313－2009 医务人员手卫生规范

[2]　GB/T 26343－2010 学生健康检查技术规范

[3]　齐小秋. 第三次全国口腔健康流行病学调查报告. 北京：人民卫生出版社，2008

[4]　World Health Organization, Oral Health Surveys: Basic Methods. 5th ed 2013, Geneva: WHO.

教　育

教育部办公厅国家卫生计生委办公厅国家中医药管理局办公室关于进一步做好原七年制临床医学教育调整改革工作的通知

教高厅[2017]1 号

各省、自治区、直辖市教育厅(教委)、卫生计生委、中医药管理局,新疆生产建设兵团教育局、卫生局,部(委)直属有关高等学校:

为适应国家住院医师规范化培训制度建设,加快构建标准化、规范化的临床医学人才培养体系,2015 年,印发了《教育部办公厅关于做好七年制临床医学教育调整为“5 + 3”一体化人才培养改革工作的通知》(教高厅[2015]2 号),决定自 2015 年起将七年制临床医学专业(含中医、口腔、眼视光医学,以下同)招生调整为临床医学专业“5 + 3”一体化招生培养。为稳妥顺利做好原七年制临床医学教育的调整改革工作,现将有关事宜通知如下。

一、高度重视原七年制临床医学教育的调整改革工作。七年制医学生是我国卫生与健康事业发展的重要卫生人力资源。各地教育、卫生计生、中医药管理部门要把原七年制临床医学专业在校学生的调整改革工作作为当前一项重要任务,切实履行好主体责任。各部门要加强领导,明确责任,密切协同,做好相关政策解读与宣传,严格执行确定的各项政策,切实把工作落到实处。有关高校要积极稳妥做好原七年制临床医学专业在校学生的培养,密切关注学生思想动态,加强教育引导和政策解读,及时消除学生疑虑,切实维护良好的教育教学秩序。

二、进一步明确医学毕业生就业招聘政策和专业学位博士研究生招录条件。2021 年之前,对七年制临床医学专业毕业生,除当地省级卫生计生、中医药管理部门另有专门规定外,医疗机构不能将取得住院医师规范化培训合格证书作为人员招聘的必备条件;招生单位不能将取得住院医师规范化培训合格证书作为报考临床医学(含口腔医学、中医)专业学位博士研究生的条件。

三、做好原七年制临床医学专业学生培养与住院医师规范化培训的衔接工作。按原七年制临床医学专业录取的学生,在进入研究生教育阶段时,各有关高校要结合本校实际,充分听取学生意愿,合理做出选择安排。

选择一体化人才培养的学生,其培养要求按照国务院学位委员会《关于印发临床医学、口腔医学和中医硕士专业学位研究生指导性培养方案的通知》(学位[2015]9 号)精神执行。

选择原七年制教学计划培养的学生,其毕业要求执行原有规定。毕业当年,由所在院校依据培养方案和实际培养过程,对学生在研究生教育阶段的临床经历、培养内容出具书面证明,报省级卫生计生、中医药、教育管理部门共同审核,经审核后的证明材料各省间应予以互认。毕业后参加住院医师规范化培训的,原在读期间完成的基本符合住培要求的临床经历、培养内容,可计入接受住院医师规范化培训的时间和内容,培训时间原则上不超过 2 年。毕业生完成相应时间的住院医师规范化培训后，可按照规定参加住院医师规范化培训结业考核。

根据学校实际及学生意愿，调整为“5＋3”一体化培养的学生，按照《教育部办公厅关于做好七年制临床医学教育调整为“5＋3”一体化人才培养改革工作的通知》（教高厅[2015]2 号）精神和《教育部办公厅关于做好医学长学制招生计划管理有关工作的通知》（教发厅[2015]4 号）有关要求，纳入招生单位本年度研究生计划，教育部门予以学籍注册，其临床培养按照国家统一制定的住院医师规范化培训要求进行；学校所在地省级卫生计生、中医药管理部门将其纳入住院医师规范化培训信息管理系统，完成住院医师规范化培训要求，并且达到结业考核报考条件者，可按照规定参加结业考核。

教育部办公厅
国家卫生计生委办公厅
国家中医药管理局办公室
二〇一七年一月二十五日

教育部对十二届全国人大四次会议第 5799 号建议的答复

教建议[2016]第 339 号

你们提出的“关于推动内地高等医学制度改革的建议”收悉。经研究，现答复如下：

一、关于我国医学教育学制。近年来，教育部、国家卫生计生委加强协同，根据医疗卫生事业发展，出台了一系列重要文件，切实加强医学人才培养工作的顶层设计。2012 年联合印发了《教育部 卫生部关于实施临床医学教育综合改革的若干意见》（教高[2012]6 号）、2013 年联合印发了《国家卫生计生委等七部门关于建立住院医师规范化培训制度的指导意见》（国卫科教发[2013]56 号）、2014 年联合印发了《教育部等六部门关于医教协同深化临床医学人才培养改革的意见》（教研[2014]2 号），系统谋划医学教育改革发展工作，确定了加快构建以“5＋3”（5 年临床医学本科教育＋3 年住院医师规范化培训或 3 年临床医学硕士专业学位研究生教育）为主体、以“3＋2”（3 年临床医学专科教育＋2 年助理全科医生培训）的标准化、规范化临床医学人才培养体系。2015 年，教育部调整改革七年制医学教育，将 42 所高校 7 年制临床医学（含中医、口腔，下同）专业招生调整为“5＋3”一体化培养。至此，我国医学教育学制形成了“以五年制为主体、三年制为补充、八年制为发展”的格局。

二、关于面向基层的全科医生人才培养。为加强基层全科医生队伍建设，2011 年 7 月，国务院印发《关于建立全科医生制度的指导意见》，要求大力加强全科医生培养，在做好全科医生规范化培训的同时，在过渡期内，对到经济欠发达的农村地区工作的 3 年制医学专科毕业生，可在国家认定的培养基地经 2 年临床技能和公共卫生培训合格并取得执业助理医师资格后，注册为助理全科医师。2016 年 6 月，国家卫生计生委等六部门联合印发了《助理全科医生培训实施意见（试行）》，明确提出助理全科医生培训是现阶段农村基层全科医生培养的过渡期补充措施。鉴于我国区域卫生事业发展不平衡，偏远地区、欠发达地区难以吸引高学历的医疗卫生人才就业，因此，“3＋2”模式培养的助理全科医生在未来一段时间内仍将存在。

教育部要求举办 3 年制临床医学专业的学校与基层医疗卫生机构建立合作机制，合理安排学生到有条件的社区卫生服务中心和乡镇卫生院进行实习、实践，提升基本医疗卫生服务能力；同时，积极推进临床医学高职（专科）教育教学标准与助理全科医生培训标准的有机衔接，为基层培养适宜全科医学人才。

三、关于医学教育终身教育。2014 年教育部等六部门印发的《关于医教协同深化临床医学人才培养改革的意见》明确提出：深化院校教育改革、建立健全毕业后教育制度、完善继续教育体系，到 2020 年，基本建成院校教育、毕业后教育、继续教育三阶段有机衔接的具有中国特色的标准化、规范化临床医学人才培养体系，院校教育质量显著提高，毕业后教育得到普及，继续教育实现全覆盖。

教育部将与国家卫生计生委进一步加强协同，促进院校教育、毕业后教育、继续教育三阶段的有机衔接，不断提高医学人才培养质量，以高水平专业能力服务大众，适应需求日增的医疗卫生趋势。

四、关于部分医学院校课程设置过早专科化。教育部要求医学院校根据现代医学模式和我国卫生服务的发展要求，深化医学人才培养模式改革，拓宽医学生知识能力素质结构，加强学生人文教育和职业素养培养，提高医学生临床各科实践能力，为医学生毕业后从事相关专科医疗服务奠定基础。在教育部、原卫生部联合印发的《本科医学教育标准——临床医学专业（试行）》（教高［2008］9 号）中提出，本科医学教育的任务是为卫生保健机构培养完成医学基本训练，具有初步临床能力、终身学习能力和良好职业素质的医学毕业生，为学生毕业后继续深造和在各类卫生保健系统执业奠定必要的基础；要求医学生掌握各种常见病、多发病的发病原因、发病机理、临床表现、诊断及防治原则，具备内、外、妇、儿各类常见病、多发病的诊断、处理能力。2008 年，教育部专门成立临床医学专业认证工作委员会，以《本科医学教育标准－临床医学专业（试行）》开展临床医学专业认证，规范本科临床医学专业办学，注重医学生的通科培养，提高医学人才的整体素质和能力，培养符合现代社会需求的高素质医学人才。

教育部将进一步推动高等医学院校深化医学教育教学改革，不断提高医学人才培养质量，促进医学教育更好地服务于医药卫生事业发展的需要，服务于人民群众提高健康水平的需求。

感谢你们对我国医学教育事业的关心与支持！

教育部

二〇一六年十月八日

教育部对十二届全国人大四次会议第 8464 号建议的答复

教建议［2016］第 527 号

你们提出的“关于进一步完善临床医学专业人才培养体系的建议”收悉，现答复如下：

一、加强临床医学人才培养工作的顶层设计。1998 年，国务院学位委员会第 15 次会议审议通过《临床医学专业学位试行办法》，在我国设置了临床医学博士和硕士专业学位，定位于加快临床医学高层次人才培养，提高临床医疗队伍的素质和临床医疗工作水平。

近年来，教育部、国家卫生计生委加强协同，根据医疗卫生事业发展，出台了一系列重要文件，切实加强医学人才培养工作的顶层设计。2012年联合印发了《教育部 卫生部关于实施临床医学教育综合改革的若干意见》（教高[2012]6号）、2013年联合印发了《国家卫生计生委等七部门关于建立住院医师规范化培训制度的指导意见》（国卫科教发[2013]56号）、2014年联合印发了《教育部等六部门关于医教协同深化临床医学人才培养改革的意见》（教研[2014]2号），系统谋划医学教育改革发展工作，确定了加快构建以"5+3"（5年临床医学本科教育+3年住院医师规范化培训或3年临床医学硕士专业学位研究生教育）为主体的标准化、规范化临床医学人才培养体系。同时明确要求，到2020年，所有新进医疗岗位的本科及以上学历临床医师均接受住院医师规范化培训。

为贯彻落实国家住院医师规范化培训制度，优化学制学位体系，2015年，教育部出台了《关于做好七年制临床医学教育调整为"5+3"一体化人才培养改革的通知》（教高厅[2015]2号），调整改革七年制医学教育，将42所高校7年制临床医学（含中医、口腔，下同）专业招生调整为"5+3"一体化培养，即5年本科阶段合格者直接进入本校与住院医师规范化培训有机衔接的3年临床医学硕士专业学位研究生教育阶段。"5+3"一体化培养可以消除本科毕业就业和研究生入学考试对临床实习的影响，有利于加强医学生临床能力的培养。

此外，教育部正在探索临床医学博士专业学位人才培养模式改革，推进临床医学博士专业学位研究生教育与专科医师规范化培训有机衔接，在具备条件的地区或高等医学院校组织开展"5+3+X"（X为专科医师规范化培训或临床医学博士专业学位研究生教育所需年限）临床医学人才培养模式改革试点。同时，积极推进八年制临床医学人才培养模式改革，鼓励举办八年制医学教育的高等医学院校积极探索有效途径，培养多学科背景的高层次医学拔尖创新人才，毕业后经过一定时间的住院医师规范化培训，从事临床诊疗或医学科研与教学工作。

二、适应基层医疗卫生服务需求，深化面向基层的全科医生人才培养模式改革。为加强基层全科医生队伍建设，2011年7月，国务院印发《关于建立全科医生制度的指导意见》，要求大力加强全科医生培养，在做好全科医生规范化培训的同时，在过渡期内，对到经济欠发达的农村地区工作的3年制医学专科毕业生，可在国家认定的培养基地经2年临床技能和公共卫生培训合格并取得执业助理医师资格后，注册为助理全科医师。教育部要求举办3年制临床医学专业的学校与基层医疗卫生机构建立合作机制，合理安排学生到有条件的社区卫生服务中心和乡镇卫生院进行实习、实践，提升基本医疗卫生服务能力；同时，积极推进临床医学高职（专科）教育教学标准与助理全科医生培训标准的有机衔接，为基层培养适宜全科医学人才。

目前，部分医学本科毕业生选择不从事临床医疗工作，可直接报考科学学位研究生进行深造，无须参加住院医师规范化培训，研究生毕业后可从事医学科研或基础医学教学等工作。

此外，建议中提出的"5+3""5+3+X""8+1"医学人才培养模式属于重大政策调整，涉及现有临床医学教育制度的改革，也涉及住院医师规范化培训制度的改革，教育部将与国家卫生计生委进行专题研究。

感谢你们对我国医学教育事业的关心与支持！

教育部

二〇一六年十月十四日

教育部办公厅关于公布第一批“国家级精品资源共享课”名单的通知

教高厅函[2016]54 号

各省、自治区、直辖市教育厅(教委),新疆生产建设兵团教育局,有关部门(单位)教育司(局),中央军委训练管理部院校局,部属各高等学校,高等教育出版社有限公司:

根据《教育部 财政部关于“十二五”期间实施“高等学校本科教学质量与教学改革工程”的意见》(教高[2011]6 号)、《教育部关于国家精品开放课程建设的实施意见》(教高[2011]8 号)、《精品资源共享课建设工作实施办法》(教高厅[2012]2 号)等文件精神,自 2013 年以来,我部共分四批批准了 2 911 门“国家级精品资源共享课”(包括教师教育、本科教育、高职教育、网络教育课程)立项建设,建设课程陆续在“爱课程”网免费向社会开放。参与课程建设高校和课程团队为推进高等教育开放,促进优质教育资源共享,服务学习型社会建设做出了重要贡献。

经我部组织各省级教育行政部门、全国高校现代远程教育协作组、高等教育出版社有限公司等对精品开放课程建设与共享项目建设工作进行总结,并对已经上网使用的本科教育、高职教育以及网络教育国家级精品资源共享课立项建设课程进行审核,现确定北京大学“理论语言学”等 2 686 门课程为第一批“国家级精品资源共享课”并对名单予以公布。“国家级精品资源共享课”称号有效期 5 年。教师教育国家级精品资源共享课立项建设课程相关工作另行安排。

确定为“国家级精品资源共享课”的课程建设高校和建设团队,作为课程内容和教学活动的责任主体,要继续保证课程内容质量,按照有关规定及时维护、更新和完善课程基本资源,积极建设拓展资源,安排专人管理上网课程及其学习社区,提供丰富、安全、稳定的课程学习服务,更好地满足广大高校师生和社会学习者的学习需求。“爱课程”网要继续为课程维护更新提供技术支持和相关服务。

各省级教育行政部门和各高等学校,要因地制宜、因校制宜,采取多种方式充分利用“国家级精品资源共享课”等优质课程资源,扎实推进信息化教学改革工作,将线上优质课程资源作为课堂教学的重要补充,提升教育教学和人才培养质量。

附件:第一批“国家级精品资源共享课”名单

教育部办公厅

二〇一六年六月二十八日

表 1　“精品视频公开课”名单——口腔医学*

序号	学校	课程名称	课程负责人
15	北京大学	儿童口腔医学	葛立宏
17	北京大学	口腔颌面医学影像学	马绪臣
459	吉林大学	口腔组织病理学	孙宏晨
606	上海交通大学	口腔黏膜病学	周曾同
786	南京医科大学	口腔正畸学	王　林

续表1

序号	学校	课程名称	课程负责人
1181	武汉大学	口腔生物学	边　专
1601	四川大学	口腔颌面外科学	石　冰
1602	四川大学	口腔基础医学	林云锋
1603	四川大学	口腔黏膜病学	陈谦明
1604	四川大学	口腔修复学	于海洋
1612	四川大学	口腔内科学	周学东
1613	四川大学	口腔正畸学	赵志河

注：* 摘自教育部教高厅函[2016]54号文件。

教育部"长江学者奖励计划"入选名单

教育部关于公布2015年度"长江学者奖励计划"入选名单的通知

教人函[2016]3号

有关省、自治区、直辖市教育厅(教委)，新疆生产建设兵团教育局，有关部门(单位)教育司(局)，中央军委政治工作部干部局，部属有关高等学校：

根据《教育部关于印发〈"长江学者奖励计划"实施办法〉的通知》(教人[2011]10号)有关规定和做好2015年度"长江学者奖励计划"入选申报工作的有关要求，经学校推荐、通讯评审、会议答辩、人选公示、评审委员会审定、聘任合同签订等程序，确定北京大学邓旭亮等412人为2015年度长江学者特聘教授、讲座教授、青年学者。现将名单予以公布。

特此通知。

附件：2015年度"长江学者奖励计划"入选名单

教育部

二〇一六年四月二十日

附件略。

教育部关于公布2016年度"长江学者奖励计划"入选名单的通知

教人函[2017]3号

有关省、自治区、直辖市教育厅(教委)，有关部门(单位)教育司(局)，中央军委政治工作部干部局，部属有关高等学校：

根据《教育部关于印发〈"长江学者奖励计划"实施办法〉的通知》(教人[2011]10号)有关规定和做好2016年度"长江学者奖励计划"

人选申报工作的有关要求，经学校推荐、通讯评审、会议答辩、人选公示、评审委员会审定、聘任合同签订等程序，确定北京大学陈旻等 440 人为 2016 年度长江学者特聘教授、讲座教授、青年学者。现将名单予以公布。

特此通知。

附件：2016 年度“长江学者奖励计划”入选名单

教育部

二〇一七年三月三十一日

附件略。

表 2　“长江学者奖励计划”入选名单——口腔医学特聘教授

推荐学校	姓名	岗位名称	年度
北京大学	邓旭亮	口腔临床医学	2015 年度
第四军医大学	陈发明	口腔临床医学	2016 年度

教育部关于公布 2016 年度普通高等学校本科专业备案和审批结果的通知

教高［2017］2 号

各省、自治区、直辖市教育厅（教委），新疆生产建设兵团教育局，有关部门（单位）教育司（局），部属各高等学校：

按照《普通高等学校本科专业设置管理规定》（教高［2012］9 号）的要求，我部组织开展了 2016 年度普通高等学校本科专业设置工作，经申报、公示、审核等程序，对各地各高校向我部正式申请备案的专业予以备案；在以上工作基础上，根据教育部学科发展与专业设置专家委员会评议结果并征求有关行业部门意见，确定了审批同意设置的国家控制布点专业及尚未列入目录的新专业名单。现将 2016 年度普通高等学校本科专业备案和审批结果予以公布。

请加强对新设专业的检查和评估，合理控制招生规模，切实保证人才培养质量。

附件：2016 年度普通高等学校本科专业备案和审批结果

教育部

二〇一七年三月十三日

附件略。

表 3　2016 年度普通高等学校新增备案本科专业名单*

主管部门	学校名称	专业代码	专业名称	修业年限	学位授予门类
天津市	天津天狮学院	101006	口腔医学技术	四年	理学
河北省	河北中医学院	101006	口腔医学技术	四年	理学
内蒙古自治区	赤峰学院	101006	口腔医学技术	四年	理学
云南省	云南经济管理学院	101006	口腔医学技术	四年	理学

注：* 摘自 2016 年度普通高等学校本科专业备案和审批结果。

表 4 2016 年度普通高等学校新增审批本科专业名单*

主管部门	学校名称	专业代码	专业名称	修业年限	学位授予门类
教育部	厦门大学	100301K	口腔医学	五年	医学
湖北省	江汉大学	100301K	口腔医学	五年	医学
云南省	大理大学	100301K	口腔医学	五年	医学
西藏自治区	西藏大学	100301K	口腔医学	五年	医学
黑龙江省	牡丹江医学院	101006	口腔医学技术	四年	理学

注：*摘自 2016 年度普通高等学校本科专业备案和审批结果。

中国高等学校口腔医学专业招生和培养简况

资料由我国高等学校口腔医学院系提供（尚有部分院系未提供），中国香港、澳门特别行政区和台湾省口腔医学专业招生培养简况未统计在内。统计时限从 2016 年 1 月至 2016 年 12 月。

表 5 2016 年度中国口腔医学本科生招生培养简况

单位	在校生人数			招生人数			毕业人数		
	8 年制	7 年制	5 年制	8 年制	7 年制（5+3）*	5 年制	8 年制	7 年制	5 年制
四川大学	237	117	762	30	–	178	16	39	118
北京大学	337	–	90	30	–	30	34	–	7
上海交通大学	–	213	–	20	–	20	–	38	3
第四军医大学	36	–	66	6	–	23	10	–	35
武汉大学	114	48	207	22	24	35	7	14	37
首都医科大学	–	182	112	–	30	20	–	8	19
南开大学	–	–	92	–	–	24	–	–	15
天津医科大学	1	247	–	–	51	–	2	16	–
山西医科大学	–	–	455	–	–	95	–	–	101
赤峰学院	–	–	362	–	–	77	–	–	44
中国医科大学	–	–	339	–	–	61	–	–	102
吉林大学	–	165	176	–	40	39	–	30	27
北华大学	–	–	305	–	–	46	–	–	72
佳木斯大学	–	–	340	–	–	61	–	–	56
哈尔滨医科大学	–	–	304	–	–	50	–	–	56
牡丹江医学院	–	–	182	–	–	60	–	–	34
同济大学	–	–	187	–	–	36	–	–	31
南京大学	–	121	–		20		–	17	–
南京医科大学	–	190	346		30	60	–	28	53
浙江大学	–	206	–	–	51	–	–	11	–
温州医科大学	–	–	185	–	–	61	–	–	30

续表 5

单位	在校生人数			招生人数			毕业人数		
	8 年制	7 年制	5 年制	8 年制	7 年制 (5+3)*	5 年制	8 年制	7 年制	5 年制
浙江中医药大学	–	–	476	–	–	61	–	–	66
湖州师范学院	–	–	227	–	–	35	–	–	43
安徽医科大学	–	–	299	–	–	60	–	–	61
福建医科大学	–	–	504	–	–	100	–	–	92
南昌大学	–	–	220	–	–	51	–	–	40
井冈山大学	–	–	300	–	–	56	–	–	54
山东大学	–	206	257	–	30	50	–	29	53
青岛大学	–	–	185	–	–	50	–	–	34
潍坊医学院	–	–	482	–	–	89	–	–	95
滨州医学院	–	–	657	–	–	149	–	–	194
郑州大学	–	–	432	–	–	75	–	–	71
华中科技大学	–	–	152	–	–	30	–	–	18
湖北科技学院	–	–	531	–	–	105	–	–	95
中南大学	–	137	276	–	51	21	–	24	39
湖南中医药大学	–	–	508	–	–	112	–	–	101
中山大学	–	190	336	–	50	65	–	28	56
暨南大学	–	–	300	–	–	77	–	–	50
佛山科学技术学院	–	–	420	–	–	67	–	–	62
广西医科大学	–	–	197	–	–	43	–	–	31
右江民族医学院	–	–	265	–	–	55	–	–	48
海南医学院	–	–	380	–	–	65	–	–	67
重庆医科大学	–	–	457	–	–	78	–	–	580
西南医科大学	–	–	428	–	–	80	–	–	65
川北医学院	–	–	421	–	–	104	–	–	63
贵阳医科大学	–	–	639	–	–	239	–	–	70
遵义医学院	–	–	581	–	–	150	–	–	80
昆明医科大学	–	–	383	–	–	72	–	–	81
西安交通大学	–	–	423	–	–	99	–	–	69
兰州大学	–	–	387	–	–	81	–	–	75
西北民族大学	–	–	377	–	–	115	–	–	56
宁夏医科大学	–	–	198	–	–	69	–	–	32
石河子大学	–	–	–	–	–	69	–	–	34
新疆医科大学	–	–	139	–	–	80	–	–	66

注：* 因政策指导，从 2015 年开始全国不再招生 7 年制口腔医学生，故 7 年制下备注“(5+3)”，特指过渡阶段的招生状态。

表 6　2016 年度中国口腔医学硕士研究生(不含 7 年制)招生培养简况

硕士学位授予单位	学科专业	指导教师人数	在读硕士生人数	招生人数	毕业人数
四川大学					
	口腔基础医学	20	21	7	8
	口腔临床医学	56	390	147	86
北京大学					
	口腔基础医学	3	4	–	3
	口腔临床医学	83	172	62	30
上海交通大学					
	口腔基础医学	3	5	1	1
	口腔临床医学	43	44	29	23
第四军医大学					
	口腔基础医学	6	8	2	2
	口腔临床医学	42	30	13	52
武汉大学					
	口腔基础医学	4	4	1	–
	口腔临床医学	56	226	91	58
首都医科大学					
	口腔基础医学	6	15	6	4
	口腔临床医学	51	81	26	33
解放军医学院					
	口腔临床医学	19	35	9	10
北京协和医院					
	口腔临床医学	5	9	3	4
南开大学					
	口腔临床医学	23	16	10	4
天津医科大学					
	口腔基础医学				
	口腔临床医学	36	98	33	26
山西医科大学					
	口腔基础医学	12	39	14	3
	口腔临床医学	28	104	37	43
中国医科大学					
	口腔基础医学	4	16	4	2
	口腔临床医学	40	274	73	78
吉林大学					
	口腔基础医学	2	3	1	–
	口腔临床医学	56	76	24	27
	口腔医学	56	82	38	14

续表 6

硕士学位授予单位	学科专业	指导教师人数	在读硕士生人数	招生人数	毕业人数
佳木斯大学					
	口腔基础医学	9	35	29	2
	口腔临床医学	42	263	44	79
哈尔滨医科大学					
	口腔基础医学	2	7	2	2
	口腔临床医学	31	194	44	48
哈尔滨医科大学附四院					
	口腔临床医学	5	14	9	–
复旦大学					
	口腔临床医学	5	23	5	6
同济大学					
	口腔基础医学	3	10	4	1
	口腔临床医学	19	68	26	21
南京大学					
	口腔临床医学	23	52	19	12
南京医科大学					
	口腔基础医学	1	3	1	1
	口腔临床医学	45	154	62	36
浙江大学					
	口腔基础医学	2	–	–	–
	口腔临床医学	21	17	9	5
浙江中医药大学					
	口腔基础医学	9	3	–	1
	口腔临床医学	9	17	8	7
温州医科大学					
	口腔临床医学	15	56	19	15
安徽医科大学					
	口腔基础医学	16	3	2	–
	口腔临床医学	16	83	25	30
福建医科大学					
	口腔基础医学	20	4	–	–
	口腔临床医学	20	74	28	21
南昌大学					
	口腔基础医学	1	3	1	1
	口腔临床医学	38	88	32	25
山东大学					
	口腔基础医学	2	1	–	2
	口腔临床医学	42	126	36	46

续表 6

硕士学位授予单位	学科专业	指导教师人数	在读硕士生人数	招生人数	毕业人数
青岛大学					
	口腔基础医学	25	49	14	23
	口腔临床医学	35	105	31	37
潍坊医学院					
	口腔临床医学	37	68	22	21
滨州医学院					
	口腔临床医学	19	44	11	12
郑州大学					
	口腔基础医学	2	2	–	1
华中科技大学					
	口腔临床医学	4	20	5	12
中南大学					
	口腔基础医学	34	4	1	–
	口腔临床医学	37	84	22	38
湖南中医药大学					
	口腔临床医学	4	8	3	2
中山大学					
	口腔基础医学	9	–	–	–
	口腔临床医学	181	234	84	54
暨南大学					
	口腔基础医学	3	3	1	–
	口腔临床医学	16	80	21	5
南方医科大学					
	口腔临床医学	14	31	5	10
广西医科大学					
	口腔基础医学	1	4	2	–
	口腔临床医学	18	119	39	30
	口腔医学	12	15	2	10
右江民族医学院					
	口腔临床医学	6	12	6	–
重庆医科大学					
	口腔基础医学	23	34	5	3
	口腔临床医学	34	153	52	37
第三军医大学					
	口腔临床医学	4	13	4	4
西南医科大学					
	口腔临床医学	20	125	38	28
川北医学院					
	口腔临床医学	4	2	2	–

续表 6

硕士学位授予单位	学科专业	指导教师人数	在读硕士生人数	招生人数	毕业人数
贵阳医科大学					
	口腔基础医学	5	5	5	5
	口腔临床医学	11	17	17	12
遵义医学院					
	口腔基础医学	4	1	1	6
	口腔临床医学	24	68	32	44
昆明医科大学					
	口腔基础医学	2	5	1	1
	口腔临床医学	26	161	31	42
兰州大学					
	口腔临床医学	19	74	26	27
宁夏医科大学					
	口腔临床医学	9	26	18	16
新疆医科大学					
	口腔临床医学	13	113	37	22

注：* 均为口腔医学专业教师挂靠有关博士学科点招生。

表 7　2016 年度中国口腔医学博士研究生（不含 8 年制）招生培养简况

硕士学位授予单位	学科专业	指导教师人数	在读硕士生人数	招生人数	毕业人数
四川大学					
	口腔基础医学	12	17	8	8
	口腔临床医学	46	164	54	47
北京大学					
	口腔基础医学	2	4	1	1
	口腔临床医学	34	127	46	42
上海交通大学					
	口腔基础医学	6	5	2	4
	口腔临床医学	34	42	16	25
第四军医大学					
	口腔基础医学	5	11	3	3
	口腔临床医学	38	35	7	30
武汉大学					
	口腔基础医学	2	–	–	–
	口腔临床医学	25	92	26	29
首都医科大学					
	口腔基础医学	3	4	2	1
	口腔临床医学	13	18	5	11

续表 7

博士学位授予单位	学科专业	指导教师人数	在读博士生人数	招生人数	毕业人数
解放军医学院					
	口腔临床医学	6	8	3	7
天津医科大学					
	口腔临床医学	3	6	2	2
中国医科大学					
	口腔基础医学	1	5	1	–
	口腔临床医学	15	49	8	18
吉林大学					
	口腔临床医学	8	35	9	6
	口腔医学	8	–	1	–
哈尔滨医科大学					
	口腔临床医学	4	14	4	4
哈尔滨医科大学附四院					
	口腔临床医学	1	7	1	8
复旦大学					
	口腔临床医学	3	7	2	1
同济大学					
	口腔基础医学	2	3	2	–
	口腔临床医学	7	20	5	10
南京大学					
	口腔临床医学	4	14	6	8
南京医科大学					
	口腔基础医学	1	–	–	–
	口腔临床医学	10	8	3	3
浙江大学					
	口腔基础医学	1	–	–	1
	口腔临床医学	7	15	5	3
温州医科大学					
	口腔临床医学	1	–	–	–
福建医科大学					
	口腔临床医学	4	6	1	1
南昌大学					
	口腔临床医学	2	–	–	–
山东大学					
	口腔基础医学	2	6	1	1
	口腔临床医学	2	21	3	4
郑州大学					
	口腔临床医学	1	4	1	–
华中科技大学					
	口腔基础医学	2	3	2	4

续表 7

博士学位授予单位	学科专业	指导教师人数	在读博士生人数	招生人数	毕业人数
中南大学					
	口腔整形美容学	4	8	4	1
中山大学					
	口腔基础医学	9	4	2	–
	口腔临床医学	42	84	26	25
南方医科大学					
	口腔临床医学	3	21	–	7
广西医科大学					
	临床口腔医学	3	5	2	2
	耳鼻咽喉科学 *	1	–	–	1
重庆医科大学					
	牙医学	2	6	1	2
	肿瘤学 *	1	2	1	1
第三军医大学					
	生物医学工程 **	2	3	–	2
昆明医科大学					
	耳鼻咽喉科 *	4	7	2	1
新疆医科大学					
	口腔临床医学	–	4	–	–

表 8　2016 年度中国口腔医学博士研究生(不含 8 年制)毕业生一览表

博士学位授予单位	姓名	性别	出生年月	获学位年月	所授学位专业	指导教师	毕业论文题目
四川大学							
	阿　布	男	1982.01	2016.06	口腔医学	包崇云	骨诱导材料自体内异位预构成骨修复下颌骨的临床应用研究
	肖　宇	男	1985.04	2016.06	口腔基础医学	包崇云	血糖敏感型壳聚糖 – 聚氧乙烯水凝胶的制备和控释药物的研究
	袁　鹤	女	1987.03	2016.06	口腔医学	李继遥	IC 与 N – BPs 的相互作用及其影响破骨细胞的机制研究
	马红芳	女	1986.12	2016.06	口腔医学	郑　谦	用谱系示踪技术进行口腔上皮干细胞鉴定和行为分析
	李中杰	男	1986.03	2016.06	口腔医学	万乾炳	中性粒细胞在牙本质粘接层降解中的相关作用
	田　野	女	1986.09	2016.06	口腔医学	白　丁	FAM20B 在小鼠牙齿发育中的作用及相关机制研究
	陈　陶	男	1985.06	2016.06	口腔医学	胡　静	精蛋白/海藻酸盐/BMP – 2 生物功能化复合结构促进微/纳米混合多孔钛种植体表面骨整合的相关研究

续表 8

博士学位授予单位	姓名	性别	出生年月	获学位年月	所授学位专业	指导教师	毕业论文题目
	李太文	男	1989.07	2016.06	口腔基础医学	陈谦明	基于 RNA 测序技术的人类肿瘤浸润 T 细胞组库的研究
	杨　恒	女	1983.11	2016.06	口腔基础医学	陈　宇	表面增强拉曼光谱技术应用于牙周病诊断的初步研究
	张　楠	男	1986.05	2016.06	口腔医学	祝颂松	负载 PTH 的 HA/PLGA 微球骨材料修复大鼠股骨缺损的实验研究
	李婧瑜	女	1987.03	2016.06	口腔医学	白　丁	Sclerostin 在骨关节炎软骨下骨硬化中的作用及机制研究
	赵　欣	女	1989.08	2016.06	口腔医学	陈谦明	ORAOV1 与 FGF19/FGFR4 信号通路在口腔鳞癌中的交互对话及临床意义
	刘东娟	女	1987.10	2016.06	口腔医学	陈谦明	PA28γ 的表达对口腔鳞状细胞癌血管生成调控的研究
	姚倩倩	女	1986.08	2016.06	口腔医学	宫　苹	β2 – 肾上腺素受体信号对钛种植体骨结合的作用及机制研究
	向　琳	女	1987.08	2016.06	口腔医学	宫　苹	α 型降钙素基因相关肽对钛种植体骨结合的作用研究
	潘红颖	女	1987.10	2016.06	口腔医学	胡　涛	牙髓细胞损伤时自我平衡调控和凋亡保护机制研究
	李姝慧	女	1978.07	2016.06	口腔医学	黄定明	根管预备致牙本质微裂的体外研究
	陆　颖	女	1986.10	2016.06	口腔医学	黄定明	创伤性压应力间接激活 IKK – NF – κB 信号通路抑制成骨细胞分化
	哈　品	女	1987.04	2016.06	口腔医学	石　冰	一期唇裂整复术术后效果满意度测评
	阙　林	男	1987.04	2016.06	口腔医学	唐休发	ILK 基因沉默联合 TSA 对口腔鳞癌侧群细胞的影响研究
	陈金龙	男	1988.05	2016.06	口腔医学	田卫东	利用工程化设计的生物牙根在猕猴颌骨内重建功能性牙齿的研究
	任家银	男	1986.05	2016.06	口腔医学	田卫东	锥形束 CT 和多层螺旋 CT 重建精度及其在咬合导板中的应用研究
	田玲钖	女	1988.11	2016.06	口腔医学	万乾炳	通用型核酸层析试纸条多重分析菌斑微生物技术的构建和评价
	王可境	女	1987.03	2016.06	口腔医学	吴红崑	尼古丁对 SD 大鼠成骨细胞成骨活性及基因表达谱影响的研究
	吕洪垟	男	1987.03	2016.06	口腔医学	叶　玲	Wnt7b 在牙本质形成中的作用机制研究

续表8

博士学位授予单位	姓名	性别	出生年月	获学位年月	所授学位专业	指导教师	毕业论文题目
	高　帅	男	1986.08	2016.06	口腔医学	于海洋	模拟口腔环境下聚醚醚酮材料的力学性能研究
	卿　萍	女	1986.06	2016.06	口腔医学	于海洋	压缩力对体外三维培养大鼠关节软骨细胞凋亡的影响研究
	谢　璐	女	1987.12	2016.06	口腔医学	于海洋	新型可降解磷酸钙基骨修复材料的制备及其生物学性能的研究
	李　雪	女	1988.03	2016.06	口腔医学	赵志河	PTH/PTHrP缓释制剂协同压应力促进正畸牙移动的研究
	王　珏	女	1989.01	2016.06	口腔医学	赵志河	骨吸收释放的骨基质中生长因子调控牙根发育的分子机制研究
	钟天航	男	1986.01	2016.06	口腔医学	郑　谦	双侧唇裂的唇弓重建术的手术效果评价
	何　昕	女	1981.10	2016.06	口腔医学	周红梅	TβRII对口腔癌相关成纤维细胞糖代谢酶PKM2核内功能的调控作用研究
	周　玥	女	1985.08	2016.06	口腔医学	周学东	Dnmt3b在颞下颌关节骨关节炎发生和发展过程中的作用
	万　冕	女	1988.10	2016.06	口腔医学	周学东	牙源性上皮干细胞在稳态维持和损伤修复中的动力学机制
	陈　琛	男	1988.06	2016.06	口腔医学	周学东	新型牙科抗菌树脂粘接系统的研究
	李　璐	女	1988.04	2016.06	口腔医学	朱智敏	小檗碱对Ⅱ型糖尿病大鼠的种植体骨整合的影响及其机制研究
	廖　婧	女	1987.04	2016.06	口腔医学	邹淑娟	雌激素对成牙骨质细胞生物学行为的影响
	周忠伟	男	1987.10	2016.06	口腔医学	汤　炜	医用多源图像处理技术在颅颌面外科中的应用研究
	姜雅萍	女	1984.09	2016.06	口腔医学	梁新华	PRRX1介导脂肪酸代谢重编程对腺样囊性癌侵袭转移的影响
	谢小燕	女	1987.07	2016.06	口腔医学	陈谦明	FGF信号通路相关蛋白在口腔鳞状细胞癌中的临床意义研究
	杨　鑫	女	1987.09	2016.06	口腔医学	赖文莉	安慰剂效应在正畸疼痛中的功能磁共振成像初步研究
	傅　娜	女	1986.10	2016.06	口腔医学	林云锋	P34HB支架材料在软骨组织工程中的应用
	魏雪琴	女	1987.09	2016.06	口腔医学	林云锋	利用纳米粒与血浆蛋白的相互作用优化纳米药物传递系统的研究

续表 8

博士学位授予单位	姓名	性别	出生年月	获学位年月	所授学位专业	指导教师	毕业论文题目
	杨世茂	男	1986.03	2016.06	口腔医学	罗　恩	脂联素对脂肪及骨代谢影响的实验研究
	姜春苗	女	1985.06	2016.06	口腔医学	王　军	低氧对 GMSC 介导的免疫调节的影响及机制研究
	权哲镛	男	1983.01	2016.06	口腔医学	于海洋	数字美学设计软件在口腔美学修复临床中的应用与评价
	刘泽萍	女	1983.07	2016.06	口腔医学	邹淑娟	BMSCs/COL－HA 促进牙周再生的研究
	李美乐	男	1982.08	2016.06	口腔医学	赵志河	利用三维培养人牙周膜细胞进行正畸牙移动最适力分子机制的研究
	何　涛	男	1986.06	2016.06	口腔医学	胡德渝	含氟涂膜和含氟贴膜促进正畸后釉质白斑再矿化的研究
	郭宜青	女	1985.01	2016.06	口腔医学	周红梅	PRC1 在口腔鳞状细胞癌中的功能验证及其作用机制研究
	姜　健	男	1985.03	2016.06	口腔医学	梁新华	Prrx1 在口腔鳞癌上皮间质转化和侵袭转移中的作用
	章可可	男	1988.06	2016.09	口腔基础医学	周学东	季铵盐类牙科材料对细菌生物膜的作用
	彭　显	男	1988.05	2016.09	口腔基础医学	周学东	c－di－AMP 调控变异链球菌的分子机制研究
	张　绮	女	1988.01	2016.09	口腔医学	梁　星	机械微应力对成骨细胞 ERK 通路信号传导作用机制的研究
	危常磊	男	1984.12	2016.09	口腔医学	周红梅	口腔黏膜病损癌变危险性的无创性评估模型的筛选及多中心验证
	段丁瑜	女	1989.06	2016.12	口腔医学	周学东	伴放线聚集杆菌促进副血链球菌生物膜形成的研究
	余　培	女	1989.12	2016.12	口腔基础医学	李　伟	调节性 B 细胞对牙周炎症及骨吸收抑制作用的机制研究
	余　科	男	1979.07	2016.12	口腔医学	王　航	骨环植骨并同期种植的动物实验研究
北京大学							
	朱浚鑫	男	1988.04	暂未获	牙体牙髓病学	王晓燕	髓腔固位修复体修复下颌磨牙的应力分析:三维有限元研究
	陈　雪	女	1985.12	2016.07	牙体牙髓病学	岳　林	基质细胞衍生因子(SDF－1)介导根尖牙乳头干细胞迁移机制的研究
	盛旭燕	女	1987.05	2016.02	牙体牙髓病学	董艳梅	纳米生物活性玻璃促进牙本质矿化的研究
	朱　斌	男	1985.09	暂未获	牙周病学	孟焕新	种植体周围微生物的实验动物研究和临床研究
	殷晓晖	女	1988.05	2016.07	牙周病学	栾庆先	人诱导多能干细胞的牙周定向分化研究

续表 8

博士学位授予单位	姓名	性别	出生年月	获学位年月	所授学位专业	指导教师	毕业论文题目
	李　熠	男	1988.01	2016.07	牙周病学	徐　莉	重度牙周炎患者口腔菌群结构和牙周基础治疗方式的探究
	闫　夏	男	1987.04	暂未获	牙周病学	孟焕新	牙周炎患者种植植骨的影像学分析和种植体及邻牙的微生物研究
	李　裴	女	1987.07	2016.11	儿童口腔医学	葛立宏	牙龈干细胞在小鼠接触性过敏反应中的作用
	刘　佳	女	1982.08	2016.07	儿童口腔医学	葛立宏	GDF5 点突变在成釉细胞分化中的作用
	余　湜	女	1987.11	2016.07	儿童口腔医学	葛立宏	人根尖牙乳头干细胞的分泌蛋白质组学及其对牙髓细胞的影响
	田　靖	女	1989.05	2016.07	儿童口腔医学	秦　满	儿童龋病治疗后龈上菌群变化及复发相关因素研究
	季晓黎	女	1984.11	2016.11	口腔黏膜病学	刘宏伟	口腔黏膜间充质干细胞影响口腔鳞癌生长的研究
	董丽佳	女	1988.02	暂未获	口腔颌面外科学	马　莲	中国人群 22q11.2 缺失综合征口腔头面部表型特征的研究
	姜　洋	女	1987.09	2016.07	口腔颌面外科学	张建国	硫氧还蛋白促进唾液腺腺样囊性癌转移相关机制的研究
	肖佳灵	男	1987.08	2016.07	口腔颌面外科学	马绪臣	颞下颌关节骨关节炎 DNA 甲基化和单核苷酸多态性研究
	姚　瑶	女	1988.09	2016.07	口腔颌面外科学	傅开元	脊髓小胶质细胞的再生活化及其参与慢性疼痛中枢敏化机制
	郑云飞	女	1986.03	2016.07	口腔颌面外科学	魏世成	体外培养对小鼠牙胚间充质细胞成牙潜能影响的研究
	王　振	男	1986.02	2016.07	口腔颌面外科学	俞光岩	小唾液腺的唾液流率和分布特征及其在口干眼干疾病中的应用
	谢　尚	男	1985.02	2016.07	口腔颌面外科学	蔡志刚	A 型肉毒毒素抑制口腔颌面部腺体分泌过多性疾病的研究
	史　闻	女	1988.02	2016.07	口腔颌面外科学	蔡志刚	口腔鳞癌恶性转化早期诊断靶点筛选及分子机制研究
	马　婷	女	1985.06	2016.07	口腔颌面外科学	林　野	喷砂酸蚀钛表面的化学与生物活性改性研究
	梅　梅	女	1988.03	2016.07	口腔颌面外科学	俞光岩	肿瘤坏死因子 α 调控下颌下腺紧密连接蛋白 claudin - 3 的作用及机制研究
	李贝贝	女	1987.05	2016.07	口腔颌面外科学	林　野	重度牙周病患者拔牙后与常规无牙颌患者行“All - on - 4”种植即刻修复技术的临床比较研究

续表 8

博士学位授予单位	姓名	性别	出生年月	获学位年月	所授学位专业	指导教师	毕业论文题目
	刘　玥	女	1987.09	暂未获	口腔颌面外科学	王　兴	下颌优先手术矫治下颌后缩畸形的数字化设计与临床应用
	叶　鹏	男	1985.04	2016.07	口腔颌面外科学	彭　歆	癌在多形性腺瘤中的临床病理研究
	郭玉娇	女	1988.10	2016.07	口腔颌面医学影像学	李　刚	口腔颌面锥形束 CT 三位评价牙周炎诊断与治疗效果研究
	刘　晶	女	1988.07	2016.07	口腔修复学	吕培军	超短脉冲激光切削牙体组织的生物医学效应初步研究
	李　虹	女	1988.01	2016.07	口腔修复学	吕培军	半透明性与人体微动对口内三维扫描数据质量的影响
	陈李彤	女	1986.12	暂未获	口腔修复学	吕培军	北京市居民口腔医疗服务利用的有关因素研究
	王晓飞	女	1986.12	2016.07	口腔修复学	吕培军	人脂肪间充质干细胞三维生物打印体成骨研究
	徐啸翔	男	1986.08	2016.07	口腔修复学	谢秋菲	咬合干扰致大鼠咀嚼肌痛觉过敏外周机制的研究
	吕　品	男	1987.10	2016.07	口腔修复学	姜　婷	热酸蚀处理对氧化锆表面树脂粘接性能的影响
	杨　鑫	女	1988.04	2016.07	口腔修复学	冯海兰	数字印模的准确度及基于数字印模制作修复体的适合性研究
	李晨霜	女	1989.01	2016.07	口腔正畸学	周彦恒	Nell-1 在软骨发育分化中的作用机制及其在软骨组织工程学中的应用
	郑　晖	男	1988.07	2016.07	口腔正畸学	林久祥	种植体龈下微生物群落分析
	章晶晶	女	1987.04	2016.07	口腔正畸学	李巍然	颅面硬组织三维结构对上气道大小及形态的影响
	刘　帅	女	1987.07	2016.07	口腔正畸学	周彦恒	具分级结构的纤维内矿化胶原引导骨再生
	孙　玥	女	1987.08	2016.07	口腔正畸学	周彦恒	M1/M2 型巨噬细胞参与矿化胶原引导的骨再生
	戴帆帆	女	1989.03	2016.07	口腔正畸学	许天民	牙颌颅面数据的三维配准及其在正畸中的应用
	冯莉舒	女	1987.11	2016.07	口腔正畸学	周彦恒	牙周膜前体细胞参与牙周膜改建及正畸复发的机制研究
	刘璐玮	女	1987.12	2016.07	口腔正畸学	林久祥	牙槽突植骨疗效评价及口腔菌群对其预后影响
	徐开凡	男	1987.12	2016.07	口腔正畸学	许天民	舌力介导器——一种改良横腭杆的探索性研究
	洪瑛瑛	女	1987.09	2016.07	口腔组织病理学	李铁军	牙源性角化囊性瘤囊壁成纤维细胞对其局部侵袭性作用的研究

续表 8

博士学位授予单位	姓名	性别	出生年月	获学位年月	所授学位专业	指导教师	毕业论文题目
上海交通大学							
	钱海馨	男	1981.06	2016.06	口腔临床医学	张富强	掺锶微弧氧化钛表面促进 2 型糖尿病大鼠种植体骨结合的实验研究
	周　咏	男	1986.05	2016.06	口腔临床医学	张志愿	仿 ECM 纳米纤维结构壳聚糖微球构建软骨样组织工程复合体的体外实验研究
	毛丽霞	女	1980.06	2016.06	口腔临床医学	房　兵	牙髓干细胞复合微纳结构 HA 修复牙槽骨缺损的实验研究
	肖翠翠	女	1983.05	2016.06	口腔临床医学	梁景平	口腔健康和龋病微生物群落多样性研究
	张晓晨	男	1986.03	2016.06	口腔临床医学	张志愿	基于海藻糖/冻干负载 BMP.2 修饰钛表面的研究
	俞懿强	男	1980.06	2016.06	口腔基础医学	孙　皎	新型金属骨植入材料骨整合效果及其机制探讨
	陈　刚	男	1984.01	2016.06	口腔基础医学	毛　力	PPD12 逆转 ABC 跨膜转运蛋白介导的癌细胞多药耐药
	钱　超	男	1987.02	2016.06	口腔临床医学	张富强	Wnt 信号通路介导 BMP2 对Ⅱ型糖尿病 BMSCs 骨再生研究
	李宏权	男	1980.09	2016.06	口腔临床医学	周曾同	Sal B. PLC. NPs 防治口腔黏膜潜在恶性病变的研究
	戈　旌	女	1985.02	2016.06	口腔临床医学	郑家伟	磨牙远中骨缺损的修复及 GDF15 在骨再生中的作用研究
	金淑芳	女	1987.09	2016.06	口腔临床医学	何　悦	XL413 联合吡非尼酮通过 TGF. β1/Smad 通路预防纤维化的研究
	宋　浩	男	1987.03	2016.06	口腔临床医学	郭　伟	BAP1 在口腔黏膜黑色素瘤中的表达及其临床相关性的研究
	张文杰	男	1985.05	2016.06	口腔临床医学	蒋欣泉	通过生物材料结构/成分改性促进干细胞存活及血管化骨再生的研究
	周磊磊	男	1985.12	2016.06	口腔临床医学	唐国瑶	IL. 6/Stat3 通路下调口腔扁平苔藓 CD4 + CD25 + 调节性 T 细胞功能及机制研究
	徐恋祎	女	1985.08	2016.12	口腔临床医学	蒋欣泉	基因增强组织工程骨促颌面部骨再生的研究
	马志贵	女	1984.02	2016.06	口腔临床医学	杨　驰	牙槽骨开裂/骨开窗及其修复的临床和实验研究
	王进兵	男	1989.10	2016.06	口腔临床医学	孙　坚	快速成型技术构建个体化组织工程骨修复上颌骨缺损
	沈玲悦	女	1980.11	2016.06	口腔临床医学	张志愿	新型增氧型纳米光敏剂的构建及光动力治疗口腔鳞癌的实验研究

续表 8

博士学位授予单位	姓名	性别	出生年月	获学位年月	所授学位专业	指导教师	毕业论文题目
	汪虹虹	女	1986.01	2016.06	口腔临床医学	沈　刚	成人正常殆牙体及临床冠长轴倾斜角度的 CBCT 研究
	伍甜甜	女	1987.11	2016.06	口腔临床医学	朱亚琴	原花青素促进人牙髓细胞成牙本质分化及其机制研究
	马　捷	女	1987.03	2016.06	口腔临床医学	张志愿	口腔鳞癌相关基因突变的筛查及临床应用研究
	丁　晟	男	1980.05	2016.06	口腔临床医学	朱亚琴	14.3.3ζ 和 LKB1 蛋白的结合对口腔鳞癌细胞凋亡的作用研究
	丁婷婷	女	1980.04	2016.06	口腔基础医学	孙　皎	HAP. NPs 和 SiO2. NPs 激活补体介导免疫学效应及机制探讨
	严　明	女	1980.12	2016.06	口腔基础医学	陈万涛	CD166 作为口腔鳞癌干细胞标志物可行性的研究
第四军医大学							
	王之发	男	1987.08	2016.06	口腔临床医学	刘彦普	细胞外基质支架材料在软骨组织再生和骨组织工程应用中的初步探讨
	李志进	男	1982.08	2016.06	口腔临床医学	刘彦普	血管化组织工程脂肪构建中的巨噬细胞表型转换
	杨　欣	女	1977.02	2016.06	口腔临床医学	刘彦普	PGS/PCL 双层血管移植体引导体内重塑重建颈动脉的实验研究
	周　唯	女	1986.06	2016.06	口腔临床医学	陈吉华	提高粘接剂吹拂气体压力对牙本质混合层抗龋性能影响的研究
	郭嘉文	男	1987.06	2016.06	口腔临床医学	陈吉华	树脂牙本质粘接形成的动力学研究
	陈　晞	男	1986.08	2016.06	口腔临床医学	赵铱民	应用 GelMA 水凝胶构建牙周膜干细胞力学三维微环境牙周组织再生的实验研究
	王忠山	男	1986.04	2016.06	口腔临床医学	赵铱民	PDLSC 细胞膜片/PRF/JBMSC 细胞膜片复合结构用于牙周复合体再生的研究
	党勇刚	男	1978.08	2016.06	口腔临床医学	张玉梅	含锶纳米管涂层种植体在正常及骨质疏松大鼠体内骨整合的研究
	胡　琳	女	1985.02	2016.06	口腔临床医学	陈吉华	吹拂气体压力对树脂牙本质黏结界面稳定性影响的研究
	亓　坤	男	1983.11	2016.06	口腔临床医学	王美青	颞下颌关节紊乱病患者咬合接触特征及其与肌电关系的研究
	蒋文凯	男	1986.08	2016.06	口腔临床医学	倪龙兴	牙髓干细胞克隆差异及其应用于神经和平滑肌再生方面的初步研究

续表 8

博士学位授予单位	姓名	性别	出生年月	获学位年月	所授学位专业	指导教师	毕业论文题目
	殷　宵	男	1981.12	2016.06	口腔临床医学	倪龙兴	分化转录相关因子 Hey1 在成牙本质细胞样细胞发生中的作用及其机制的初步研究
	吴广升	男	1981.02	2016.06	口腔临床医学	王勤涛	壳聚糖温敏凝胶缓释 SDF－1α 和壳聚糖/antimiR－138 纳米粒促进骨再生的研究
	谈　珺	女	1984.10	2016.06	口腔临床医学	王勤涛	PERK 通路在炎症微环境影响牙周膜干细胞成骨分化中作用的研究
	张　戎	男	1986.07	2016.06	口腔临床医学	王勤涛	细胞外微囊泡修复受损小鼠 BMMSCs 用于治疗小鼠骨质疏松症
	李媛媛	女	1978.02	2016.06	口腔临床医学	丁　寅	东方女性和谐颜面各结构间代偿关系的视觉分析研究
	刘　佳	女	1987.11	2016.06	口腔临床医学	金作林	静态牵张力作用下健康和牙周病微环境来源 PDLSCs 生物学功能及 LncRNA 表达谱的研究
	王丽颖	女	1987.01	2016.06	口腔临床医学	段银钟	lncRNA 对炎症条件下人牙周膜干细胞成骨分化调控作用的研究
	张　浩	男	1987.06	2016.06	口腔临床医学	丁　寅	构建含有间充质干细胞和外泌体的脱细胞组织水凝胶用于修复大体积肌肉缺损的实验研究
	刘　倩	女	1986.08	2016.06	口腔临床医学	丁　寅	促进骨髓间充质干细胞归巢修复骨质疏松大鼠牙槽骨缺损的实验研究
	廖　立	男	1982.03	2016.06	口腔基础医学	金　岩	TNF－α 通过 microRNAs 导致骨质疏松中骨髓间充质干细胞分化缺陷的机制研究
	邓　斌	男	1982.04	2016.06	临床医学	徐礼鲜	新型可溶性融合蛋白 TAT－PEP 对 SD 大鼠缺血性脑损伤的保护作用及相关机制研究
	段　瑶	女	1983.03	2016.06	口腔医学	刘彦普	单/双颌手术对颅面型、自然头颈姿势位、上气道的影响：基于锥体束 CT 的回顾性研究
	赵宁波	女	1986.09	2016.06	口腔医学	李德华	透明质酸复合骨替代材料促进成骨效果及机制研究
	田　敏	女	1982.08	2016.06	口腔医学	陈吉华	牙列缺损种植固定修复体种植体周围病的影响因素研究
	韩天啸	男	1986.09	2016.06	口腔医学	张玉梅	多孔化钛合金骨修复材料的构建及其成骨功效的研究

续表 8

博士学位授予单位	姓名	性别	出生年月	获学位年月	所授学位专业	指导教师	毕业论文题目
	张　勉	男	1986.11	2016.06	口腔基础医学	王美青	CaR 介导的软骨细胞异常终末分化在单侧前牙反殆所致 TMJ OA 中的关键作用研究
	安　莹	女	1987.04	2016.06	口腔临床医学	王勤涛	自噬调控人颌骨骨髓间充质干细胞旁分泌功能的机制研究
	田晓光	男	1981.10	2016.06	口腔临床医学	段银钟	CKIP – 1 在炎症介导下对增龄性骨髓间充质干细胞的成骨作用研究
	柴　娟	女	1982.03	2016.06	口腔临床医学	孙沫逸	P12 CDK2 – AP1 interacts with CD82 in regulating the proliferation and survival of human oral squamous cell carcinoma cells
	周　健	男	1981.01	2016.06	口腔临床医学	赵铱民	钛复合纳米氧化锌多孔抗菌涂层的制备及在经皮种植中的初步研究
武汉大学							
	胡哲勤	女	1975.12	2016.06	口腔修复学	程祥荣	四种抗真菌药物对两种义齿基托材料的作用研究
	贾　杰	女	1983.09	2016.06	牙体牙髓病学	边　专	Dspp 突变打破小鼠成牙本质细胞分化过程的矿化平衡机制研究
	宿凌恺	男	1984.02	2016.06	牙体牙髓病学	樊明文	骨髓来源的抑制性细胞在牙龈卟啉单胞菌诱导的慢性感染中的作用
	周莉丽	女	1989.06	2016.06	牙体牙髓病学	樊明文	RGD 修饰透明质酸作为钛表面基因表达载体的构建与生物学功能评价
	徐　婷	女	1987.08	2016.06	牙体牙髓病学	范　兵	分支根管形态的显微 CT 研究
	黄翔宇	男	1986.08	2016.06	口腔颌面外科学	李祖兵	结缔组织生长因子在骨缺损修复中的应用研究
	蔡新杰	男	1987.01	2016.06	口腔修复学	王贻宁	钛表面电沉积法构建抗菌高分子涂层及其性能研究
	余　程	女	1988.06	2016.06	牙体牙髓病学	樊明文	HnRNP A1 在口腔鳞状细胞癌中的作用机制
	张　杰	女	1987.07	2016.06	牙体牙髓病学	陈　智	Sp1 作为 Klf4 的 ceRNA 调控成牙本质细胞分化
	王亚静	女	1987.03	2016.06	牙周病学	李成章	有序定向支架与基因治疗联合应用于牙周组织工程的实验研究
	郭慧琳	女	1988.01	2016.06	口腔颌面外科学	龙　星	滑膜成纤维细胞在颞下颌关节增生性及退行性病变中的作用

续表 8

博士学位授予单位	姓名	性别	出生年月	获学位年月	所授学位专业	指导教师	毕业论文题目
	李　程	女	1988.07	2016.06	口腔颌面外科学	龙　星	HMGB-1 在颞下颌关节炎症中的表达及透明质酸钠的治疗作用
	许　杰	男	1987.01	2016.06	口腔颌面外科学	龙　星	颞下颌关节盘血管化的相关机制研究
	李瑞芳	女	1987.09	2016.06	口腔颌面外科学	赵怡芳	破骨细胞分化的相关研究及自噬在人牙源性角化囊性瘤中作用的初步探索
	朱钧一	男	1988.12	2016.06	口腔颌面外科学	赵怡芳	脉管性疾病中的微粒研究及基于微粒的生物纳米载体构建
	王　萌	女	1988.02	2016.06	口腔颌面外科学	尚政军	EphA2 在唾液腺腺样囊性癌进展过程中作用的初步研究
	程　谷	男	1983.12	2016.06	口腔颌面外科学	李祖兵	运用不同的接种方法构建组织工程化骨修复颌骨缺损的实验研究
	王　瑜	女	1987.09	2016.06	口腔颌面外科学	张文峰	miR-34a 头颈鳞状细胞癌侵袭转移和增殖的影响及其相关机制的研究
	卜琳琳	男	1987.06	2016.06	口腔颌面外科学	张文峰	阻断头颈鳞癌 STAT3 信号在抑制肿瘤干细胞及增强抗肿瘤免疫作用中研究
	杨宏业	男	1988.04	2016.06	口腔修复学	黄　翠	基于介孔硅纳米粒子的仿生矿化前体传递体系的研究
	晏　奇	男	1988.02	2016.06	口腔种植学	施　斌	牙周膜来源的诱导多能干细胞的建立和应用
	王云龙	男	1988.03	2016.06	口腔正畸学	贺　红	肿瘤坏死因子 alpha 对成牙骨质细胞矿化、分化、凋亡等的影响及其信号转导机制研究
	邓丽嘉	女	1981.01	2016.06	口腔正畸学	贺　红	上气道阻塞与儿童颌面部发育的相关性研究
	SOMAR Mirinal	男	1984.09	2016.06	口腔修复学	黄　翠	A systematic review comparing the efficiency of gingival retraction cord versus retraction paste systems & Case reports
	MOHADEB Jhassu Varsha Naveena	女	1985.06	2016.06	口腔正畸学	贺　红	Prevalence of OSA in cleft population: A meta-analysis of cohort studies
	金　剑	男	1981.05	2016.12	口腔颌面外科学	李祖兵	E3 泛素连接酶 RNF135 调控舌癌发生的机制研究及治疗用纳米缓释体系的构建
	曲旭红	女	1975.08	2016.12	口腔正畸学	贺　红	影响上下切牙骨性支持范围的颅面结构多因素分析

续表8

博士学位授予单位	姓名	性别	出生年月	获学位年月	所授学位专业	指导教师	毕业论文题目
	朱春霞	女	1988.04	2016.12	牙体牙髓病学	边　专	Follicle – stimulating hormone 通过上调 cyclooxygenase – 2 表达促进牙槽骨的吸收
	李殿奇	男	1988.02	2016.12	口腔颌面外科学	李祖兵	PDGF – BB 调节成、破骨细胞的作用机制及促进骨愈合的实验研究
首都医科大学							
	李晓玮	女	1987.04	2016.07	口腔正畸学	白玉兴	无托槽隐形矫治力影响因素的初步研究
	朱　钊	男	1986.04	2016.07	口腔颌面外科学	王松灵	雷帕霉素预防小型猪腮腺放射损伤及 Ad – RatShh 基因转导小型猪腮腺的表达研究
	于国霞	女	1980.08	2016.07	口腔颌面外科学	王松灵	SFRP2 对根尖牙乳头干细胞成骨/成牙分化的影响及调控机制研究
	徐国权	男	1982.09	2016.07	口腔颌面外科学	王松灵	小型猪舌菌状乳头发育和基于组织工程学的牙本质再生研究
	张凯宇	男	1972.12	2016.07	口腔颌面外科学	李　钧	腮腺肿瘤患者唾液及血液样本 CEA、CA125 及 Leptin 检测和临床评价的研究
	孔宁华	男	1982.02	2016.07	口腔修复学	施生根	人牙牙颈部硬组织形貌的观察
	孙玉洁	女	1985.11	2016.12	口腔颌面外科学	李　钧	髓源抑制性细胞在小鼠二磷酸盐相关性颌骨骨坏死病理过程中作用机制的研究
	庞宝兴	男	1982.06	2016.12	口腔颌面外科学	王松灵	口服无机硝酸盐预防骨质疏松的作用及机制研究
	陈　上	男	1987.11	2016.12	口腔正畸学	白玉兴	正畸热塑性材料中金属痕量元素的分析研究
	蓝爱仙	女	1983.07	2016.12	口腔内科学	孙　正	Nrf2/Keap1 通路在口腔癌发病中作用的实验研究
	李文珺	女	1982.02	2016.12	口腔内科学	孙　正	莱菔硫烷在实验性口腔癌前病变中的作用研究
	孙晓强	男	1972.10	2016.12	口腔内科学	侯本祥	管径和环境因素对粪肠球菌在人工微管系统内侵入和定植的影响及其 CcpA – GFP 融合表达基因载体的构建
解放军医学院							
	王　兴	男	1984.06	2016.06	口腔医学	刘洪臣	人颌骨骨髓间充质干细胞的位点特异性及其应用于骨组织工程的初步研究

续表 8

博士学位授予单位	姓名	性别	出生年月	获学位年月	所授学位专业	指导教师	毕业论文题目
	邹　璇	女	1986.01	2016.06	口腔医学	刘洪臣	miR－182 调控糖尿病性骨质疏松大鼠骨髓间充质干细胞成骨分化的机制研究
	王莉莉	女	1979.05	2016.06	口腔医学	刘洪臣	micrRNA－188 作用于靶基因 SIX1 负调控 ERK 信号通路抑制口腔鳞癌细胞的增殖侵袭
	陆史俊	男	1986.12	2016.06	口腔医学	刘洪臣	掺锶丝素蛋白纳米纤维材料的研制及其应用于膜引导骨再生的实验研究
	鄢荣曾	女	1977.01	2016.06	口腔医学	胡　敏	基于 3D 打印技术的下颌骨三维网状钛修复体设计及制造研究
	杨慧铃	女	1987.12	2016.06	口腔医学	温　宁	FoxM1/c－Met 正反馈环路促进舌鳞癌细胞上皮间充质转化及侵袭迁移的机制研究
	赵冰净	男	1981.10	2016.06	口腔医学	胡　敏	3D 打印 Ti－6AI－4Vl 理化性能及生物相容性研究
天津医科大学							
	彭　诚	男	1963.09	2016.06	口腔医学	张连云	镍钛根管锉疲劳失效研究及生物安全性评价
	吴　卉	女	1984.12	2016.06	口腔医学	李长义	机用镍钛根管锉成形及抗腐蚀能力研究
中国医科大学							
	包穆蓉	女	1978.07	2016.07	口腔临床医学	潘亚萍	牙龈卟啉单胞菌脂多糖诱导人牙周膜细胞 NALP3 炎症复合体信号转导通路的相关体外研究
	闫　露	女	1978.05	2016.07	口腔临床医学	潘亚萍	糖尿病大鼠根尖周炎模型的建立及干预治疗中 IL－1β，IL－6，IGF－1/IGF－1R 的表达研究
	吴　楠	女	1981.03	2016.07	外科学	卢　利	环境因素和 ABCA4、MAFB 候选基因的交互作用与东北汉族人群非综合征型唇腭裂的关联研究
	周彩滨	女	1981.05	2016.07	口腔临床医学	艾红军	齿科光敏树脂材料的制备及性能研究
	吴　红	女	1979.12	2016.07	口腔临床医学	孙长伏	Hsa－Mir－20a－5p 在头颈鳞癌细胞中的生物学功能及作用机制的研究
	郑晓姣	女	1986.04	2016.07	口腔临床医学	孙长伏	CCR7 和 Src 蛋白在头颈鳞癌的侵袭和迁移中相互作用的研究

续表 8

博士学位授予单位	姓名	性别	出生年月	获学位年月	所授学位专业	指导教师	毕业论文题目
	金　山	男	1987.03	2016.07	口腔临床医学	孙长伏	微小 RNA－125a－5p 在头颈鳞癌中的表达及其在头颈鳞癌细胞增殖、侵袭、转移的作用研究
	佟　爽	男	1980.11	2016.07	口腔临床医学	王绪凯	新型 VEGF－SF－CS 支架材料表征及体内外生物相容性研究
	朱琳琳	女	1981.01	2016.07	口腔临床医学	仇丽鸿	爱尔创加强型玻璃陶瓷与树脂水门汀粘接强度的研究
	苗　磊	男	1986.12	2016.07	口腔临床医学	潘亚萍	牙周内窥镜龈下刮治的临床与微生物学治疗效果的评价
	杨　雪	女	1987.06	2016.07	口腔临床医学	潘亚萍	唾液酸酶的基因缺失影响牙龈卟啉单胞菌致病性的机制研究
	吴刘中	男	1981.05	2016.07	口腔临床医学	潘亚萍	IGF－1 和 TNF－α 联合作用对 BMMSC 骨向分化的影响及其调控机制的体外研究
	周大博	男	1985.02	2016.07	口腔临床医学	艾红军	前过渡族金属基合金磁共振成像兼容性及其影响因素的研究
	刘笑涵	女	1988.05	2016.07	口腔临床医学	吴　琳	表面为纳米二氧化钛涂层的钛铌锆锡合金生物安全性和成骨性的评价
	李志刚	男	1970.01	2016.07	口腔临床医学	艾红军	激光微熔结技术处理的种植体表面对骨结合能力及细胞生物活性的影响
	刘博文	女	1988.04	2016.07	口腔临床医学	张　扬	低强度脉冲超声对骨质疏松大鼠正畸牙移动影响的实验研究
	尤瑟夫	男	1983.01	2016.07	口腔临床医学	潘亚萍	中国和巴基斯坦牙科学生牙周健康状况的比较研究
	杜　暘	女	1982.12	2016.07	口腔临床医学	王绪凯	兔 MSCs 与 NGF－SF－Gt 支架修复糖尿病兔下颌骨缺损的实验研究
吉林大学							
	秦　洁	女	1986.06	2016.06	口腔临床医学	周延民	CGF 对雪旺细胞生物学行为及神经再生影响的研究
	刘　敏	女	1973.12	2016.06	口腔临床医学	周延民	一维功能化羟基磷灰石纳米材料的制备及其在生物医学领域应用的基础研究
	赵　亮	男	1987.05	2016.06	口腔临床医学	孙宏晨	壳聚糖及其衍生物作为药物载体促骨再生作用的研究

续表 8

博士学位授予单位	姓名	性别	出生年月	获学位年月	所授学位专业	指导教师	毕业论文题目
	史　册	女	1984.01	2016.06	口腔临床医学	孙宏晨	Ⅰ型 BMP 受体介导的 BMP 信号在骨重塑中的作用及机理研究
	朱　镇	男	1975.12	2016.06	口腔临床医学	王景云	外源性骨矿化蛋白 1 转染人胎盘源间充质干细胞及其蛋白质组研究
	王恩辉	男	1964.04	2016.12	口腔临床医学	孙新华	PDLA－PLLA 立体复合水凝胶促进骨再生修复的研究
哈尔滨医科大学							
	王伟	男	1979.08	2016.07	口腔临床医学	焦晓辉	黑龙江省区域内 MTR,MTRR,MTHFR 基因多态性与非综合征性唇腭裂的易感性关系的研究
	吕茉扬	女	1982.07	2016.07	口腔临床医学	毛立民	血卟啉单甲醚对金黄地鼠口腔颊黏膜良恶性溃疡诊断方法的研究
	郝嫣汝	女	1989.10	2016.07	口腔临床医学	焦晓辉	JARID2 基因多态性和环境危险因素与非综合征性唇腭裂的相关性研究
	李丽丽	女	1981.09	2016.07	口腔临床医学	秦春林	小鼠上皮 Fam20a 基因缺失导致牙釉质发育不全
哈尔滨医科大学附四院							
	庄德舒	女	1988.07	2016.06	口腔临床医学	毕良佳	HMME 介导的声动力学疗法对大鼠牙周炎的治疗效果
同济大学							
	王　艳	女	1987.04	2016.03	口腔临床医学	刘宏伟	内源性骨髓细胞参与牙周组织修复过程的作用研究
	周　倩	女	1985.09	2016.06	口腔临床医学	王佐林	循环压力对兔骨髓间充质干细胞在上颌窦提升中的成骨作用的实验研究
	刘　宁	女	1986.06	2016.12	口腔临床医学	王佐林	上颌窦底提升术中 IGF－I 及 BMP－7 诱导脂肪干细胞成骨作用的研究
	李　辰	男	1973.03	2016.12	口腔临床医学	刘宏伟	纳米金颗粒对人牙周膜干细胞增殖及分化作用的体外研究
	刘天麟	男	1980.11	2016.12	口腔临床医学	黄远亮	淫羊藿苷联合 BNSCs 促进成骨、成血管的实验研究
	刘　鑫	男	1981.01	2016.06	口腔医学	王佐林	DMP1 基因修饰 BMSCs 对犬上颌窦提升术成骨的影响研究
	许　多	女	1985.10	2016.06	口腔医学	赵守亮	辛伐他汀对鼠牙源性细胞成牙向分化作用的相关研究

续表 8

博士学位授予单位	姓名	性别	出生年月	获学位年月	所授学位专业	指导教师	毕业论文题目
	陈　静	女	1986.01	2016.12	口腔医学	刘月华	EMPs/BMP-2 控释纳米涂层对牙周膜干细胞生物学特性影响的研究
南京大学							
	程　伟	男	1981.10	2016.06	临床医学	胡勤刚	胎牛松质骨来源组织工程,有的构媾胶其理化、生物学特性研究
	杨旭东	男	1966.10	2016.06	临床医学	胡勤刚	凝溶胶蛋白与口腔鳞癌发生发展的相关性研究
	季　骏	男	1978.08	2016.06	临床医学	胡勤刚	大块组织工程骨构建的实验研究
南京医科大学							
	李丹丹	女	1989.08	2016.12	口腔临床医学	王　林	FGF 和 NTN1 基因多态性与非综合征型唇腭裂易感性的关联研究
	杨颜菁	女	1977.03	2016.07	口腔临床医学	王　林	白藜芦醇抑制胶质炎症改善三叉神经痛机制研究
	江　飞	男	1984.01	2016.07	口腔临床医学	陈　宁	hAMSC 在骨缺损再生中促进血管新生的作用与机制研究
浙江大学							
	查光玉	男	1976.09	2016.06	口腔基础医学	李晓东	荷载 rBMSC 的新型可注射 PEG 水凝胶在骨修复中的应用研究
	陈肖依	女	1987.12	2016.06	口腔临床医学	王慧明	前牙美学区临时种植修复体引导牙龈成型的临床研究
	张　晶	女	1988.01	2016.06	口腔临床医学	王慧明	纯钛表面载 LAMA3 涂层在种植体-牙龈生物学封闭形成中的作用
	徐婧秋	女	1983.09	2016.06	口腔临床医学	傅柏平	新型底涂-冲洗剂提高自酸蚀粘接剂的牙本质粘接持久性的研究
福建医科大学							
	许志强	男	1983.09	2016.07	口腔临床医学	陈　江	二氧化钛纳米管成骨和抗菌的基础性研究
山东大学							
	刘红蕊	女	1988.11	2016.06	口腔基础医学	李敏启	耻骨松弛激素对 TMJ 髁状突软骨和骨代谢的影响及机制研究
	李　青	男	1986.11	2016.06	口腔临床医学	徐　欣	新型高效靶向 ROS 响应的载药纳米粒子系统在口腔鳞癌治疗中的应用

续表 8

博士学位授予单位	姓名	性别	出生年月	获学位年月	所授学位专业	指导教师	毕业论文题目
	任大鹏	男	1986.10	2016.12	口腔临床医学	王春玲	ERK1/2 - Runx2 信号通路介导周期性张应力作用下牙周膜成纤维细胞成骨分化的机制研究
	杨双艳	女	1989.10	2016.12	口腔临床医学	王春玲	内质网应激介导的 PERK - eIF2α - ATF4 信号通路在牵张力作用下牙周膜干细胞成骨向分化中的作用研究
	叶　欣	女	7987.07	2016.12	口腔临床医学	杨丕山	氧化磷脂对成骨细胞分化的影响及其机制研究
华中科技大学							
	石　琦	男	1984.06	2016.07	外科学	曹颖光	大气压常温等离子体射流用于慢性亚洲雅安治疗的实验研究
	杨　焰	女	1989.01	2016.07	外科学	曹颖光	评价根管预备清理效果及牙本质小管内细菌生物膜敏感性的体外实验研究
	秦　旭	男	1986.02	2016.07	外科学	毛　靖	辛伐他汀通过激活 AMPK 促进炎性牙周组织再生的体内外研究
	马乐登	男	1984.07	2016.07	外科学	毛　靖	The expressiom of VEGF/HIF - 1 alpha in the periodontal tissues of rats during orthodontic treatment
中南大学							
	王柏胜	男	1987.03	2016.12	耳鼻咽喉科学	唐瞻贵	神经元钙传感蛋白的功能及其与紫杉醇有待的周围神经痛的关系研究
中山大学							
	王春阳	女	1986.03	2016.06	口腔临床医学	程　斌	PRR11 在舌鳞癌中的表达及对其生物学行为的影响
	朱文俊	男	1987.07	2016.06	口腔临床医学	梁　敏	高糖通过上调 TNFR1 加重 TNF - α 对牙周膜干细胞增殖的抑制及凋亡的促进作用
	庄沛林	男	1979.08	2016.06	口腔临床医学	林焕彩	srtA 基因多态性对变异链球菌转肽酶活性及生物学表型的影响
	黄绮婷	女	1987.08	2016.06	口腔临床医学	林正梅	高强度抗菌复合树脂的制备及理化性能研究
	张剑英	女	1986.01	2016.06	口腔临床医学	凌均棨	变异链球菌谷氨酸消旋酶的原核表达及基因突变株的生物学特性研究
	陈婵婵	女	1982.07	2016.06	口腔临床医学	凌均棨	Nkd2 对牙发育及牙囊细胞成骨/成牙骨质向分化的作用研究

续表 8

博士学位授予单位	姓名	性别	出生年月	获学位年月	所授学位专业	指导教师	毕业论文题目
	林家成	男	1975.11	2016.06	口腔临床医学	凌均棨	血运重建术治疗年轻恒牙根尖周病的前瞻性随机对照研究
	宋晶晶	女	1984.10	2016.09	口腔临床医学	王　智	PIK3IP1 对 T 淋巴细胞的免疫调控作用及相关机制研究
	王伟财	男	1987.06	2016.06	口腔临床医学	黄洪章	BMP 信号通路调控 atRA 诱导小鼠颅缝早闭作用机制
	刘海潮	男	1974.02	2016.06	口腔临床医学	黄洪章	β2 – AR 信号通路促进舌鳞状细胞癌侵袭转移的机制研究
	周　茜	女	1988.07	2016.06	口腔临床医学	廖贵清	Bregs 调控 TSCC 微环境中免疫抑制的作用机制
	刘兴光	男	1986.05	2016.09	口腔临床医学	陶　谦	Sox2 通过 Wnt/β – catenin 通路调控舌鳞状细胞癌上皮间充质转化的机制研究
	朱　萍	女	1987.09	2016.06	口腔临床医学	张志光	口颌系统流体力学模型研究与应用
	蒋　盼	女	1987.09	2016.06	口腔临床医学	张志光	成纤维细胞活化蛋白在舌鳞状细胞癌进展中的促进作用
	刘　芸	女	1987.11	2016.06	口腔临床医学	邓飞龙	载 PlGF – 2/BMP – 2 肝素 – HTCC 微球与载 BMSC 可注射温敏水凝胶复合体系的构建
	郑健茂	男	1986.10	2016.06	口腔临床医学	凌均棨	MagT1 和 MAPK 信号通路对大鼠骨髓间充质干细胞成牙本质向分化的影响
	曾　倩	女	1986.11	2016.06	口腔临床医学	凌均棨	内源性生长因子及 Emdogain 在牙髓再生中的作用研究
	孙养鹏	男	1988.02	2016.06	口腔临床医学	张志光	iPSC 向 MSC 转化维持颞下颌关节滑液间充质干细胞干性特征的研究
	区德明	男	1982.12	2016.06	口腔医学	廖贵清	miR – 335 和 miR – 182 靶向调控生存素影响舌鳞癌增殖和侵袭的作用机制
	邵　兵	男	1982.01	2016.12	口腔医学	邓飞龙	选择性激光熔化技术 3D 打印牙种植体在比格犬颌骨植入后的骨整合对比研究
	招洛丹	女	1984.09	2016.06	口腔临床医学	王安训	化疗耐药与舌鳞状细胞癌侵袭迁移相关性研究
	翁军权	男	1986.09	2016.06	口腔临床医学	陈松龄	LncRNA – MALAT1 靶向 miR – 224 – 5p 促进上颌窦黏膜干细胞成骨分化
	黄卓珊	女	1981.12	2016.09	口腔医学	陈伟良	口腔癌、口咽癌术后患者吞咽障碍及其生活质量的评估与干预

续表 8

博士学位授予单位	姓名	性别	出生年月	获学位年月	所授学位专业	指导教师	毕业论文题目
	郁　鑫	男	1986.11	暂未获	口腔医学	李劲松	长非编码 RNA ADAMTS9 - AS2 调控涎腺腺样囊性癌和舌鳞癌生物学行为的研究
	朱双喜	男	1978.08	2016.09	口腔医学	陈松龄	miR - 27a 调控犬上颌窦底黏膜骨原细胞成骨分化的机制研究
南方医科大学							
	杨剑珍	女	1982.12	2016.10	临床医学专业学位	徐平平	不同粒径和形貌的羟基磷灰石牙膏堵塞牙本质小管及吸附铅、锌离子的作用研究
	宁晖丽	女	1986.01	2016.12	临床医学专业学位	赵建江	乳牙充填物新评估方法的初步研究
	周　慧	女	1982.08	2016.06	临床医学专业学位	赵建江	长链非编码 RNA AC007392.4 调控舌鳞状细胞癌生物学功能的实验研究
	牛　茂	男	1982.03	暂未获	临床医学专业学位	周　磊	载辛伐他汀纳米胶束生物学特性研究
	张　特	男	1973.07	2016.06	临床医学专业学位	周　磊	载辛伐他汀 MPEG - PLA 纳米粒的体内成骨效应及特性
	卓　颖	女	1977.08	暂未获	临床医学学术学位	章锦才	小鼠肥胖结合牙周炎中脑部 MAGUKs 家族蛋白及海马中 DLG1 及 AMPA 信号通道的变化
	岳新新	女	1987.01	2016.06	临床医学学术学位	周　磊	纳米结构脂质载体载辛伐他汀体内外成骨性能及成骨机制的研究
广西医科大学							
	郭　鹏	男	1983.02	2016.06	耳鼻咽喉科学	周　诺	Notch、VEGF - A、Ang - 1 信号通路在非血管化输送盘牵张成骨中调控血管新生的机制研究
	江献芳	女	1986.11	2016.06	临床口腔医学	周　诺	牵张成骨血管生成相关性非编码 RNA 的表达及其差异性分析研究
	汪　延	男	1987.09	2016.12	临床口腔医学	周　诺	下颌骨牵张成骨的生物信息学研究及其分子调控机制的探索
重庆医科大学							
	张　赫	女	1983.01	2016.07	牙医学	邓　锋	二氧化钛纳米管诱导鼠 mc3t3 细胞生物学行为改变相关机制的研究
	张昕景	男	1984.08	2016.11	牙医学	邓　锋	血清外泌小体影响干细胞衰老的研究

续表 8

博士学位授予单位	姓名	性别	出生年月	获学位年月	所授学位专业	指导教师	毕业论文题目
	王青青	女	1981.05	2016.06	肿瘤学	杨　凯	生物钟基因 Per2 对人口腔鳞癌细胞增殖、凋亡和细胞周期的调控作用
第三军医大学							
	杨　琨	男	1987.11	2016.12	生物医学工程	刘鲁川	p75NTR 对大鼠外胚间充质干细胞矿化分化能力的影响研究
	行勇军	男	1971.11	2016.12	生物医学工程	刘鲁川	神经嵴来源外胚间充质干细胞在牙向分化中的潜能及相关机制的研究
昆明医科大学							
	杨禾丰	男	1982.05	2016.11	临床医学	李　松	牙本质基质颗粒联合牙囊细胞膜片再生牙周组织的实验研究

表 9　2016 年度中国口腔医学 8 年制毕业生一览表

博士学位授予单位	姓名	性别	出生年月	获学位年月	所授学位专业	指导教师	毕业论文题目
四川大学							
	刘晨璐	女	1990.02	2016.06	口腔医学	赵志河	PAX3 改良人脂肪干细胞用于肌肉再生的研究
	王　骏	男	1990.03	2016.06	口腔医学	吴亚菲	Bmp1/Tll1 在牙、牙周组织不同生长发育阶段作用研究
	葛孟柯	男	1989.06	2016.06	口腔医学	邹淑娟	应力刺激下 WNT/β - catenin 信号通路对成牙骨质细胞分化的调控机制
	刘劲洋	男	1989.01	2016.06	口腔医学	唐休发	CD44 和 CD133 在口腔鳞癌的表达及临床意义
	何　沙	男	1989.06	2016.06	口腔医学	石　冰	中国西部人群 Sox9 基因变异与非综合征型唇腭裂
	冯　浩	男	1988.11	2016.06	口腔医学	梁新华	MDSC 和 Treg 在小鼠口腔癌发生中的变化及化疗对其影响
	青　海	男	1989.05	2016.06	口腔医学	汤　炜	以图像为核心的 XNAT 数据库及数字化技术应用前台的研发和临床应用
	陈端婧	女	1990.05	2016.06	口腔医学	于海洋	飞行员常见口腔疾病与肥胖、代谢综合征相关性流行病学调查
	聂莉桓	女	1990.02	2016.06	口腔医学	吴红崑	尼古丁对大鼠牙槽骨 OPG、RANKL 基因表达的影响
	罗海芸	女	1991.02	2016.06	口腔医学	叶　玲	SOX9 调控牙髓炎症免疫反应的机制初探
	黄　艾	女	1990.05	2016.06	口腔医学	宫　苹	缓释 BMP - 2 及 bFGF 胶原膜引导骨再生实验研究

续表 9

博士学位授予单位	姓名	性别	出生年月	获学位年月	所授学位专业	指导教师	毕业论文题目
	李　蔚	女	1989.08	2016.06	口腔医学	李继华	运用 CAD/CAM 设计个体化 Medpor 精确修复下颌轮廓缺陷
	刘　玲	女	1990.01	2016.06	口腔医学	陈谦明	差异表达 microRNA 与口腔鳞状细胞癌预后的相关性研究
	黄冉冉	女	1989.08	2016.06	口腔医学	梁　星	定向表面微形貌对微血管定向生长影响的体外研究
	杨　璇	女	1990.07	2016.06	口腔医学	黄定明	牙根尖段定植菌与根管治疗后疾病临床症状的关系
	周雅川	女	1991.02	2016.06	口腔医学	周学东	miR－224 调节成釉细胞通道蛋白表达和牙釉质矿化的研究
北京大学							
	穆长清	男	1989.10	2016.07	口腔医学	华　红	肉芽肿性唇炎患者口腔健康状况调查及疗效观察
	温　泉	男	1989.10	2016.07	口腔医学	葛立宏	基质细胞衍生因子 1 对人牙髓干细胞体外牙髓再生能力的影响
	王　衎	男	1989.10	2016.07	口腔医学	蔡志刚 张　雷	下颌骨巨大牙源性囊性病变的治疗及促结缔组织增生型成釉细胞瘤的临床分析
	刘　擎	男	1991.05	2016.07	口腔医学	姜　婷	脑源性神经营养因子促神经生成及促成骨作用的初步研究
	王　菲	男	1989.11	2016.07	口腔医学	刘　宇	定量感觉检查用于下牙槽神经感觉功能评估的临床研究
	唐仁韬	男	1989.11	2016.07	口腔医学	高学军	玻璃陶瓷与复合树脂粘固强度的体外研究
	滕　飞	男	1989.03	2016.07	口腔医学	许天民	中国正畸相关评价指数初探的验证研究
	伍文杰	男	1989.04	2016.07	口腔医学	张建国	125I 放射性粒子植入近距离治疗头颈部良性疾病
	杨颖婷	女	1988.05	2016.07	口腔医学	秦　满	不同纤维直径的聚吡咯通电后对细胞和细菌黏附增殖的影响
	谷　明	女	1989.01	2016.07	口腔医学	周永胜	利用单层片状石墨烯的抗菌和促成骨作用改良钛表面的实验研究
	郑　苗	女	1989.12	2016.07	口腔医学	谭建国	大气压冷等离子体处理氧化锆对人牙龈成纤维细胞生物学行为的影响
	王浩杰	女	1989.12	2016.07	口腔医学	胡文杰	上颌中切牙种植修复后软硬组织形态及唇侧轮廓变化的初步探索
	贾胜男	女	1989.08	2016.07	口腔医学	林　野	下颌“All－on－4”种植即刻固定修复对剩余牙槽骨吸收的影响

续表 9

博士学位授予单位	姓名	性别	出生年月	获学位年月	所授学位专业	指导教师	毕业论文题目
	隗芳乔	女	1990.10	2016.07	口腔医学	郑树国	三种常见饮品干预对儿童唾液多肽组成影响的研究
	谢也斯	女	1990.01	2016.07	口腔医学	孟焕新	种植体周围病危险因素的相关研究
	侯力瑜	女	1990.11	2016.07	口腔医学	李巍然	安氏Ⅱ类下颌后缩青少年口颌系统功能及 Twin - block 治疗影响的研究
	李世赢	男	1989.04	2016.07	口腔医学	冯海兰 潘韶霞	下无牙颌颏孔间区形态结构的锥形束 CT 研究
	彭海龙	男	1989.05	2016.07	口腔医学	秦　满	掌跖角化 - 牙周破坏综合征 CTSC 基因突变鉴定及功能分析研究
	韩建辉	男	1989.06	2016.07	口腔医学	傅开元	颞下颌关节盘移位致早期骨关节病的影影像特点及预后
	杨　尧	男	1989.08	2016.07	口腔医学	张　益 刘筱菁	颌面部不同区域导的航精确度体外定量研究
	白云洋	男	1989.09	2016.07	口腔医学	王新知	牙科染色氧化锆不同表面光滑处理后的两体式磨耗研究
	常大桐	男	1989.09	2016.07	口腔医学	周彦恒	上颌反复快速扩缩对上气道影响的锥形束 CT 研究
	张　路	男	1989.09	2016.07	口腔医学	王晓燕	自酸蚀牙本质粘接剂对变形链球菌抑菌作用的研究
	杨泓江	女	1990.11	2016.07	口腔医学	欧阳翔英 和　璐	唾液链球菌 K12 含片治疗口臭的随机对照临床试验
	刘　意	女	1990.11	2016.07	口腔医学	董艳梅	生物活性玻璃/壳聚糖/RGDS 复合支架的构建及对人牙髓细胞的作用
	隋华欣	女	1990.06	2016.07	口腔医学	吕培军	低能量激光对三维生物打印体成骨能力影响的初步研究
	丁　茜	女	1990.06	2016.07	口腔医学	谢秋菲	CAD/CAM 氧化锆种植体骨结合及疲劳性能的实验研究
	牛力璇	女	1990.08	2016.07	口腔医学	郭传瑸	18F - FDG PET/CT 诊断口腔鳞状细胞癌患者颈部淋巴转移的临床研究
	陆瑾慧	女	1990.09	2016.07	口腔医学	刘　鹤	富血小板纤维蛋白（PRF）应用于年轻恒牙牙髓血运重建的临床研究
	渠　薇	女	1991.02	2016.07	口腔医学	高学军 梁宇红	高温对根管封闭剂理化性质的影响
	刘存瑞	男	1990.12	2016.07	口腔医学	谢秋菲	咬合干扰致大鼠咀嚼肌痛敏特点及胶质细胞的活化
	于　尧	男	1989.10	2016.07	口腔医学	彭　歆	虚拟设计及手术导航辅助游离腓骨瓣修复下颌骨缺损的三维精确度研究

续表 9

博士学位授予单位	姓名	性别	出生年月	获学位年月	所授学位专业	指导教师	毕业论文题目
	石　巧	女	1989.05	2016.07	口腔医学	栾庆先	二代测序研究侵袭性牙周炎线粒体基因多态性
	张　达	女	1989.06	2016.07	口腔医学	周彦恒	基于前颅底结构的三维头颅测量参考系建立及评价研究
第四军医大学							
	焦　阳	男	1989.08	2016.06	口腔医学	陈吉华	三种常用牙科单体细胞毒性机理的实验研究
	常　蓓	女	1990.06	2016.06	口腔医学	张玉梅	真空钛网扩散连接多孔钛的制备及其成骨功能研究
	沈　鹏	男	1990.06	2016.06	口腔医学	张少锋	兼具细胞募集特性的 pH 敏感的新型双层缓释纳米微球的构建及其体外生物学活性研究
	薛　芃	女	1990.03	2016.06	口腔医学	王勤涛	炎症微环境通过降低 MORF 激活 UPR 影响 PDLSCs 功能的机制研究
	于　洋	男	1989.06	2016.06	口腔医学	陈发明	炎性及缺氧预处理对间充质干细胞迁移能力影响的实验研究
	吴宝磊	男	1989.10	2016.06	口腔医学	张陈平	六甲溴铵协同干细胞治疗促进大鼠牵张成骨的研究
	鞠　骏	男	1990.02	2016.06	口腔医学	孙沫逸	头颈部腺样囊性癌预后分析及嗜神经侵袭裸鼠动物模型的改进
	张思佳	男	1990.05	2016.06	口腔医学	宋应亮	糖尿病缺牙患者种植时机选择和位点保存相关研究
	于汉英	男	1990.02	2016.06	口腔医学	金作林	未治疗的不同错𬌗类型患者的颅颌面部生长发育特点及差异的分析
	蒋　旸	男	1991.03	2016.06	口腔医学	王小竞	SLURP1 对乳牙牙髓干细胞破骨能力的调控及其机制研究
武汉大学							
	甘　婧	女	1989.09	2016.06	口腔临床医学	黄　翠	不同能量密度 NdYAG 激光照射对牙本质粘接的影响 & 病例报告
	高金霞	女	1986.05	2016.06	口腔临床医学	王贻宁	循证口腔医学在口腔修复领域的研究与应用
	张　靖	女	1990.02	2016.06	口腔临床医学	杜民权	口臭相关影响因素分析 & 病例报告
	曾　畅	女	1990.07	2016.06	口腔临床医学	樊明文	铸瓷髓腔固位冠修复根管治疗后牙的临床效果评价及病例报告

续表 9

博士学位授予单位	姓名	性别	出生年月	获学位年月	所授学位专业	指导教师	毕业论文题目
	夏　婷	女	1990.01	2016.06	口腔临床医学	施　斌	上颌单前牙即刻种植修复和延期种植修复美学效果的临床研究及病例报告
	刘　珊	女	1991.08	2016.06	口腔临床医学	彭　彬	异甘草素经自噬途径抑制破骨细胞功能及机制
天津医科大学							
	马士卿	女	1991.03	2016.06	口腔医学	高　平	壳聚糖不对称引导骨组织再生膜的研究
	钟　雪	女	1990.01	2016.06	口腔医学	李长义	在溶菌酶相转化产物改性的钛表面构建载银自组装抗菌涂层的研究
南京大学							
	韩生伟	男	1989.05	2016.06	临床医学	胡勤刚	HIF－1 与 TLRs/NF－κB 相互调节共同促进口腔鳞癌发展的实验研究
	陈小凤	女	1988.09	2016.06	临床医学	孙卫斌	复相电纺支架缓释 rhCEMP1 用于牙骨质再生的研究
	杨　洁	女	1989.02	2016.12	临床医学	孙卫斌	牙龈卟啉单胞菌对动脉粥样硬化发病中 Th17/Treg 平衡的影响

（吴　婷）

科学研究

国务院关于 2016 年度国家科学技术奖励的决定

国发[2017]2 号

各省、自治区、直辖市人民政府,国务院各部委、各直属机构:

为全面贯彻党的十八大和十八届三中、四中、五中、六中全会精神,大力实施科教兴国战略、人才强国战略和创新驱动发展战略,国务院决定,对为我国科学技术进步、经济社会发展、国防现代化建设做出突出贡献的科学技术人员和组织给予奖励。

根据《国家科学技术奖励条例》的规定,经国家科学技术奖励评审委员会评审、国家科学技术奖励委员会审定和科技部审核,国务院批准并报请国家主席习近平签署,授予赵忠贤院士、屠呦呦研究员国家最高科学技术奖;国务院批准,授予"大亚湾反应堆中微子实验发现的中微子振荡新模式"国家自然科学奖一等奖,授予"亚洲季风变迁与全球气候的联系"等 41 项成果国家自然科学奖二等奖,授予"高温/超高温涂层材料技术与装备"等 3 项成果国家技术发明奖一等奖,授予"良种牛羊高效克隆技术"等 63 项成果国家技术发明奖二等奖,授予"第四代移动通信系统(TD－LTE)关键技术与应用"等 2 项成果国家科学技术进步奖特等奖,授予"嫦娥三号工程"等 20 项成果国家科学技术进步奖一等奖,授予"多抗稳产棉花新品种中棉所 49 的选育技术及应用"等 149 项成果国家科学技术进步奖二等奖,授予凯瑟琳娜·科瑟·赫英郝斯教授等 5 名外国专家和国际玉米小麦改良中心中华人民共和国国际科学技术合作奖。

全国科学技术工作者要向赵忠贤院士、屠呦呦研究员及全体获奖者学习,继续发扬求真务实、勇于创新的科学精神和服务国家、造福人民的优良传统,深入实施创新驱动发展战略,坚定不移走中国特色自主创新道路,为加快建设创新型国家、建设世界科技强国,实现"两个一百年"奋斗目标和中华民族伟大复兴的中国梦做出新的更大贡献。

国务院

二〇一七年一月二日

表 1　2016 年度国家科技进步奖项目(通用项目)－二等奖

序号	编号	项目名称	主要完成人	主要完成单位	推荐单位
118	J－25302－2－02	牙体牙髓病防治技术体系的构建与应用	周学东　李继遥　黄定明　叶　玲　徐　欣　郑黎薇　程　磊　胡　涛　胡德渝　尹　伟	四川大学	四川省

高校获 2016 年度国家科学技术奖励情况

2016 年度国家科学技术奖励大会于 2017 年 1 月 9 日在人民大会堂隆重召开，党和国家领导人出席大会并为 2016 年度国家科学技术奖获奖代表颁奖。

全国高等学校获得 2016 年国家自然科学奖二等奖 28 项，占授奖项目总数 42 项的 66.7%。

全国高等学校获得 2016 年国家技术发明奖通用项目二等奖 38 项，占通用项目授奖总数 47 项的 80.9%；专用项目评出一等奖 3 项，高校获得 2 项。

全国高等学校获得 2016 年国家科学技术进步奖通用项目 106 项（特等奖 1 项，一等奖 7 项，创新团队奖 2 项，二等奖 96 项），占通用项目授奖总数 132 项的 80.3%。其中，高校为第一完成单位的获奖项目 64 项（一等奖 3 项，创新团队奖 2 项，二等奖 59 项），占通用项目授奖总数的 48.5%。

全国共有 118 所高等学校作为主要完成单位获得了 2016 年度国家科学技术奖三大奖通用项目 172 项，占通用项目总数 221 项的 77.8%。其中，有 75 所高校作为第一完成单位的获奖项目数为 130 项，占通用项目授奖总数的 58.8%。

另外，全国共有 12 所高校作为第一完成单位，获得了 2016 年度国家科学技术奖国防专用项目 16 项，占授奖总数的 27.6%。另，北京航空航天大学、南京理工大学各获得国家技术发明奖专用项目一等奖 1 项。

高校在全国授奖项目中继续保持高比例，说明高等学校的科研实力在不断提升，对我国科技创新和经济发展的贡献越来越大。尤其是高校获得的 2 项国家技术发明一等奖项目和 3 项科技进步一等奖项目，充分体现了高校科学研究与科技创新工作在我国占有举足轻重的地位。

附件：

1. 高校获 2016 年度国家科学技术奖（通用项目）统计表
2. 高校为第一完成单位获 2016 年度国家科学技术奖（通用项目）统计表
3. 高校获 2016 年度国家自然科学奖项目目录
4. 高校获 2016 年度国家技术发明奖（通用项目）目录
5. 高校获 2016 年度国家科技进步奖（通用项目）目录
6. 高校获 2016 年度国家科学技术奖（专用项目）统计表
7. 高校为第一完成单位获 2016 年度国家科学技术奖（专用项目）统计表

教育部科技发展中心

二〇一七年一月九日

表 2 高校 2016 年度国家科技进步奖项目（通用项目）－二等奖

序号	项目名称	主要完成人	完成单位及名次（未注明则为独立完成）
94	牙体牙髓病防治技术体系的构建与应用	周学东 李继遥 黄定明 叶 玲 徐 欣 郑黎薇 程 磊 胡 涛 胡德渝 尹 伟	四川大学

摘自附件 5。

教育部关于 2016 年度高等学校科学研究优秀成果奖（科学技术）奖励的决定

教技[2017]3 号

为全面贯彻党的十八大和十八届三中、四中、五中、六中全会精神，大力实施科教兴国战略、人才强国战略和创新驱动发展战略，促进高等学校科技创新，根据《高等学校科学研究优秀成果奖（科学技术）奖励办法》，我部组织开展了 2016 年度高等学校科学研究优秀成果奖（科学技术）评审工作。经评审委员会评审、奖励委员会审核和教育部批准，决定授予“挥发性有机物来源及在大气二次污染生成中的作用”等 43 项成果高等学校科学研究优秀成果奖自然科学奖一等奖，授予“激光驱动离子束稳相加速方法研究”等 71 项成果高等学校科学研究优秀成果奖自然科学奖二等奖；授予“视觉特征紧凑表示方法及高性能图像搜索技术”等 32 项成果高等学校科学研究优秀成果奖技术发明奖一等奖，授予“超高速灵活光传送的高效多维信号处理与系统应用技术”等 29 项成果高等学校科学研究优秀成果奖技术发明奖二等奖；授予“一种巷道超静定防冲四维支护装置及其支护方法”1 项成果高等学校科学研究优秀成果奖技术发明奖（专利类）二等奖；授予“单倍体造血干细胞移植的关键技术建立及推广应用”等 40 项成果高等学校科学研究优秀成果奖科学技术进步奖一等奖，授予“面向能源互联网的新型电力线通信关键技术及应用”等 77 项成果高等学校科学研究优秀成果奖科学技术进步奖二等奖；授予“管花肉苁蓉及其寄主柽柳高产稳产技术与大规模推广”1 项成果高等学校科学研究优秀成果奖科学技术进步奖（推广类）一等奖；授予“油田含油污水精细过滤器开发及应用”等 8 项成果高等学校科学研究优秀成果奖科学技术进步奖（推广类）二等奖；授予“新疆枣园病虫草害诊断与防治原色图谱”1 项成果高等学校科学研究优秀成果奖科学技术进步奖（科普类）二等奖；授予陈鹏等 9 人高等学校科学研究优秀成果奖青年科学奖。

全国高校科学技术工作者要向全体获奖者学习，继续发扬求真务实、勇于创新的科学精神，不畏艰险、勇攀高峰的探索精神，团结协作、淡泊名利的团队精神，报效祖国、服务社会的奉献精神，深入实施创新驱动发展战略，坚定不移走中国特色自主创新道路，为加快建设创新型国家、建设世界科技强国做出新的更大贡献。

附件：2016 年度高等学校科学研究优秀成果奖（科学技术）授奖项目

教育部

二〇一七年二月二十一日

附件略。

表 3　2015－2016 年度高等学校科学研究优秀成果奖(科学技术)授奖项目

证书编号	奖种	获奖等级	项目名称/获奖人	主要完成人	主要完成单位/工作单位
2016－045	自然科学奖	2	口腔癌颈部淋巴结转移的诊断及治疗规范研究	郭传瑸　冯芝恩　俞光岩　彭　歆　王衣祥　张　晔　浦寅飞　王　琳　牛力璇	北京大学
2016－191	科技进步奖	1	口腔颌面部骨组织再生与功能修复技术的研究与应用	蒋欣泉　张志愿　张文杰　徐立群　王绍义　黄庆丰　汪　湧　赵　君　夏伦果　曾德良	上海交通大学
2015－208	科技进步奖	2	下颌下腺移植治疗重症干眼关键技术体系的创建及应用	俞光岩　吴立玲　蔡志刚　吕　岚　丛　馨　邹留河　张　雷　朱正宏　苏家增　刘筱菁　吴　珺　张　艳　单小峰　王　洋　毛　驰　向若兰　丁　冲	北京大学 首都医科大学

中华口腔医学会科技奖

中华口腔医学会科技奖于 2013 年经中华人民共和国科学技术部奖励办公室批准设立，是我国口腔医学界历史上首次设立的科技奖项，是面向全国口腔医学领域的经常性科学技术奖，每两年评审、奖励 1 次。主要目的为进一步促进我国口腔医学科学技术的发展搭建一个高规格平台。2014 年，首次评出了中华口腔医学会科技奖 9 个奖项。2016 年，再次评出 9 个奖项(一等奖 2 项，二等奖 3 项，三等奖 4 项)。

根据《中华口腔医学会科技奖奖励条例》的规定，中华口腔医学会于 2015 年 12 月至 2016 年 4 月向全国征集了 2016 年中华口腔医学会科技奖推荐项目，2016 年 5 月科技奖奖励办公室对推荐项目进行了形式审查，6 月中华口腔医学会组织科技奖评审委员会专家进行了初评，入围项目在权威媒体(《健康报》《中国医学论坛报 · 今日口腔》、中华口腔医学会官方网站)进行了 30 天的公示，期满无异议，7 月底完成终评，9 月 27 颁奖典礼。

表 4　中华口腔医学会科技奖

奖项	时间	项目名称	第一完成单位	完成人
2014 年	一等奖	牙体牙髓疾病防御调控机制与拟生态修复体系的研究及临床干预	中山大学附属口腔医院	凌均棨　韦　曦　林正梅　古丽莎　曾劲峰　龚启梅　高　燕　张　恺　王劲茗　刘　路
2014 年	一等奖	复杂解剖条件的种植临床技术研究	北京大学口腔医学院	林　野　王　兴　李健慧　邸　萍　胡秀莲　邱立新　张　宇　陈　波　崔宏燕　毛　驰

续表 4

奖项	时间	项目名称	第一完成单位	完成人
2014 年	二等奖	国产无托槽隐形矫治技术的研发及临床应用研究	首都医科大学附属北京口腔医院	白玉兴　王邦康　李华敏　林　峰　颜永年　王喆垚　丁雪佳
2014 年	二等奖	龋病预防综合干预模式的建立和应用	武汉大学口腔医院	台保军　杜民权　江　汉　陈　曦　樊明文　张　旗　黄　薇　郭　颖　雷成家　边　专
2014 年	二等奖	牙周炎与心血管病和糖尿病的关系及牙周干预治疗的研究	北京大学口腔医院	孟焕新　章锦才　束　蓉　闫福华　杨丕山　吴亚菲　潘亚萍　王勤涛　李成章　欧阳翔英　徐　莉　和　璐　侯建霞　陈智滨
2014 年	三等奖	牙髓感染治疗的生物学研究	四川大学华西口腔医院	叶　玲　黄定明　程　磊　汪成林　彭　栗　高　波　苏　勤　周学东
2014 年	三等奖	髁突囊内骨折及其并发症的综合诊治新技术	上海交通大学医学院附属第九人民医院	何冬梅　杨　驰　陈敏洁　张善勇　张晓虎　邱亚汀　冯智强　姜　滨　王保利　白　果
2014 年	三等奖	口腔鳞癌顺铂耐药相关基因表达谱鉴定及靶向 CCND1/cIAP1/XIAP 的增敏效果	上海交通大学医学院附属第九人民医院	张　萍　陈万涛　徐　骎　张志愿　周晓健　严　明
2014 年	三等奖	种植体表面改性、生物学评价及新型种植体研发	浙江大学医学院附属口腔医院	王慧明　赵士芳　何福明　杨国利　王小祥　谢志坚　朱丽琴　程志鹏　周艺群
2016 年	一等奖	提高骨质疏松状态下骨再生与整合能力新策略与技术研究	四川大学华西口腔医院	胡　静　李运峰　罗　恩　高　莺　祝颂松　李继华　戚孟春　周陈晨
2016 年	一等奖	心理应激对口颌系统的负性效应、影响机理及其防治策略研究	中国人民解放军第四军医大学口腔医院	陈永进　张　旻　陈发明　李　强　赵寅华　吕　昕　赵雅娟　赵　萤　赵蕊妮
2016 年	二等奖	口腔黏膜潜在恶性疾病的中西医结合诊疗体系	上海交通大学医学院附属第九人民医院	周曾同　唐国瑶　沈雪敏　吴　岚　葛姝云　周永梅　王宇峰　施琳俊　刘　伟
2016 年	二等奖	口腔微生物、炎症因子与牙体牙周疾病致病机制的研究	上海交通大学医学院附属第九人民医院	梁景平　黄正蔚　姜　葳　刘　斌　夏文薇　王　娟　李超伦　汪　嘉　张明珠　马　瑞
2016 年	二等奖	口面部伤害性信息传递和调控的神经环路及关键分子机制	中国人民解放军第四军医大学口腔医院	徐礼鲜　李金莲　每晓鹏　张富兴　徐　浩　吴礼安　董玉琳　葛顺楠　黄　静
2016 年	三等奖	基于数字外科技术建立眼眶骨折诊断与治疗系统的研究	北京大学口腔医学院	张　益　张智勇　贺　洋　安金刚　邹立东

续表 4

奖项	奖项	项目名称	第一完成单位	完成人
2016 年	三等奖	口腔颌面创伤、畸形、缺损修复重建技术的基础与临床研究	武汉大学口腔医院	李祖兵 杨学文 张 益 刘彦普 胡图强 程 波 李 智 何三纲 万启龙 吕 坤
2016 年	三等奖	牙周炎与慢性阻塞性肺疾病相关关系的临床与基础研究	首都医科大学附属北京朝阳医院	王左敏 周 璿 刘志强 林 梅 张冬雪
2016 年	三等奖	在口腔种植软硬组织修复中的应用与研究	吉林大学附属口腔医学院	周延民 李 琦 孙晓琳 赵静辉 李艳秋 孟维艳 李春艳 郑 玲 裴婷婷 王 宇

关于公示第二批国家“万人计划”领军人才人选的公告

根据《关于印发〈国家高层次人才特殊支持计划〉的通知》规定，中央人才工作协调小组统筹安排，中央宣传部、教育部、科技部、人力资源社会保障部等部门组织专家，从相关人才计划中遴选确定 622 名科技创新领军人才、336 名科技创业领军人才、200 名哲学社会科学领军人才、98 名教学名师和 97 名百千万工程领军人才人选。其中，科技创新领军人才、科技创业领军人才从“创新人才推进计划”入选者中遴选产生，哲学社会科学领军人才从文化名家暨“四个一批”人才工程入选者中遴选产生，百千万工程领军人才从“百千万人才工程”国家级人选中遴选产生。现予公示，公示期 7 天。如对人选资格条件等有异议，请于 2016 年 6 月 27 日之前将署名意见发至邮箱 qnbj@ 1000plan. org。

中央人才工作协调小组办公室

二〇一六年六月二十日

表 5 第二批国家“万人计划”领军人才人选名单——口腔医学

（按姓氏笔画排序）

序号	姓名	工作单位
85	邓旭亮	北京大学
373	陈谦明	四川大学
398	林云峰	四川大学
572	蒋欣泉	上海交通大学

金岩教授当选“2015 中国科学年度新闻人物”

2016 年 1 月 19 日，由《中国科学报》、科学网、《医学科学报》和《科学新闻》杂志共同主办的“2015 中国科学年度新闻人物”评选结果在京揭晓，第四军医大学口腔医学院金岩教授等 10 人当选 2015 中国科学年度新闻人物。

“中国科学年度新闻人物”评选活动已经成功举办五届，旨在评出推动中国科学研究和技术进步、具有优秀创新能力与重大影响力的科学家、科技传播者和科技企业领军人物，分为基础研究领域科学家、技术创新和科技成果转化杰出者、科技传播者、科技企业领军人物四个类别。金岩教授因在人工角膜研发中的特殊贡献，获得"技术创新和科技成果转化杰出者"荣誉。

金岩教授任第四军医大学校组织工程中心主任，为教育部"长江学者"特聘教授、国家杰出青年基金获得者、国家重大科学研究计划(973 计划)项目首席科学家、教育部"创新团队"牵头人、入选国家百千万人才工程领军人才并被授予"有突出贡献中青年专家"荣誉称号。他长期从事组织工程与再生医学的研究，研制成功我国第一个组织工程产品——组织工程皮肤、国际上第一个组织工程角膜产品；发现了炎症、衰老等因素对干细胞影响的新机制；在 Stem Cells、Biomaterials、JBMR、CDDis、J BiolChem、J Control Release 等发表 SCI 收录文章 130 余篇，获国家科技进步一等奖 1 项、军队和省级科技进步一等奖 4 项。

徐礼鲜教授荣获 2016 年度中国麻醉学科杰出研究奖

2016 年 8 月 25 日至 28 日，中华医学会第二十四届全国麻醉学术年会在广州召开。会上，第四军医大学口腔医学院麻醉科徐礼鲜教授荣获 2016 年度中国麻醉学科杰出研究奖。

本次中国麻醉学科杰出研究奖是中华医学会麻醉分会第二次设立的奖项，旨在表彰奖励在麻醉学基础研究、应用基础研究、临床麻醉、重症监护、疼痛治疗及转化医学等方面做出突出贡献、具有良好科研道德和获得优秀科研成果的麻醉学专家，从而鼓励和促进我国麻醉学研究快速健康发展。徐礼鲜教授从 6 名候选者中以绝对优势胜出，获此殊荣。

徐礼鲜教授一直致力于麻醉学应用基础和转化医学的研究。他带领的研发团队开创了液体辅助供氧新途径和非重力输液系统，研制成功具有多项自主知识产权的系列高氧液体治疗仪和高氧口服液广泛用于临床，已产生巨大的社会和经济效益；微型便携式多功能输液装置的研制将结束了人类 110 多年依赖液体重量输注的历史；全身麻醉机理研究率先提出了全身麻醉机制敏感神经元学说；口面部疼痛研究率先简明了伤害性信息上行传导和调控通路中部分关键分子机制和重要神经环路。迄今为止，徐礼鲜教授以第一和通讯作者发表论文 311 篇，其中 SCI 论文 65 篇，以第一完成人获国家科技进步二等奖、全军科技进步一等奖、陕西省科技进步一等奖、全军医疗成果二等奖和中华口腔医学二等奖各 1 项，共培养 50 名研究生，其中有 17 名走上军队和地方医疗单位科室领导工作岗位。2014 年获全国优秀科技工作者称号。

"口腔医学科技创新人物"项目评选结果公示

中华口腔医学会"口腔医学科技创新人物"项目是由中国科学技术协会支持、中华口腔医学会牵头落实的中国科协承接政府转移职能与科技公共服务项目。中华口腔医学会以公平、公正、公开为原则，于 2016 年 12 月 14 日组织专家完成了评选工作。本次评选过程中，共收到全国口腔院校推荐的 20 名候选人，经过专家认真评选，共评出 10 名口腔医学科技创新人物。根据中华口腔医学会针对该项目制定的《评选管理办法》和《评选实施细则》的规定,在中华口腔医学会网站 http://www.cndent.com 对上述10人进行公示。任何单位或个人对公示人员有实质性异议或需要更正的内容,请在公示之日起7个工作日内,以真实身份书面形式向中华口腔医学会科技研究部提出异议。公示期满无异议和已解决异议的中华口腔医学会“口腔医学科技创新人物”将进入中华口腔医学会理事会确认环节。

联系地址:北京市海淀区中关村南大街甲18号北京国际C座四层中华口腔医学会科技研究部,邮政编码:100081

中华口腔医学会

二〇一六年十二月二十六日

表6 中华口腔医学会“口腔医学科技创新人物”项目评选

(按姓氏笔画排序)

序号	推荐单位	候选人
1	南京医科大学	王 林
2	第四军医大学口腔医院	牛丽娜
3	首都医科大学附属北京口腔医院	刘 怡
4	吉林大学口腔医学院	孙宏晨
5	华中科技大学同济医学院附属协和医院	陈莉莉
6	北京大学口腔医学院	周永胜
7	四川大学华西口腔医学院	赵志河
8	中山大学光华口腔医学院	凌均棨
9	武汉大学口腔医学院	黄 翠
10	上海交通大学医学院附属第九人民医院	蒋欣泉

中国科协办公厅关于公布中国科协“青年人才托举工程”(2015－2017年度)入选名单的通知

科协办函学字[2016]36号

各全国学会、协会、研究会:

根据《中国科协办公厅关于开展“青年人才托举工程”项目实施工作的通知》要求,经自愿申报、社会公示、专家评审,确定182名青年科技人才入选中国科协“青年人才托举工程”(2015－2017年度)(名单见附件),中国科协将给予指导和经费支持。

希望首批入选的青年人才潜心研究、深入探索,打好职业基础,在“科研黄金期”做出突出业绩,努力成长为品德优秀、专业能力出类拔萃、社会责任感强、综合素质全面、具有国际视野的学术技术带头人,成为德才兼备、勇于创新的国家科技领域高层次领军人才和高水平创新团队的重要后备力量。

特此公布。

附件:“青年人才托举工程”入选名单

中国科协办公厅

二〇一六年二月二十六日

附件略。

表 7 “青年人才托举工程”入选名单

序号	姓名	所在单位	申报单位
179	牛丽娜	第四军医大学口腔医院	中华口腔医学会
180	赵　行	四川大学华西口腔医学院	中华口腔医学会

科技部　国家卫生计生委　中央军委后勤保障部　食品药品监管总局关于认定第三批国家临床医学研究中心的通知

国科发社[2016]214 号

北京市、上海市、四川省、陕西省、湖南省科技厅(委)、卫生计生委、食品药品监督管理局:

为加强医学科技创新体系建设,优化临床医学研究组织模式,加快推进重大疾病防控技术突破和促进医学成果转化推广应用,科技部、国家卫生计生委、中央军委后勤保障部和食品药品监管总局组织完成了第三批国家临床医学研究中心的评审工作。现认定并发布第三批国家临床医学研究中心名单(依托单位名单见附件)。

请各国家临床医学研究中心主管部门和各依托单位按照《国家临床医学研究中心管理办法(试行)》的有关要求,认真做好组织运行和管理保障工作。

特此通知。

附件:第三批国家临床医学研究中心依托单位名单

科技部 国家卫生计生委

中央军委后勤保障部 食品药品监管总局

二〇一六年七月十八日

附件略。

表 8　第三批国家临床医学研究中心依托单位名单

序号	中心名称	依托单位(按单位笔画排序)
1	国家口腔疾病临床医学研究中心	上海交通大学医学院附属第九人民医院
2		四川大学华西口腔医院
3		北京大学口腔医院
4		第四军医大学口腔医院
5	国家老年疾病临床医学研究中心	中国人民解放军总医院
6		中南大学湘雅医院
7		四川大学华西医院
8		北京医院
9		复旦大学附属华山医院
10		首都医科大学宣武医院

亚洲牙科中心（ADC）在四川大学华西口腔医学院成立

为响应习近平总书记关于“一带一路”的号召，秉持开放的区域合作精神，在四川大学120周年校庆即将来临之际，2016年9月26日，四川大学华西口腔医学院联合区域内各个国家和地区一流的口腔医学院校发起的亚洲牙科中心（ADC）成立大会正式举行。首批成员单位包括日本齿科大学、香港大学牙学院、泰国朱拉隆功大学、韩国延世大学牙学院等“一带一路”区域内国家和地区的23所口腔医学院校。亚洲牙科中心旨在整合优质医学资源，加强各成员单位在医疗、教学、科研等各方面的交流合作与资源共享，进一步培养高端口腔医学人才，探索前沿牙科技术，提升各成员单位牙科医疗、教育、科研水平。亚洲牙科中心成立后，将定期举办学术论坛，并在数字化技术研发、医学新材料开发等方面开展一系列合作项目，极大地促进“一带一路”区域口腔医学事业的发展与国际合作水平的提升。

军事口腔医学国家重点实验室顺利通过建设验收

2016年12月20日，军事口腔医学国家重点实验室建设验收会在陕西省西安市召开。林东昕院士等验收专家，军委后勤保障部卫生局生物安全处王达林处长、李萍助理员，军委训练管理部院校局王永杰参谋，学校季志宏政委、王茜副校长、科研部尹维宏部长、刘勇副部长、计划处党小荣处长，第四军医大学口腔医学院陈吉华院长、王利民政委、贺建军副院长，军事口腔国家重点实验室主任赵铱民教授及学术骨干参加了会议。

王达林处长主持会议并介绍了评审流程和评审有关要求。王处长表示军事口腔医学国家重点实验室是后勤系统的第一个军民共建国家重点实验室，其立项建设对于增强国家自主创新能力和提高军事斗争卫勤保障能力具有重大和深远的现实意义。学校季志宏政委代表实验室依托单位致欢迎词，对与会专家表示了热烈的欢迎和衷心的感谢。实验室赵铱民主任从实验室基本情况、科学研究、人才队伍、运行管理、经费投入、平台建设、合作交流、科学普及、建设计划完成情况等方面汇报了实验室建设工作。

验收组专家听取了验收报告，审阅了相关资料，并到实验室现场实地考察。经过全面考察和认真讨论，专家组认为，实验室在建设期内在方向凝练、科学创新、队伍建设、资源配置等方面进行了探索和完善。构建了资源、制度和人才三位一体的平台运行服务体系。在科学研究方面军事特色鲜明，成果产出显著，特别是在颌面战（创）伤发生及愈合机理研究和特发性口腔疾病发生及阻断机理研究方面，取得了一批在军事口腔医学领域有重要意义的研究结果。在口腔颌面缺损修复关键材料的应用基础研究和口腔颌面缺损组织再生关键科学问题研究方面，取得了多项突破。承担了包括国家重点研发计划等一批国家、军队重点课题，在包括Nature系列杂志在内的SCI期刊发表论文多篇。一批创新成果进入临床实验，获得省部级一等奖等成果。专家组一致同意军事口腔医学国家重点实验室通过验收。

军事口腔医学国家重点实验室是我军后

勤系统的首个军民共建国家重点实验室，是国家重大科研基地和国防科技创新体系的重要组成，也是落实军民融合深度发展战略的重大举措，军事口腔医学国家重点实验室于 2014 年通过国家科技部立项建设。

周彦恒教授课题组取得仿生矿化支架材料研发的突破性进展

由北京大学口腔医院正畸科刘燕副研究员领衔、周彦恒教授指导的仿生矿化课题组首次成功组装了具多级结构的骨仿生替代材料——具拓扑结构的纤维内矿化胶原（Hierarchical intrafibrillarly - mineralized collagen, HIMC），实现了颌骨大面积缺损的有效再生，为骨仿生材料的临床应用提供实验依据。2016 年 8 月 17 日，这一研究的成果发表于国际材料学顶尖期刊 *Advanced Materials*（DOI：10.1002/adma.201602628）。该研究由北京大学口腔医院与中国科学院化学研究所合作完成。周彦恒教授与中国科学院化学研究所王铁教授为文章的共同责任作者，正畸科刘燕副研究员、博士研究生刘帅，及石油大学罗聃助理研究员为文章的共同第一作者。刘燕副研究员在仿生矿化领域有着近十年的积累，所指导的仿生矿化课题组在胶原矿化机制与组织工程应用研究方面一直处于国际领先地位，在国际期刊杂志上发表相关文章 30 余篇，包括 *Advanced Materials*，*Advanced Functional Materials*，*Biomaterials*，*Small* 及 *ACS Applied Materials & Interfaces* 等材料与化学顶尖杂志，不断取得突破性进展。

在我国，由于牙周病、肿瘤、发育异常、外伤等原因造成的颅面部大面积骨缺损的发生率一直居高不下，给患者的生活质量、心理健康带来一系列影响。如何高效地实现颌面部的骨再生，恢复口跆功能，提高患者的生活质量一直是口腔医生面临的难题。合成生物相容性优越、成骨性能良好、降解速度适宜的骨替代材料是实现骨再生与修复的关键。然而，传统的骨组织工程支架材料仅仅是对天然骨化学组成的简单模仿，并未再现天然骨组织的多级结构。该研究致力于从纳米级别对天然骨组织的各级结构进行仿生合成，从而获得具有良好的生物相容性及生物活性骨替代材料，为宿主细胞提供类似天然的微环境，从而诱导内源性骨再生。

为了体外再现生物体内的矿化过程，课题组使用改良的“bottom up”仿生矿化法实现三维 HIMC 支架的合成。进一步的研究表明，仿生合成的 HIMC 支架材料具有于天然骨极其相似的纳米结构，能够更好地促进干细胞在支架材料表面的黏附、增殖与矿化；且与天然骨具有类似的应力分散能力及降解速率；体内研究表明在 HIMC 支架材料引导下生成的新骨量更高，分布广泛，纳米结构更成熟，尤其是新生骨胶原与天然骨胶原的排列及机械性能一致。目前，纤维内矿化胶原支架材料的研发取得了阶段性的进展，相信在不久的将来会为颅面部骨缺损的临床治疗提供新思路。

国家重点研发计划“生物医用材料研发与组织器官修复替代”重点专项部分项目启动会

2016 年 10 月 16 日，“新型牙种植体研发及其工程化技术研究”等 4 个国家重点研发计划“生物医用材料研发与组织器官修复替代”重点专项项目启动会在成都顺利召开。

四川大学张兴栋院士,四川省科技厅领导、生物中心相关人员、项目主要研究人员等100余人出席会议。

四川大学华西口腔医院院长周学东教授等4个项目的首席科学家,分别对项目前期工作、背景意义、主要研究内容、项目特色及实施计划等进行了全面阐述。成都普川生物医用材料股份有限公司等项目承担单位分别就公司概况、项目运行管理和组织实施方式等方面做了详细汇报。此外,大会还特别安排了财务专家向与会人员进行了国家重点研发计划专项经费管理培训。

为确保项目顺利实施和经费规范使用,该4个项目均成立了由本领域权威专家组成的项目专家组,并分项目和课题两个层级确定了相关财务专家。会议中,项目专家组及财务专家逐个听取了项目负责人、课题负责人及代表分别围绕项目及课题研究内容、预期目标、研究方案和技术路线、年度计划、预期成果及经费管理等内容的汇报,并就如何实施研究方案和实现任务目标进行了认真的讨论,提出了相关建议。

新型牙种植体研发及其工程化技术研究项目

2016年10月16日,四川大学组织"十三五"国家重点研发计划项目"新型牙种植体研发及其工程化技术研究"专项启动大会。中国生物技术发展中心医药生物技术处郑玉果处长、范红高级工程师,四川大学张兴栋院士,四川省科学技术厅韩忠成副厅长,成都普川生物医用材料股份有限公司等4家牵头企业领导发言,"新型牙种植体研发及其工程化技术研究"首席科学家周学东教授向专家组介绍了项目的整体情况及实施计划。项目5个课题负责人及主要研究人员参加了会议。会议还特别邀请中天恒信(北京)国际会计事务所刘明华高级会计师作"国家重点研发计划专项经费管理"专题报告。四川大学科学技术发展研究院重大项目与基地管理部邹勇副部长作项目管理报告。

10月16日下午,"十三五"国家重点研发计划"新型牙种植体研发及其工程化技术研究"项目专家咨询会在四川大学华西口腔医学院召开。项目聘请四川大学张兴栋院士、西南交通大学冯波教授、重庆医科大学季平教授、四川省人民医院杨小民主任医师、生物医学材料国家工程技术研究中心朱向东研究员、四川大学华西口腔医院刘福祥教授和口腔疾病研究国家重点实验室李伟教授为项目专家。项目专家组认真听取了项目首席科学家周学东教授的总体汇报和五个课题负责人周学东教授、四川国佳生物医学材料工程技术有限公司杨帮成研究员、口腔疾病研究国家重点实验室包崇云教授、四川大学华西口腔医院于海洋教授和同济大学口腔医院孙瑶教授的工作计划报告,对项目的可行性、研究目标、研究方案、组织实施、经费安排、预期效益等进行了认证的讨论,并一致认为:该项目前期工作准备充分,建议按计划书启动实施。

陈吉华、牛丽娜团队在 *Nature Materials* 杂志上发表文章

2016年11月7日,以第四军医大学口腔医学院修复科牛丽娜副教授、美国乔治亚理工学院 Sang Eun Jee 博士为第一作者,乔治亚理工学院 Seung Soon Jang 教授、第四军医大

向治疗具有重要意义。该研究为细胞源性微囊泡的大规模快速分离提供了一种可靠的新途径,同时极大地提高了细胞源性微囊泡的肿瘤靶向性,有望对细胞源性微囊泡的临床转化研究产生重要影响。

该研究成果主要在武汉大学口腔医学院完成,武汉大学口腔医学院口腔颌面-头颈肿瘤外科张伟医师和 2014 级博士研究生余自力为论文共同第一作者,武汉大学口腔医学院口腔颌面-头颈肿瘤外科赵怡芳教授和陈刚副教授为论文的通讯作者。该研究团队近两年来连续在细胞源性微囊泡研究方面取得突破,与武汉大学化学与分子科学学院庞代文教授课题组的合作研究成果已先后在国际顶级期刊《德国应用化学》(*Angewandte Chemie - International Edition*,2015 年影响因子 11.709)和《美国化学会志》(*Journal of the American Chemical Society*,2015 年影响因子 13.038)上发表。此外,该研究团队还先后在《牙科研究杂志》(*Journal of Dental Research*)上发表了两篇口腔癌患者循环微囊泡相关的系列研究论文,且其中一篇被选为杂志封面。

International Journal of Oral Science 和 *Bone Research* 均入选中国最具国际影响力学术期刊

2016 年 11 月 22-23 日,由中国期刊协会、中国科学技术期刊编辑学会、中国高校科技期刊研究会、全国高等学校文科学报研究会、《中国学术期刊(光盘版)》电子杂志社有限公司联合举办的"2016 中国学术期刊未来论坛"在北京召开。参会人员达到了 3 000,会议中心分别设立了能容纳上千人的主会场及数个现场视频分会场。会议中发布了 2016 年中国学术期刊国际影响力引证报告的结果。此次评比以国际化视野,检索了 12 595 种中国学术期刊被 1.4 万多种国际学术期刊的引证情况,并且通过计量分析包括期刊影响因子(IF)、总被引(TC)的几何均值定义的期刊影响力指数(CI)及奇艺行为修正指数(JMI)等,可综合反映学术期刊的影响力和质量的遴选指标,以及同行专家评议结果,最终得出了 2016 年中国学术期刊国际影响力引证报告。四川大学华西口腔医学院主办的两本英文期刊 *International Journal of Oral Science* 和 *Bone Research* 凭借其优质的论文质量,在遴选的数据统计和同行专家评议中脱颖而出,入选中国最具国际影响力学术期刊(科技期刊)。

国家杰出青年科学基金

关于公布 2016 年度国家杰出青年科学基金申请项目评审结果的通告

国科金计函[16]93 号

科学基金委员会(以下简称自然科学基金委)2016 年度共接收国家杰出青年科学基金项目申请 2 433 项,经初步审查受理 2 413 项。

根据《国家杰出青年科学基金项目管理办法》的规定和国家杰出青年科学基金评审委员会的评定结果，决定资助国家杰出青年科学基金项目 198 项。

依托单位科学基金管理人员及申请人可于 10 月 21 日后登录科学基金网络信息系统（https://isisn. nsfc. gov. cn）查询相关申请项目评审结果。自然科学基金委将向相关依托单位寄发纸质批准资助项目通知，并以电子邮件形式向申请人发送申请项目批准资助通知、不予资助通知及专家评审意见。

申请人如对不予资助决定有异议，可向自然科学基金委提出不予资助项目复审申请，相关注意事项详见附件。

欢迎各依托单位和科研人员对国家自然科学基金项目评审工作提出意见和建议。

附件：2016 年度国家杰出青年科学基金不予资助项目复审工作注意事项

国家自然科学基金委员会计划局

二〇一六年十月二十一日

附件略。

中国口腔界“国家杰出青年科学基金”获得者

首都医科大学，王松灵教授，2001 年

北京大学，李铁军教授，2006 年

四川大学，陈谦明教授，2007 年

第四军医大学，金岩教授，2007 年

四川大学，胡静教授，2008 年度

上海交通大学，蒋欣泉教授，2012 年度

北京大学，邓旭亮教授，2014 年度

首都医科大学，范志朋教授，2016 年度

关于公布中国博士后科学基金第 58 批面上资助获资助人员名单的通知

中博基字［2015］15 号

各有关博士后设站单位：

根据《中国博士后科学基金资助规定》，中国博士后科学基金第 58 批面上资助对北京大学陈秀兰等 2 913 名博士后研究人员进行了公示，其中一名博士后研究人员已获选“中德博士后交流项目”，按规定取消其资助资格。本批次实际资助博士后研究人员2 913 人，其中一等资助 938 人，每人 8 万元；二等资助 1 934 人，每人 5 万元；“西部地区博士后人才资助计划”40 人，每人 5 万元。现对获资助人员名单予以公布，军队系统获资助人员名单另行公布。

附件：中国博士后科学基金第 58 批面上资助获资助人员名单

中国博士后科学基金会

二〇一五年十一月五日

附件略。

表 9 中国博士后科学基金第 58 批面上资助获资助人员名单*

资助编号	省市	姓名	博士后编号	设站单位	一级学科	资助等级
228	辽宁省	刘 涵	151916	大连医科大学	口腔医学	1 等
518	浙江省	王 滢	157770	浙江大学	口腔医学	1 等
1406	吉林省	王 林	152737	吉林大学	口腔医学	2 等
1407	吉林省	乔春燕	154643	吉林大学	口腔医学	2 等
1634	上海市	祁胜财	146623	上海交通大学	口腔医学	2 等
1839	江苏省	沈 铭	152690	南京医科大学	口腔医学	2 等
1953	浙江省	王 宇	143115	浙江大学	口腔医学	2 等

* 摘自中国博士后科学基金第 58 批面上资助名单公布附件，军队系统获资助人员名单略。

关于公布 2016 年度国家自然科学基金申请项目评审结果的通告

国科金发计[2016]70 号

2016 年 3 月 1 日至 3 月 20 日项目申请集中接收期间，国家自然科学基金委员会(以下简称自然科学基金委)共接收项目申请 172 843项，经初步审查受理 169 832 项。根据《国家自然科学基金条例》和国家自然科学基金相关类型项目管理办法的规定，以及专家评审意见，决定资助面上项目 16 934 项、重点项目 612 项、创新研究群体项目 38 项、优秀青年科学基金项目 400 项、青年科学基金项目 16 112 项、地区科学基金项目 2 872 项、海外及港澳学者合作研究基金项目 135 项、重点国际(地区)合作研究项目 105 项、国家重大科研仪器研制项目(自由申请)85 项、部分联合基金项目(NSAF 联合基金、天文联合基金和钢铁联合研究基金)116 项，合计 37 409项。其余项目正在评审过程中。

依托单位科学基金管理人员及申请人可于 8 月 17 日后登录科学基金网络信息系统(https://isisn. nsfc. gov. cn)查询相关申请项目评审结果。自然科学基金委将向相关依托单位寄发纸质批准资助项目通知，并以电子邮件形式向申请人发送申请项目批准资助通知、不予资助通知及专家评审意见。

申请人如对不予资助决定有异议，可向自然科学基金委提出不予资助项目复审申请，相关注意事项详见附件。

欢迎各依托单位和科研人员对国家自然科学基金项目评审工作提出意见和建议。

附件：2016 年度国家自然科学基金不予资助项目复审工作注意事项

国家自然科学基金委员会

二〇一六年八月十七日

附件略。

中国高等院校口腔医学院和口腔医院科技成果获奖及获科研基金资助简况

本栏目收录范围主要为中华人民共和国各部委、省(自治区)、直辖市和中国人民解放军军级以上单位授予的口腔医学科技成果奖（表）及资助的科研基金项目（表），市级和校级以及立项无资助的项目均未统计。收录时限为 2016 年。

表 10　2016 年度中国高等院校口腔医学院（系）和口腔医院科技成果获奖一览表

获奖项目名称	主要完成单位	主要完成人	奖励名称与等级	授奖部门
牙体牙髓病防治技术体系的构建与应用	四川大学	周学东　李继遥　黄定明　叶　玲　徐　欣　郑黎薇　程　磊　胡　涛　胡德渝　尹　伟　高　原　张凌琳　陈新梅　郑庆华　彭　栗	国家科技进步二等奖	国务院
提高骨质疏松状态下骨再生与整合能力新策略与技术研究	四川大学，山西医科大学第一医院，华北理工大学	胡　静　李运峰　罗　恩　高　莺　祝颂松　李继华　戚孟春　周陈晨	高等学校科学研究优秀成果奖科技进步二等奖 中华口腔医学会科技一等奖	教育部 中华口腔医学会
加快牙移动提高正畸效率的基础探索和临床应用	四川大学	赵志河　王　军　李　宇　刘　钧　李　娟　谭理军　赵立星　杨　璞　唐　甜　叶　瑞　金　樱　廖　文	四川省科技进步奖一等奖 中华医学科技二等奖	四川省政府 中华医学会
口腔癌颈部淋巴结转移的诊断及治疗规范研究	北京大学	郭传瑸　冯芝恩　俞光岩　彭　歆　王衣祥　张　晔　浦寅飞　王　琳　牛力璇	2016 年度教育部高校科研优秀成果奖自然发明奖二等奖	教育部
基于数字外科技术建立眼眶骨折诊断与治疗系统的研究	北京大学	张　益　张智勇　贺　洋　安金刚　邹立东	2016 年中华口腔医学会科技三等奖 2015 年华夏医学科技奖三等奖	中华口腔医学会 中国医疗保健国际交流促进会
下颌下腺移植治疗重症干眼关键技术体系的创建及应用	北京大学，首都医科大学	俞光岩　吴立玲　蔡志刚　吕　岚　丛　馨　邹留河　张　雷　朱正宏　苏家增　刘筱菁等	2016 年华夏医学科技奖一等奖 2015 年度教育部高校科研优秀成果奖科学技术进步奖二等奖	中国医疗保健国际交流促进会 教育部
髁突骨折继发创伤性颞下颌关节强直的基础与临床研究	北京大学，武汉大学，北京大学第三医院，天津市口腔医院	张　益　李祖兵　贺　洋　安金刚　肖　锷　李　智　严颖彬　王　霄　何临海	2015 年北京医学科技奖三等奖	北京医学会

续表 10

获奖项目名称	获奖单位	获奖人员	奖励名称与等级	授奖部门
口腔颌面部骨组织再生与功能修复技术的研究与应用	上海交通大学	蒋欣泉　张志愿　张文杰　徐立群　王绍义　黄庆丰　汪　湧　赵　君　夏伦果　曾德良	高等学校科学研究优秀成果奖一等奖	教育部
口腔微生物、炎症因子与牙体牙周疾病致病机制的研究	上海交通大学	黄正蔚　姜　葳　刘　斌　夏文薇　王　娟　李超伦　汪　嘉　张明珠　马　瑞	华夏科技进步奖二等奖	中国医疗保健国际交流促进会
颌骨重度萎缩与缺损患者种植修复关键技术的建立和应用	上海交通大学	邹多宏　黄　伟　王　凤　陈晓军　张志勇　张陈平　周　咏	华夏科技进步奖三等奖	中国医疗保健国际交流促进会
超声热疗系统在头颈部恶性肿瘤综合治疗中的应用研究	上海交通大学	任国欣　沈国峰　孟　箭　白景峰　陈亚珠　邱蔚六	中国抗癌协会科技奖二等奖	中国抗癌协会
颌骨缺损功能性重建模式的建立与推广应用	上海交通大学	孙　坚　张志愿　徐立群　范新东	中国抗癌协会科技奖三等奖	中国抗癌协会
口腔微生物、炎症因子与牙体牙周疾病致病机制的研究	上海交通大学	梁景平　黄正蔚　姜　葳　刘　斌　夏文薇　王　娟　李超伦　汪　嘉　张明珠	中华口腔医学会科技奖二等奖	中华口腔医学会
口腔黏膜潜在恶性疾病的中西医结合诊疗体系	上海交通大学	唐国瑶　沈雪敏　吴　岚　葛姝云　周永梅　王宇峰　施琳俊　刘　伟	中华口腔医学会科技奖二等奖	中华口腔医学会
心理应激对口颌系统的负性效应、影响机理及其防治策略研究	第四军医大学	陈永进　张　旻　陈发明　李　强　赵寅华　吕　昕　赵雅娟　赵　萤　赵蕊妮	中华口腔医学会科技奖一等奖	中华口腔医学会
口面部伤害性信息传递和调控的神经环路及关键分子机制	第四军医大学	徐礼鲜　李金莲　每晓鹏　张富兴　徐　浩　吴礼安　董玉琳　葛顺楠　黄　静	中华口腔医学会科技奖二等奖	中华口腔医学会
口腔颌面创伤、畸形、缺损修复重建技术	武汉大学	李祖兵　李　智　张　益　刘彦普　胡图强　杨荣涛　程　波　杨学文　何三纲　吴中兴　吕　坤等	湖北省科技进步奖一等奖	湖北省政府

续表 10

获奖项目名称	获奖单位	获奖人员	奖励名称与等级	授奖部门
基于宿主免疫调节的颅颌骨修复再生研究	首都医科大学	刘　怡　王松灵 苏盈盈　郭力嘉 杜　鹃	2015 年度北京医学科技奖二等奖 2016 年中华医学科技奖三等奖	北京医学会 中华医学会
年轻恒牙再生性牙髓治疗技术的基础研究与临床应用	中国医科大学	陈　旭　刘　尧 包志凡　张丹丹 史　爽　陈　敏 张珍丽	科学技术进步奖三等奖	辽宁省科技厅
伴全身疾病的牙周炎干预治疗的基础和临床研究	中国医科大学	潘亚萍　谭丽思 李　琛　张冬梅 赵　戬　赵海礁 常春荣	辽宁医学科技奖	辽宁省医学会
年轻恒牙再生性牙髓治疗技术的基础研究与临床应用	中国医科大学	陈　旭　刘　尧 包志凡　姜力铭 钟　鸣　丁振江 张珍丽	辽宁医学科技奖	辽宁省医学会
含 Zn 活性涂层种植体对骨结合强度及抗菌性能的增强作用	中国医科大学	赵宝红　江鹭鹭 金　山　何　晶 王丹宁　邓春富	辽宁医学科技奖	辽宁省医学会
PRF 在口腔种植软硬组织修复中的应用与研究	吉林大学	周延民　李　琦 孙晓琳　赵静辉 李艳秋　孟维艳 李春艳　郑　玲 裴婷婷　王　宇	中华口腔医学会科技奖三等奖 吉林省科学技术进步奖一等奖	中华口腔医学会 吉林省科学技术奖励委员会
锆基非晶合金(Zr－Cu－Fe－Al)的生物相容性研究	哈尔滨医科大学	孙　宇　黄永江 范洪波　刘　鑫 于天亮	黑龙江省政府科技进步二等奖	黑龙江省政府
“互动式”教学模式教学效果评估体系的构建	哈尔滨医科大学	赵尔杨　孟　琰 王　姗	黑龙江省高等教育科学研究成果奖一等奖	黑龙江省高等教育学会
定量感觉测试(QST)在颞下颌关节病及口颌面疼痛中的诊断应用	南京医科大学	张静露　周薇娜 于林凤	江苏省医学新技术引进奖一等奖	江苏省卫计委
种植义齿即刻修复技术的临床应用	南京医科大学	汤春波　李　明 邱　憬	江苏省医学新技术引进奖二等奖	江苏省卫计委
口腔鳞状细胞癌的基础和临床诊疗研究	南京医科大学	杨建荣　江宏兵 程　杰　刘来奎 马红霞　叶金海 袁　华　宋晓萌 李宏卫	江苏省医学科技奖一等奖	江苏省医学会
涎腺腺样囊性癌的基础和临床应用研究	福建医科大学	卢友光　郑大利 苏柏华　丁林灿 林李嵩	福建医学科技奖三等奖	福建省医学会

续表 10

获奖项目名称	获奖单位	获奖人员	奖励名称与等级	授奖部门
重庆市青少年儿童龋病流行病学数据库的建立与综合应用研究	重庆医科大学	林居红　张红梅　刘　桥　罗　俊　蒋　琳　马文竹　许小辉	重庆市科学技术奖科技进步奖三等奖	重庆市政府
细胞通讯相关蛋白与口腔鳞状细胞癌的相关性研究	西南医科大学	聂敏海　周　骢　谭　丹　冯　燕　黎春晖　张齐梅　伍宝琴	四川省医学科技二等奖	四川省医学会
Ⅱ类 1 分类错𬌗导下颌向前的力系仿真分析与临床应用研究	川北医学院	李丽华　宋锦璘　方　平　吴　艳　唐婉容　米方林　邱　亚	四川省医学科技奖青年二等奖	四川省医学会

国家级获奖项目简介

周学东教授科研团队项目——牙体牙髓病防治技术体系的构建与应用

该项目属口腔内科学领域。牙体牙髓病指发生在牙齿上的一大类疾病，主要指龋病、牙髓根尖周病，由细菌感染引发，导致牙齿和根尖周组织破坏，具有常见多发、致病因素多、就诊率低、公共卫生资源耗费高、诊治水平参差不齐等特点，严重危害人类口腔及全身健康，位列重点防治口腔疾病第一位。长期以来，制约牙体牙髓病有效防治的困难和挑战在于：缺失支撑防治技术研发实施的口腔细菌学/根管解剖学基础；缺乏针对病情人群特异性的关键防治技术；缺失合理有效分诊转诊的临床标准；缺乏优化配置医疗资源的临床策略。针对上述问题，该项目从 2001 年起，在国家级、部省级项目支持下，以实现群体层面有效预防，个体层面规范治疗为目标，开展了病因机制、防治技术、标准策略的系列研究，成功构建了具有国情特色、适合国人口腔特点的牙体牙髓病防治技术体系并推广应用，取得了创新性成果。

1. 建立两个中国人口腔资源数据库，为牙体牙髓病防治技术体系构建提供重要资源基础。建立第一个中国人口腔微生物资源数据库，保存口腔微生物 348 种、群落生物学信息 720 个；首次进行国人根管系统解剖特征的大样本研究，建立 6 303 颗牙、10 746 个根管系统的数据库，是国内数量大、指标全、牙位多的数据库。

2. 突破牙体牙髓病防治关键技术群，为提升技术体系水平提供技术支撑。发明根管分离器械取出装置；自主研发具有双重调节作用的防龋天然药物；引入并创新龋病非创伤性治疗技术；首先发现调节牙髓根尖周病炎性骨吸收的 microRNAs/靶基因及组蛋白修饰酶的干预靶点。成果发表在 Cell Stem Cell、Journal of Dental Research 等相关领域权威期刊，获国家专利 9 项。

3. 创建牙体牙髓病防治新标准、新策略，为实施防治技术体系提供标准化路径。研发以群体早治为目标、以危险因素和龋病程度为依据，以微创技术为主体的龋病防治新策略；创建符合国人根管系统解剖特征的根管治疗难度评估标准，实践难度评估-难度分级-分级诊疗的牙髓根尖周病治疗新策略。实践应用患龋率降低 30.4%，治疗有效率提高到 84.7%，患牙保存率从 65% 提高到 96.5%，实现了龋病群防早治规模化，牙体牙根保存微创化，复杂根管治疗标准化。

4. 集成牙体牙髓病防治技术体系，以新技术为手段，新标准为载体，新策略为路径，多层次、持续性推广应用，社会效益显著。

作为全国主任委员单位牵头研发实践了中国特色牙体牙髓病防治技术体系，在全国 32 个省市各级医疗机构应用。主办继续教育项目班 41 次，培训基层口腔医师 12 000 人、牙体牙髓病专科医师 236 人，主办国际学术会议 3 次，带动全国儿童口腔疾病综合干预项目和 6 个惠民项目实施，受益人群 100 万人次。

该项目成果获部省级科技进步一等奖 4 项，主要成果编入卫生部“十一五”规划教材《牙髓病学》及两部英文专著中。发表论文 123 篇（SCI 95 篇），社会效益显著。

表 11　2016 年度中国高等院校口腔医学院（系）和口腔医院获科研基金资助一览表

项目名称	项目负责人	单位	基金或资助项目全称	批准号或编号	资助金额（万元）
新型牙种植体研发及其工程化技术研究	周学东	四川大学	国家重点研发计划	2016YFC1102700	4 000.00
人类器官的构建及工程化技术体系建立	龙　洁	四川大学	国家重点研发计划课题	2016YFC1101400	100.00
口腔颌面部罕见病精准诊疗技术研究	郑　谦	四川大学	国家重点研发计划课题	2016YFC0905203	700.00
YAP/TAZ 与 β-catenin 信号交联在纳米拓扑结构介导的牙周膜干细胞成骨分化中的机制研究	廖　文	四川大学	国家自然科学基金青年科学基金	31600752	20.00
Wnt 信号通过激活 YAP/TAZ 和 β-catenin 调控雌激素受体表达的机制研究	郭永文	四川大学	国家自然科学基金青年科学基金	81600896	18.00
基于药物缓释及仿骨基质的高生物响应性纳米复合 GBR 膜的制备及成骨机制初探	裴锡波	四川大学	国家自然科学基金青年科学基金	81601613	18.00
生物钟基因 Clock 和 Bmal1 对骨改建调控作用的机制研究	田　也	四川大学	国家自然科学基金青年科学基金	81601909	17.00
基于宏基因组学的微生物菌群在伴 2 型糖尿病牙周炎中的作用研究	游　梦	四川大学	国家自然科学基金青年科学基金	31600400	20.00
新型脱细胞牙周膜片用于牙周组织再生相关研究	杨　波	四川大学	国家自然科学基金青年科学基金	31600789	20.00
新致病基因 DIEXF 在唇裂发生中的遗传效应及作用机制研究	贾仲林	四川大学	国家自然科学基金青年科学基金	81600849	18.00

续表 11

项目名称	项目负责人	单位	基金或资助项目全称	批准号或编号	资助金额（万元）
Rho GTPases 对骨诱导材料介导破骨细胞分化成熟的作用和机制研究	王　了	四川大学	国家自然科学基金青年科学基金	81600910	17.00
长链非编码 RNA 调控的凋亡通路在 ERS 抗口腔癌中的作用及其分子机制研究	刘　哲	四川大学	国家自然科学基金青年科学基金	81602373	17.00
厚朴酚/和厚朴酚 - PAMAM - COOH 靶向缓释系统的防龋作用及机制研究	张　敏	四川大学	国家自然科学基金青年科学基金	81600857	17.00
Vangl 调控破骨细胞活化的机制研究	杨　静	四川大学	国家自然科学基金青年科学基金	81600859	17.00
口腔微生态失衡在放化疗所致口腔黏膜炎发生发展中的作用及机制研究	王　艳	四川大学	国家自然科学基金青年科学基金	81600864	16.00
FoxO1 介导 Ptk1 调控牙龈卟啉单胞菌侵袭血管内皮屏障的作用及机制	刘程程	四川大学	国家自然科学基金青年科学基金	81600871	18.00
味觉受体基因多态性与糖尿病患者牙周炎易感性的关联及分子机制研究	何金枝	四川大学	国家自然科学基金青年科学基金	81600874	20.00
牙周病原菌及 APS 相关抗体对早产低体重儿的影响及机制研究	叶畅畅	四川大学	国家自然科学基金青年科学基金	81600875	17.00
Kartogenin 纳米粒复合双相水凝胶的构建及其在膝关节软骨缺损修复中的应用基础研究	廖金凤	四川大学	国家自然科学基金青年科学基金	31600778	20.00
软骨 - 成骨细胞信号交流调控赖氨酰氧化酶表达的机制研究	谢　静	四川大学	国家自然科学基金青年科学基金	81600840	20.00
Nestin 阳性干细胞来源 H 型血管在颅颌面骨骼发育及创伤修复中的作用研究	解　亮	四川大学	国家自然科学基金青年科学基金	81600842	17.00
白假丝酵母菌与变异链球菌在龋齿发生中相互作用的机制研究	任　彪	四川大学	国家自然科学基金青年科学基金	81600858	18.00
口腔扁平苔藓中 Treg 细胞功能缺失机制及其修复应用基础研究	张敦房	四川大学	国家自然科学基金青年科学基金	81600876	17.00
CDO1 在口腔黏膜癌前损害上皮干性异常与逆转中的调控作用与机制研究	邓　鹏	四川大学	国家自然科学基金青年科学基金	81600877	20.00
通过调控羟基含量构建梯度渐变润湿性钛表面及其生物学效应研究	谢　利	四川大学	国家自然科学基金青年科学基金	81600895	17.00

续表 11

项目名称	项目负责人	单位	基金或资助项目全称	批准号或编号	资助金额（万元）
蛋白酶体激活因子 PA28γ 可变剪接体 5 在口腔鳞癌异常增殖中的作用、分子机制及结构基础研究	许小平	四川大学	国家自然科学基金青年科学基金	81602375	17.00
4EBP1“去磷酸化”对口腔鳞癌增殖转移相关蛋白翻译起始的抑制作用及其意义	王志勇	四川大学	国家自然科学基金青年科学基金	81602376	19.00
新型微环境调控诱导成骨组织工程支架材料的设计制备与促骨修复的体内外实验研究	谢蟪旭	四川大学	国家自然科学基金应急管理项目	E031001	10.00
应力微环境调控 MSCs 迁移-成骨分化及 Lamin A 在其中的机制研究	李　娟	四川大学	国家自然科学基金面上项目	31670951	60.00
牙周膜干细胞结合细胞因子含量渐变的纳米纤维复合支架合成牙周韧带-骨界面的研究	赵立星	四川大学	国家自然科学基金面上项目	31670992	57.00
MAPK 与 JAK/STAT 信号通路对正畸力信号转导及牙槽骨塑建调控机制的研究	陈　嵩	四川大学	国家自然科学基金面上项目	81671021	58.00
应力微环境下 Twist1 调控牙槽骨-牙周膜界面组织改建的转录机制	韩向龙	四川大学	国家自然科学基金面上项目	81671024	58.00
基于 iPS 细胞的种植体周角化黏膜组织工程化重建研究	满　毅	四川大学	国家自然科学基金面上项目	81671023	58.00
脂肪基质细胞脂向分化过程中 lncRNA-Adi 调控作用和相关机制研究	刘　磊	四川大学	国家自然科学基金面上项目	81670951	63.00
涎腺 ACC 细胞外泌体传递非编码 RNA 恶性转化雪旺细胞表达嗜神经侵袭特性的机制研究	李龙江	四川大学	国家自然科学基金面上项目	81672669	57.00
脂肪酸代谢相关信号通路 PRRX1/PPARG2 动态调控口腔鳞癌 EMT 和侵袭转移的分子机制	梁新华	四川大学	国家自然科学基金面上项目	81672672	57.00
PAMAM-多肽复合体介导口腔微环境中牙体硬组织仿生矿化的研究	李继遥	四川大学	国家自然科学基金面上项目	81670977	58.00
婴幼儿口腔与肠道微生物群生物相关性研究	周学东	四川大学	国家自然科学基金面上项目	81670978	56.00
牙菌斑生物膜胞外多糖中间体结构的转换模式及其调控机制研究	胡　涛	四川大学	国家自然科学基金面上项目	81670980	58.00

续表 11

项目名称	项目负责人	单位	基金或资助项目全称	批准号或编号	资助金额（万元）
miR－450a 通过转录后沉默和去甲基化双重调控细胞周期和凋亡促进口腔白斑发展的作用研究	江　潞	四川大学	国家自然科学基金面上项目	81670998	62.00
DNA 四面体纳米材料对细胞生物学行为的调控研究	林云锋	四川大学	国家自然科学基金面上项目	81671031	57.00
蛋白去甲基化酶 NO66 在调控口腔鳞癌细胞异常增殖中的作用及潜在临床意义	刘　锐	四川大学	国家自然科学基金面上项目	81672674	75.00
PA28γ 通过 CCL－2/IL－6 调节 TAM 重塑肿瘤微环境调控口腔鳞癌转移的机制与意义	李　敬	四川大学	国家自然科学基金面上项目	81672675	55.00
YAP/TAZ 上游异常分子活化在 HPV 阳性口腔癌中调控 E6/E7 转录表达的机制及意义	冯晓东	四川大学	国家自然科学基金面上项目	81672677	51.00
口腔黏膜癌前损害的发生发展与防治	陈谦明	四川大学	国家自然科学基金创新研究群体项目	81621062	525.00
国际口腔科学杂志（英文版）	周学东	四川大学	教育部中国科技期刊国际影响力提升计划（A 类）	PIIJ2－A－5	200.00
骨研究（英文）	王　晴	四川大学	教育部中国科技期刊国际影响力提升计划（C 类）	PIIJ2－C－11	50.00
牙体修复材料表面链球菌黏附及生物膜形成的力学机制研究	蒋　丽	四川大学	四川省科技支撑计划	2016FZ0069	20.00
具有促进骨结合及血管生成的种植体表面金属－有机骨架 MOFs 涂层的制备及生物活性研究	裴锡波	四川大学	四川省科技支撑计划	2016FZ0085	20.00
基于个体口腔微生物群落预警系统的临床研究（重大前沿）	周学东	四川大学	四川省应用基础重大前沿	2016JY0006	50.00
Ezh2 调控 Wnt/β－Catenin 信号通路在牙髓细胞分化中的作用及机制研究	汪成林	四川大学	四川省应用基础（重点）	2016JY0022	20.00
组织蛋白酶 K 在树突状细胞抗原呈递过程中作用的研究	王　敏	四川大学	四川省应用基础（重点）	2016JY0142	10.00
TLR 受体在高血压大鼠牙周病发生发展过程中对骨吸收的影响及作用机制	王　敏	四川大学	四川省科技支撑计划	2016FZ0074	20.00
EphrinB2/EphB4 双向信号分子在间质干细胞/血管内皮细胞近分泌调控中的作用研究	邓旭亮	北京大学	国家自然科学基金面上项目	31670993	60.00
HDAC 家族在颞下颌关节骨关节炎中的表达变化及调控机制研究	孟娟红	北京大学	国家自然科学基金面上项目	31671506	60.00

续表 11

项目名称	项目负责人	单位	基金或资助项目全称	批准号或编号	资助金额（万元）
新型抗黏附、自清洁超浸润性齿科陶瓷界面材料研究	韩　冰	北京大学	国家自然科学基金面上项目	51672009	62.00
基于口颌系统的 Catathrenia 病因机制研究	高雪梅	北京大学	国家自然科学基金面上项目	81670082	53.00
牙源间充质特异性表达 Wnt10a 在牙根发育中的作用及其调控机制	韩　冬	北京大学	国家自然科学基金面上项目	81670949	25.00
炎症微环境中长链非编码 RNA－MIR31HG 调控骨髓间充质干细胞成骨分化的研究	李巍然	北京大学	国家自然科学基金面上项目	81670957	58.00
巨噬细胞及其 M2 型极化在创伤诱导颞下颌关节强直形成中的作用研究	张　益	北京大学	国家自然科学基金面上项目	81670959	58.00
蛋白质去泛素化酶 USP7 调节脂肪基质干细胞成骨向分化的研究	葛雯姝	北京大学	国家自然科学基金面上项目	81670963	60.00
中药活性成分(厚朴酚、盐酸小檗碱)诱导群体感应系统抗念珠菌毒力作用及机制研究	刘晓松	北京大学	国家自然科学基金面上项目	81670991	58.00
白介素－4 对 IgG4 相关性唾液腺炎腺体纤维化的作用及调控机制研究	俞光岩	北京大学	国家自然科学基金面上项目	81671005	58.00
SHH 通路抑制剂对牙源性角化囊性瘤病变细胞体外生长干预影响的研究	李铁军	北京大学	国家自然科学基金面上项目	81671006	62.00
线粒体自噬在 A 型肉毒毒素抑制颌下腺分泌中的作用及机制研究	蔡志刚	北京大学	国家自然科学基金面上项目	81671007	58.00
炎症导致颞下颌关节盘退行性变的机制及关节盘移位的探讨	王雪东	北京大学	国家自然科学基金面上项目	81671015	58.00
多尺度表面显微结构对氧化锆种植体疲劳性能的影响与调控机制	张　磊	北京大学	国家自然科学基金面上项目	81671026	58.00
三维多模态融合图像诊治颞下颌关节紊乱病的关键技术研究	李　刚	北京大学	国家自然科学基金面上项目	81671034	58.00
口腔微生物组结构与牙周病的关系研究	胡文杰	北京大学	国家自然科学基金面上项目	81672077	57.00
B 超引导下胚胎内显微注射技术快速建立口腔鳞状细胞癌小鼠研究模型	郭传瑸	北京大学	国家自然科学基金面上项目	81672664	85.00
长链非编码 RNA 在纳米拓扑结构调控干细胞成骨向分化中的作用	吕珑薇	北京大学	国家自然科学基金青年科学基金	31600787	21.00

续表 11

项目名称	项目负责人	单位	基金或资助项目全称	批准号或编号	资助金额（万元）
三叉神经中脑核神经元中 TRPA1 通道在咬肌炎性痛中的作用及其机制研究	张小玉	北京大学	国家自然科学基金青年科学基金	31600950	20.00
诱导牙本质再矿化的有机/无机复合纳米粒子	蔡　雪	北京大学	国家自然科学基金青年科学基金	51602008	20.00
外泌体参与上皮－间充质相互作用及其在牙再生领域的应用	蒋　楠	北京大学	国家自然科学基金青年科学基金	81600820	20.00
优化人脂肪干细胞外泌体的成骨诱导潜能，构建新型组织工程化骨	张　晓	北京大学	国家自然科学基金青年科学基金	81600834	17.00
PITX2 基因变异导致 Axenfeld－Rieger 综合征牙齿、上颌发育缺陷的机制研究	刘　洋	北京大学	国家自然科学基金青年科学基金	81600846	18.00
先天缺牙新致病基因 WNT10B 的认定及致病机制探索	刘浩辰	北京大学	国家自然科学基金青年科学基金	81600851	17.00
牙龈炎中 H2S 调控牙龈干细胞功能及分子机制的研究	杨瑞莉	北京大学	国家自然科学基金青年科学基金	81600865	20.00
NLRP6 在牙周炎致病机制中的调控作用及机制研究	刘健如	北京大学	国家自然科学基金青年科学基金	81600867	17.00
浓缩生长因子在牙周膜干细胞介导的牙周缺损再生中的作用及机制	乔　静	北京大学	国家自然科学基金青年科学基金	81600868	17.00
机械力作用下牙周膜干细胞介导的免疫调节参与正畸牙齿移动的机制研究	何丹青	北京大学	国家自然科学基金青年科学基金	81600893	16.00
磁场调控仿生磁电材料（BaTiO3/CoFe2O4）/P（VDF－TrFE）的成骨性能研究	刘雯雯	北京大学	国家自然科学基金青年科学基金	81600905	20.00
炎症因子对唾液腺紧密连接蛋白的影响及机制研究	俞光岩	北京大学	国家自然科学基金国际（地区）合作与交流项目	81611540351	14.00
龋病发生过程中口腔微生物代谢功能变化及其致龋机制研究	秦　满	北京大学	国家自然科学基金应急管理项目	81641034	10.00
动态光调控口腔颌面部缺损骨再生的机制研究	王宇光	北京大学	国家自然科学基金应急管理项目	81641037	10.00
SDF－1/CXCR4 介导根尖牙乳头干细胞迁移的机制研究	岳　林	北京大学	国家自然科学基金应急管理项目	81650005	10.00
新型颌面软硬组织修复材料临床研究	张　杰	北京大学	国家重点研发计划	2016YFC1102805	229.90
增材制造个性化修复体的设计、制作和质量评价关键技术研究	林　红	北京大学	国家重点研发计划	2016YFB1101204	130.00
新型牙种植体的体外生物学评价	李翠英	北京大学	国家重点研发计划	2016YFC1102603	95.00
唇腭裂修复产品研发	周治波	北京大学	国家重点研发计划	2016YFC1000804	300.00

续表 11

项目名称	项目负责人	单位	基金或资助项目全称	批准号或编号	资助金额（万元）
基于颌骨生理功能的个性化支架的设计与制备	蔡志刚	北京大学	国家重点研发计划	2016YFC1102902	270.00
纳米拓扑结构调控 miRNA - YAP/TAZ 信号介导 BMSCs 成骨分化的分子机理与应用探索	卫　彦	北京大学	霍英东基金	151034	18.00
间质微环境——破骨细胞相互作用优化 AOO 的实验动物学研究	江久汇	北京大学	北京市自然科学基金	7162203	18.00
低温等离子防止牙本质粘接老化及其机制的研究	谭建国	北京大学	北京市自然科学基金	7162204	18.00
遗传性釉质发育不全新致病基因 ODAM 的发现及功能差异研究	王　欣	北京大学	北京市自然科学基金	7164311	8.00
国产口腔锥束 CT 系统临床应用研究及示范	唐志辉	北京大学	北京市科技计划	Z161100000516229	22.00
基于机器学习的大数据智能诊疗平台开发与口腔诊疗应用示范	郭传瑸	北京大学	北京市科技计划	Z161100001616002	226.11
电活性口腔引导组织再生纳米复合膜材料研究	邓旭亮	北京大学	北京市科技计划	Z161100000116033	80.00
口腔颌面外科导航引导手术规范化流程的制定及评价	俞光岩	北京大学	北京市科技计划	Z161100000116053	98.62
牙支持式种植导板椅旁 CAD&3D 打印技术研发与评价	张　磊	北京大学	北京市科技计划	Z161100000116092	15.00
数字化外科技术在颅颌面缺损修复重建中的规范化诊疗模式的建立	蔡志刚	北京大学	北京市科技计划	Z161100000516016	100.00
数字化技术在半侧颌骨肥大畸形矫治中的综合应用	王晓霞	北京大学	北京市科技计划	Z161100000516114	16.00
多模态影像导航技术引导颅底 - 颞下区肿瘤的精准治疗	郭玉兴	北京大学	北京市科技计划	Z161100000516043	16.00
罹患重度牙周病变磨牙区拔牙位点保存的临床应用初步研究	胡文杰	北京大学	北京市科技计划	Z161100000516042	16.00
植入材料表面微纳复合结构对内皮细胞功能的调控研究	邓旭亮	北京大学	北京市与中央在京高校共建项目	北京市教委	60.00
椅旁无牙颌印模数字辅助技术的建立及临床评价	周永胜	北京大学	首都医学发展科研专项	首发 2016 - 1 - 4101	147.00
数字化正畸临床规范化研究	周彦恒	北京大学	首都医学发展科研专项	首发 2016 - 1 - 4102	150.00
基于正畸正颌联合治疗数字化平台的牙颌面畸形手术优先治疗及关键问题的研究	李自力	北京大学	首都医学发展科研专项	首发 2016 - 1 - 4103	150.00
机械力诱导的 β2 - 肾上腺素受体通过 ATF4 - RANKL 通路调控正畸牙齿移动机制研究	曹海峰	上海交通大学	国家自然科学基金青年科学基金项目	81600831	16.00

续表 11

项目名称	项目负责人	单位	基金或资助项目全称	批准号或编号	资助金额（万元）
FHL1 – RGS2 – DDB1E3 连接酶信号通路在口腔鳞癌发生、进展中作用机制研究	曹　巍	上海交通大学	国家自然科学基金面上项目	81672745	61.00
人工合成多肽 TRAP 促进牙周组织再生的实验研究	程　岚	上海交通大学	国家自然科学基金青年科学基金项目	81600863	17.00
三维打印具有促进成骨/成血管效应的掺锂生物活性玻璃陶瓷支架用于颌骨大尺寸缺损修复及机制研究	房　兵	上海交通大学	国家自然科学基金面上项目	81671017	58.00
HIF – 1α 促成釉细胞瘤侵袭机制及异质性细胞亚群鉴定研究	季　彤	上海交通大学	国家自然科学基金面上项目	81671009	58.00
GRIM19 DNA 甲基化介导的代谢改变导致口腔上皮衰老	蒋伟文	上海交通大学	国家自然科学基金面上项目	81671036	52.00
可注射仿生天然骨基质丝蛋白水凝胶用于腔隙型颌骨缺损修复研究	蒋欣泉	上海交通大学	国家自然科学基金国际合作与交流项目	81620108006	240.00
共价有机框架局部缓释 sRAGE 和 SDF – 1 对高糖状态下骨缺损修复的影响及调控机制	刘加强	上海交通大学	国家自然科学基金面上项目	81670958	58.00
牙种植牵引器(DID)表面微纳通透性对骨结合作用及机制研究	刘剑楠	上海交通大学	国家自然科学基金应急管理项目	31650003	10.00
BMP2/VEGF 双基因活化可注射互穿网络水凝胶的构建及其在骨组织再生中的应用	吕凯歌	上海交通大学	国家自然科学基金青年科学基金	31600777	21.00
力学刺激和纳米银修饰多级微纳钛表面对种植体骨结合性能的影响及机理研究	乔士冲	上海交通大学	国家自然科学基金青年科学基金	81600902	17.00
RANKL – NF – κB – ADAMTS5 信号轴调控颞下颌关节软骨退变的机制研究	沈　佩	上海交通大学	国家自然科学基金青年科学基金	81601915	17.00
Foxc1 在颅面部骨组织再生和雌激素响应中的作用及机制研究	司家文	上海交通大学	国家自然科学基金青年科学基金	81600827	18.00
载淫羊藿苷微纳羟基磷灰石/PLGA 控释给药系统促进骨质疏松大鼠颅骨缺损修复的研究	吴玉琼	上海交通大学	国家自然科学基金青年科学基金	81600828	18.00
Periostin 介导的口腔鳞癌干细胞淋巴结转移前微环境构建的机制研究	严　明	上海交通大学	国家自然科学基金面上项目	81672829	61.00
MFAP5 通过缺氧微环境诱导的 HIF – 1α/Notch 通路促进口腔鳞癌转移的机制研究	杨　溪	上海交通大学	国家自然科学基金青年科学基金	81602367	17.00
基于新鲜人颌骨切割力、热特性的低损伤锯切机理与临床应用研究	于德栋	上海交通大学	国家自然科学基金青年科学基金	51605289	20.00

续表 11

项目名称	项目负责人	单位	基金或资助项目全称	批准号或编号	资助金额（万元）
新型跨膜蛋白 DLK2 调控颞下颌关节骨关节炎的分子机制研究	张善勇	上海交通大学	国家自然科学基金面上项目	81671010	58.00
基于三维超声成像和图像配准融合的颅底及颌面外科软组织手术导航关键技术和算法研究	张诗雷	上海交通大学	国家自然科学基金面上项目	81671035	58.00
原发性舍格伦综合征中 TLR9 异常高表达的分子调控及发病机制研究	郑凌艳	上海交通大学	国家自然科学基金面上项目	81671004	58.00
Stathmin 1 经 p53、PI3K/AKT 信号通路在口腔鳞癌诱导化疗中的分子机制研究	钟来平	上海交通大学	国家自然科学基金面上项目	81672660	57.00
慢性牙周炎和阿尔茨海默病的相关性研究:淀粉样前体蛋白及代谢物的双向调节作用初探	周　薇	上海交通大学	国家自然科学基金面上项目	81670992	58.00
膜联蛋白 A1 在口腔鳞癌 EMT 相关转移通路中的作用机制	朱东旺	上海交通大学	国家自然科学基金青年科学基金	81602370	18.00
口腔癌分子分型和精准预防诊治标志物的研究	陈万涛	上海交通大学	科技部国家重点研发计划	2016YFC0902700	320.00
个性化颌面部软、硬组织再生修复材料研发	蒋欣泉	上海瑞邦生物材料有限公司 上海交通大学	科技部国家重点研发计划	2016YFC0902900	1 090.00
载人参皂苷微纳羟基磷灰石/丝蛋白控释给药系统促进骨组织快速修复的研究	吴玉琼	上海交通大学	上海市科委扬帆计划	16YF1406600	20.00
人工合成富酪氨酸釉原蛋白肽促进牙周组织再生的实验研究	程　岚	上海交通大学	上海市科委上海自然基金	16ZR1418900	20.00
TLR9 信号通路负反馈调节功能障碍在原发性舍格伦综合征发病机制中的作用研究	郑凌艳	上海交通大学	上海市科委上海自然基金	16ZR1419000	20.00
唾液腺粘表侵袭转移过程中 MUC1 基因过表达的转录调控机制研究	刘胜文	上海交通大学	上海市科委上海自然基金	16ZR1418800	20.00
高危口腔白斑相关 lncRNA - mRNA 共表达分析及口腔白斑高危状态逆转的实验研究	施琳俊	上海交通大学	上海市科委上海自然基金	16ZR1419100	20.00
新疆喀什地区全口义齿规范化修复治疗技术推广及师资培训	孙　健	上海交通大学	上海市科委国内合作项目	16695840400	10.00
针对癌基因 EZH2 靶点的抗肿瘤新药藤黄精酰乙氧乙胺的临床前研究	陈万涛	上海交通大学	上海市科委科技支撑项目	16431903300	50.00
X - 刀立体定向放射外科治疗三叉神经痛的新技术的建立与疗效验证	陈敏洁	上海交通大学	上海市科委医学重点项目	16411953300	50.00

续表 11

项目名称	项目负责人	单位	基金或资助项目全称	批准号或编号	资助金额（万元）
3D 打印个性化全颞下颌关节假体的优化设计和临床初步应用	张善勇	上海交通大学	上海市科委科技支撑项目	16441908800	50.00
自体荧光技术联合 DNA 定量分析技术提高口腔黏膜潜在恶性疾患上皮异常增生检出率的临床研究	施琳俊	上海交通大学	上海市科委医学引导西医项目	16411961000	20.00
雌激素与关节盘移位在髁突特发性吸收发生发展中的作用与机制研究	杨　驰	上海交通大学	上海市科委医学引导西医项目	16411960800	20.00
建立牙髓损伤和再生的动物模型研究	洪　瑾	上海交通大学	上海市科委动物专项	16140903400	30.00
组织工程骨修复后牙槽骨内牙移动动物模型的建立	宫　耀	上海交通大学	上海市科委动物专项	16140902202	10.00
基于扁桃体/腺样体肥大的幼年新西兰兔张口呼吸/OSAHS 模型的建立	卢晓峰	上海交通大学	上海市科委动物专项	16140903900	30.00
MYB－NFIB 基因敲入构建唾液腺腺样囊性癌动物模型及发病机理研究	李　江	上海交通大学	上海市科委动物专项	16140902201	20.00
牙釉质发育不全动物模型建立和分子生物学性状表征	李鸣宇	上海交通大学	上海市科委动物专项	16140903300	30.00
基于 3D 打印技术的个体化颅颌面植入物体内实验研究	王旭东	上海交通大学	上海市科委科技支撑项目	16441904903	28.00
Micro－CT 骨内成血管三维成像及定量分析技术研究	徐袁瑾	上海交通大学	上海市科委科学仪器专项	16142202300	10.00
面向 2035 的我国口腔卫生保健战略研究	张志愿	上海交通大学	中国工程院中长期发展战略研究	2016－ZCQ－09	80.00
间充质干细胞免疫调节功能在低碱性磷酸酯酶症炎性病变中的作用研究	金　岩	第四军医大学	国家自然科学基金重大国际合作	81620108007	240.00
釉基质蛋白纳米微球缓释系统协同根尖区干细胞群促进根尖再生的作用机制研究	余　擎	第四军医大学	国家自然科学基金面上项目	81670975	65.00
NF－κB 和 mTOR 在应力作用下成骨细胞表型维持中的交互作用研究	冯　雪	第四军医大学	国家自然科学基金面上项目	31670953	60.00
微纳米形貌通过诱发细胞应激反应调控细胞成骨分化的研究	张玉梅	第四军医大学	国家自然科学基金面上项目	31670966	60.00
CKIP－1 通过抑制经典 Wnt 信号通路调控的 BMMSCs 成骨分化影响骨质疏松的机制研究	孔　亮	第四军医大学	国家自然科学基金面上项目	81670803	58.00
NOX4/ROS 介导的氧化应激损伤在放射性颌骨坏死发病机制中作用的实验研究	田　磊	第四军医大学	国家自然科学基金面上项目	81670964	58.00

续表 11

项目名称	项目负责人	单位	基金或资助项目全称	批准号或编号	资助金额（万元）
gltA 基因通过谷氨酸代谢途径调控粪肠球菌生物膜的分子机制研究	田　宇	第四军医大学	国家自然科学基金面上项目	81670974	58.00
CeA - Vmo 通路中 CRH 能神经元参与调控心理应激致口颌肌紧张度升高的机制研究	陈永进	第四军医大学	国家自然科学基金面上项目	81671011	58.00
Adrb2 - Mir29b - Wnt5a 通路在 TMJ - OA 髁突软骨下骨丢失中的作用研究	焦　凯	第四军医大学	国家自然科学基金面上项目	81671012	58.00
炎性因子 IL - 1β 调控牙周膜干细胞 α7 nAChR 表达参与吸烟相关性牙周炎发生发展的机制研究	王小竞	第四军医大学	国家自然科学基金面上项目	81670988	57.00
冲击力作用下种植体周围骨组织与骨结合界面损伤特征及其功能性改建过程中 sclerostin 作用机制研究	辛海涛	第四军医大学	国家自然科学基金面上项目	11672327	56.00
基于磨损行为时间特性的齿科玻璃陶瓷微结构调控研究	张少锋	第四军医大学	国家自然科学基金面上项目	81671018	51.00
牙周膜干细胞通过外泌体调控颌骨骨髓间充质干细胞功能促进牙周再生的机制研究	张勇杰	第四军医大学	国家自然科学基金面上项目	81670947	51.00
外泌体转运 microRNA 恢复骨质疏松条件下 MSCs 功能缺陷的机制研究	刘世宇	第四军医大学	国家自然科学基金面上项目	31670995	25.00
纳米纤维双因子缓释微球——牙髓再生助力微平台	邝　容	第四军医大学	国家自然科学基金青年项目	31600786	21.00
组织非特异性碱性磷酸酶调控 GSK3β 磷酸化在低碱性磷酸酯酶症骨量下降中的机制研究	张立强	第四军医大学	国家自然科学基金青年项目	31601099	20.00
双重防龋功效的新型短肽的构建及其体外防龋作用研究	杨　阳	第四军医大学	国家自然科学基金青年项目	81600854	17.00
颌骨 BMMSC 通过 exosome 促进 3D 牙周组织构建与再生的应用与机制研究	朱　斌	第四军医大学	国家自然科学基金青年项目	81601620	17.00
基于新型细胞聚集体技术体内构建稳定组织工程软骨的方法及相关机制研究	巴睿恺	第四军医大学	国家自然科学基金青年项目	81600830	16.00
成牙本质细胞内 DSP 被活性 MMP9 酶切从而调控牙本质生成的机制研究	袁国华	武汉大学	国家自然科学基金面上项目	81670952	57.00
釉质发育不全致病基因 FAM83H 在釉质形成中的功能研究	宋亚玲	武汉大学	国家自然科学基金面上项目	81670976	58.00

续表 11

项目名称	项目负责人	单位	基金或资助项目全称	批准号或编号	资助金额（万元）
基于 TLR4 识别的 FimH 结构优化及其增强防龋疫苗黏膜免疫效应和机制研究	李宇红	武汉大学	国家自然科学基金面上项目	81670981	58.00
牙槽骨破坏的轻重度表相与背后宿主反应的差异的机制研究	李成章	武汉大学	国家自然科学基金面上项目	81670995	58.00
ATF4 介导的 M－CSF/M－CSFR 信号通路在血管瘤发生发展中的作用及分子机制研究	赵吉宏	武汉大学	国家自然科学基金面上项目	81671008	58.00
HMGB1/RAGE 通路调节血管化在颞下颌关节骨关节炎中的作用机制	房　维	武汉大学	国家自然科学基金面上项目	81671013	60.00
lncRNA H19/miRNA－675 与 let－7 在调控正畸牙骨质动态平衡中的对话机制研究	贺　红	武汉大学	国家自然科学基金面上项目	81671020	58.00
量子点实时跟踪内皮微粒靶向传递 miRNA 调控肿瘤血管生成动态过程	陈　刚	武汉大学	国家自然科学基金面上项目	81671816	58.00
外泌体 miRNAs 对黑色素瘤相关成纤维细胞促血管生成表型的分子调控	尚政军	武汉大学	国家自然科学基金面上项目	81672666	60.00
lnc－KCTD6－3 靶向 STAT3 通路调控舌鳞癌干细胞干性维持的机制研究	张文峰	武汉大学	国家自然科学基金面上项目	81672667	53.00
LAG－3 在髓源性抑制细胞介导的口腔鳞癌免疫逃逸中的作用及机制研究	孙志军	武汉大学	国家自然科学基金面上项目	81672668	57.00
CrmA/SPI2 负调控宿主细胞 I 型干扰素表达的分子机制研究	秦　月	武汉大学	国家自然科学基金青年科学基金	31600696	22.00
YAP1/RANKL 在机械应力诱导破骨细胞分化中的作用及机制	吴燕茹	武汉大学	国家自然科学基金青年科学基金	31600757	20.00
PI3K/AKT/Palladin 介导的伪足小体形成在静脉畸形细胞外基质代谢失衡中的作用研究	任建岗	武汉大学	国家自然科学基金青年科学基金	81600385	17.50
SIRT6/AMPK 轴精细调控 MSCs 成骨分化的机制研究	孙华岭	武汉大学	国家自然科学基金青年科学基金	81600837	18.00
miR－335－3p－FOXP2 对遗传性牙龈纤维瘤病的调控机制	杨　凯	武汉大学	国家自然科学基金青年科学基金	81600847	17.00
mTOR 及其抑制剂雷帕霉素在颞下颌关节骨关节病发病机制中的研究	李颖杰	武汉大学	国家自然科学基金青年科学基金	81600889	18.00
双控 TGF－β1－脂质体智能脱敏体系的合成及其在牙本质敏感中的研究	刘思颖	武汉大学	国家自然科学基金青年科学基金	81600894	16.00

续表 11

项目名称	项目负责人	单位	基金或资助项目全称	批准号或编号	资助金额（万元）
miR－26a 在破骨细胞分化过程中的作用及其在骨组织工程中的应用	张晓欣	武汉大学	国家自然科学基金青年科学基金	81600906	16.00
巨噬细胞微粒运载纳米光热转换材料靶向肿瘤的近红外光热治疗研究	王蓓克	武汉大学	国家自然科学基金青年科学基金	81601599	18.00
ERK/PFKFB3 调控的内皮细胞糖酵解在血管瘤发展中的作用及机制研究	张　伟	武汉大学	国家自然科学基金青年科学基金	81602780	18.00
无机硝酸盐对器官衰老及退行性变的作用及机理研究	王松灵	首都医科大学	国家自然科学基金重大研究计划培育项目	91649124	60.00
口腔医学	范志朋	首都医科大学	国家自然科学基金杰出青年科学基金	81625005	350.00
氧化锆陶瓷表面原位生成多晶粒及对其粘接性能的影响	张祖太	首都医科大学	国家自然科学基金面上项目	81671027	58.00
口腔黏膜白斑恶性变的表观遗传调控的机制及外泌小体靶向治疗研究	关晓兵	首都医科大学	国家自然科学基金面上项目	81670987	51.00
SFRP2 甲基化调控在低氧微环境中对牙源性间充质干细胞功能的影响及调控机制研究	曹　钰	首都医科大学	国家自然科学基金面上项目	81670948	58.00
神经鞘磷脂酶－P38MAPK 通路在 I－125 粒子照射性血管损伤中的作用机制及相关放射物理学研究	毛明惠	首都医科大学	国家自然科学基金青年科学基金	81600917	17.00
环境响应型智能海藻酸钠－壳聚糖微囊包封人胚干细胞对原位成型磷酸钙骨水泥改性的研究	孟　丹	首都医科大学	国家自然科学基金青年科学基金	81600901	17.00
超声联合微泡增强纤维桩修复中的粘接质量和抗菌性能的研究	熊　洁	首都医科大学	国家自然科学基金青年科学基金	81600892	17.00
miRNA21 通过 RANKL 影响小鼠正畸牙齿移动的机制研究	郭力嘉	首都医科大学	国家自然科学基金青年科学基金	81600891	17.00
细胞外基质支架材料复合 c－kit 阳性唾液腺干细胞组织工程再生唾液腺	高振华	首都医科大学	国家自然科学基金青年科学基金	81600884	17.00
硝酸盐预防腮腺放射损伤及经典 wnt 通路对其调控的机理研究	吴志芳	首都医科大学	国家自然科学基金青年科学基金	81600883	16.00
DNA 异常甲基化对口腔黏膜癌变的早期预测作用研究	张辛燕	首都医科大学	北京市自然科学基金面上项目	7162073	18.00
口腔组织再生相关干细胞的生物电网络特性研究	裴振华	首都医科大学	北京市自然科学基金预探索项目	7163215	6.00

续表 11

项目名称	项目负责人	单位	基金或资助项目全称	批准号或编号	资助金额（万元）
天然 VEGFR1 自身抗体对口腔癌细胞的作用	胡　颖	首都医科大学	北京市自然科学基金面上项目	7162075	18.00
EPHA3 基因多态性、环境因素及其交互作用与非综合征性唇腭裂关系研究	陈仁吉	首都医科大学	北京市自然科学基金面上项目	7162074	18.00
种植钉辅助上颌快速扩弓治疗上颌牙弓狭窄	贾海潮	首都医科大学	北京市教委科技发展计划项目一般项目	KM201610025022	15.00
成人正畸中牙龈退缩的生存分析研究	郭力嘉	首都医科大学	北京市科委科技计划项目	Z161100000516203	15.00
种植钉辅助扩弓治疗青春期后期上颌牙弓狭窄的随机对照临床试验	贾海潮	首都医科大学	北京市科委科技计划项目	Z161100000516202	16.00
肿瘤浸润淋巴细胞作为口腔鳞癌预后标志物的前瞻性、观察性、实效研究	冯芝恩	首都医科大学	北京市科委科技计划项目	Z161100000516201	16.00
骨形态发生蛋白 – 2 修复先天性牙槽嵴裂的临床研究	陈仁吉	首都医科大学	北京市科委科技计划项目	Z161100000516200	16.00
创作出版幼儿口腔健康科普系列绘本	王　鹏	首都医科大学	北京市科委科普项目	Z161100003216064	18.00
炎症微环境作用下牙周膜干细胞免疫调节及再生功能变化及调控机制研究	刘　娜	解放军总医院	国家自然科学基金面上项目	31670998	64.00
Wnt 信号通路对增龄性骨质疏松条件下下颌骨骨髓间充质干细胞成骨分化的调控功能作用	刘一涵	解放军总医院	国家自然科学基金青年项目	81671126	20.00
偏侧咀嚼对记忆相关脑功能区影响的研究	姜　华	解放军总医院	国家自然科学基金青年项目	81600887	17.00
咬合异常致颞下颌关节软骨蜕变的 Wnt5a 机制研究	杨　婷	解放军总医院	国家自然科学基金青年项目	81600886	18.00
FoxM1/c – Met 正返回环路促进舌鳞癌细胞糖代谢重编程的机制	温　丽	解放军总医院	国家自然科学基金青年项目	81602507	18.00
特殊作战环境官兵口腔感染的生态防治方法研究	郭　斌	解放军总医院	军委后勤保障部	–	200.00
军人口腔健康数据库构建及数字化三维重建技术应用国防战略任务身份识别体系的研究	郭　斌	解放军总医院	军队后勤科研项目	–	100.00
5 – 羟色胺在偏侧咀嚼中的作用及机制研究	姜　华	解放军总医院	北京市自然科学基金	7162182	18.00
放射环境下 Notch 信号通过对牙周膜干细胞成骨分化的调控作用	章　斌	解放军总医院	全军医学科技青年培育计划	16QNP134	10.00
生物材料在口腔医学的应用研究	徐璐璐	解放军总医院	国家科技合作司	–	40.00

续表 11

项目名称	项目负责人	单位	基金或资助项目全称	批准号或编号	资助金额（万元）
牙菌斑中钙离子在龋病机制中的相关作用研究	李　华	解放军总医院	吴阶平医学基金	–	5.00
用于临床感染细菌精准快速鉴定的新型微流控器件－质谱仪	乔　亮	上海市口腔病防治院	国家自然科学基金面上项目	81671849	58.00
低氧诱导因子1对上气道扩张肌低氧损伤的生物学机制研究	卢　芸	上海市口腔病防治院	国家自然科学基金青年项目	81600897	17.00
自噬对氟牙症形成过程中成釉细胞的作用及调控机制的研究	张　颖	上海市口腔病防治院	上海市市科委	16ZR1430600	20.00
儿童阻塞性睡眠呼吸暂停低通气综合征多学科协同诊疗路径探索	刘月华	上海市口腔病防治院	上海市卫计委重点项目	201640023	15.00
氯已定对牙本质黏结稳定性影响的研究	王丽琴	上海市口腔病防治院	上海市卫计委面上项目	201640289	5.00
上海市残障儿童口腔健康状况调查分析	曾晓莉	上海市口腔病防治院	上海市卫计委面上项目	201640149	5.00
TLR4/NF－kB 通路在糖尿病性牙周炎牙槽骨吸收中的作用研究	甄　蕾	上海市口腔病防治院	上海市卫计委面上项目	201640103	5.00
种植支抗辅助矫治疑难长面畸形的疗效及机制研究	卢　芸	上海市口腔病防治院	上海市卫计委青年项目	20164Y0031	2.00
牙周加速成骨正畸对双颌前突前牙区牙槽骨开裂(窗)疗效的CBCT 研究	孙良羹	上海市口腔病防治院	上海市卫计委青年项目	20164Y0130	2.00
牙周基础治疗前后慢性牙周炎患者牙周致病菌成分差异的质谱分析研究	王　艳	上海市口腔病防治院	上海市卫计委青年项目	20164Y0042	2.00
骨性Ⅱ、Ⅲ类错𬌗三维精准诊断及临床应用研究	肖丹娜	天津市口腔医院	天津市卫生行业重点攻关项目	16KG148	18.00
两种支架材料临床评价及支架/细胞联合应用的实验研究	李新月	天津市口腔医院	天津市卫生行业重点攻关项目	16KG149	10.00
骨性Ⅱ、Ⅲ类错𬌗三维精准诊断及临床应用研究	肖丹娜	天津市口腔医院	天津市卫生行业重点攻关项目	16KG148	18.00
两种支架材料临床评价及支架/细胞联合应用的实验研究	李新月	天津市口腔医院	天津市卫生行业重点攻关项目	16KG149	10.00
调节组蛋白/非组蛋白乙酰化促进炎症微环境下牙周膜干细胞介导的牙周组织再生及其分子机制	刘大勇	天津医科大学	国家自然科学基金面上项目	81670953	69.60
lncRNA－TNFRSF13C 在侵袭性牙周炎中的作用及调控机制	蒋少云	天津医科大学	国家自然科学基金面上项目	81670990	30.00
应用 NOD/SCID. e2f1 小鼠模型研究 FomA 蛋白在牙周致病菌生物膜形成中的作用	马　丽	天津医科大学	国家自然科学基金青年项目	81600866	21.60
pH 控释大内径多壁碳纳米管基内外双重载药系统的构建	隋　磊	天津医科大学	天津市自然科学基金重点项目	16JCZDJC32800	20.00

续表 11

项目名称	项目负责人	单位	基金或资助项目全称	批准号或编号	资助金额（万元）
种植体纳米管改性促成骨细胞黏附的 TGF－b/BMP 通路研究	李　莺	天津医科大学	天津市自然科学基金一般项目	16JCYBJC28700	10.00
以妊娠期妇女为中心的孕幼口腔健康教育和自我管理	骆树瑜	天津医科大学	天津市科学技术普及项目	16KPHDSF00080	6.00
种植体表面装载人 β 防御素－3 抑制链球菌初期附着研究	张　溪	天津医科大学	中国博士后基金	2016M601276	5.00
口腔医学专业学位研究生临床胜任力培养相关体系的构建	李　冰	山西医科大学口腔医学系	中华医学会医学教育	2016B－KQ00	2.00
太原市自闭症儿童口腔健康状况及干预效果调查	王翔宇	山西医科大学口腔医学系	中国牙病防治基金会	2016048	0.20
第四次全国卫生健康流行病学调查	赵　彬	山西医科大学口腔医学系	国家卫生和计划生育委员会	201502002	103.00
COX－2 对成釉细胞瘤增殖与侵袭能力的影响及相关机制的研究	李文超	赤峰学院	内蒙古自然科学基金面上项目	2016MS0808	8.00
基于 UDMA/丙烯酸衍生物基质的新型口腔粘接剂的初步研究	宝力道	赤峰学院	内蒙古自然科学基金面上项目	2017MS0519	3.00
大鼠泪腺、颌下腺和胰腺中 CD103＋CD4＋/－树突状细胞分布和形态学观察对比研究	李　巍	赤峰学院	内蒙古自然科学基金面上项目	2017MS0326	3.00
牙龈卟啉单胞菌协同具核梭杆菌诱导牙龈上皮细胞间充质转化的机制研究	潘亚萍	中国医科大学	国家自然科学基金项目	81670997	55.00
骨化三醇通过 LL－37/miR－21/PDCD4 途径促进牙龈卟啉单胞菌内化牙龈上皮细胞自噬的机制研究	唐晓琳	中国医科大学	国家自然科学基金项目	81670999	58.00
宿主 T 淋巴细胞通过干扰素－γ 抑制脱落乳牙干细胞骨再生能力的免疫学机制研究	刘　尧	中国医科大学	国家自然科学基金项目	81600825	17.00
组蛋白脱甲基化酶 Jmjd3 调节牙周膜细胞向成骨细胞分化的作用机制	杨　谛	中国医科大学	人力资源和社会保障部留学人员科技活动项目	2016	3.00
牙龈卟啉单胞菌对类风湿性关节炎滑膜组织增殖的调控研究	刘静波	中国医科大学	人力资源和社会保障部留学人员科技活动项目	2016	3.00
大鼠颌下腺细胞与改良式壳聚糖支架复合培养的实验研究	谭学新	中国医科大学	辽宁省自然科学基金	201602856	5.00
PTEN 在牙龈卟啉单胞菌感染牙周膜细胞调控细胞周期作用的研究	潘春玲	中国医科大学	辽宁省自然科学基金	201602849	5.00
Cavα2δ－1 和 TSP4 受体相互作用在三叉神经痛中的作用及其机制研究	白晓峰	中国医科大学	辽宁省自然科学基金	201602811	5.00

续表 11

项目名称	项目负责人	单位	基金或资助项目全称	批准号或编号	资助金额（万元）
外分泌小体在脱落乳牙干细胞免疫调节性能中的作用及调控机制研究	刘　尧	中国医科大学	辽宁省自然科学基金	201602842	5.00
microRNA 132 调控成骨分化过程和机制研究	戚　琳	中国医科大学	辽宁省博士启动项目	201601131	5.00
宿主免疫系统影响脱落乳牙干细胞骨再生能力的研究	陈　旭	中国医科大学	辽宁省教育厅重点实验室项目	LS201610	10.00
miR－30d/RUNX2 通路影响 PAOO 成骨活性的机制研究	田玉楼	中国医科大学	辽宁省教育厅科学技术类一般项目	LK201639	5.00
一种新的骨保护蛋白 Sema3A 及其受体 Nrp1 在小鼠正畸牙移动、牙槽骨改建中作用的研究	阎秀林	中国医科大学	辽宁省教育厅科学技术类一般项目	LK201607	5.00
辽宁省研究生口腔医学专业创新与交流中心	陈　旭	中国医科大学	辽宁省教育厅教育教学改革项目	2016	10.00
硕士研究生联合培养项目	马红梅	中国医科大学	辽宁省教育厅教育教学改革项目	2016	6.00
新型颌面软硬组织修复材料生物学业评价及临床前研究	孙宏晨	吉林大学	国家重点研发项目	2016YFC1102804	133.2
牙体修复中聚氨酯弹性层的构建	朱　松	吉林大学	国家自然科学基金面上项目	81671033	58.00
BMP Ⅰ型受体 ACVR1 介导的 BMP 信号与 WNT 信号交互对牙本质形成作用的机理研究	李道伟	吉林大学	国家自然科学基金青年基金	81600823	18.00
Ⅰ型 BMP 受体 BMPR1B 介导的 BMP 信号与 WNT 信号交叉对话在骨重塑中的作用机理研究	史　册	吉林大学	国家自然科学基金青年基金	81600843	17.00
可注射温敏型水凝胶缓释 Aspirin 碳点和 EPO 促牙周组织再生的研究	徐晓薇	吉林大学	国家自然科学基金青年基金	81600879	17.00
牙本质涎磷蛋白对下颌骨髁突软骨作用的机理研究	刘麒麟	吉林大学	国家自然科学基金青年基金	81600890	17.00
PTP－oc 抑制剂－熊果酸对正畸牙根吸收影响的机制研究	姜　欢	吉林大学	国家自然科学基金青年基金	81600898	17.00
IL－18 影响舌鳞状细胞癌侵袭转移作用的机制研究	刘炜炜	吉林大学	国家自然科学基金青年基金	81602377	17.00
中国工程院科技中长期发展战略研究项目	牛玉梅	哈尔滨医科大学	中国工程院战略项目	2016－ZCQ－09	40.00
半胱氨酸蛋白酶抑制剂 C 处理大鼠全脱位牙对再植术后牙根吸收的影响	金星爱	哈尔滨医科大学	黑龙江省自然科学基金	H2016037	6.00
野黄芩素抑制 MCI－1 表达协同 ABT－737 抗头颈鳞癌作用的研究	静广平	哈尔滨医科大学	黑龙江省博士后科研启动金	LBH－Q16176	5.00

续表 11

项目名称	项目负责人	单位	基金或资助项目全称	批准号或编号	资助金额（万元）
基于核心胜任力的口腔医学硕士专业学位研究生课程体系建设研究	吕艳超	哈尔滨医科大学	黑龙江省教育教学规划课题教育厅重点课题	GJB1316055	2.00
骨碎补总黄酮调控 Shh 通路干预乳牙干细胞成骨研究	吕学超	哈尔滨医科大学	黑龙江省卫生厅课题	2016－168	2.00
高等教育科学研究“十三五”规划课题	潘　爽	哈尔滨医科大学	黑龙江省高等教育学会教学课题	16G099	0.50
HMME 介导的低频超声促渗作用对菌斑生物膜 AI－2 系统的影响	马　巍	哈尔滨医科大学附属第四医院	黑龙江省青年科学基金	QC2016119	5.00
细胞周期影响舌鳞癌对声动力治疗的敏感性及其分子机制的研究	孙　苗	哈尔滨医科大学附属第四医院	黑龙江省青年科学基金	H2016031	6.00
B10 细胞在改善牙周炎症中牙槽骨破坏的作用和相关机制的研究	林　江	哈尔滨医科大学附属第四医院	国家自然科学基金	81570984	68.40
B10 细胞对小鼠牙周炎的免疫调节	林　江	哈尔滨医科大学附属第四医院	黑龙江省博士后科研启动金资助项目	LBH－Q16142	10.00
GARP－TGFβ1 蛋白复合体在骨髓间充质干细胞抑制炎性牙槽骨吸收中的作用研究	余优成	复旦大学附属中山医院	国家自然科学基金面上项目	81670956	58.00
激光制备纳米氧化锆牙种植体表面密纹结构对成骨细胞生物学效应的研究	余优成	复旦大学附属中山医院	上海市科委政府间国际合作项目	16520710400	50.00
新型牙种植体研发及其工程化技术研究	孙　瑶	同济大学	国家重点研发计划重点专项课题	2016YFC1102705	600.00
基于人源性 FGF23 基因 C35A 突变 Knock－in 小鼠研究下颌前突致病机制	陈凤山	同济大学	国家自然科学基金	81670973	58.00
咀嚼运动的中枢去抑制调节环路	韩雯斐	同济大学	国家自然科学基金面上项目	81671014	58.00
正颌外科手术后的系统性骨加速现象及其机制研究	康非吾	同济大学	国家自然科学基金面上项目	81670961	55.00
三维打印多级微纳结构生物陶瓷调控成骨/成血管机制及其促颌骨节段性缺损修复研究	林开利	同济大学	国家自然科学基金面上项目	81672134	60.00
基于单细胞技术筛选具有成骨分化优势的颅面骨来源 BMSCs 亚类的研究	王佐林	同济大学	国家自然科学基金面上项目	81670962	60.00
肌切蛋白 Adseverin 介导细胞骨架修饰和胞外基质分泌调控促进牙本质形成的研究	李许演	同济大学	国家自然科学基金青年项目	81600855	17.00
纤维粘连蛋白基因可变剪接对牙源性囊肿样病变颌骨组织破坏的调控	王海丞	同济大学	国家自然科学基金青年项目	81600836	17.00

续表 11

项目名称	项目负责人	单位	基金或资助项目全称	批准号或编号	资助金额（万元）
miRNA 调控 CTSK 促进种植体骨结合的机制研究	叶　颖	同济大学	国家自然科学基金青年项目	81600839	20.00
颌骨囊性病变中纤维粘连蛋白可变剪接对局部骨组织破坏的调控	王海丞	同济大学	教育部博士后基金	591718	6.00
蒙花苷激活 BMSC 治疗氧化应激介导下 BRONJ 的实验研究	李　家	同济大学	教育部博士后基金	150303	6.00
牙颌面畸形数字化诊疗规范的建立与应用	王佐林	同济大学	上海市科学技术委员会,上海市医院新兴前沿联合公关项目	-	16.20
医用 3D 打印聚乳酸材料标准体系研究与建设	林开利	同济大学	上海市科学技术委员会,标准化专项	16DZ0503800	16.00
纳米羟基磷灰石/壳聚糖酶促物理交联水凝胶促进牙周组织再生的应用研究	闫香珍	同济大学	上海市科学技术委员会,浦江人才计划	16PJ1410300	20.00
Wnt/β - catenin 信号通路在 Glut1 引起的口腔鳞癌化疗敏感性改变中的表达及其作用机制研究	李生娇	同济大学	上海市科学技术委员会,上海自然科学基金	16ZR1439700	20.00
牙颌面畸形患者"外科先行"加速正畸牙移动现象研究	康非吾	同济大学	上海市科学技术委员会,生物医药处,医学引导类	16411961100	20.00
椅旁数字化印模及 CAD/CAM 技术在全口义齿修复中的临床应用研究	李　家	同济大学	上海市科学技术委员会,生物医药处,医学引导类	16411960900	20.00
浓缩生长因子促进上颌窦内成骨的临床研究	王　方	同济大学	上海市科学技术委员会,生物医药处,医学引导类	16411961202	10.00
大块充填复合树脂微渗漏的实验研究	曹立群	同济大学	上海市卫计委,面上项目	241	5.00
成牙本质细胞基质小泡对树脂牙本质黏结界面再矿化作用的研究	李许演	同济大学	上海市卫计委,青年项目	504	2.00
采用不同方式的正畸力压低下前牙后的牙周组织改建情况研究	时　函	同济大学	上海市卫计委,面上项目	258	5.00
miRNA 调控 CTSK 促进种植体骨结合的机制研究	叶　颖	同济大学	上海市卫计委,青年项目	597	2.00
二甲双胍 - 顺铂双药隐形纳米投递系统靶向治疗口腔鳞癌的相关研究	韩　伟	南京市口腔医院	江苏省自然优秀青年基金项目	BK20160051	50.00
直写电纺制备磁性三维支架与工程化骨组织重建	刘　超	南京市口腔医院	江苏省自然科学基金面上项目	BK20161114	10.00
新型根管治疗技术在上颌磨牙根管治疗中的应用研究	杨卫东	南京市口腔医院	江苏省重点研发计划社会发展面上项目	BE2016623	40.00

续表 11

项目名称	项目负责人	单位	基金或资助项目全称	批准号或编号	资助金额（万元）
BET 蛋白对超负荷压力诱导的大鼠颞下颌关节骨关节炎样病变的表观遗传调控	李　煌	南京市口腔医院	国家自然科学基金面上项目	81670960	57.00
TLR－RIP1/3－MLKL 介导的死亡通路在牙周炎发病过程中的免疫调节作用	李厚轩	南京市口腔医院	国家自然科学基金面上项目	81670996	51.00
纳米杂化材料的生物学评价及口腔服役交互机制研究	章非敏	南京医科大学	国家重点研发计划课题	2016YFA0201704	637.56
lncRNA H19 通过 miR－141/SPAG9 影响根尖牙乳头干细胞生物学特性的机制研究	闫　明	南京医科大学	国家自然科学基金青年基金	81600822	17.00
张应力通过下调 miR－148a－3p 而促进 hASCs 成骨分化的机制研究	杜洪明	南京医科大学	国家自然科学基金青年基金	81600908	17.00
TAZ/TEAD4－SOX2 调控轴参与口腔鳞癌肿瘤干细胞干性维持的机制研究	李中武	南京医科大学	国家自然科学基金青年基金	81602378	17.00
USP37 去泛素化修饰 LSD1 促进口腔鳞癌侵袭转移的机制研究	王琰玲	南京医科大学	国家自然科学基金青年基金	81602386	18.00
LncRNA H19 在羊膜间充质干细胞促进种植体周围骨再生中的作用机制研究	陈　宁	南京医科大学	国家自然科学基金面上项目	81670966	58.00
RhoA－YAP/TAZ 信号通路对骨缝牵张成骨的分子调控机制研究	张卫兵	南京医科大学	国家自然科学基金面上项目	81671019	58.00
全基因组编码区遗传变异与口腔鳞癌发病风险及其机制研究	袁　华	南京医科大学	国家自然科学基金面上项目	81672678	57.00
口腔黏膜潜在恶性病变癌变风险评估模型构建及分子诊断技术攻关	范　媛	南京医科大学	江苏省省重点研发计划(社会发展)项目	BE2016760	40.00
TAZ 激活长链非编码 RNA Zeb2－AS1 转录促进口腔鳞癌侵袭转移的分子机制研究	程　杰	南京医科大学	江苏省自然科学基金	BK20161564	10.00
牙龈卟啉单胞菌诱导的耐受对小鼠牙周组织巨噬细胞功能的影响研究	孙　颖	南京医科大学	江苏省自然科学基金	BK20161565	10.00
Semaphorin 3A 对软骨细胞微环境的调节与机制	王　琛	南京医科大学	江苏省自然科学基金	BK20161566	10.00
USP37 去泛素化修饰 LSD1 促进口腔鳞癌侵袭转移的机制研究	王琰玲	南京医科大学	江苏省自然科学基金	BK20161024	20.00
A20 在 IL－17 诱导人牙周膜细胞促破骨分化中作用	徐　艳	南京医科大学	江苏高校自然科学研究重大项目	16KJA320001	30.00

续表 11

项目名称	项目负责人	单位	基金或资助项目全称	批准号或编号	资助金额（万元）
USP37 去泛素化修饰 LSD1 促进口腔鳞癌侵袭转移	王琰玲	南京医科大学	江苏高校自然科学研究面上项目	16KJB320002	3.00
Atp6v0d2 基因沉默对牙周炎牙槽骨保护的研究	朱　政	南京医科大学	江苏高校自然科学研究面上项目	16KJD320002	2.00
基于三维配准技术的颌面数字化赝复治疗研究	邱　憬	南京医科大学	江苏省卫生计生委课题	H201641	4.00
新型全瓷材料 e. max CAD 数字化椅旁即刻修复牙体缺损的应用研究	刘　梅	南京医科大学	江苏省卫生计生委课题	Q201604	4.00
口颌面部感觉功能定量研究	张静露	南京医科大学	江苏省干部保健课题	BJ16030	3.00
下颌阻生第三磨牙拔除相关手术风险评估与有效预防的临床研究	王东苗	南京医科大学	江苏省干部保健课题	BJ16031	3.00
种植义齿微纳多孔缓释抗菌填充材料应用研究	汤春波	南京医科大学	南京市科技发展项目	201605011	5.00
穿支皮瓣修复口腔鳞癌切除术后软组织缺损的临床应用与评价	杨建荣	南京医科大学	南京市科技发展项目	201611007	5.00
基于定向光控细胞片层技术的血管化组织工程肌肉的构建及机制研究	王慧明	浙江大学	国家自然科学基金面上项目	81670972	58.00
Nell－1 调控 Runx2/Osterix 信号轴在种植体骨结合形成中的作用及机制研究	杨国利	浙江大学	国家自然科学基金面上项目	81671030	57.00
纯钛种植体表面掺锶微纳米形貌调控巨噬细胞表型转化控制骨髓基质干细胞向成骨分化的机制研究	何福明	浙江大学	国家自然科学基金面上项目	31670970	60.00
纯钛表面形貌依赖性抑菌、促进成骨作用的机制及其在种植体骨整合修复中的作用研究	李晓东	浙江大学	国家自然科学基金面上项目	31670971	62.00
新型超分子前体药物体系的构建及抗转移性肿瘤研究	王　滢	浙江大学	国家自然科学基金青年基金	51603180	20.00
基于光控 MSCs 细胞片的血管化组织工程骨的构建及其促血管机制研究	俞梦飞	浙江大学	国家自然科学基金青年基金	81600838	18.00
基于 BMP/Smad 信号通路探讨贝尼地平缓释微球促进骨再生作用及机制研究	王柏翔	浙江大学	国家自然科学基金青年基金	81600909	17.00
CXCL12/CXCR4 介导 TRAF3/RelB 信号通路调控骨质疏松状态下 BMSC 成骨能力的机制研究	谢志坚	浙江大学	浙江省医药卫生科技计划平台重点项目	2016ZDA015	5.00

续表 11

项目名称	项目负责人	单位	基金或资助项目全称	批准号或编号	资助金额（万元）
HGC1 和 HWP1 抑制剂调控 OLP、OLK 中 ROS 与 HIF 指数的研究	何　虹	浙江大学	浙江省医药卫生科技计划省部共建项目	WKJ－ZJ－1623	15.00
重组人生长分化因子－5 纳米粒仿生材料诱导根尖乳头干细胞分化中的作用及机制研究	邓淑丽	浙江大学	浙江省医药卫生科技计划一般研究计划 A 类	2016KYA118	3.00
粘接辅助的 MDP 介导的仿生矿化	张　玲	浙江大学	浙江省自然科学青年基金	LQ16H140002	5.00
laminin－5/integrinα6β4 在牙周再附着中的作用及机制	王　莹	浙江大学	浙江省自然科学青年基金	LQ16H140001	5.00
Nell－1 通过 Hedgehog 通路调节颞下颌关节炎中关节软骨改建的作用机制研究	施洁珺	浙江大学	浙江省自然科学基金一般项目	LY16C070001	8.00
多尺度微纳复合结构钛表面形貌依赖性抑菌、促进成骨作用的机制研究	李晓东	浙江大学	浙江省自然科学基金重点项目	LZ16H140001	30.00
姜黄色素通过 MEK－ERK1/2 途径改善唑来膦酸环境中纯钛表面成骨细胞活性	王心华	浙江大学	浙江省中医药科技计划 A 类	2016ZA135	3.00
新橙皮苷对牙周致病菌内毒素诱发糖尿病的干预研究	王　颖	浙江大学	浙江省中医药科技计划 A 类	2016ZA134	3.00
新型超分子前体药物体系的抗肿瘤作用研究	何建芳	浙江大学	浙江省公益技术应用研究计划	2016C33G2010143	10.00
公益创业社会生态系统形成与演进的理论、方法及模型研究	向　敏	温州医科大学	国家社会科学基金项目	16BSH065	20.00
纳米氧化锌致胚胎中枢神经系统损伤及其分子机制研究	魏利敏	温州医科大学	浙江省自然科学基金	LY16H140003	9.00
Drpl 在 TEGDMA 诱导牙髓细胞凋亡中的作用及机制研究	潘乙怀	温州医科大学	浙江省自然科学基金	LY16H140005	10.00
PINK1/Parkin 通路介导的线粒体自噬异常在纳米氧化锌致大鼠 CNS 毒性中的作用	王剑锋	温州医科大学	浙江省自然科学基金	Y17H140020	8.00
TAZ－Cbfα1 轴及其上游信号通路在正畸应力诱导牙周膜细胞骨向分化中的作用及调控机制	邓　辉	温州医科大学	浙江省自然科学基金	Y17H140021	8.00
三七皂苷 R1 抗氧化应激、促进成骨分化信号通路转导机制的研究	吴　刚	温州医科大学	浙江省自然科学基金	Y17H140023	9.00
抗氧化、促成骨新型姜黄素温敏水凝胶对糖尿病骨缺损的修复作用及机制研究	麻健丰	温州医科大学	省公益技术研究社会发展项目	2017C33081	15.00
基于 ROS 介导的成骨细胞凋亡探讨 GSK3β 在骨质疏松发病中的作用研究	张大风	温州医科大学	温州市科技计划项目	Y20160051	3.00

续表 11

项目名称	项目负责人	单位	基金或资助项目全称	批准号或编号	资助金额（万元）
TAZ - Cbfa1 轴在正畸应力诱导人牙周膜细胞骨向分化中的作用及调控机理	邓　辉	温州医科大学	温州市科技计划项目	Y20160140	2.00
低氧微环境下 CB2 调控骨髓间充质干细胞骨向分化的研究	曹真胜	温州医科大学	温州市科技计划项目	Y20160141	2.00
载 CNPs 微弧氧化功能膜层促进糖尿病种植体骨整合的作用及机制研究	邓振南	温州医科大学	温州市科技计划项目	Y20160142	2.00
构建具有抗菌、促矿化和釉质靶向的纳米复合材料并评价其在龋齿防治中的效果	陈佳龙	安徽医科大学	国家自然科学基金项目面上项目	31670967	50.00
T 细胞介导的微环境促进干细胞在骨组织工程中应用研究	吴婷婷	安徽医科大学	国家自然科学基金项目青年基金	81600845	19.00
仿 ECM 纳米纤维结构中空开口型微球复合体对颌骨标准骨缺损修复作用的研究	邹多宏	安徽医科大学	安徽省高校优秀青年人才支持计划重点项目	gxyqZD2016058	6.00
HIF - 1α 介导的血管化组织工程骨在修复节段性骨缺损中的作用及 AKT/ERK 通路的调控机制	何家才	安徽医科大学	安徽省省高校学科（专业）拔尖人才学术资助重点项目	gxbjZD2016028	10.00
分子仿生诱导釉质微结构宏观再生的研究	李全利	安徽医科大学	安徽省省高校学科（专业）拔尖人才学术资助重点项目	gxbjZD2016033	10.00
基于口腔肿瘤类疾病诊断及靶向治疗的新型核磁共振成像纳米造影剂研发及临床前实验研究	何家才	安徽医科大学	安徽省科技计划项目	1604a0802082	30.00
T 细胞介导的微环境促进干细胞在骨组织工程中应用研究	吴婷婷	安徽医科大学	安徽高校自然科学研究项目重点项目	KJ2016A346	6.00
犬乳牙干细胞复合 BMP - 2 在犬年轻恒牙牙髓 - 牙本质再生中的作用	胡晓燕	安徽医科大学	安徽高校自然科学研究项目重点项目	KJ2016A324	6.00
Notch 信号通路抑制剂治疗舌癌的实验研究及分子机制	卢友光	南京医科大学	国家自然科学基金应急项目	81641105	10.00
牙科合金离子经上皮屏障后价态与浓度的动态变化及其与黏膜细胞自噬/凋亡关系的研究	程　辉	福建医科大学附属口腔医院	国家自然科学基金应急项目	81641158	10.00
变异链球菌 LTA 结构及 dlt 基因缺失对菌株致龋力的影响	江　山	福建医科大学	国家自然科学基金青年项目	81600861	16.00
口腔组织再生研发项目	陈　江	福建医科大学	省直教育科研单位专项经费	2015 - 1297	180.00
口腔模拟种植示教系统的研究开发	陈　江	福建医科大学	福建省卫生教育联合攻关项目	WJK2016 - 2 - 01	35.00
外周血中金属离子及单个核细胞与牙科合金关联的研究	程　辉	福建医科大学	福建省自然科学基金	2016J01354	4.00

续表 11

项目名称	项目负责人	单位	基金或资助项目全称	批准号或编号	资助金额（万元）
姜黄素在活髓保存治疗术中的应用基础研究	黄晓晶	福建医科大学	福建省科技创新联合基金	2016Y9024	40.00
基于概率图模型的牙齿酸蚀症机理研究	于　皓	福建医科大学	福建省科技创新联合基金	2016Y9022	10.00
巨噬细胞对 BMSCs 异体移植实现骨质疏松状态下牙周组织再生的作用研究	骆　凯	福建医科大学	福建省科技创新联合基金	2016Y9023	10.00
介孔二氧化硅负载生物玻璃在龋病防治中的应用研究	陈　帅	福建医科大学	福建省科技创新联合基金	2016Y9021	10.00
基质金属蛋白酶抑制剂对脱矿牙本质层裸露胶原纤维保护效果的研究	于　皓	福建医科大学	福建省高校新世纪人才项目	2016B033	6.00
关于 Bio HPP 在口腔应用中着色情况的研究	施巧蕊	福建医科大学	福建省教育厅科技项目	JAT160199	1.00
种植上部修复体 HE 面开孔对固位力影响的研究	王颖卉	福建医科大学	福建省教育厅科技项目	JAT160212	1.00
熔铸次数对全锆修复体力学性能影响的研究	杨　松	福建医科大学	福建省教育厅产学研项目	JAT160219	2.00
数字化模型在口腔正畸临床中的应用	张端强	福建医科大学	福建省医学创新项目	2016 – CX – 40	12.00
加速老化对全瓷修复体疲劳性能的影响	郭永锦	福建医科大学	福建省卫生计生中青年骨干人才培养项目	2016 – ZQN – 58	10.00
浓缩生长因子（CGF）在兔上颌窦提升术中成骨效果的研究	杨　进	福建医科大学	福建省卫生计生中青年骨干人才培养项目	2016 – ZQN – 59	10.00
通用型底涂剂的耐久性研究	郑志强	福建医科大学	福建省卫生计生中青年骨干人才培养项目	2016 – ZQN – 60	10.00
BMP – 2 基因激活的多孔钛种植体的生物学功能的研究	张思慧	福建医科大学	福建省卫计委青年科研项目	2016 – 1 – 71	3.00
IL – 10 对 Aa – LPS 刺激下肝枯否细胞 TLR4、MyD88、NF – κB 信号通路的影响	罗　岚	福建医科大学	福建省卫计委青年科研项目	2016 – 1 – 72	3.00
不同牙尖斜度对二氧化锆饰瓷冠抗断裂性能的影响	江　磊	福建医科大学	福建省卫计委青年科研项目	2016 – 1 – 73	3.00
福建地区青少年颈椎定量化标准判定骨龄的相关性研究	陈宗飞	福建医科大学	福建省卫计委青年科研项目	2016 – 1 – 74	3.00
lncRNA – 6091 在口腔鳞癌发生发展中的作用及其机制研究	廖　岚	南昌大学	国家自然科学基金地区科学基金项目	81660444	37.00
口腔鳞癌血浆长链非编码 RNA 分子标志物的筛选及意义	廖　岚	南昌大学	江西省科技厅	20161BBG70149	5.00
神经肽 P 物质改良盖髓剂 Bio-Aggregate 性状的研究	金幼虹	南昌大学	江西省科技厅	20161BBG70150	5.00
基于 CBCT 髁状突体积分析进行髁状突骨折后患者 TMJ 骨性形态测量的研究	陈林林	南昌大学	江西省科技厅	20161BBG70151	5.00

续表 11

项目名称	项目负责人	单位	基金或资助项目全称	批准号或编号	资助金额（万元）
成人错𬌗畸形的正畸与牙周联合治疗的临床研究	葛红珊	南昌大学	江西省科技厅	20161BBG70152	5.00
微波烧结和常规烧结对牙科用氧化锆半透性影响的对比研究	杨　瑛	南昌大学	江西省科技厅	20161BBG70153	5.00
成人骨性Ⅲ类错𬌗正颌治疗前后髁状突位置变化的临床研究	王予江	南昌大学	江西省科技厅	20161BBG70154	5.00
微种植钉牵引拔除近下颌神经管的阻生牙的研究	戴　群	南昌大学	江西省科技厅	20161BBG70155	5.00
EDC 共价修饰碳纳米管抑制 MMP－8 过程的作用及机制研究	李东方	南昌大学	江西省科技厅	20161BAB205231	5.00
生长发育晚期比格犬功能性下颌前伸对颞下颌关节影响的研究	桑　婷	南昌大学	江西省科技厅	20161BAB215223	5.00
树脂粘接修复中提高粘接耐久性的新策略	吴峻岭	山东大学	国家自然科学基金面上项目	81671032	58.00
靶向增强抗原递呈作用的 DNA 疫苗预防种植体周围炎的机制研究	蓝　菁	山东大学	国家自然科学基金面上项目	81671025	58.00
bFGF 和 BMP－2 序贯释放对牙周组织再生的影响	葛少华	山东大学	国家自然科学基金面上项目	81670993	58.00
骨细胞调控“迷你型塑造”骨形成的深层次探讨	李敏启	山东大学	国家自然科学基金国际合作交流项目	81611140133	20.00
Hippo－YAP 通路调控牙周膜干细胞增殖及成骨分化的分子机制	文　勇	山东大学	山东省自然基金面上项目	2016GSF201115	10.00
牙源性干细胞生物学特性以及长链非编码 RNA 的表达谱分析	徐　欣	山东大学	山东省自然基金面上项目	2016GSF201220	10.00
周期性牵张力诱导大鼠骨髓间充质干细胞成骨分化过程中 miRNA 表达谱分析及 miR－503－5p 的功能和作用机制研究	刘　洪	山东大学	山东省自然基金培养基金	ZR2016HP25	5.00
根管治疗术对牙根纵裂发生机制的多尺度研究	许海平	青岛大学	国家自然科学基金青年基金	81600903	17.00
不饱和螺环原碳酸酯膨胀单体对牙科光固化复合树脂的改性研究	付　静	青岛大学	山东省自然科学基金青年基金	ZR2016ZMQ05	14.00
EGCG 阻断 Wnt/FZD3/JNK3 信号通路调控颌骨牙源性角化囊性瘤细胞增殖及凋亡的机制研究	袁荣涛	青岛大学	山东省自然科学基金面上项目	ZR2016HM34	15.00

续表 11

项目名称	项目负责人	单位	基金或资助项目全称	批准号或编号	资助金额（万元）
牙周膜干细胞异体移植与机体巨噬细胞相互影响的研究	丁　刚	潍坊医学院	国家自然科学基金面上项目	H1401	65.00
血浆纤连蛋白在成骨细胞增殖及Ⅱ型糖尿病种植体骨整合中的作用和机制研究	崔　翠	滨州医学院	国家自然科学基金青年基金	81600841	30.60
核心转录因子 Runx2 调控小鼠牙釉质生物矿化及分子机制研究	高玉光	滨州医学院	国家自然科学基金面上项目	81670954	104.40
MicroRNA 在糜烂型口腔扁平苔藓中的差异表达及相关分子调控机制的研究	李言君	滨州医学院	山东省自然科学基金	ZR2016HL23	5.00
GSK3B 介导的 Wnt/B－catenin 信号通路在利用牙本质基质构建牙髓牙本质复合体中的调控机制	李　锐	郑州大学	国家自然科学基金面上项目	31670994	64.00
重组 Amelogenin 生物活性肽调节早期牙釉质龋生物仿生再矿化行为及机制研究	楚金普	郑州大学	河南省自然科学基金项目	162300410264	10.00
不同脱敏剂对牙本质粘接界面纳米渗漏及微拉伸粘接强度的影响	岳阳丽	郑州大学	河南省科技厅科技攻关项目	162102310129	10.00
高端粒酶活性骨髓间充质干细胞中 Wnt/β－catenin 信号通路对骨向分化的调控机制研究	余炜伟	郑州大学	河南省高等学校重点科研项目	16A320026	5.00
新型大鼠正畸牙齿移动模型的建立及测量移动距离新办法的研究	卫晓霞	郑州大学	河南省高等学校重点科研项目	16A320058	3.00
基于椅旁 CAD/CAM 技术的数字化即刻种植修复系统临床应用研究	张　朋	郑州大学	河南省高等学校重点科研项目	16A320082	2.00
不同材料及实施条件下的窝沟封闭临床效果评价	吉雅丽	郑州大学	河南省医学科技攻关计划项目	201602061	1.00
慢性牙周炎与冠状动脉粥样硬化相关性的研究	岳二丽	郑州大学	河南省医学科技攻关计划项目	201602091	1.00
牙髓干细胞的提取、扩增、储存	赵红宇	郑州大学	河南省医学科技攻关计划项目	201602015	1.00
数字化精确诊疗技术＋3D 打印技术在下颌骨畸形整复中的应用研究	李　锐	郑州大学	河南省医学科技攻关计划项目	201602023	1.00
激光治疗口腔扁平苔藓的效果评价研究	王　静	郑州大学	河南省医学科技攻关计划项目	201602057	1.00
口内靶向抗菌肽复合物的构建及抗菌机理分析	马净植	华中科技大学	国家自然科学基金应急管理项目	81641035	10.00

续表 11

项目名称	项目负责人	单位	基金或资助项目全称	批准号或编号	资助金额（万元）
基金名称 miR－338－3p/155－5p 在根尖周炎破骨细胞分化中的作用	孙　琴	华中科技大学	国家自然科学基金青年科学基金	81600821	17.00
负载仿生矿化前驱体的大孔介孔硅 PA－ACP@ AF－eMSN 预处理剂在牙本质仿生矿化中的应用研究	罗小娟	华中科技大学	国家自然科学基金	81600911	20.00
角质细胞微囊泡内 miR－21 在皮肤损伤愈合过程中对促进 MMPs 的表达作用及其机制研究	黄　平	华中科技大学	国家自然科学基金青年科学基金	81602742	18.00
MFB 调控 Th1/Th2 平衡对 OSF 上皮异常增殖影响及机制研究	唐瞻贵	中南大学	国家自然科学基金项目	81671003	58.00
槟榔碱激活非经典 Wnt 信号通路促进 EndMT 诱发口腔黏膜下纤维性变的研究	方厂云	中南大学	国家自然科学基金	81671002	51.00
牙体裂纹产生机制的扩展有限元分析和生物力学研究	张一祎	中南大学	国家自然科学基金	81600915	17.00
西部地区孤残儿童口腔疾病综合防治示范项目	阙国鹰	中南大学	中国牙病防治基金会	2016－07－FW	15.00
应用肿瘤浸润 B 细胞构建靶向口腔鳞癌特异性抗体的研究	全宏志	中南大学	第 59 批中国博士后科学基金面上项目	－	5.00
纳米珍珠粉/C－SH/rhBMP－2 复合材料的制备及成骨效应研究	徐　普	中南大学	海南省高新技术项目	ZDYF2016018	100.00
湖南省高等学校“十三五”专业综合改革试点项目－口腔医学	李奉华	中南大学	湖南省高等学校“十三五”专业综合改革试点项目－口腔医学	－	40.00
口腔黏膜下纤维性变动物模型的研究	陈良建	中南大学	湖南省科技厅重点项目	2016DK2007	10.00
口腔鳞癌微环境浸润 B 细胞分子特性及其抗原特异性的研究	全宏志	中南大学	湖南省自然科学基金委	2016JJ4093	5.00
PRF 联合辛伐他汀治疗 II 度根分叉病变的实验研究	刘斌杰	中南大学	湖南省卫生厅	B2016146	1.00
不同表面改性技术对纯钛生物活性的影响	左　军	中南大学	湖南省卫生厅	B2016145	1.00
富血小板血浆及脂肪干细胞促进游离皮片移植愈合研究	李　昆	中南大学	湖南省卫生厅	B2016147	1.00
纳米双相生物活性涂层促骨质疏松区种植体骨结合机制的研究	尹　乒	中南大学	湖南省卫生厅	B2016102	1.00
提高牙缺失患者种植体－骨结合的研究	尹　乒	中南大学	湖南省发改委	2016－65	10.00
二甲双胍防治口腔癌复发的临床及基础研究	苏　彤	中南大学	湖南省卫生计生委	2016－17－KF	1.20

续表 11

项目名称	项目负责人	单位	基金或资助项目全称	批准号或编号	资助金额（万元）
牙龈卟啉单胞菌通过 NLRPs 炎症小体途径促进结肠上皮细胞恶性转化的机制研究	程　斌	中山大学	国家自然科学基金重点项目	81630025	250.00
Lhx8 募集 Suv39h1 表观遗传调控成牙本质细胞增殖分化平衡的功能与机制	周　晨	中山大学	国家自然科学基金青年科学基金	81600824	20.00
口腔癌前病损转化微环境中 IL－1β 介导 Treg/ T Effector 免疫失衡的功能及机制	吴　桐	中山大学	国家自然科学基金青年科学基金	81600878	18.00
足突蛋白阳性表达的肿瘤相关成纤维细胞促进口腔鳞状细胞癌侵袭转移的研究	李耀银	中山大学	国家自然科学基金青年科学基金	81602382	18.00
PIN1 与 EB 病毒核抗原－1（EBNA1）特异性结合调控 EBNA1 功能促进鼻咽癌发生	徐　萌	中山大学	国家自然科学基金青年科学基金	81602384	17.00
SUZ12 ceRNAs 参与 miR－320a 调控舌鳞癌 tumor budding 侵袭转移的分子机制	谢　楠	中山大学	国家自然科学基金青年科学基金	81602380	17.00
牙科双层瓷结构“拉应力敏感性”疲劳性能及其影响因素的研究	王晓东	中山大学	国家自然科学基金青年科学基金	81600907	17.00
长链非编码 RNA CALB2 上调 GADD34 表达促进牙髓干细胞增殖和成牙本质向分化的机制研究	宋　智	中山大学	国家自然科学基金青年科学基金	81600862	17.00
细胞外 Calpain 激活 PD－1/PDL－1 通路促进肿瘤细胞免疫逃逸的功能机制	马　达	中山大学	国家自然科学基金青年科学基金	81602383	17.00
氟化生物源羟基磷灰石激活单核－巨噬细胞 M1/M2 极化调控 BMSCs 成骨功能的机制研究	李志鹏	中山大学	国家自然科学基金青年科学基金	81600914	17.00
PRMT5 蛋白亚细胞定位迁移在口腔黏膜癌前病变演进中的作用及机制研究	夏　娟	中山大学	国家自然科学基金面上项目	81671000	58.00
牙囊干细胞旁分泌重塑牙髓炎症微环境的免疫调节机制研究	韦　曦	中山大学	国家自然科学基金面上项目	81670983	58.00
LncRNA DANCR 介导 Wnt 信号通路调控牙髓细胞损伤修复的机制研究	林正梅	中山大学	国家自然科学基金面上项目	81670984	58.00
具核梭杆菌与口腔链球菌之间相互作用的分子机制研究	郭丽宏	中山大学	国家自然科学基金面上项目	81670982	58.00
舌鳞癌细胞远程塑造区域淋巴结“Bregs－Tregs”微环境的作用机制	廖贵清	中山大学	国家自然科学基金面上项目	81672679	57.00

续表 11

项目名称	项目负责人	单位	基金或资助项目全称	批准号或编号	资助金额（万元）
复合树脂动态收缩应力及脱粘接机制的实验及理论研究	霍兆麟 王 焱	中山大学	国家自然科学基金海外及港澳学者合作研究基金/两年期资助项目	81628005	18.00
LncRNA – p23154 介导 FUT8 甲基化在口腔癌中的作用机制	王 韵	中山大学	人社部中国博士后科学基金特别资助项目	2016T90819	15.00
口腔健康科普宣传，提高公民科学素质	毛学理	中山大学	广州市科学技术协会“广州市建设国家级科技思想库研究课题专项”	–	2.50
缺氧对人牙髓细胞线粒体自噬的影响及 FUNDC1 在其中的作用研究	黄奕华	中山大学	广东省自然科学基金	2016A030310197	10.00
氟化生物源羟基磷灰石通过诱导单核 – 巨噬细胞极化调控 BMSCs 成骨分化的机制研究	李志鹏	中山大学	广东省自然科学基金	2016A030310173	10.00
MiR – 135b 调控 BMPs/Smads 信号通路在牙髓细胞成牙本质向分化中的作用及机制研究	宋 智	中山大学	广东省自然科学基金	2016A030310227	10.00
β – 防御素 2 双重调控 IL – 1β 进而调节慢性牙周炎活动性的免疫功能及其分子机制	王盼盼	中山大学	广东省自然科学基金	2016A030310214	10.00
衰老在放疗诱导口腔黏膜上皮恶性转化中作用的初步研究	吴 桐	中山大学	广东省自然科学基金	2016A030310217	10.00
同源盒基因 Lhx6 调控牙发育的时空规律及其分子机制	周 晨	中山大学	广东省自然科学基金	2016A030310220	10.00
Pathenolide 通过抑制 NF – κB 信号通路促进成骨细胞炎症修复机制	毛学理	中山大学	广东省自然科学基金	2016A030313262	10.00
脂磷壁酸经 PI3K/Akt/mTOR 信号轴调节巨噬细胞自噬的研究	彭志翔	中山大学	广东省自然科学基金	2016A030313267	10.00
Foxc2 对 BMP2 诱导牙乳头干细胞向成牙本质细胞分化的影响及机制研究	张 文	中山大学	广东省自然科学基金	2016A030313275	10.00
核酸酶 PNPase 调节应激态粪肠球菌致病性及生物膜形成的作用机制研究	马惊雷	中山大学	广东省医学科研基金青年项目	A2016277	0.50
miRNA 在人牙乳头细胞成牙本质向分化过程中调控作用的研究	曾 琪	中山大学	广东省医学科研基金青年项目	A2016298	0.50
衰老在鼻咽癌放疗诱导口腔黏膜上皮恶性转化中作用的初步研究	吴 桐	中山大学	广东省医学科研基金面上项目	A2016096	1.00
ICX 消毒口腔综合治疗台水路的实验研究	章小缓	中山大学	广东省医学科研基金面上项目	A2016026	1.00

续表 11

项目名称	项目负责人	单位	基金或资助项目全称	批准号或编号	资助金额（万元）
双牙弓前突患者矫治中口周肌电变化的临床研究	卢新华	中山大学	广东省医学科研基金面上项目	A2016417	0.50
两种量子点荧光探针定位口腔腺样囊性癌浸润前沿的效果比较	徐　萌	中山大学	广东省医学科研基金面上项目	A2016195	0.50
牙髓再生与生物牙髓治疗技术的研发和产业化	毛　剑	中山大学	广东省科技计划项目	2016B030229003	500.00
新型临床级干细胞分选系统 nABPCSTM 的科学论证和产业化研究	汪　华	中山大学	广东省科技计划项目	2016B030231001	500.00
牙源性干细胞的鉴定及其中口腔再生医学中的应用	林正梅	中山大学	广东省科技计划项目	2016B050502008	100.00
基于物联网的家用智能止鼾背垫研发	陶　谦	中山大学	广东省科技计划项目	2016A020220008	50.00
功能性纳米囊泡多层膜调控种植体－骨界面结合研究	滕　伟	中山大学	广东省科技计划项目	2016A050502012	50.00
MiR－221/222 海绵体靶向调控 PUMA 基因及 PTEN 基因增强口腔鳞癌放射敏感性	余东升	中山大学	广东省科技计划项目	2016A020216007	30.00
IPC 联合 IPO 逆转移植下颌下腺缺血再灌注损伤的作用机制研究	张思恩	中山大学	广东省科技计划项目	2016A020215095	10.00
IL－22 对牙周膜干细胞破骨向分化影响的研究	赵川江	中山大学	广东省科技计划项目	2016A020215178	10.00
石墨烯对变形链球菌的抑制作用及其在玻璃离子充填材料中的应用	赵　玮	中山大学	广东省科技计划项目	2016A020215094	10.00
IL－6 通过调控上皮充质转化诱导脑胶质瘤耐药的研究	谢思明	广东省口腔医院	广东省科技计划项目	2014A020212585	5.00
长链非编码 RNA 在人骨髓间充质干细胞成骨分化中的表达及分子机制研究	赵建江	广东省口腔医院	国家自然科学基金面上项目	81670950	58.00
钛表面生物活性衰变现象及其抑制机理的研究	卢海宾	广东省口腔医院	国家自然科学基金青年科学基金	81600900	17.00
Wnt16 在颞下颌关节骨关节炎中的时空表达及其调控软骨代谢的分子机制研究	刘显文	广东省口腔医院	国家自然科学基金青年科学基金	81600888	20.00
3D 打印个性化口腔医疗产品的研发与应用	兰泽栋	广东省口腔医院	广东省省级科技计划项目	2016B090916004	500.00
影响念珠菌溶血活性的相关因素	万　蕾	广东省口腔医院	广东省医学科研基金	A2016241	0.50
温敏培养复合细胞层片的成骨及血管化潜能研究	陈奕帆	广东省口腔医院	广东省医学科研基金	A2016394	0.50

续表 11

项目名称	项目负责人	单位	基金或资助项目全称	批准号或编号	资助金额（万元）
病源牙三维空间位置及牙周情况与牙周炎源性上颌窦炎 CBCT 表现的相关性研究	李晓敏	广东省口腔医院	广东省医学科研基金	A2016622	0.50
组蛋白去乙酰化酶介导的外周血 CD4 + T 淋巴细胞的组蛋白乙酰化修饰及其与口腔扁平苔藓关系的研究	申　俊	广东省口腔医院	广东省医学科研基金	A2016207	0.50
人深龋牙髓干细胞中靶向调节 TLR4 的 miRNAs 筛选研究	刘　影	广东省口腔医院	广东省医学科研基金	A2016212	0.50
载辛伐他汀纳米结构脂质载体促进下颌快速牵张成骨的实验研究	杨孝勤	广东省口腔医院	广东省医学科研基金	A2016219	0.50
移动 APP 在口腔种植患者管理中的建设与应用	叶慧铭	广东省口腔医院	广东省医学科研基金	A2016461	0.50
紫外线改性超亲水纯钛粗糙表面的生物学活性研究及机制探讨	李少冰	广东省口腔医院	广东省医学科研基金	A2016262	0.50
紫外光对纯钛表面微区元素化学态结合能影响及生物活性研究	高　岩	广东省口腔医院	广东省医学科研基金	A2016356	0.50
TGF - β1/TβR - Ⅰ、TβR - Ⅱ 信号轴与骨形成改建的相关性分析及 PNS 对牵张成骨骨愈合影响机制	周　诺	广西医科大学	国家自然科学基金面上项目	81670970	50.00
白裤瑶族龋相关基因多态性与低患龋率关系研究	曾晓娟	广西医科大学	国家自然科学基金地区基金项目	81660181	38.00
加载 rhBMP2 纳米短肽水凝胶 RADA16 - I 促进 HUC - MSCS 牙向分化再生牙髓的实验研究	吴　煜	广西医科大学	国家自然科学基金地区基金项目	81660182	36.00
AhR - Notch 信号通路对糖尿病状态巨噬细胞表型转化的调控及其在糖尿病牙槽骨缺损愈合中的作用	李　昊	广西医科大学	国家自然科学基金青年科学基金	81660181	18.00
前牙特征的数字化仿真修复关键技术	廖红兵	广西医科大学	广西科学基金面上项目	2016GXNSFAA 380289	5.00
增强芳香烃受体表达对糖尿病颌骨巨噬细胞表型转化的调节及其对骨髓间充质干细胞骨向分化的影响	李　昊	广西医科大学	广西科学基金面上项目	2016GXNSFAA 380168	5.00
广西白裤瑶少数民族遗传因素对其低患龋率的影响	曾晓娟	广西医科大学	广西科学基金面上项目	2016GXNSFAA 380284	5.00
DpC 在口腔癌、癌前病变中的疗效及机制研究	郭竹玲	海南医学院	2016 年海南省自然科学基金面上项目	20178330	10.00
Notch 信号对 EMT 的调控及其在口腔鳞癌侵袭和转移中的作用机制研究	郑根建	海南医学院	2016 年海南省重点研发计划社会发展	ZDYF2016113	50.00

续表 11

项目名称	项目负责人	单位	基金或资助项目全称	批准号或编号	资助金额（万元）
低强度脉冲超声激活 AhR 促进牙周炎组织修复的作用机制研究	胡　波	重庆医科大学附属口腔医院	国家自然科学基金青年科学基金	31600788	20.00
处理牙本质基质诱导牙囊细胞向成牙本质细胞分化的关键因子筛选及功能研究	郭丽娟	四川省遂宁市中心医院	国家自然科学基金青年科学基金	81600819	17.00
鸢尾素 Irisin 对牵张成骨的影响及其分子机制研究	李汶洋	重庆医科大学	国家自然科学基金青年科学基金	81600832	17.00
具有生物功能的个性化假体快速成型及 3D 打印关键技术研究与应用－个性化假体植入的 SOP 解决方案和标准	戴红卫	重庆医科大学	科技部重大项目子课题	2016YFC1100503	54.00
小鼠消化器官前体细胞谱系发生和命运决定的重要调控因子研究	赵天宇	重庆医科大学	科技部重大项目子课题	2015CB942801－1	20.00
小鼠消化器官前体细胞谱系发生和命运决定的重要调控因子研究	杨德琴	重庆医科大学	科技部重大项目子课题	2015CB942801－1	20.00
SDF－1 与 TATp 修饰的包裹放射性核素 131I 新型超声微泡靶向口腔癌及颈部淋巴转移的精准放疗的实验研究——疾病精准放疗技术研发及应用	季　平	重庆医科大学	重庆市科委重点项目子课题	－	30.00
新型超声微泡技术在口腔癌诊断及治疗中的应用	邱丽华	重庆医科大学	重庆市科委一般项目	cstc2016shmszx00010	20.00
重庆市 HIV 感染者口腔健康状况调查及口腔健康综合干预的应用研究	周　智	重庆医科大学	重庆市科委一般项目	cstc2016shmszx130044	20.00
炎症微环境下 BMP9 诱导大鼠牙囊干细胞的牙周骨组织再生研究	李丛华	重庆医科大学	重庆市科委一般项目	cstc2016jcyjA0243	5.00
3D 打印结构可控性 PCL－TCP 仿生骨修复支架的实验研究	张晓南	重庆医科大学	重庆市科委一般项目	cstc2016jcyjA0187	5.00
鸢尾素 Irisin 对牵张成骨骨折愈合的影响及其分子机制研究	李汶洋	重庆医科大学	重庆市科委一般项目	cstc2016jcyjA0205	2.50
脂肪源性干细胞膜片复合 PRF 膜促进口腔种植体周颌骨缺损修复的基础研究	郑雷蕾	重庆医科大学	重庆市科委一般项目	cstc2016jcyjA0238	2.50
低频脉冲超声对牙髓－牙本质复合体作用的研究	周　智	重庆医科大学	重庆市科委一般项目	cstc2016jcyjA0202	2.50
P 物质动员内源性干细胞归巢治疗骨关节炎及其机制研究	安　舒	重庆医科大学	重庆市科委一般项目	cstc2016jcyjA0200	5.00
BFP－1 多肽功能化修饰的仿生纳米纤维对 hiPSCs 成骨分化作用的研究	高　翔	重庆医科大学	重庆市科委一般项目	cstc2016jcyjA0199	5.00

续表 11

项目名称	项目负责人	单位	基金或资助项目全称	批准号或编号	资助金额（万元）
SCAP 分泌液促进 MSCs 迁移及成牙/成骨分化的研究	窦　磊	重庆医科大学	重庆市科委一般项目	cstc2016jcyjA0162	5.00
重庆地区 HIV/AIDS 患者口腔念珠菌感染、口内菌株药敏及 HAART 治疗效果的动态研究	陈方淳	重庆医科大学	重庆市卫生计生委重点项目	2016ZDXM020	10.00
替牙列期错𬌗畸形与腭部相关性的初步研究	卫光曦	重庆医科大学	重庆市卫生计生委面上项目	2016MSXM045	2.00
副神经化斜方肌穿支皮瓣精准修复口腔癌舌缺损的临床解剖应用研究	刘　平	重庆医科大学	重庆市卫生计生委面上项目	2016MSXM046	2.00
早期矫治的牙周炎患者血清中抗牙龈卟啉单胞菌的 IgG 抗体水平的研究	戴丽娜	重庆医科大学	重庆市卫生计生委面上项目	2016MSXM047	2.00
毫米波治疗灼口综合征临床疗效观察及免疫机制研究	李　敏	重庆医科大学	重庆市卫生计生委面上项目	2016MSXM048	2.00
等离子体射流对牙齿美白的机理研究与等离子美白治疗仪的研发	李丛华	重庆医科大学	重庆市卫生计生委面上项目	2016MSXM049	2.00
心理访谈对口腔专业护士自主学习能力的影响	郑　田	重庆医科大学	重庆市卫生计生委面上项目	2016MSXM050	2.00
特发性髁突吸收影像学分析及本体感觉咬合板治疗髁突吸收的疗效评估	陈　军	重庆医科大学	重庆市卫生计生委面上项目	2016MSXM051	2.00
单支锉镍钛预备系统与传统镍钛预备系统对热牙胶充填根尖微渗漏影响的体外研究	王青青	重庆医科大学	重庆市卫生计生委面上项目	2016MSXM052	2.00
SCAP 分泌液促进 MSCs 迁移及成牙/成骨分化的研究	窦　磊	重庆医科大学	重庆市教委一般项目	KJ1600214	2.00
鸢尾素 Irisin 对牵张成骨的影响及其分子机制研究	李汶洋	重庆医科大学	重庆市教委一般项目	KJ1600231	2.00
mTOR 信号介导视黄酸骨免疫调节牙周炎性骨组织再生的实验研究	张　燕	重庆医科大学	重庆市教委一般项目	KJ1600212	2.00
RANKL/RANK/OPG/MAPK 信号系统在唑来膦酸抑制破骨细胞作用机制的研究	廖　健	贵州医科大学	国家自然科学基金地区基金	81660179	36.00
口腔种植骨增量材料天然双相磷酸钙生物陶瓷的研制	廖　健	贵州医科大学	贵州省科学技术基金	黔科合基础［2016］1124	10.00
新型颌面软硬组织修复材料生物学评价及临床前研究	刘建国	遵义医学院	国家重点研发计划项目子课题	2016YFC1102804	12.10
新型颌面软硬组织修复材料临床研究	黄桂林	遵义医学院	国家重点研发计划项目子课题	2016YFC1102805	48.40

续表 11

项目名称	项目负责人	单位	基金或资助项目全称	批准号或编号	资助金额（万元）
MBMSCs 对颌骨骨质疏松代谢的意义及其关键 miRNA 的筛选与功能鉴定	杨晓红	遵义医学院	国家自然科学基金地区科学基金项目	81660180	45.60
组织特异性细胞外基质 - 水凝胶构建人工涎腺	黄桂林	遵义医学院	贵州省科学技术基金项目	黔科合基础[2016]1171	10.00
转谷氨酰胺酶 Factor XⅢ促进人尿源性干细胞成骨能力的实验研究	王　帅	遵义医学院	贵州省科学技术基金项目	黔科合基础[2016]1170	10.00
微种植体技术结合自锁托槽治疗轻中度骨性错殆畸形规范研究与推广	刘　彦	昆明医科大学	云南省科技厅省本级项目(科技惠民项目)	2016RA013	90.00
miR - 145 靶向作用 Sox9 调控 TGF - β 信号通路参与下颌髁突软骨生长发育的机制研究	李　松	昆明医科大学	国家自然科学基金地区科学基金项目	81660178	36.00
云南白药对破骨细胞分化及功能影响的作用机理	和红兵	昆明医科大学	国家自然科学基金地区科学基金项目	81660184	36.00
99Tc - MDP 对 OPG/RANKL/RANK 系统在颌骨成釉细胞瘤中的调节机制研究	王卫红	昆明医科大学	国家自然科学基金地区科学基金项目	81660187	36.00
PDGF - BB/PDGFR - β 介导口腔鳞癌细胞诱导成纤维细胞重编程活化为癌相关成纤维细胞的作用及机制	何永文	昆明医科大学	国家自然科学基金地区科学基金项目	81660448	34.00
滇重楼对人舌鳞癌 cal - 27 细胞凋亡及 MIF 表达影响的研究	刘　屿	昆明医科大学	云南省教育厅指导性项目	2016ZDX064	2.00
云南白药联合辅酶 Q10 治疗中重度牙周炎临床疗效研究	任晓斌	昆明医科大学	云南省教育厅指导性项目	2016ZDX065	2.00
松树皮源原花青素防治牙本质过敏效果及机理研究	唐成芳	西安医学院	国家自然科学基金应急管理项目	81641150	10.00
角度基台种植修复体骨组织改建的研究	马新扬	西安医学院	陕西省社会发展科技公关项目	2016SF - 148	5.00
再生性牙髓治疗处理年轻恒牙牙髓坏死的临床研究	赵　媛	兰州大学	中华口腔医学会	CSA - W2016 - 09	5.00
Wnt5a 正向调节 IL - 17 参与牙髓免疫调节机制的研究	赵　媛	兰州大学	国家自然科学基金青年科学基金	81500835	18.00
长链非编码 RNA(LncRNA)调控人牙周膜干细胞骨向分化的功能及机制	殷丽华	兰州大学	甘肃省科技厅	1606RJZA095	3.00
多巴胺诱导医用镁合金仿生矿化涂层的构建	曹宝成	兰州大学	甘肃省科技厅	1604FKCA089	10.00
儿童口腔疾病综合干预项目	李志革	兰州大学	甘肃省卫生和计划生育委员会	甘财社[2016]30 号	14.00
基于 3D 多孔支架材料 PGS/PLA 共培养体系构建组织工程化颞下颌关节盘的实验研究	包广洁	西北民族大学	国家自然科学基金	81660198	35.00

续表 11

项目名称	项目负责人	单位	基金或资助项目全称	批准号或编号	资助金额（万元）
中国牙病防治基金会孤残儿童口腔疾病综合防治项目	周海静	西北民族大学	中国牙病防治基金会	8013	5.00
舌鳞状细胞癌患者口腔微生物群落结构多样性的研究	张菊梅	西北民族大学	甘肃省青年科技基金	1606RJYA238	2.00
学龄儿童口腔健康综合干预项目(2016 年度)	张菊梅	西北民族大学	中华口腔医学会	XBMU－2016－BC－19	8.00
基因组病的无创产前诊断技术及配套试剂的研发	黄永清	宁夏医科大学	"十三五"国家重点研发计划	2016YFC1000703	60.00
双生子样本全外显子组测序筛查非综合征型唇腭裂易感基因研究	马　坚	宁夏医科大学	国家自然科学基金青年科学基金	81600853	23.00
复合 ADSCs/β－TCP 组织工程骨与 CGF 修复兔下颌骨缺损的实验研究	乔光伟	宁夏医科大学	宁夏自然科学基金	NZ16271	3.00
侧向拉力螺钉技术治疗髁突矢状骨折的生物力学模型及验证	景　捷	宁夏医科大学	宁夏科技攻关项目	2016KJHM51	5.00
中国人群非综合症型唇腭裂筛查基因芯片的研发及临床验证研究	马　坚	宁夏医科大学	宁夏科技攻关项目	2016KJHM56	12.00
综合征型唇腭裂全基因组外显子捕获测序定位致病基因研究	马　坚	宁夏医科大学	宁夏高等学校科学研究项目	NGY2016121	5.00
鼻咽癌放射治疗对龈下菌斑中牙周炎致病菌的影响	杨长怡	宁夏医科大学	宁夏高等学校科学研究项目	NGY2016098	1.50
对宁夏南部山区回汉族育龄期父母唇腭裂预防知识的健康教育	马彦玲	宁夏医科大学	宁夏回族自治区卫生厅重点项目	2016－NW－004	0.80
新疆地区口腔颌面创伤流行病学调查和数据库的研制	阿地力·莫明	新疆医科大学	国家自然科学基金	81660190	36.00
3D 打印构建个性化组织工程颌骨体内可降解支架模型及其成骨机制的研究	何惠宇	新疆医科大学	国家自然科学基金	81660177	39.00

2016 年出版发行的口腔医学图书

［本栏目收录的图书目录为我国内地口腔医学或相关学科教师、医师所编（著、译）并公开出版发行的口腔医学专业图书，时限自 2016 年 1－12 月，个别增补 2015 年。按各类图书书名的首字汉语拼音字母顺序排序］

著作与教材

Atlas of Oral Microbiology（英文版）

主　　编　周学东　李雨庆

出　　版　Elsevier 出版集团　浙江大学出版社

出版日期 2016 年 1 月
开　　本 16 开
字　　数 430 千字
页　　数 110 页
定　　价 58.00 元

JCP 临床牙周病学 – 附着龈的意义及增宽附着龈的方法专辑(中文版)
原　　著 (意)马里奇奥·托尼提
(Maurizio Tonetti)
译　　者 章锦才
出　　版 辽宁科学技术出版社
出版日期 2016 年 7 月
开　　本 大 16 开
字　　数 100 千字
页　　数 40 页
定　　价 50.00 元

安氏 I 类错𬌗 – 正畸诊断与治疗
主　　编 段银钟　米丛波
出　　版 人民军医出版社
出版日期 2016 年 4 月
开　　本 16 开
字　　数 296 千字
页　　数 204 页
定　　价 150.00 元

病理学(双语版　第 3 版)(供临床·预防·基础·口腔·麻醉·影像·药学·检验·护理·法医等专业用)(全国高等医药院校规划教材)
主　　编 陈莉　周士东
出　　版 科学出版社
出版日期 2016 年 1 月
开　　本 16 开
字　　数 952 千字
页　　数 450 页
定　　价 89.80 元

病原生物学(第 5 版)(供基础·预防·临床·口腔医学类专业用)("十二五"普通高等教育本科国家规划教材全国高等医学院校教材)
主　　编 罗恩杰
出　　版 科学出版社
出版日期 2016 年 2 月
开　　本 16 开
字　　数 972 千字
页　　数 430 页
定　　价 69.00 元

断层解剖实验学(供临床·基础·预防·护理·口腔·影像等专业用)
主　　编 付升旗　徐国成
出　　版 高等教育出版社
出版日期 2016 年 11 月
开　　本 16 开
字　　数 300 千字
页　　数 186 页
定　　价 26.00 元

多曲方丝弓正畸临床实战(第一卷)
主　　编 (韩)金贞一
主　　译 常新　林久祥
出　　版 人民卫生出版社
出版日期 2016 年 6 月
开　　本 16 开
字　　数 676 千字
页　　数 305 页
定　　价 158.00 元

儿童牙外伤诊疗图解(口腔住院医师专科技术图解丛书)
总 主 编 樊明文　葛立宏　葛林虎
主　　编 曾素娟
出　　版 人民卫生出版社
出版日期 2016 年 2 月
开　　本 16 开
字　　数 118 千字
页　　数 65 页
定　　价 48.00 元

华西口腔百年史话(第 4 版)
主　　编 周学东　谭静
出　　版 人民卫生出版社
出版日期 2016 年 9 月
开　　本 16 开
字　　数 770 千字
页　　数 500 页
定　　价 95.00 元

简明直丝弓矫治技术图解(口腔住院医师专科技术图解丛书)

总 主 编　樊明文　葛立宏　葛林虎

主　　编　陈建明

出　　版　人民卫生出版社

出版日期　2016 年 2 月

开　　本　16 开

字　　数　165 千字

页　　数　95 页

定　　价　66.00 元

剑胆琴心　上下求索　邱蔚六

著　　者　严伟明

出　　版　上海交通大学出版社

出版时间　2015 年 9 月

开　　本　16 开

字　　数　492 千字

页　　数　409 页

定　　价　188.00 元

可摘义齿修复工艺技术(第 3 版)(“十二五”职业教育国家规划立项教材　全国中等卫生职业教育教材)(供口腔修复工艺专业用)

主　　编　杜士民　战文吉

出　　版　人民卫生出版社

出版日期　2016 年 2 月

开　　本　16 开

字　　数　524 千字

页　　数　314 页

定　　价　64.00 元

口面肌功能治疗临床诊疗手册

主　　编　史真

出　　版　人民卫生出版社

出版日期　2016 年 9 月

开　　本　16 开

页　　数　132 页

定　　价　68.00 元

口腔工艺材料应用(第 3 版)(“十二五”职业教育国家规划立项教材　全国中等卫生职业教育教材)(供口腔修复工艺专业用)

主　　编　马冬梅

出　　版　人民卫生出版社

出版日期　2016 年 2 月

开　　本　16 开

字　　数　200 千字

页　　数　111 页

定　　价　26.00 元

口腔工艺设备使用与养护(第 2 版)(“十二五”职业教育国家规划立项教材　全国中等卫生职业教育教材)(供口腔修复工艺专业用)

主　　编　李新春

出　　版　人民卫生出版社

出版日期　2016 年 2 月

开　　本　16 开

字　　数　225 千字

页　　数　122 页

定　　价　26.00 元

口腔固定修复工艺技术(第 3 版)(“十二五”职业教育国家规划立项教材　全国中等卫生职业教育教材)(供口腔修复工艺专业用)

主　　编　王菲　米新峰

出　　版　人民卫生出版社

出版日期　2016 年 2 月

开　　本　16 开

字　　数　437 千字

页　　数　269 页

定　　价　60.00 元

口腔颌面颈部创伤 - Vol. 3(“十二五”国家重点出版物出版规划项目　国家出版基金资助项目)

主　　编　邱蔚六　韩德民　张志愿

副 主 编　张益　刘彦普

出　　版　长江出版传媒　湖北科学技术出版社

出版日期　2016 年 11 月

开　　本　16 开

字　　数　750 千字

页　　数　396 页

定　　价　448.00 元

口腔激光疗法

主　　编　赵强

出　　版　人民卫生出版社

出版日期　2016 年 9 月

开　　本　16 开
字　　数　248 千字
页　　数　189 页
定　　价　96.00 元

口腔疾病概要（第 3 版）（"十二五"职业教育国家规划立项教材　全国中等卫生职业教育教材）（供口腔修复工艺专业用）

主　　编　葛秋云　杨利伟
出　　版　人民卫生出版社
出版日期　2016 年 2 月
开　　本　16 开
字　　数　300 千字
页　　数　174 页
定　　价　30.00 元

口腔解剖与牙雕刻技术（第 2 版）（"十二五"职业教育国家规划立项教材　全国中等卫生职业教育教材）（供口腔修复工艺专业用）

主　　编　马惠萍　翟远东
出　　版　人民卫生出版社
出版日期　2016 年 2 月
开　　本　16 开
字　　数　324 千字
页　　数　192 页
定　　价　32.00 元

口腔科临床护理

主　　编　丁淑贞　丁全峰
出　　版　中国协和医科大学出版社
出版时间　2016 年 7 月
开　　本　16 开
字　　数　270 千字
页　　数　356 页
定　　价　50.00 元

口腔临床摄影口袋宝典

主　　编　刘峰　李祎
出　　版　人民卫生出版社
出版时间　2016 年 6 月
开　　本　32 开
字　　数　99 千字
页　　数　78 页
定　　价　100.00 元

口腔科学（全国普通高等医学院校五年制临床医学专业"十三五"规划教材）（供五年制临床医学专业用）

主　　审　张志愿
主　　编　王旭霞　杨征
副 主 编　石屹　董刚　刘博
出　　版　中国医药科技出版社
出版日期　2016 年 10 月
开　　本　16 开
字　　数　382 千字
页　　数　213 页
定　　价　45.00 元

口腔科学临床见习指导（全国高等医学院校临床见习系列规划教材）

主　　编　罗志晓　冷卫东
出　　版　科学出版社
出版日期　2016 年 9 月
开　　本　32 开
字　　数　41 千字
页　　数　104 页
定　　价　15.00 元

口腔科药物治疗学

主　　编　王晓娟
出　　版　西安交通大学出版社
出版日期　2016 年 11 月
开　　本　16 开
字　　数　343 千字
页　　数　220 页
定　　价　30.00 元

口腔科诊疗常规（第 2 版）

主　　编　北京儿童医院
出　　版　人民卫生出版社
出版日期　2016 年 6 月
开　　本　16 开
字　　数　277 千字
页　　数　224 页
定　　价　69.00 元

口腔临床修复材料学

著　　者　杨华伟
出　　版　同济大学出版社
出版日期　2016 年 6 月

开　　本　16 开
字　　数　349 千字
页　　数　214 页

口腔美学修复策略

原　　著　（意）Stefano Inglese
主　　译　刘峰　师晓蕊
出　　版　北方联合出版传媒（集团）股份有限公司　辽宁科学技术出版社
出版日期　2016 年 9 月
开　　本　16 开
字　　数　400 千字
页　　数　293 页
定　　价　398.00 元

口腔美学修复精粹（第一卷）

主　　编　（日）山崎长郎
主　　译　黄河　金辰
出　　版　北方联合出版传媒（集团）股份有限公司　辽宁科学技术出版社
出版日期　2016 年 11 月
开　　本　16 开
字　　数　150 千字
页　　数　113 页
定　　价　168.00 元

口腔门诊镇静镇痛技术及治疗前评估

主　　编　郁葱
出　　版　人民卫生出版社
出版日期　2016 年 1 月
开　　本　32 开
字　　数　300 千字
页　　数　371 页
定　　价　79.00 元

口腔内科学（“十三五”普通高等教育规划新教材）（高等医药教材编写委员会专家审定）

主　　编　方兆奇　周静萍　史同庆　柴琳
出　　版　天津出版传媒集团　天津科学技术出版社
出版日期　2016 年 8 月
开　　本　16 开
字　　数　900 千字
页　　数　536 页
定　　价　69.00 元

口腔内科诊疗技术（全国高职高专口腔医学专业“十二五”规划教材）（供口腔医学、口腔医学技术专业使用）

主　　编　熊均平　杨旭
出　　版　郑州大学出版社
出版日期　2016 年 8 月
开　　本　32 开
定　　价　33.00 元

口腔黏膜病临床病例精解（口腔住院医师专科技术图解丛书）

总 主 编　樊明文　葛立宏　葛林虎
主　　编　周刚
出　　版　人民卫生出版社
出版日期　2016 年 3 月
开　　本　16 开
字　　数　331 千字
页　　数　206 页
定　　价　98.00 元

口腔生理学基础（第 3 版）（“十二五”职业教育国家规划立项教材　全国中等卫生职业教育教材）（供口腔修复工艺专业用）

主　　编　乔瑞科
出　　版　人民卫生出版社
出版日期　2016 年 2 月
开　　本　16 开
字　　数　150 千字
页　　数　74 页
定　　价　22.00 元

口腔外科小手术操作指南（第 2 版）

原　　著　（美）梅赫拉 Pushkar Mehra　Richard D' Innoceazo
主　　译　胡开进
出　　版　世界图书出版社
出版日期　2016 年 6 月
开　　本　16 开
字　　数　400 千字
页　　数　304 页
定　　价　138.00 元

口腔微生物学实验指导（四川大学精品立项教材）

主　　编　李雨庆
主　　审　肖丽英
出　　版　四川大学出版社
出版日期　2016 年 11 月
开　　本　16 开
字　　数　178 千字
页　　数　108 页
定　　价　20.00 元

口腔修复学实训教程（全国“十三五”应用型人才创新教育数字化教材）
主　　编　曲竹丽　王喜军
出　　版　西安交通大学出版社
出版日期　2016 年 8 月
开　　本　16 开
字　　数　156 千字
页　　数　100 页
定　　价　31.30 元

口腔学医基础实验教程（全国高等院校医学实验教学规划教材）
主　　编　聂红兵
出　　版　科学出版社
出版日期　2016 年 1 月
开　　本　16 开
字　　数　168 千字
页　　数　114 页
定　　价　39.00 元

口腔医学口腔病理科分册（国家卫生和计划生育委员会住院医师规范化培训规划教材）
主　　编　钟鸣　王洁
副 主 编　王佐林　周诺　胡勤刚　董福生
出　　版　人民卫生出版社
出版时间　2016 年 3 月
开　　本　16 开
字　　数　1 128 千字
页　　数　631 页
定　　价　138.00 元

口腔医学口腔颌面外科分册（国家卫生和计划生育委员会住院医师规范化培训规划教材）
主　　编　俞光岩　王慧明
副 主 编　王佐林　周诺　胡勤刚　董福生
出　　版　人民卫生出版社
出版时间　2016 年 1 月
开　　本　16 开
字　　数　743 千字
页　　数　412 页
定　　价　95.00 元

口腔医学口腔全科分册（国家卫生和计划生育委员会住院医师规范化培训规划教材）
主　　编　周学东　白玉兴
出　　版　人民卫生出版社
出版日期　2016 年 11 月
开　　本　大 16 开
字　　数　716 千字
页　　数　395 页
定　　价　108.00 元

口腔医学口腔修复科分册（国家卫生和计划生育委员会住院医师规范化培训规划教材）
主　　编　周延民　陈吉华
出　　版　人民卫生出版社
出版日期　2016 年 8 月
开　　本　16 开
字　　数　413 千字
页　　数　222 页
定　　价　89.00 元

口腔医学美学基础（第 3 版）（“十二五”职业教育国家规划立项教材　全国中等卫生职业教育教材）（供口腔修复工艺专业用）
主　　编　王丽
出　　版　人民卫生出版社
出版日期　2016 年 1 月
开　　本　16 开
字　　数　225 千字
页　　数　123 页
定　　价　32.00 元

口腔医学实验教程（高等医药院校教材）（供口腔及相关专业用）
主　　编　郑根建
副 主 编　符起亚　段莉　李鹏程
出　　版　人民卫生出版社
出版日期　2016 年 7 月

开　　本　16 开
字　　数　624 千字
页　　数　392 页
定　　价　60.00 元

口腔粘接技术成功的关键
主　　编　F. Mangani　A. Putignano　A. Cerutti
主　　译　周锐　闫峻　丁大伟
出　　版　北方联合出版传媒(集团)股份有限公司　辽宁科学技术出版社
出版日期　2016 年 3 月
开　　本　16 开
字　　数　500 千字
页　　数　407 页
定　　价　498.00 元

口腔诊所开业法规(第 2 版)
编　　著　李刚
出　　版　人民卫生出版社
出版日期　2016 年 12 月
开　　本　16 开
字　　数　419 千字
页　　数　342 页
定　　价　56.00 元

口腔正畸工艺技术(第 3 版)("十二五"职业教育国家规划立项教材　全国中等卫生职业教育教材)(供口腔修复工艺专业用)
主　　编　马玉革
出　　版　人民卫生出版社
出版日期　2016 年 2 月
开　　本　16 开
字　　数　250 千字
页　　数　135 页
定　　价　25.00 元

口腔正畸学实验教程
主　　编　蔡斌　曹阳
出　　版　中山大学出版社
出版日期　2016 年 10 月
开　　本　32 开
字　　数　100 千字
页　　数　74 页
定　　价　38.00 元

口腔执业素质必备
主　　编　石冰　华成舸
出　　版　人民卫生出版社
出版日期　2016 年 4 月
开　　本　16 开
字　　数　千字
页　　数　203 页
定　　价　45.00 元

口腔种植的牙槽嵴骨增量程序:分阶段方案
(ITI Treatment Guide 第七卷)
主　　编　(意)S. Chen　D. Buser　D. Wismeijer
主　　译　宿玉成
出　　版　北方联合出版传媒(集团)股份有限公司　辽宁科学技术出版社
出版日期　2016 年 9 月
开　　本　16 开
字　　数　450 千字
页　　数　215 页
定　　价　298.00 元

口腔种植体基台临床设计与制作指南
著　　者　(美)Hamid　R. Shafie
主　　译　崔广
主　　审　宿玉成　宫琳
出　　版　人民军医出版社
出版日期　2016 年 2 月
开　　本　16 开
字　　数　298 千字
页　　数　180 页
定　　价　368.00 元

口腔组织及病理学基础(第 2 版)("十二五"职业教育国家规划立项教材　全国中等卫生职业教育教材)(供口腔修复工艺专业用)
主　　编　刘钢
出　　版　人民卫生出版社
出版日期　2016 年 2 月
开　　本　16 开
字　　数　200 千字
页　　数　105 页

定　　价　25.00 元

口腔专业学位硕士研究生临床操作标准

主　　编　李冰
出　　版　山西科学技术出版社
出版时间　2016 年 12 月
开　　本　16 开
字　　数　430 千字
页　　数　444 页
定　　价　59.00 元

临床路径释义口腔科分册（临床路径释义丛书）

主　　编　葛立宏
出　　版　中国协和医科大学出版社
出版日期　2016 年 10 月
开　　本　16 开
字　　数　300 千字
页　　数　202 页
定　　价　58.00 元

临床营养学（第 3 版）（普通高等教育“十一五”国家级规划教材）（供临床·预防·基础·口腔·麻醉·影像·药学·检验·护理·法医等专业使用）

主　　编　孙秀发　凌文华
出　　版　科学出版社
出版日期　2016 年 3 月
开　　本　16 开
字　　数　597 千字
页　　数　295 页
定　　价　59.80 元

临床诊疗指南口腔医学分册（2016 修订版）

编　　著　中华口腔医学会
出　　版　人民卫生出版社
出版日期　2016 年 9 月
开　　本　16 开
字　　数　602 千字
页　　数　406 页
定　　价　78.00 元

膜龈美学手术精要

原　　著　（意）乔尼瓦·祖凯利
　　　　　（Giovanni Zucchelli）
主　　译　束蓉
出　　版　辽宁科学技术出版社
出版日期　2016 年 7 月
开　　本　16 开
字　　数　1 350 千字
页　　数　850 页
定　　价　1 588.00 元

镍钛根管预备和热牙胶根管充填技术图解

（口腔住院医师专科技术图解丛书）

总 主 编　樊明文　葛立宏　葛林虎
主　　编　江千舟　杨雪超
出　　版　人民卫生出版社
出版日期　2016 年 2 月
开　　本　16 开
字　　数　165 千字
页　　数　98 页
定　　价　52.00 元

全科医学导论（供临床·预防·中医·护理·口腔·基础等专业用）（中国科学院教材建设专家委员会规划教材　全国高等医药院校规划教材）

主　　编　刘铮然　王素华
出　　版　科学出版社
出版日期　2016 年 8 月
开　　本　16 开
字　　数　350 千字
页　　数　189 页
定　　价　35.00 元

生物化学（第 3 版）（供临床·基础·预防·麻醉·检验·口腔·药学·影像·护理等专业用）（全国高等学校医学规划教材）

主　　编　田余祥
出　　版　高等教育出版社
出版日期　2016 年 1 月
开　　本　16 开
字　　数　920 千字
页　　数　463 页
定　　价　59.00 元

实用儿童口腔医学

主　　编　文玲英　吴礼安
出　　版　人民军医出版社
出版日期　2016 年 1 月
开　　本　16 开

字　　数　565 千字
页　　数　360 页
定　　价　299.00 元

实用口腔护理技术

主　　编　李秀娥　王春丽
出　　版　人民卫生出版社
出版日期　2016 年 1 月
开　　本　16 开
字　　数　697 千字
页　　数　338 页
定　　价　89.00 元

实用口腔护士操作手册(初级篇)

主　　编　吴宣　张卫红　宋清
出　　版　中国协和医科大学出版社
出版日期　2016 年 3 月
开　　本　32 开
字　　数　100 千字
页　　数　181 页
定　　价　25.00 元

实用口腔科学(第 4 版)

主　　编　张震康　俞光岩　徐韬
出　　版　人民卫生出版社
出版日期　2016 年 9 月
开　　本　大 16 开
字　　数　2 641 千字
页　　数　1 240 页
定　　价　238.00 元

实用口腔医学词典

主　　编　(美)查尔斯 · A. 巴布仕
　　　　　玛格丽特 · J · 费伦巴赫
　　　　　玛丽 · 埃蒙斯
　　　　　大卫 · W. 努涅兹
主　　审　周学东
主　　译　吴红崑
出　　版　辽宁科学技术出版社
出版日期　2016 年 3 月
开　　本　32 开
字　　数　800 千字
页　　数　615 页
定　　价　150.00 元

数字化口腔种植外科技术

主　　编　张健
出　　版　辽宁科学技术出版社
出版日期　2016 年 6 月
开　　本　16 开
页　　数　380 页
定　　价　398.00 元

微创拔牙术图解(口腔住院医师专科技术图解丛书)

总 主 编　樊明文　葛立宏　葛林虎
主　　编　张清彬　陈宇
出　　版　人民卫生出版社
出版日期　2016 年 2 月
开　　本　16 开
字　　数　118 千字
页　　数　62 页
定　　价　39.00 元

微创牙体修复技术图解(口腔住院医师专科技术图解丛书)

总 主 编　樊明文　葛立宏　葛林虎
主　　编　杨雪超　江千舟
出　　版　人民卫生出版社
出版日期　2016 年 2 月
开　　本　16 开
字　　数　189 千字
页　　数　112 页
定　　价　58.00 元

无牙颌的种植修复图解(口腔住院医师专科技术图解丛书)

总 主 编　樊明文　葛立宏　葛林虎
主　　编　郭吕华
出　　版　人民卫生出版社
出版日期　2016 年 1 月
开　　本　16 开
字　　数　165 千字
页　　数　103 页
定　　价　55.00 元

系统性疾病(糖尿病)相关口腔疾病的基础与临床

主　　编　吉东
出　　版　科学技术文献出版社
出版时间　2016 年 11 月

开　　本　16 开
字　　数　299 千字
印　　张　204 页
定　　价　98.00 元

现代临床口腔科疾病诊治
主　　编　程维平　李立恒　陈书宝
出　　版　吉林科学技术出版社
出版日期　2016 年 6 月
定　　价　88.00 元

现代口腔正畸技术与临床思维
主　　编　张栋梁
出　　版　清华大学出版社
出版日期　2016 年 9 月
开　　本　16 开
字　　数　202 千字
页　　数　136 页
定　　价　198 元

牙及牙槽外科学(国家卫生和计划生育委员会“十三五”规划教材　全国高等学校研究生规划教材)(供口腔医学类专业用)
主　　编　胡开进
副 主 编　潘剑
出　　版　人民卫生出版社
出版日期　2016 年 8 月
开　　本　16 开
字　　数　815 千字
页　　数　514 页
定　　价　150.00 元

牙科诊所经营管理之学与思
主　　编　于秦曦
副 主 编　于大光
出　　版　人民卫生出版社
出版日期　2016 年 6 月
开　　本　16 开
字　　数　333 千字
页　　数　279 页
定　　价　50.00 元

牙髓根尖周病病例分析与临床实战
主　　译　侯本祥
出　　版　辽宁科学技术出版社
出版日期　2016 年 5 月
开　　本　16 开
字　　数　300 千字
页　　数　208 页
定　　价　180 元

牙体解剖与雕刻训练教程
主　　编　孙宏亮
出　　版　人民卫生出版社
出版日期　2016 年 12 月
开　　本　16 开
页　　数　135 页
定　　价　65.00 元

牙周与种植美学成形手术——显微外科理念与技术
主　　编　(德)Otto Zuhr　Marc HüZELER
主　　译　陈波
出　　版　人民军医出版社
出版日期　2016 年 6 月
开　　本　16 开
字　　数　1 409 千字
页　　数　843 页
定　　价　1 500.00 元

眼 · 耳鼻咽喉 · 口腔科学(第 3 版)(高等教育临床医学专业规划教材)
主　　编　郭丹
出　　版　河南医科大出版社
出版日期　2016 年 6 月
开　　本　32 开
定　　价　69.00 元

眼耳鼻喉口腔科护理
主　　编　桂平　张爱芳
出　　版　人民卫生出版社
出版日期　2016 年 7 月
开　　本　16 开
页　　数　174 页
定　　价　34.00 元

眼耳鼻喉口腔科护理学(全国卫生高等职业教育规划教材)(供护理类专业用)
主　　编　刘淑贤　李秀娥
出　　版　北京大学医学出版社

出版日期　2016 年 10 月
开　　本　16 开
字　　数　806 千字
页　　数　493 页
定　　价　56.00 元

眼耳鼻喉口腔科学(第 2 版)(全国卫生高等职业教育规划教材　供临床医学类专业用)
主　　编　马建民　王宁宇　江泳
出　　版　北京大学医学出版社
出版日期　2016 年 2 月
开　　本　16 开
字　　数　944 千字
页　　数　596 页
定　　价　66.00 元

眼耳鼻喉口腔科学(全国高职高专院校创新教材)(供临床医学专业用)
主　　编　戴馨　郭丹
出　　版　人民卫生出版社
出版日期　2016 年 6 月
开　　本　16 开
字　　数　674 千字
页　　数　412 页
定　　价　78.00 元

眼耳鼻咽喉口腔科护理
主　　编　陈国富　高健铭
出　　版　人民卫生出版社
出版日期　2016 年 6 月
开　　本　16 开
页　　数　241 页
定　　价　45.00 元

眼耳鼻咽喉口腔科护理(第 2 版)
主　　编　王锐
出　　版　人民卫生出版社
出版日期　2016 年 11 月
开　　本　16 开
页　　数　273 页
定　　价　45.00 元

眼耳鼻咽喉口腔科疾病(第 2 版)
主　　编　王锐
出　　版　人民卫生出版社
出版日期　2016 年 10 月
开　　本　16 开
页　　数　303 页
定　　价　90.00 元

正颌外科学临床精要(第 2 版)
著　　者　(德)约翰(Johan P · Reyneke)
主　　译　赵颖
出　　版　人民军医出版社
出版日期　2016 年 9 月
开　　本　16 开
字　　数　387 千字
页　　数　244 页
定　　价　295.00 元

智齿外科学图谱
主　　编　鲁大鹏
主　　审　王兴
出　　版　人民卫生出版社
出版日期　2016 年 5 月
开　　本　大 16 开
字　　数　792 千字
页　　数　381 页
定　　价　208.00 元

中国口腔医学年鉴 2015 年卷
主　　编　周学东
出　　版　四川科学技术出版社
出版日期　2016 年 8 月
开　　本　16 开
字　　数　400 千字
页　　数　266 页
定　　价　80.00 元

中国口腔医学文化博览
总 顾 问　张震康
顾　　问　邱蔚六　王大章　樊明文　王兴
主　　编　赵铱民　李世俊
出　　版　人民卫生出版社
出版日期　2016 年 3 月
开　　本　16 开
字　　数　296 千字
页　　数　263 页

定　　价　86.00 元

中国口腔种植临床精萃(2016 年卷)

名誉主编　邱蔚六　王大章

主　　编　王兴　刘宝林

执行主编　宿玉成

秘　　书　赵阳　刘　王强

出　　版　北方联合出版传媒(集团)股份有限公司　辽宁科学技术出版社

出版日期　2016 年 9 月

开　　本　16 开

字　　数　2 600 千字

页　　数　990 页

定　　价　568.00 元

中国龋病防治指南 2016 版

主　　编　冯希平

出　　版　人民卫生出版社

出版日期　2016 年 8 月

开　　本　16 开

字　　数　75 千字

页　　数　35 页

定　　价　14.00 元

中华医学百科全书　中医耳鼻咽喉口腔科学(国家出版基金项目)

主　　编　王士贞　刘蓬

出　　版　中国协和医科大学出版社

出版日期　2016 年 10 月

开　　本　16 开

页　　数　280 页

定　　价　230.00 元

住院医师规范化培训口腔科示范案例(“十三五”国家重点图书出版规划项目)

主　　编　朱亚琴

出　　版　上海交通大学出版社

出版日期　2016 年 6 月

开　　本　32 开

页　　数　488 页

定　　价　148.00 元

组织学与胚胎学(第 2 版)(供基础·临床·预防·口腔·护理等医学类专业使用(普通高等教育“十三五”规划教材)

主　　编　王亚平　周雪

出　　版　科学出版社

出版日期　2016 年 8 月

开　　本　32 开

定　　价　59.00 元

医师考试类

口腔颌面外科学全国卫生专业技术资格考试指导 2017

编　　写　全国卫生专业技术资格考试用书编写专家委员会

出　　版　人民卫生出版社

出版日期　2016 年 10 月

开　　本　16 开

字　　数　761 千字

页　　数　452 页

定　　价　102.00 元

口腔科主治医师资格考试精选题集 2017

主　　编　卫生专业职称考试研究专家组

出　　版　中国医药科技出版社

出版日期　2016 年 9 月

开　　本　16 开

字　　数　283 千字

页　　数　182 页

定　　价　35.00 元

口腔内科学全国卫生专业技术资格考试指导 2017

编　　写　全国卫生专业技术资格考试用书编写专家委员会编写

出　　版　人民卫生出版社

出版日期　2016 年 10 月

开　　本　16 开

字　　数　735 千字

页　　数　435 页

定　　价　102.00 元

口腔医学(综合)全国卫生专业技术资格考试指导 2017

编　　写　全国卫生专业技术资格考试用书编写专家委员会

出　　版　人民卫生出版社

出版日期　2016 年 11 月
开　　本　16 开
字　　数　708 千字
页　　数　424 页
定　　价　92.00 元

口腔医学技术全国卫生专业技术资格考试指导 2017

编　　写　全国卫生专业技术资格考试用书编写专家委员会编写
出　　版　人民卫生出版社
出版日期　2016 年 10 月
开　　本　16 开
字　　数　656 千字
页　　数　394 页
定　　价　92.00 元

口腔医学技术精选习题集 2017（全国卫生专业技术资格考试习题集丛书）

主　　编　林雪峰　付强
出　　版　人民卫生出版社
出版日期　2016 年 11 月
开　　本　16 开
字　　数　288 千字
页　　数　149 页
定　　价　45.00 元

口腔执业医师国家医师资格考试模拟试卷 2017

主　　编　陈智
出　　版　人民卫生出版社
出版日期　2016 年 10 月
开　　本　16 开
字　　数　608 千字
页　　数　388 页
定　　价　76.00 元

口腔执业医师国家医师资格考试模拟试题解析 2017

主　　编　医师资格考试指导用书专家编写组
出　　版　人民卫生出版社
出版日期　2016 年 10 月
开　　本　16 开
字　　数　389 千字
页　　数　243 页
定　　价　68.00 元

口腔执业医师国家医师资格考试实践技能考试理论必备与操作指南 2017

主　　编　周洪
出　　版　人民卫生出版社
出版日期　2016 年 11 月
开　　本　16 开
字　　数　640 千字
页　　数　385 页
定　　价　72.00 元

口腔执业医师国家医师资格考试实践技能指导用书 2017

主　　编　医师资格考试指导用书专家编写组
出　　版　人民卫生出版社
出版日期　2016 年 10 月
开　　本　16 开
字　　数　358 千字
页　　数　211 页
定　　价　60.00 元

口腔执业医师国家医师资格考试医学综合指导用书 2017

主　　编　医师资格考试指导用书专家编写组
出　　版　人民卫生出版社
出版日期　2016 年 10 月
开　　本　16 开
字　　数　1 985 千字
页　　数　948 页
定　　价　185.00 元

口腔执业医师资格考试易混易错 2000 题 2016

主　　编　吴补领
出　　版　中国医药科技出版社
出版日期　2016 年 5 月
开　　本　16 开
字　　数　427 千字
页　　数　247 页
定　　价　35.00 元

口腔执业助理医师国家医师资格考试模拟试卷 2017

主　　编　陈智
出　　版　人民卫生出版社
出版日期　2016 年 11 月
开　　本　16 开
字　　数　340 千字
页　　数　209 页
定　　价　52.00 元

口腔执业助理医师国家医师资格考试实践技能考试理论必备与操作指南 2017

主　　编　周洪
出　　版　人民卫生出版社
出版日期　2016 年 11 月
开　　本　16 开
字　　数　512 千字
页　　数　312 页
定　　价　60.00 元

口腔执业助理医师国家医师资格考试实践技能指导用书 2017

主　　编　医师资格考试指导用书专家编写组
出　　版　人民卫生出版社
出版日期　2016 年 10 月
开　　本　16 开
字　　数　282 千字
页　　数　157 页
定　　价　50.00 元

口腔执业助理医师国家医师资格考试医学综合指导用书 2017

主　　编　医师资格考试指导用书专家编写组
出　　版　人民卫生出版社
出版日期　2016 年 10 月
开　　本　16 开
字　　数　1 023 千字
页　　数　572 页
定　　价　120.00 元

口腔执业助理医师资格考试试题金典（2016 修订版）

主　　编　医师资格考试专家组
出　　版　人民卫生出版社
出版日期　2016 年 1 月
开　　本　16 开
字　　数　745 千字
页　　数　354 页
定　　价　65.00 元

口腔执业助理医师资格考试试题金典 2017

主　　编　医师资格考试专家组
出　　版　人民卫生出版社
出版日期　2016 年 11 月
开　　本　16 开
字　　数　880 千字
页　　数　400 页
定　　价　76.00 元

口腔助理医师资格考试历年真题纵览与考点评析 2016

主　　编　李钧　耿威　刘长营
出　　版　军事医学出版社
出版日期　2016 年 1 月
开　　本　16 开本
字　　数　561 千字
页　　数　262 页
定　　价　48.00 元

工具书、科普类和其他

健康从牙开始—口腔护理常识篇

主　　编　胡菁颖　严红
出　　版　人民卫生出版社
出版日期　2016 年 12 月
开　　本　16 开
字　　数　111 千字
页　　数　56 页
定　　价　48.00 元

口腔保健养护牙齿 · 口臭看这里

主　　编　楚德国　吕康波
出　　版　中国科学技术出版社
出版日期　2016 年 9 月
开　　本　32 开
字　　数　47 千字
页　　数　96 页
定　　价　16.00 元

口腔颌面外科拔牙 · 种牙看这里

主　　编　楚德国　付志新

出　　版　中国科学技术出版社
出版日期　2016年9月
开　　本　32开
字　　数　48千字
页　　数　104页
定　　价　16.00元

口腔溃疡——专家与您面对面

主　　编　牛胜德　周萃
出　　版　中国医药科技出版社
出版日期　2016年1月
开　　本　32开
字　　数　60千字
页　　数　111页
定　　价　19.80元

口腔修复如何镶牙看这里

主　　编　楚德国　吕建敏
出　　版　中国科学技术出版社
出版日期　2016年9月
开　　本　32开
字　　数　36千字
页　　数　80页
定　　价　16.00元

口腔正畸牙齿不齐看这里

主　　编　楚德国　宁振娟
出　　版　中国科学技术出版社
出版日期　2016年9月
开　　本　32开
字　　数　42千字
页　　数　86页
定　　价　16.00元

刷牙齿军团

著　　者　(韩)李昭乙
译　　者　朴妍丹
出　　版　辽宁科学技术出版社
出版日期　2016年8月
开　　本　8开
字　　数　30千字
页　　数　32页
定　　价　19.80元

牙好生活更美好

主　　编　刘宏伟　荣文笙
出　　版　中国科学技术出版社
出版日期　2016年9月
开　　本　32开
字　　数　千字
页　　数　248页
定　　价　24.05元

种植牙科普百问

主　　编　郑园娜　游嘉
出　　版　人民卫生出版社
出版日期　2016年9月
开　　本　32开
字　　数　72千字
页　　数　81页
定　　价　28.00元

学会工作

学会组织机构

中华口腔医学会及其口腔医学专业委员会与学组

▲中华口腔医学会第五届理事会名单(2016 年 9 月 27 日)

会　　长　俞光岩

副 会 长　(15 人,按姓氏笔画排序)

王　林　王松灵　卢海平
白玉兴　边　专　刘洪臣
沈国芳　张　斌　陈吉华
周　诺　周学东　郭传瑸
凌均棨　章锦才　路振富

秘 书 长　岳　林

常务理事　(63 人,按姓氏笔画排序)

马　洪　王　林　王佐林
王松灵　王建国　王慧明
牛忠英　邓　锋　甘宝霞
卢　利　卢海平　白玉兴
冯希平　边　专　朱洪水
刘　浩　刘月华　刘泓虎
刘洪臣　许　彪
买买提·牙森　李子坤
李长义　李铁军　吴补领
何家才　沈国芳　张　斌
张并生　陈　江　陈　智
陈吉华　陈谦明　季　平
岳　林　金　岩　周　诺
周永胜　周延民　周学东
周曾同　郑东翔　屈志国
赵　今　胡勤刚　俞光岩
贺　周　栗震亚　徐　欣
郭　斌　郭传瑸　唐瞻贵
凌均棨　黄永清　曹选平
常晓峰　章锦才　董福生
程　斌　路振富　廖天安
翦新春　魏奉才

理　　事　(198 人,按姓氏笔画排序)

马　洪　马卫东　马国武
王　励　王　林　王　洁
王　勇　王万春　王小竞
王文梅　王占义　王丽娟
王佐林　王松灵　王建国
王晓娟　王章正　王鸿应
王鹏来　王慧明　牛玉梅
牛忠英　毛　靖　邓　丽
邓　婧　邓　锋　邓旭亮
甘宝霞　厉　松　石　晶
石考龙　卢　利　卢卫华
卢友光　卢海平　白玉兴
冯希平　兰泽栋　台保军
边　专　吕　军　朱　林
朱洪水　任　福　华咏梅
刘　浩　刘中寅　刘月华
刘正彤　刘宏伟　刘青梅
刘英群　刘泓虎　刘彦普
刘洪臣　刘静明　江银华
许　彪　孙　勇　孙宏晨
买买提·牙森　苏俭生
李　伟　李　松　李卫斌
李子坤　李长义　李玉超
李志华　李秀娥　李振英
李铁军　李新明　李肇元
杨建荣　束　蓉　肖希娟

吴补领　邱彬彬　邱嘉旋
何　超　何宝杰　何家才
余占海　邹业君　汪大林
汪晓华　沈国芳　张　彬
张　敏　张　雄　张　斌
张　蕾　张方明　张东升
张并生　张志民　张志光
张志兴　张志宏　张英怀
张国志　张春鹿　张桂荣
张富强　陆支越　陈　江
陈　智　陈小华　陈永进
陈吉华　陈丽春　陈莉丽
陈莉莉　陈雪峰　陈谦明
邵永新　范　兵　范　群
林　梅　林李嵩　林辉灿
季　平　岳　林　金　岩
周　洪　周　健　周　诺
周永胜　周延民　周学东
周彦恒　周曾同　庞光明
郑东翔　单伟文　屈志国
赵　今　赵　彬　赵志河
赵继志　胡勤刚　柳忠豪
段义峰　俞光岩　姜　虹
姚　雪　姚江武　姚金光
贺　周　聂　彬　栗震亚
顾新华　徐　江　徐　侃
徐　欣　徐　普　徐礼鲜
徐宝华　高承志　高美琴
郭　斌　郭平川　郭传瑸
郭锡久　唐　群　唐瞻贵
凌均棨　黄世光　黄永清
黄桂林　黄瑞哲　曹志毅
曹选平　常晓峰　常群安
麻健丰　章锦才　葛林虎
董福生　韩晓兰　程　勇
程　辉　程　斌　傅柏平
傅豫川　焦艳军　路振富
廖天安　廖红兵　谭建国
谭颖徽　熊忠才　翦新春
薛　毅　冀新江　戴红卫
魏奉才

▲中华口腔医学会第五届理事会秘书处机构和负责人

秘书处秘书长　岳　林
常务副秘书长　陈　铭
副秘书长　许天民　刘宏伟　侯本祥
荣文笙
办公室主任　陈　铭(兼)
办公室副主任　于洪钊
学术部部长　许天民(兼)
学术部副部长　牛春华
国际交流部部长　刘　怡
继续教育部部长　谭建国
继续教育部副部长　葛凤庆
科技研究部部长　侯本祥(兼)
科技研究部副部长　单艳华
信息部部长　郭伟疆
信息部副部长　曹战强
会员工作部部长　常朝辉
科普部部长　荣文笙(兼)
口腔医疗事业部部长　刘宏伟(兼)
财务部部长　张　欣
编辑部主任　郭伟疆
编辑部副主任　张晓霞
党支部书记　牛春华

▲第六届口腔修复学专业委员会成员名单

(2016 年 1 月 10 日)

主 任 委 员　刘洪臣
候任主任委员　陈吉华
副 主 任 委 员　(8 人,按姓氏笔画排序)
于海洋　李　彦　陈小冬
周永胜　高　平　黄　翠
蒋欣泉　程　辉
常　务　委　员　(100 人,按姓氏笔画排序)
于海洋　万乾炳　王　永
王远勤　王丽萍　王晓容
王家伟　王景云　王　焱
王新知　王燕一　王　璐

艾红军　卢东民　冯云枝
刘伟才　刘　丽　刘　杰
刘洪臣　刘清辉　江青松
汲　平　牟雁东　苏俭生
李长义　李　江　李　彦
李振春　杨群量　肖　云
吴　哲　吴　琳　何惠宇
余占海　邹德荣　汪大林
汪饶饶　汪振华　张卫平
张少锋　张玉梅　张秋霞
张修银　张　磊　张　翼
陈小冬　陈吉华　陈　钢
邵龙泉　邵永新　林云红
金　磊　周永胜　周延民
周　毅　郑东翔　郑立舸
郑　明　孟玉坤　孟翔峰
赵　克　赵　彬　侯玉东
施生根　胥　春　姚江武
骆小平　贾安琦　原双斌
顾新华　徐　军　徐培成
徐　普　高　平　高清平
郭永锦　唐旭炎　黄元瑾
黄　翠　曹颖光　麻健丰
章少萍　章非敏　章燕珍
逯　宜　董　研　蒋欣泉
蒋　滔　程　竑　程　辉
傅柏平　焦　婷　谢伟丽
谢秋菲　廖红兵　谭建国
颜培德　潘在兴　薛靖楠
魏　斌

委　　员　（310 人，按姓氏笔画排序）

丁玉梅　丁志雄　于海洋
于　皓　万乾炳　马辰春
马　练　马敏先　马清璇
马楚凡　王少海　王　永
王　伟　王远勤　王志刚
王　芳　王丽萍　王　玮
王　珏　王　剑　王艳华
王莉莉　王晓容　王家伟
王景云　王　焱　王新知
王　蔚　王燕一　王　璐
牛光良　尹　路　艾红军
卢东民　卢　怡　叶起清
叶晓昂　叶展超　付　钢
白保晶　令狐昌智　冯云枝
冯　波　邢文忠　吕　卉
朱　松　朱洪水　朱娟芳
朱　霖　伊　哲　刘　一
刘云松　刘　丹　刘文芳
刘玉华　刘伟才　刘亦洪
刘　宇　刘　红　刘　丽
刘茂富　刘　杰　刘洪臣
刘党利　刘晓明　刘　峰
刘清辉　刘　蔚　闫召民
江青松　江　泳　汲　平
许卫星　许全林　阮文仲
孙　凤　孙玉春　孙　平
孙　宇　孙迎春　孙敦方
牟雁东　苏俭生　李小凤
李广亚　李长义　李月玲
李亚男　李庆祝　李　江
李志杰　李苏伶　李　英
李国强　李明勇　李建辉
李　亮　李　彦　李振春
李　罡　李鸿波　杨　立
杨亚东　杨　旭　杨晓红
杨群量　杨德圣　肖　云
吴　江　吴国锋　吴　哲
吴珺华　吴清柱　吴　琳
邱子劲　邱晓霞　何　帅
何　非　何建芳　何惠宇
何福明　余日月　余占海
邹德荣　辛海涛　汪大林
汪宏晖　汪饶饶　汪振华
沈颉飞　宋光保　宋林林
张卫平　张少锋　张文云
张玉梅　张庆福　张　宇
张志升　张怀勤　张　英

张　昀　张忠提　张　凯
张　朋　张秋霞　张修银
张　晓　张鸿军　张静莹
张　磊(北京)
张　磊(上海)
张　飚　张　翼　陈小冬
陈永吉　陈吉华　陈　刚
陈志红　陈良建　陈英伟
陈国常　陈　钢　陈　莹
陈　润　陈　溯　邵龙泉
邵永新　武　峰　范　震
林云红　林亚极　林　旭
林　青　林　培　林雪峰
林越峰　林德胜　尚光伟
迪丽努尔·阿吉　金友良
金晓华　金　磊　周立林
周永胜　周团锋　周延民
周丽晶　周　秦　周　琳
周　毅　庞丹琳　郑元俐
郑东翔　郑立舸　郑志强
郑　明　孟玉坤　孟令强
孟翔峰　赵三军　赵　克
赵佳明　赵育明　赵　彬
赵　鹃　赵静辉　郝志红
胡书海　胡　军　胡志刚
胡其勇　胡闻奇　柏平华
钟　群　侯玉东　施生根
施　乐　姜　华　姜　婷
洪乐观　洪　航　宫相芹
祝　贺　胥　春　姚江武
姚贵良　骆小平　袁振飞
贾安琦　贾　骏　夏　勇
原双斌　顾新华　钱文昊
徐　军　徐远志　徐明明
徐俊峰　徐晓明　徐　凌
徐培成　徐　普　翁国建
高　平　高冬玲　高承志
高益鸣　高　海　高清平
郭长军　郭永锦　郭忠民
唐小山　唐旭炎　唐丽琴
陶建祥　黄元瑾　黄达鸿
黄庆丰　黄　翠　黄聪明
曹颖光　麻健丰　章少萍
章非敏　章燕珍　逯　宜
隋　磊　董　研　蒋丽萍
蒋欣泉　蒋建磊　蒋　滔
韩　凉　韩　影　程华谊
程　竑　程　涛　程　辉
傅　挥　傅柏平　焦　婷
曾剑玉　湛　渝　温红卫
温　颖　谢伟丽　谢伟建
谢秋菲　谢跃世　蓝　菁
詹志松　詹　静　解　春
廖红兵　谭　劲　谭建国
樊明月　樊　洪　滕　伟
颜学德　颜培德　潘在兴
潘景光　潘韶霞　薛靖楠
魏　贞　魏　斌(福建)
魏　斌(上海)

顾　　问　张富强
前任主任委员　王贻宁
学术秘书　李鸿波　周　毅
工作秘书　王东胜　刘乙颖

▲第一届口腔急诊专业委员会成员名单(2016 年 4 月 7 日成立)

主任委员　陈永进
副主任委员　(5 人,按姓氏笔画排序)
朱亚琴　张　英　陈亚明
姬爱平　龚　怡
常务委员　(19 人,按姓氏笔画排序)
王　津　孔庆华　朱亚琴
任　飞　向学熔　刘平先
李龙江　李志革　何黎升
余东升　张　英　张　旻
陈永进　陈亚明　郭　斌
姬爱平　龚　怡　盛列平
程　政
委　　员　(57 人,按姓氏笔画排序)

于小燕　王　如　王建华
王　玲　王　津　孔庆华
仪　虹　吉　东　吕晓智
朱亚琴　任　飞　向学熔
刘文钊　刘平先　刘　峰
闫黎津　孙志达　巫家晓
李　一　李龙江　李生娇
李志革　李彦秋　杨红丽
吴　舜　何权敏　何黎升
余东升　张旭凤　张良付
张　纲　张　英　张　旻
张　莉　张媛媛　陈永进
陈亚明　陈　瑶　范文国
赵莲英　侯爱兵　夏登胜
郭　斌　唐　震　陶　疆
姬爱平　黄兰柱　龚　怡
盛列平　常群安　梁亚平
韩其滨　程　政　傅　升
廖　锐　薛　毅　戴　群

青年委员　(20 人,按姓氏笔画排序)
丁谦文　田智慧　白　洁
曲伟栋　刘艳丽　刘培红
江　龙　许　宁　李春洁
李　强　杨国斌　吴喆敏
张　碧　赵亚东　赵寅华
袁　华　黄宇蕾　崔　敏
康媛媛　谢蟪旭

学术秘书　张　旻

工作秘书　刘艳丽

顾　　问　徐礼鲜　王双卫

▲中国整形美容协会第二届口腔整形美容分会名单(2016 年 8 月 19 日)

名誉会长　王　兴　张志愿　张　斌

会　　长　刘洪臣

候任会长　张志光

副 会 长　(7 人,按姓氏笔画排序)
田卫东　沈　刚　周彦恒
房　兵　赵吉宏　唐瞻贵
董福生

常务理事　(50 人,按姓氏笔画排序)
马净植　王仁飞　王鹏来
王燕一　牛光良　朱洪水
朱娟芳　任贵云　刘青梅
刘　峰　刘　强　刘静明
米方林　汤春波　许　彪
孙迎春　孙　勇　李　冰
李新春　李肇元　杨晓江
张月兰　张东升　张　旻
张晓东　陈莉莉　陈　曦
邵龙泉　林松杉　周　洪
郑东翔　赵　文　赵华强
赵红宇　赵志河　赵　克
段义峰　段瑞平　贾　俊
徐宝华　徐　普　高秀秋
黄　远　葛林虎　程　涛
曾融生　谢伟丽　谢晓莉
廖红兵　谭颖徽

理　　事　(123 人,按姓氏笔画排序)
丁加根　于书娟　马俊青
马菲菲　马　攀　王少海
王旭东　王来平　王俊成
王莉莉　王　桃　王　涛
王　鲲　方　明　邓　邦
邓　悦　左金华　冯驭驰
冯兴梅　冯剑颖　曲卫国
朱小峰　朱东望　朱冰生
刘长虹　刘正彤　刘加强
刘　冰　刘　宇　刘　畅
刘　怡　刘雪梅　刘　斌
刘　聪　许　跃　孙贵峰
孙晓梅　孙　健　花　菲
杜平功　李玉梅　李永斌
李志革　李丽雅　李　祎
李秋影　李　清　李鸿波
李　琦　李　斌　李　静
李毅萍　杨晓喻　肖金刚
肖惠军　吴永生　吴　烨
吴　楠　邱宜农　冷卫东

冷　斌　闵安杰　张文怡
张文禹　张　东　张庆福
张　君　张相皞　张　健
张　萍　张　琛　张喆焱
张　雷　张　蕾　陈良娇
陈奕帆　陈晓红　陈　雪
陈　琰　林云红　林　婷
罗　峰　周　珊　赵卫星
赵　冬　胡骁颖　段曰廷
侯　敏　姜　涛　姚　源
栒　柏　栗洪师　铁朝荣
徐俊峰　徐璐璐　高　涛
郭　航　黄文霞　黄　兰
黄达鸿　黄晓峰　崔颖秋
康非吾　章捍东　随丽娜
彭勃乔　葛　成　韩建国
程　杰　傅进友　焦　婷
温秀杰　谢　奇　谢逸瑞
裘松波　解建立　蔡巧玲
廖湘凌　廖楚航　颜　兴
薛启明　戴丽霞　魏利敏

▲中华口腔医学会第一届镇静镇痛专业委员会组成名单(2016 年 8 月 19 日成立)

主任委员　徐礼鲜
候任主任委员　万　阔
副主任委员　(3 人,按姓氏笔画排序)
张　伟　郁　葱　徐　辉
常务委员　(19 人,按姓氏笔画排序)
丁桂聪　万　阔　王小竞
王　强　申　岱　史宝林
刘国胜　李小凤　李宏卫
邹　静　张　伟　张　倩
张　惠　陈　柯　郁　葱
单维芳　赵保建　徐礼鲜
徐　辉
委　员　(57 人,按姓氏笔画排序)
丁桂聪　万　阔　马　跃
王小洁　王小竞　王双卫
王　玲　王　智　王　强
石立新　申　岱　田　强
史宝林　司庆宗　吉　阳
吕长海　吕东升　朱赴东
任贵云　刘国胜　关　明
孙小娟　孙　宇　李小凤
李宏卫　李　科　李爽英
李湛海　吴仲寅　邹　静
沈浩林　张　伟　张志宏
张国良　张　倩　张　惠
陈　柯　陈揭晓　林瑞华
郁　葱　周　洪　单维芳
赵保建　胡延佳　夏　斌
徐文华　徐礼鲜　徐　辉
高　黎　唐海阔　黄文秀
黄　彦　黄　洋　崔广学
葛学军　景　泉　翟新利
青年委员　(21 人,按姓氏笔画排序)
马　林　王志峰　王　晶
王　鹏　卢　虹　白玉娣
冯冬菲　刘　波　刘颖凤
严　佳　杨　燃　肖　进
吴礼安　吴　杨　每晓鹏
张红梅　周建锋　姚　颖
高　魏　程　杰　潘　珲
学术秘书　王　强
工作秘书　每晓鹏　武海刚
顾　问　(2 人,按姓氏笔画排序)
李　刚　葛立宏

▲中华口腔医学会第一届口腔医学科研管理分会组成名单(2016 年 9 月 26 日成立)

主任委员　邓旭亮
副主任委员　(8 人,按姓氏笔画排序)
孙宏晨　张　铭　陈莉莉
陈　智　陈谦明　蒋欣泉
程　斌　谢晓莉
常务委员　(19 人,按姓氏笔画排序)
马俊青　方厂云　邓旭亮
兰泽栋　汤晓飞　孙宏晨
宋锦璘　张　铭　陈　旭

陈莉莉　陈　智　陈谦明
邵龙泉　徐宝华　郭亚娟
蒋欣泉　程　辉　程　斌
谢晓莉

委　　员　(59 人,按姓氏笔画排序)
于海洋　于维先　马俊青
王左敏　王　智　方厂云
邓旭亮　邓　辉　石　晶
叶冬霞　田　鲲　兰泽栋
朱波峰　伊　哲　刘习强
刘　琳　刘　斌　汤晓飞
孙宏晨　孙　健　牟永斌
杜民权　李宏捷　李岩峰
杨国利　杨　春　沈　军
宋锦璘　张风河　张　铭
张　旗　陆支越　陆尔奕
陆松鹤　陈　旭　陈莉莉
陈　智　陈谦明　邵龙泉
周永胜　单艳华　袁　晓
徐宝华　高　杰　郭亚娟
唐正龙　黄　欣　黄旋平
黄　翠　戚孟春　蒋欣泉
蒋　琰　程　波　程　辉
程　斌　焦晓辉　温　宁
谢晓莉　廖　岚

学术秘书　单艳华
工作秘书　司　燕　耿　铖
顾　　问　张志愿　王松灵

▲第二届口腔药学专业委员会成员名单(2016 年 11 月 19 日)

主任委员　郑利光
副主任委员　(5 人,按姓氏笔画排序)
王晓娟　朱李微　刘习强
刘　青　吴飞华

常务委员　(19 人,按姓氏笔画排序)
王子薇　王建莉　王晓娟
韦侃侃　石　晶　朱李微
刘习强　刘　青　刘忠奇
刘洪涛　吴飞华　张林祺
张　健　武和明　尚姝环
郑利光　赵电红　徐秀娟
熊世江

委　　员　(57 人,按姓氏笔画排序)
于维先　王子薇　王建莉
王晓娟　韦侃侃　毛　钊
石　晶　冉令涛　冯　斌
朱李微　刘习强　刘　青
刘忠奇　刘洪涛　刘遵望
许亦全　巫世红　李允武
李明勇　李　霞　杨小平
杨凤坤　吴飞华　吴　昊
何　帅　张大庆　张　立
张　芳　张林祺　张　勇
张　健　张　梁　陈立忠
陈宇轩　武和明　尚姝环
周　瑜　郑利光　赵电红
赵树东　赵梦明　段开文
施　斌　袁红英　徐秀娟
徐家根　郭喜红　黄开明
黄　玮　梁　燕　葛　斌
董长安　韩方璇　曾　琳
蔡兴伟　熊世江　薛　毅

青年委员　(7 人,按姓氏笔画排序)
马　涛　王婷玉　成黎霏
李永峰　李春年　金　剑
韩　蕊

学术秘书　赵电红
工作秘书　韩　蕊

省和直辖市口腔医学会

▲辽宁省口腔医学会第五届理事会(2016 年 3 月 18 日)

名誉会长　路振富　马卫东
会　　长　卢　利
秘 书 长　周　青
副 会 长　(6 人,按姓氏笔画排序)
马国武　张桂荣　陈小冬
邵永新　高秀秋　潘亚萍

常务理事　(46人,按姓氏笔画排序)

马国武　王　如　王国顺
王学金　王绪凯　王稚英
王　福　牛卫东　仇丽鸿
邓春富　甘宝霞　艾红军
卢　利　田宏伟　曲天磊
刘维贤　刘　琳　孙长伏
孙致宗　孙晓菊　李济强
李振春　肖　晶　张　力
张　扬　张明欣　张桂荣
张晓东　陈小冬　陈　旭
陈　辉　邵永新　林晓萍
杭　宁　周　青　赵志峰
战志刚　钟　鸣　贾兴亚
高秀秋　郭传波　黄克强
常　新　谢中秋　谢　洪
潘亚萍

▲天津市口腔医学会第四届理事会名单(2016年4月23日)

顾　　问　孙庚林　王　东　殷　恺
会　　长　王建国
名誉会长　张连云
副 会 长　高　平　刘　浩　李长义
　　　　　郭平川
秘 书 长　陈瑞扬
常务理事　(28人,按姓氏笔画排序)

王永兰　王建国　王毅军
邓嘉胤　刘　浩　刘　晶
闫　卉　李长义　李长春
李荣华　李洪发　李桂红
沈　军　张　健　张锡忠
陈　阵　陈瑞扬　郑恩琪
赵宝莲　禹宝柱　高　平
高　辉　郭平川　崔荣智
彭　诚　韩　琳　韩泽民
霍士生

监 事 长　张洪杰
监　　事　高津福　白庆瑞

▲内蒙古口腔医学会第三届理事会成员名单(2016年11月12日)

名誉会长　塔　娜　马占才
名誉顾问　李　蔚
会　　长　屈志国
副 会 长　李志杰　曹　利　吕广辉
　　　　　杨　剑　王　熙　达林泰
　　　　　王忠厚
秘 书 长　韶　波
常务理事　(71人,按姓氏笔画排序)

丁丽湘　王子华　王志莉
王丽敏　王忠厚　王艳华
王晓霞　王海山　王梦岩
王雅俐　王　熙　车传明
乌兰其其格　方　堃
孔令文　艾　莉　史昊晨
付明三　达林泰　毕力格图
吕广辉　吕尚春　吕　峰
刘汉生　刘宝国　刘祎华
刘晓慧　刘普河　池　众
李文彬　李志杰　李　焉
杨　剑　张小刚　张占山
张艳丽　张桂荣　张景慧
陈玉友　陈丽春　陈　岩
武怀智　季丽玢　周　娟
屈志国　孟　斌　赵连英
赵麒麟　段介君　姜喜玲
洪　勇　贾丽琴　倪国宇
高　翔　郭邑隆　郭晓燕
郭　锐　曹　利　曹治军
曹建华　常秋芳　崔广学
董志新　董圆满　奥小莹
富忠萍　谢福文　韶　波
缪　羽　樊永杰　颜　敏

名誉理事　王　宏　王铭辉　周龙华
　　　　　李海群　王朝辉　窦　波
　　　　　张绍辉　刘　永
理　　事　(181人,名单略)

▲四川省口腔医学会第三届理事会(2016年12月30日)

会　　长　周学东
副 会 长　郭锡久　叶　玲　陈谦明
　　孙　勇　米方林　费　伟
　　聂敏海　季小平
常务理事　(28 人,按姓氏笔画排序)
　　于海洋　王君臣　方文静
　　石　冰　叶　玲　米方林
　　孙　勇　牟雁东　李晨军
　　李　渠　李　强　肖金刚
　　吴雪林　沈颉飞　张亚菲
　　陈谦明　林云锋　林辉灿
　　季小平　周学东　房宏志
　　赵志河　赵佛蓉　荣长根
　　费　伟　聂敏海　郭锡久
　　康　宁
理　　事　(79 人,名单略)
监事组组长　杨小民
成　　员　吴亚菲　王晓毅
秘书组秘书长　郭锡久
副秘书长　孙　勇　王　敏　项　涛
秘　　书　吴雪林　郑　川

学术会议和展览会

在中国召开的国际性学术会议

2016 国际牙医师学院中国区学术年会暨院士授予大会

时间:2016 年 4 月 25 日

地点:四川省成都市

主办和承办单位:口腔疾病研究国家重点实验室主办,四川大学华西口腔医学院承办

内容提要:ICD 全球主席 Dr. Phillip Dowell(英国),ICD 院士、伦敦国王学院 Dr. Graeme Ting(新西兰)、中华口腔医学会会长王兴教授、ICD 秘书长陈谦明教授、中国区院士等 100 余人出席了国际牙医师学院中国区(International College of Dentists Section XIII - China, ICD China Section)2016 年学术年会暨院士授予大会。大会由 ICD 中国区院士叶玲教授主持。

本次 ICD 中国区学术年会的主题是口腔疾病与全身疾病的关联。伦敦国王学院 Dr. Graeme Ting、四川大学的吴亚菲教授和曾昕教授分别做了精彩的主题讲演,与参会代表进行了热烈的讨论。ICD 全球主席 Dr. Phillip Dowell 向来自全国口腔医学领域的 34 名新当选院士介绍 ICD 的发展沿革和使命。Phillip Dowell 主席、王兴教授和周学东教授分别代表 ICD 总部、中华口腔医学会和 ICD 中国区致辞,并为每位当选的 ICD 新 Fellow 颁发证书以及 ICD 金钥匙和金别针。

虚拟仿真口腔医学教育国际研讨会

时间:2016 年 4 月 25 日

地点:四川省成都市

主办单位:四川大学华西口腔医学院

内容提要:荷兰 ACTA 主管教学的 MarjokeVervoorn 教授和牙体牙髓系主任 Paul Rudolf Wesselink 教授,第四军医大学口腔医学院的侯晓聪教授和四川大学华西口腔医学院实验教学中心项涛教授就虚拟仿真设备在口腔医学教学中的应用与现有课程的整合进行了专题演讲,并与现场听众进行了充分的讨论和交流,来自韩国、泰国、柬埔寨和越南的专家介绍了各自国家的口腔医学教育概况。全国 25 所口腔医学院校的教师代表七十余人参与了研讨会,通过大会专题讲座、虚拟仿真口腔训练教学 WORKSHOP 等方式,对虚拟仿真技术在口腔医学教育中的应用有了深刻的认识,并学习交流相关教学经验。此次研

讨会的顺利召开，加强了虚拟仿真实验教学中心建设和虚拟仿真优质实验教学资源共享，发挥了四川大学华西口腔医学院作为国家级虚拟仿真教学示范中心的辐射作用，推动了各院校之间教学改革和教学资源开发的有机结合，增进了虚拟仿真实验教学管理平台建设的经验交流，对口腔医学虚拟仿真教学的发展具有积极的推动作用。

第三届中美口腔麻醉与镇静镇痛论坛

时间：2016 年 5 月 7－9 日

地点：陕西省西安市

主办单位：第四军医大学口腔医学院

内容提要：中美口腔镇静镇痛技术学习班于 2010 年创办，并于 2014 年扩大为中美口腔麻醉与镇静镇痛论坛。陈吉华院长、医教部张铭主任及"美国口腔麻醉与镇静促进会"主席卢博一（Dominic P. Lu）教授、副主席 Hillel D. Ephros 教授等出席开幕式。论坛由麻醉科张惠主任主持。本次论坛设立"舒适化微创拔牙"、"麻醉下儿童牙病治疗"、"临床病例演示"、"心肺复苏培训"等多个板块。"美国口腔麻醉与镇静促进会"副主席、Seton Hall 大学口腔科及颌面外科主任 Hillel D. Ephros 教授将其在颌面外科微创拔牙及静脉镇静等多年来的丰富经验进行了阐述。北京协和医院无痛牙科治疗中心主任万阔教授、重庆医科大学口腔医院麻醉科主任郁葱教授、第四军医大学口腔医学院颌面外科胡开进主任做了精彩演讲。美国华盛顿大学牙医学院儿童口腔系徐征教授擅长镇静下小儿复杂牙病治疗，带来儿童牙病患者行为学管理及镇静的使用，"美国口腔麻醉与镇静促进会"主席卢博一教授，第四军医大学口腔医学院儿童口腔科王小竞教授、麻醉科张惠教授、张国良教授等均就"麻醉下儿童牙病治疗"主题做了深入演讲。"临床病例演示"板块采取视频直播的形式，将操作的每个步骤清晰展示。

第八届中国国际美容医学大会暨医疗设备器材展览会、第十二届全国口腔美容医学大会

时间：2016 年 8 月 19－21 日

地点：北京市

主办和承办单位：中国整形美容学协会口腔整形美容分会及北京口腔医学会口腔修复专业委员主办，中华口腔医学会口腔修复学专业委员会支持，口腔颌面修复学杂志、中华老年口腔医学杂志承办

内容提要：来自美国、韩国、日本以及我国从事美容医学的千余名专家和代表参加了本次会议。樊代明院士，张震康教授，王兴教授，王蔓莉女士，沈国芳教授，郑东翔教授，刘洪臣教授，张黎辉处长以及其他十余位中外与会嘉宾出席开幕式。大会开幕式由中国整形美容协会副会长、广东省整形美容协会会长张志光教授主持。本次国际美容医学大会突出口腔美容医学主题。设立大会主题演讲会场以及可摘义齿、总义齿美学修复，贴面、全冠美学修复，牙齿美白，面部美容，种植美学修复，牙周与修复美学，正畸美学，口腔颌面外科美学与种植美学，修复与激光美学等 9 个专题会场。樊代明院士指出医学发展将走向整合医学（HIM）新时代；王兴教授发表题为"正颌外科与容貌美学"的演讲；沈国芳教授结合理论和大量临床实例系统介绍和展示了轮廓整形对正颌患者的超值体验；美国种植美学修复专家罗伯特（Robert）教授则通过多个病例展示了前牙美学区即刻种植即刻修复的最新技术。

可摘义齿、总义齿美学修复专题会场，日本大阪齿科大学岡崎定司教授发表题为"复杂可摘局部义齿及总义齿的美容修复"的演讲；冯海兰教授、刘洪臣教授分别就全口义齿的功能和美观、数字化功能种植美容修复进行了探讨。贴面、全冠美学修复会场，韩国 Lee Jongyeop 教授、周永胜教授及谭建国教授、郑东翔教授等，就贴面与全冠修复材料、前牙美学修复设计、美学修复中的咬合问题等相关内容，与参会代表进行了讨论和分享。关于牙齿美白专题，共有 5 位嘉宾进行讲座，

其中特别邀请了日本大阪齿科大学山本一世教授,他围绕"变色牙齿的漂白处理"做了详细报告,强调了 Walking Bleach 技术以及冠内漂白对牙齿粘接的影响;高学军教授、潘洁教授和王成龙教授分别从牙齿变色的原因、漂白的机制、适用范围及治疗效果评价等多方面结合临床案例进行了阐述;许桐楷博士也从牙齿内漂白临床治疗入手,重点介绍了单颗变色牙的漂白治疗。

牙周与修复美学专题会场,特邀日本东京 SJCD 会长铃木真名教授讲述牙周组织及种植体软组织美学修复的最新国际进展;栾庆先教授介绍了创造牙齿美的临床常用牙周手段和技巧;王勤涛教授、李成章教授等就前牙美学修复中的牙周考量、牙周美容等临床热点问题进行了讲述。在正畸美学专题会场,共邀请了 7 位国内知名专家进行讲座,周彦恒教授讲述"美容与正畸";赵志河教授谈了单纯正畸治疗怎样达到整形美容式效果;房兵教授讲述"成人正畸重塑面部美丽";厉松教授从微观和宏观两个层面阐述了自己对正畸在改善美学方面的认识;沈刚教授、周洪教授以及陈莉莉教授也以临床病例为主分别发表了自己对于正畸美学的理解。

在种植美学修复专题会场,宿玉成教授、李德华教授、邸萍教授、周延民教授等分别就种植美学修复中的美学标准与临床程序、技术要点、新技术应用、牙槽骨增量等热点难点问题进行了讲述。本次会议共有 60 余个大会发言,内容涵盖口腔美容医学的各个学术领域。

2016 中国口腔修复研讨会

时间:2016 年 8 月 26 － 28 日

地点:北京市

主办单位:北京大学口腔医院和 *Journal of Oral Rehabilitation* 联合主办

内容提要:周永胜教授与 *Journal of Oral Rehabilitation* 主编 Peter Svensson 教授担任大会主席。会议邀请到多位国内外著名数字化口腔修复专家学者,围绕"数字化与先进技术在口腔修复中的实现"的主题展开精彩讲演,郭传瑸院长出席会议并代表主办单位致欢迎辞。修复科谢秋菲教授、张磊副教授和刘云松副教授先后主持会议。参加本次会议的包括来自全国各大院校及医疗单位的学者、医师代表等。会议期间,丹麦奥尔胡斯大学 Peter Svensson 教授、德国慕尼黑大学 Florian Beuer 教授、弗莱堡大学 Wael Att 教授、意大利罗马伊士曼口腔医院 Luca Cordaro 教授、日本昭和大学 Takashi Miyazaki 教授、Kazuyoshi Baba 教授、挪威特罗姆瑟大学 Asbjørn Jokstad 教授、台湾曹皓崴医师以及众多专家学者,从多个角度展示了数字化技术在口腔常规修复和种植修复中的最新进展和广泛应用,对理论知识的扩展及临床操作的提高都有很大帮助。

第八届国际种植新进展研讨会

时间:2016 年 8 月 26 － 27 日

地点:北京市

主办和承办单位:德国精萃出版社与中华口腔医学会共同主办,中华口腔医学会种植专委会支持,世界牙科技术承办

内容提要:本届研讨会以种植治疗的最新进展为题,由中华口腔医学会会长王兴教授担任大会主席。会议邀请在国内外享有盛誉的口腔种植专家共 12 名,其中 7 名国外专家,5 名中方专家,共安排 12 场精彩、实用、高水准的讲座。同期举行的小型精品展示会将为观众与生产厂家的直接沟通搭建桥梁,理论结合实际,促进中外学术与临床的交流。开幕式上,由中华口腔医学会会长王兴教授、德国精萃出版社总经理哈瑟先生致辞。

在美学区种植版块,Ralf J. Kohal 教授演讲主题为前牙区种植 - 美学修复的不同治疗程序,宿玉成教授的演讲主题是美学区种植,Daniel Edelhoff 博士的演讲主题为数字化技术在种植领域的应用。在数字化引导种植版块,王佐林教授的演讲主题是数字化导板在

口腔种植手术中的应用，Stefen Koubi 博士的演讲主题是前牙区治疗方案：外科及美学考量，周磊教授的演讲主题是数字化技术在口腔种植病例评估及治疗中的应用。在口腔种植增量技术版块，林野教授的演讲主题是上颌窦提升植骨的风险与技巧，Giovanni Zucchelli 教授的演讲主题是软组织增量，Luca Cordaro 博士的演讲主题是种植位点骨增量，李德华教授的演讲主题是牙槽突骨增量技术的挑战与对策。在牙列缺失/无牙颌种植修复版块，Luigi Galasso 博士的演讲主题是修复支架的处理：追求最佳的美学和功能效果，Vincent Fehmer 牙科技师的演讲主题是复杂无牙颌种植修复 - 材料和加工工艺的选择。

第 9 次亚洲口腔麻醉学术会议暨 2016 全国口腔麻醉学术年会

时间：2016 年 9 月 24 －26 日

地点：上海市

主办和承办单位：亚洲口腔麻醉学术联盟（FADAS）、中华口腔医学会口腔麻醉学专业委员会共同主办，上海第九人民医院承办

内容提要：大会主席由亚洲口腔麻醉联盟主席、中华口腔医学会口腔麻醉学专业委员会主任委员、九院麻醉科主任姜虹教授担任。出席本次大会的国外专家有 FADAS 首届主席——日本东京齿科大学 Yuzuru Kaneko 教授、日本齿科麻醉学会现任主席 Katsuhisa Sunada 教授、韩国齿科麻醉学会现任主席 Dong - Mok Ryu 教授，以及来自美国哈佛大学的麻醉学专家谢仲淙教授、国际华人麻醉学院院长童传耀教授、美国弗吉尼亚联邦大学麻醉科 Brenda Wands 等知名专家。出席本届大会的还有九院王艳副院长、护理部主任阮洪，中国医师学会麻醉学终身成就奖获得者孙大金教授、庄心良教授、杭燕南教授，上海医学会麻醉分会主任委员邓小明教授、侯任主任委员缪长虹教授，九院麻醉科老专家沈建南教授、朱也森教授，以及第四军医大学口腔医学院麻醉科主任徐礼鲜教授。

来自中国、日本、韩国、美国、印度尼西亚、泰国、缅甸和越南等国家的 300 余名代表参加会议，会议收到论文投稿 120 余篇，特邀中国、日本、韩国、美国、印度尼西亚、泰国 30 余名专家演讲。会议就我国口腔麻醉和亚洲口腔麻醉的发展进行充分交流和广泛讨论，设有“亚洲各国口腔麻醉学现状和最新进展”、“我国口腔颌面外科麻醉进展”、“围术期困难气道研究进展”、“困难气道工作坊（workshop）”、“麻醉护理安全与管理”、“急诊重症学紧急气道管理技术培训”等专题，共设 30 多场专题讲座。讲座集中介绍了气道管理、麻醉质控、麻醉教育、麻醉护理安全与管理以及口腔麻醉领域的新理论和前沿技术。这些麻醉学的新进展不仅体现在口腔麻醉专业的发展与进步中，也体现了交叉学科的重要性。会议专门设立气道工作坊（workshop）专场和青年医师壁报比赛，为与会代表提供了“交流、互动、启发和辐射”的平台。大会同期召开中华口腔医学会第 3 届口腔麻醉学专业委员会第 2 次全委会、第 3 次常委会以及第 9 次 FADAS 理事会。

中华口腔医学会第 18 次全国口腔医学学术会议（2016 年会）

时间：2016 年 9 月 25 －28 日

地点：上海市

主办单位：中华口腔医学会和国药励展共同举办

内容提要：今年展会延续“数字化口腔医学”主题，展览会规模再创新高。展会吸引了来自近 30 个国家和地区的 500 余家参展企业参展，展览及现场活动面积达 50 000 平方米，展位近 1 500 个，吸引观众 6.5 万人次。展示内容涵盖口腔种植、正畸、修复、牙周、影像、数字化医学、3D 打印技术等领域。卡瓦诺保科集团、登仕柏西诺德、3M、上海宇井、普兰梅卡、MIELE、NewTom、士卓曼等一批企业也携最新产品及技术精彩亮相本届展会。

今年恰逢中华口腔医学会成立 20 周年，

中华口腔医学会第五届全国会员代表大会选举产生新一届中华口腔医学会理事会、全国口腔人瞩目的 2016 中华口腔医学会科技奖颁奖同期举行。

今年的年会期间举办学术会、操作演示活动、奖项评比，与世界牙科联盟（FDI）亚太地区继续教育委员会等国内外知名口腔单位合作。主题会场邀请到美国修复学会前任主席 Jonathan L. Ferencz 教授，重点围绕 CAD/CAM 技术，从单冠修复、种植修复到口腔美学重建，为参会者带来“数字化口腔美学重建”最前沿理念。其中“根管治疗 – 微创与感染控制热点论坛”针对当下国际上牙髓病治疗的热点，，邀请 8 位大咖组成正反方团队，现场点评病例、围绕主题简述及辩论。

本届展会持续打造“数字化口腔医学”主题，同时顺应科技创新潮流，增设“智领口腔，新领未来”新品发布会，24 家企业携口腔种植手术导航系统、数字化导航模板系统、数字化隐形正畸系统、新一代超声骨刀、多功能口腔 CBCT、口腔门诊管理软件等新品悉数亮相，让观众们体验口腔行业科技创新成果。

第十三次全国口腔颌面外科学术会议暨中华口腔医学会口腔颌面外科专业委员会成立 30 周年纪念活动

时间：2016 年 10 月 13 – 15 日

地点：辽宁省沈阳市

主办和承办单位：中华口腔医学会口腔颌面外科专业委员会，中国医科大学附属口腔医院承办

内容提要：来自全国各地的 1 100 余名注册代表参加会议。大会特邀中国工程院邱蔚六院士、张志愿院士，以及来自美国、德国、日本、国内著名口腔颌面外科专家 Nabil Samman 教授、Edward Ellis 教授、Peirong Yu 教授、Neil Gross 教授、Akira Sasaki 教授、王兴教授、俞光岩教授、杨驰教授、张震康教授、石冰教授、郭传瑸教授、黄洪章教授、赵怡芳教授、张陈平教授、周青教授做精彩的主旨演讲，内容涵盖肿瘤、修复重建、唾液腺疾病及脉管疾病、创伤及关节疾病、唇腭裂及美容整形、牙槽外科及种植、正颌外科、OSAS 及数字化等。会议同期，举行了《邱蔚六口腔颌面外科发展基金》“希望奖”暨青年医师英文演讲比赛和中华口腔医学会口腔颌面外科专业委员会成立 30 年庆典活动。

30 周年纪念活动的开幕式由中国医科大学附属口腔医院院长卢利教授主持。纪念活动由中华口腔医学会口腔颌面外科专业委员会候任主任委员石冰教授主持。最后进行第三届《邱蔚六口腔颌面外科发展基金》的颁奖典礼，对为中国口腔颌面外科事业创立和发展做出突出贡献的老前辈、中青年专家和年轻才俊进行了表彰。经常委提名和投票选举，北京大学口腔医学院彭歆教授荣获“曙光奖”，武汉大学口腔医学院赵怡芳教授荣获“杰出贡献奖”，北京大学口腔医学院王兴教授、上海交通大学口腔医学院张志愿院士荣获“华佗奖”。经来自全国几大口腔医学院校的 7 名评委现场打分，四川大学华西口腔医学院李春洁荣获“希望奖”一等奖；武汉大学口腔医学院卜琳琳、中山大学光华口腔医学院王成、北京大学口腔医学院章文博荣获“希望奖”二等奖；第四军医大学口腔医学院方巍、薛洋，上海交通大学口腔医学院沈佩，北京大学口腔医学院肖锷，中山大学光华口腔医学院梁玉洁荣获三等奖；其他 15 名选手荣获优秀参赛者称号。

2016 年上海国际口腔修复大会暨“口腔种植修复新理念与新技术”继续教育学习班

时间：2016 年 10 月 24 – 27 日

地点：上海市

主办单位：上海交通大学口腔医学院

内容提要：来自全国各地数百名医师参加了该会。该会由口腔修复科蒋欣泉教授负责，共邀请 12 名专家授课，分别是国际口腔修复学会共同主席、意大利都灵大学口腔修复学教授 Mario Bresciano，荷兰 Radboud 大学

医学中心牙科学系主任 Nico Creugers，以色列 Hebrew 大学 Hdassah 牙医学院研究生口腔修复学课程主任 Ami Smidt，美国芝加哥伊利诺伊大学牙学院院长 Clark M Standford，以及国内的刘洪臣、陈吉华、于海洋、黄翠、周永胜、黄远亮、蒋欣泉教授及黄庆丰副主任医师。

Bresciano 教授是国际口腔修复学会（International College of Prosthodontics，ICP）共同主席，意大利都灵大学研究生口腔修复学课程主任，他演讲的主题是"从循证医学角度出发：根管治疗术后牙的修复"，以回顾性研究及前瞻性随机对照试验的结果为依据，结合自身的临床经验，系统而全面地评价了不同桩冠修复死髓牙的预后。Creugers 教授系国际口腔修复学会副主席，荷兰 Radboud 大学医学中心牙科学系主任，指导着 10 余项博士研究生课题。他以"Aim of dental care"为题，提出了对修复学成功与失败评价的新标准，给学员们带来了修复方案制定的全面思考。Smidt 教授是国际口腔修复学会理事，曾任以色列修复协会主席。他生动地展示了运用正畸牵引骨增量解决非美学区种植骨量不足，从而进行单颗牙种植修复的病例。Clark 教授是国际口腔修复学会理事，美国临床研究百年基金教授。他对复杂病人牙科种植修复治疗计划的演进进行了探讨，强调了治疗过程中结合其他学科治疗手段的重要性。此外，众多来自国内著名口腔医学院校的专家也在本次上海国际口腔修复大会上带来了精彩的演讲。刘洪臣教授讲述了 3D 打印在口腔修复的应用。陈吉华教授及黄翠教授探讨了修复黏结技术的应用和发展，于海洋教授讲述了精准备牙的技术方法，周永胜教授讲述了精准口腔美学修复的临床应用，黄远亮教授讲述了以修复为导向的前牙美学区数字化全程种植技术，黄庆丰副主任医师讨论了修复医生的种植美学考量。蒋欣泉教授与学员们分享了近年来口腔颌面骨组织再生与牙种植表面改性的基础研究与临床应用进展。

第五届中国－东盟国际口腔医学交流与合作论坛

时间：2016 年 10 月 26 日

地点：广西南宁市

主办和承办单位：中华人民共和国国家卫生和计划生育委员会、广西壮族自治区人民政府主办，中华口腔医学会与东盟各国牙医学会、广西壮族自治区卫生和计划生育委员会、广西壮族自治区教育厅、广西国际博览事务局和广西医科大学协办，广西医科大学口腔医学院承办

内容提要：论坛是中国－东盟博览会框架下分论坛之一，被中华人民共和国国家卫生和计划生育委员会列入中国区域卫生合作项目，是 15 个部长级论坛之一，已成为中国在口腔医学领域举办的国际性顶级论坛，也是当年举办的首届中国－东盟卫生合作论坛分论坛。

中国和东盟各国卫生部官员、口腔医学专家近 300 名嘉宾出席本次论坛。开幕式由广西壮族自治区卫生和计划生育委员会副主任耿文奎主持。大会组委会主席、广西医科大学副校长、口腔医学院院长周诺致欢迎辞。

柬埔寨卫生部部长曼·本亨在致辞中希望中国与东盟双方能够加强合作，通过跨学科和跨部门的方式促进双方民众的口腔健康，共同应对当前问题。老挝人民民主共和国卫生部副部长普同·孟巴在致辞希望与中国及东盟国家建立对话伙伴关系，积极推进老挝口腔医学的发展。亚太牙医联盟主席梁世民在致辞中提出，本届论坛围绕"中国－东盟口腔医学生科研能力的提升"、"口腔健康和全身健康的关系"和"岗位胜任力为导向的口腔医学教育模式"三大主题展开，为各国口腔医学发展以及促进相互间了解搭建了宝贵平台。本届论坛首次举办"中国－东盟区域口腔医学教育的标准化（岗位胜任力为导向的口腔医学教育模式）"的国际研讨会，研讨会将打造以岗位胜任力为导向的、符合双方实际的口腔医学教育模式与教育评价体系；

中国－东盟国际口腔优秀青年学生论坛的规模以及规格较往届有所提升，不仅邀请到中国及东盟国家牙学院优秀学子，同时邀请到世界知名牙科院校的优秀学生参与；高峰论坛围绕“口腔健康与全身健康的关系”这一主题展开，来自东盟十国、欧美地区及中国的卫生部口腔官员及专家将发表主旨演讲；论坛同期举办口腔医疗器械展，借机推动中国民族工业在东盟国家的发展。

国际六校口腔医学教育高峰会议

时间：2016 年 10 月 25 －26 日

地点：上海市

主办和承办单位：上海交通大学口腔医学院

内容提要：由上海交通大学口腔医学院、波士顿大学牙学院、泰国 Chulalongkorn 大学牙学院、第四军医大学口腔医学院、北京大学口腔医学院、东京医科齿科大学（按院校名英文首字母排序）共同参与的“国际六校口腔医学教育高峰会议”成功举行。10 月 25 日，在浦东召开的会议由沈国芳院长主持，6 个院校的院长及负责教育、对外交流的相关人员参加了专题讨论。参加人员分别是波士顿大学牙学院 Jeffrey W. HUTTER 院长、周来生教授、Michelle HENSHAW 女士，Chulalongkorn 牙学院 Suchit POOLTHONG 院长、Prim AUYCHAI 副院长，第四军医大学口腔医学院陈吉华院长、孔亮副教授、谢诚科长，北京大学口腔医学院郭传瑸院长、李铁军副院长、董美丽主任，上海交通大学口腔医学院沈国芳院长、郑家伟副院长、张丽莉主任，东京医科齿科大学 Keiji MORIAMA 院长、IkukoMORIO 教授、Jun TSURUTA 副教授。

每个院校回顾了院校之间近几年来的师生交流情况，尤其是近 3 年来波士顿大学牙学院与其他 5 个院校之间的师生互访项目，高度评价了院校间的交流项目和学术活动。学生交流项目获益颇丰，不仅提高了学生的专业知识、技能，建立了跨国跨校的友谊，还拓展了他们对不同文化的理解，丰富了生活体验。教师互访项目帮助各院校教师加深了对其他院校医教研情况的了解，开拓了思路和视野，从而推动了各方面的项目交流和教学改革。与会者热烈讨论了峰会召开的使命和目标，一致认可来自不同卫生体制、不同教育体系的院校通过峰会及形成各种交流协议计划来达成互相交流学习、取长补短、促进合作之目标的必要性和有益性。

10 月 26 日，在上海世博展览馆举办口腔医学教育开放论坛。波士顿大学牙学院 Jeffrey W. HUTTER 院长介绍了波士顿牙学院的现状和教学中的创新，尤其是科技手段在教学和医疗中的运用；Chulalongkorn 牙学院 Suchit POOLTHONG 院长介绍了东盟地区牙科教育的组织和发展状况；第四军医大学口腔医学院陈吉华院长围绕教学改革做了全面阐述；北京大学口腔医学院郭传瑸院长重点介绍了口腔医学八年制教学经验；东京医科齿科大学 Keiji MORIAMA 院长介绍了日本齿科教育体系和东京医科齿科大学的教学情况；上海交通大学口腔医学院沈国芳院长介绍了学院医教研概况和对未来的展望。

第五届中日泰三校联合学术年会

时间：2016 年 10 月 27 －28 日

地点：北京市

主办单位：北京大学口腔医院

内容提要：由北京大学口腔医学院、日本东京医科齿科大学牙学院和泰国久拉隆贡大学牙学院联合发起的第五届中日泰三校联合学术年会（The 5th Tri－University Consortium on Oral Science and Education）召开。本次会议主题为“Current Progresses in Oral Science Research”。来自上述三所院校院长、师生共 60 余人参会。会议由邓旭亮副院长主持。

郭传瑸院长致开幕辞。院长演讲部分中，日本东京医科齿科大学牙学院 Keiji Moriyama 院长介绍了该校的口腔医学教育体系、泰国久拉隆贡大学牙学院 Suchit Poolthong

院长和北京大学口腔医学院邓旭亮副院长分别介绍了各自学校的相关工作。北京大学口腔医学院中心实验室甘业华教授及其他两所院校的专家做主题发言，分别向大家介绍了有关口腔医学教育的新举措和前瞻性的科研成果。接下来的大会报告中，来自三所院校的 14 位青年医师和学生在口腔医学的临床研究、基础和转化医学研究相关领域分别就各自研究进展进行了大会报告。壁报展示环节在贵宾接待室举行，共展出 19 幅壁报，内容涵盖了口腔医学基础和临床研究领域不同的研究方向，青年医师和学生就感兴趣的相关学术问题进行广泛而深入的探讨与交流。

2016 国际口腔及颅颌前沿研究研讨会暨全国口腔生物医学年会

时间:2016 年 11 月 5 －6 日

地点:辽宁省大连市

主办和承办单位:中华口腔医学会口腔生物医学专业委员会主办、大连医科大学口腔医学院承办、中国抗衰老促进会交叉学科专业委员会协办

内容提要:17 个专委会(分会)21 名代表到会观摩。座谈会上，生物专委会王松灵主委全面介绍其“顶层设计、学术至上”的办会理念。会议设计及实施始终围绕着“一个平台，三件事、三个作用”进行，逐渐形成成熟的四大板块年会模式:一是特邀口腔医学专家及海外口腔医学专家做专题讲演;二是国内专家做专题报告;三是中青年专家为主的大会发言;四是优秀青年研究奖评选。本次会议，特邀到非口腔医学的专家及海外口腔医学专家 18 人做报告(其中院士 2 人)，重点关注基础研究如何转化应用;国内数十名口腔专家进行专题报告，内容涵盖细胞生物学、基因工程、生长发育方面的研究。承办单位马国武院长介绍会议筹备过程及会议举办情况，此次大会 800 余人参会，会议首次采用网络直播方式，2 900 余人在线观看。会议的成功举办获得观摩团各位代表的高度赞扬。

俞光岩会长在总结发言中指出生物年会一是顶层设计做得好;二是非常重视青年人才培养;三是的会议特色鲜明，特别是将基础研究与临床医学结合，转化医学大大扩展参与面，变弱为强，值得借鉴。俞光岩会长充分肯定 3 场观摩会成效显著，各专委会(分会)可互相学习:注重科普宣传，开展面向普通百姓的公众演讲;重视媒体宣传，通过媒体渠道加强宣传，增强社会影响力;扶持西部地区，适当给予西部免费参会名额;鼓励互帮互助，给力量薄弱的新院校以支持。

2016 中国国际正畸大会暨第十五次全国口腔正畸学术会

时间:2016 年 10 月 10 －14 日

地点:西安市曲江县

主办和承办单位:中华口腔医学会口腔正畸专业委员会主办，陕西省口腔医学会口腔正畸专业委员会、中国国际科技会议中心、西安交通大学口腔医院和第四军医大学口腔医院承办

内容提要:会议由西安交通大学口腔医院党委书记周洪教授主持。共有来自中国、美国、欧洲、亚太地区、港澳台等地区参会人数 3 000 余名，并配备了 1 500 个同声传译设备，是历届正畸年会中规模最大、参会人员最多的一次。大会特别邀请了北卡罗来纳大学口腔医学院正畸科荣誉教授 William R. Proffit，前任世界正畸联盟(WFO)主席 Roberto Justus，香港大学名誉教授、副院长 Urban Hagg 等国外顶级正畸专家以及我国大陆和港澳台地区的知名口腔正畸专家做专题演讲，同时来自全国各地的口腔正畸医师也在本次大会上进行了学术交流。此外，为了提高基层的诊疗水平，大会还特别邀请了来自西部贫困地区的 21 名基层正畸医生来参会，并提供扶持资助。

本次年会延续了以学术交流、病例展示为主，同时附小型正畸专业相关器材展览的模式。由六个分会场同期展开，包括正畸与

多学科联合治疗、新型矫治器与矫治技术、正畸领域的数字化技术、正畸中的美学问题、正畸支抗的控制以及正畸应用基础研究等前沿话题。会议共收录摘要 740 篇,254 篇以大会发言,244 篇以壁报形式展示;举办了 3 个正畸学习班。会议特别安排了两个会前学习班,由国际知名正畸大师 Proffit 亲自演讲,500 余人参加的"Proffit 现代正畸治疗学习班"以及创纪录的千人"Tweed 矫治技术学习班"。

第四届中澳组织工程与再生医学研究论坛(ACCTERM)

时间:2016 年 11 月 12 – 14 日

地点:广东省广州市

主办和承办单位:中山大学光华口腔医学院

内容提要:来自美国、澳大利亚和中国的组织工程科学界与产业界的专家学者参会,分享再生医学研究领域的最新进展,探讨组织工程与再生医学产业化对策,加强科研的合作与交流,促进高水平科学研究和人才培养。期间来自国内各高校优秀口腔医学研究生进行了口头报告,分享学习、科研进展,促进交流。

开幕式中,院长程斌教授,大会主席、澳大利亚昆士兰科技大学健康与生物医学创新研究中心骨组织工程研究组负责人肖殷教授,中山大学校长助理王雪华教授、广东省科技厅科技交流合作处曾路处长先后致辞。随后进行主题演讲。香港大学医学院苏国辉院士讲授"临床评估脐带血单核细胞移植疗法对慢性完全性脊柱损伤的治疗安全性与效果",美国宾夕法尼亚大学口腔医学院口腔分子生物系主任施松涛教授讲授"组织再生与免疫治疗中的牙髓干细胞",中山大学中山医学院项鹏教授讲授"间充质干细胞的临床转化:进展与挑战",澳大利亚昆士兰科技大学健康与生物医学创新研究中心骨组织工程研究组负责人肖殷教授讲授"再生医学的免疫调节",昆士兰科技大学化学、物理与工程学院学科带头人顾元通教授讲授"肩关节与膝关节软骨的不同机械行为的物理机制",澳大利亚格里菲斯大学牙学院牙周科主任 Saso Ivanovski 教授讲授"牙周组织工程的多相支架",美国贝勒牙医学院冯健全教授讲授"软骨细胞来源的骨细胞决定了骨骼的形态与大小",中国科学院硅酸盐研究所生物材料与组织工程研究中心主任常江教授讲授"生物材料在组织工程中的作用",中国科学院硅酸盐研究所吴成铁教授讲授"利用多功能生物支架的 3D 打印进行肿瘤治疗与组织再生",浙江大学基础医学院院长、医学院副院长欧阳宏伟教授讲授"肌腱的分化与再生"。

之后开展"杰青论坛",王松灵教授讲授"口腔与颅颌面再生医学:研究现状与展望",蒋欣泉教授讲授"再生医学在颅颌面缺损的应用:最近的研究与展望",邓旭亮教授讲授"纳米材料在颅颌面缺损修复的应用及可能的修复机制"。在"合作交流"环节,昆士兰科技大学科研办公室主任 Michael McArdle 教授介绍"澳大利亚基金项目的申请",林正梅教授介绍"中山大学光华口腔医学院与昆士兰科技大学的合作",昆士兰科技大学化学、物理与工程学院院长 John Bell 教授介绍"研究生交换相关政策",高久群教授介绍"中山大学研究生教育的国际化",昆士兰科技大学健康与生物医学创新研究所执行主席 Lyn Griffiths 教授介绍"毕业后的研究与交换项目"。同期举行"广东省口腔医学研究生论坛",来自全国 7 所高校的 15 位优秀研究生对各自的研究成果作口头报告,并评选出一二三等奖。

2016 年中日韩口腔科学研讨会(China – Japan – Korea Dental Science Symposium 2016)

时间:2016 年 12 月 9 – 10 日

地点:福建省福州市

主办和承办单位:北京大学口腔医学院、日本东北大学齿学部、福建医科大学口腔医

学院、韩国首尔国立大学牙学院及韩国全南国立大学牙学院共同主办、福建医科大学附属口腔医学院承办

内容提要：来自中日韩三国的 200 余名专家学者、青年医师参会。12 月 9 日的开幕式上，福建医科大学附属口腔医学院院长陈江教授首先致辞，对专家们的到来表示欢迎，北京大学口腔医学院郭传瑸院长回顾了三方的合作过程，强调了合作的重要性，并肯定了合作的效果。本次中日韩口腔科学研讨会重点关注“东亚口腔科学的未来”，会议包括专家主旨演讲、青年医师口头汇报和壁报展评三部分。在专家主旨演讲和青年医师口头汇报环节，共有来自中国、日本、韩国的 20 余名专家学者进行了英文专题演讲。在壁报展评环节，共有来自三国七所院校的 50 幅壁报参评，壁报内容覆盖了口腔基础医学、口腔临床医学的最新进展，来自各国的年轻医师就口腔医学领域的热点问题进行了深入的交流与探讨。本次研讨会为东亚地区从事口腔医学相关领域的研究学者、专家提供了交流平台，加深了三国院校间的交流，促进了东亚地区口腔医学的发展。

中华口腔医学会及其专业委员会会议

中华口腔医学会第九次全国口腔修复学学术研讨会

时间：2016 年 1 月 8 － 10 日

地点：北京市

主办和承办单位：中华口腔医学会口腔修复学专业委员会主办，北京口腔医学会口腔修复学专业委员会、解放军总医院口腔医学研究所、口腔颌面修复学杂志、中华老年口腔医学杂志承办

内容提要：大会开幕式由高平教授和郑东翔教授主持。大会同期举办了第 18 届综合医院口腔医疗发展论坛暨学术研讨会，以及综合医院全科口腔医学学术论坛及科主任联席会，由刘洪臣教授主持。来自国内、外的近千位专家学者相聚一堂，以口腔修复的种植、咬合、美容修复等为主题，以数字化口腔修复为导向，兼顾口腔修复的临床与基础。分别以专题报告，论文报告，壁报展示等形式对口腔修复及相关领域的新理论、新技术、新方式、新材料等进行交流，并对优秀青年论文进行评比，大会还进行了第三届口腔跨学科病例展评——“卡瓦梦想秀”的启动和优秀病例报告。同期举行的第 18 届综合医院全科口腔医学学术论坛及科主任联席会，以全科口腔医学教育和全科口腔医生的培养为主题展开了激烈的讨论交流。

大会收到国内外投稿近 400 篇，会议设定了四个会场，邀请 30 位专家进行大会专题发言，110 余位医生进行了会议发言及学术交流，60 余位医生做壁报交流。本次大会从口腔修复的种植、咬合、美容修复、数字化的各个方面深入探讨了口腔修复学临床和基础研究的最新成果。大会学术主会场的主题报告有冯海兰教授的“以修复为导向的种植义齿设计”，王贻宁教授的“口腔修复多学科交叉之路”，刘洪臣教授的“口腔修复与咬合治疗”，周永胜教授的“数字化口腔修复的研究与应用”，陈吉华教授的“冠修复体咬合调整的重要性及常用调𬌗方法的可靠性”，蒋欣泉教授的“骨组织再生与种植功能修复的研究与应用”，林野教授的“种植体设计以及临床意义”，宿玉成教授的“上颌前牙的美容种植修复”，徐军教授“颌位关系 - 不同确定方法的是与非”，樊聪教授“瓷贴面修复临床常见问题及对策”，谭建国教授“牙列重度磨耗的美学和功能重建”，李彦教授“咬合重建修复

中的微创设计"，张少锋教授"齿科瓷修复材料的动态磨损特性及其临床意义"，谢秋菲教授"咬合基本概念解读与临床问题分析"，于海洋教授"通向临床美学之路——前牙美学修复的决策"等精彩演讲。

重度牙周炎诊疗中国专家共识会议暨 2016 年牙周病学学术研讨会

时间：2016 年 3 月 25－26 日

地点：江苏省南京市

主办和承办单位：中华口腔医学会牙周病学专业委员会主办，南京大学医学院附属口腔医院、江苏省口腔医学会牙周病学专业委员会、上海市口腔医学会牙周病学专业委员会承办

内容提要：牙周病学专业委员会的各位常委、专家就重度牙周炎规范化诊疗进行了热烈讨论，并达成了共识。牙周病相关领域的专家及医生们就"牙周再生"、"牙周病病因与发病机制"、"牙周病临床基础研究"和"牙周病与全身系统性疾病"四个主题展开了学术交流。中日韩专家介绍了异体干细胞的牙周再生基础及转化的研究、炎症因子诱导牙龈成纤维细胞中釉成熟蛋白基因转录的相关研究、纤连蛋白来源的寡肽生物应用。来自上海、杭州、南京、西安、成都、沈阳等地的 30 位牙周科医生就各自的研究成果做了报告。

此次"重度牙周炎诊疗中国专家共识会议"在与会专家的通力协作下，将达成我国重度牙周炎诊疗的专家共识。这一共识的达成将对临床中重度牙周炎的诊断和治疗提供指导性意见，促进重度牙周炎诊疗的临床规范化。关于牙周病学相关研究展开的学术交流，为牙周不同层级的专业人员搭建了多个学习、交流和展示的平台。同时，也针对牙周病相关问题进行了热烈讨论。

2016 年西部口腔学术研讨会

时间：2016 年 4 月 26－28 日

地点：四川省成都市

主办单位：四川大学华西口腔医学院国家临床重点专科——儿童口腔科

内容提要：2016 年西部口腔学术研讨会暨国家级继续教育项目"儿童口腔临床微创技术"培训班召开，来自全国各地的 200 余名儿童口腔临床医师、全科医生及儿童口腔保健人员参加了本次会议和培训。

本次研讨会及培训班特邀了中华口腔医学会儿童口腔医学专委会主任委员、第四军医大学口腔医院王小竞教授，中华口腔医学会儿童口腔专委会候任主任委员、北京大学口腔医院秦满教授，中华口腔医学会儿童口腔医学专委会副主任委员、四川大学华西口腔医学院邹静教授，上海同济大学附属口腔医院赵玉梅教授，中华口腔医学会儿童口腔医学专委会常委、上海交通大学第九人民医院汪俊教授，中山大学光华口腔医院赵玮教授，广西医科大学口腔医院黄华教授以及四川大学华西口腔医学院李小兵教授等国内知名儿童口腔医学专家和与会代表们分享了儿童牙体牙髓病临床治疗新进展及儿童早期咬合管理的新技术，推广儿童口腔临床微创治疗新理念和新方法，并进行了精彩的病例展示和讲解，现场气氛热烈。参与此次研讨会和培训班的学员们纷纷表示这次学习更新了儿童口腔临床治疗理念，对提高基层医院的临床诊治水平起着很大的促进作用，充分发挥了四川大学华西口腔医学院儿童口腔科作为国家临床重点专科向西部、西南部基层综合医院和专科医院的辐射引领作用。

第九次中国民营口腔年会

时间：2016 年 5 月 22－27 日

地点：河南省郑州市

主办和承办单位：中华口腔医学会民营口腔医疗分会主办，河南省口腔医学会承办

内容提要：来自国内外的百余名专家学者及 3 000 余名中国民营口腔人齐聚一堂，共论民营口腔之道。河南省人民政府副省长张广智出席开幕式并致辞，指出年会的举办将推动河南省口腔卫生事业的发展。开幕式由

中华口腔医学会民营口腔医疗分会副主委、大会执行主席何宝杰主持。中华口腔医学会民营口腔医疗分会主委、大会主席卢海平致欢迎词，世界牙科联盟(FDI)前任主席黄殿春鼓励民营口腔的发展，对于中国口腔事业的发展提出殷切希望；中华口腔医学会会长王兴多次强调“中国口腔是一家”，号召口腔医疗同行携手助力口腔健康。本次年会针对口腔各专业领域共设置口腔诊所管理论坛、正畸专场、口腔种植专场、儿童牙科专场、牙体牙髓专场、民营口腔医院管理、美学专场、护理服务专场、急救专场等九个主题专场。特邀世界牙科联盟(FDI)前任主席黄殿春、美国加州大学洛杉矶分校(UCLA)牙学院院长Camargo、香港大学牙学院副院长金力坚、中华口腔医学会会长王兴及日本、港澳台等百余位国内外口腔医学专家前来演讲交流。

大会在郑州大学、新乡医学院、河南科技大学、开封大学及河南赛思口腔医院等地举办八个精品会前学习班。在郑州大学的Tweed正畸学习班邀请了美国Tweed中心认证的17名教官执教。在河南赛思口腔医院举办的口腔全科技术学习班由北京大学口腔医学院主办，来自美国罗彻斯特大学和北京大学的7位教授授课。口腔种植技术学习班，邀请美国UCLA的Charles Zahedi教授授课并进行手术示教。

全国口腔医学住院医师规范化培训与专业学位培养研讨会

时间:2016年6月3－5日

地点:江苏省南京市

主办和承办单位:中华医学会医学教育分会口腔医学教育学组和南京大学医学院附属口腔医院联合主办

内容提要:国家卫计委科教司教育处余秋蓉副处长作了关于“我国住院医师规范化培训制度建立实施情况”的大会报告，解读相关政策，针对目前我国口腔医学住院医师规范化培训的现状和专科医师培训的发展方向，提出了问题思考。口腔医学教育学组组长王松灵教授提出了对口腔住院医师规培方向的宏观思考。武汉大学边专院长、四川大学叶玲副书记分别介绍在专业学位和住院医师培养方面的经验，中山大学凌均棨教授、上海交通大学郑家伟教授、四川大学于海洋教授、首都医科大学郑东翔教授以及重庆医科大学宋锦璘教授等国内知名医学教育专家讲授了各学科临床、教学和管理的发展动向。华盛顿大学牙学院张海教授与大家分享了美国口腔临床能力考试的国家制度。

南京大学常务副校长吕建院士介绍了“南京大学专业学位研究生深化教育综合改革总体思路”，附属口腔医院孙卫斌副院长介绍了南京大学口腔医学专业在住院医师规范化和专业学位培养的同质化培养改革方面所做的探索实践。与会专家和各院校代表在南京大学医学院临床模拟训练中心，参观了由南京大学医学院附属口腔医院自主开发的“口腔医学客观结构化临床技能考核”信息平台的实施情况。

中华护理学会第27届全国口腔护理学术交流会议

时间:2016年6月24－27日

地点:湖南省长沙市

主办单位:中华护理学会

内容提要:来自全国400余名口腔专业护理人员参会，大会主题为“规范、安全、专科发展”。刘蕊主任应邀担任了大会开幕式主持人，以“塑造卓越领导力，打造高效执行力”为题进行了专题讲座，内容丰富、生动、实用，受到与会代表的纷纷好评；本次大会邀请国内知名护理专家进行了9个专题讲座，内容包括立足三实、着眼三精、努力提高护理工作质量等与护理质量管理相关的讲座，也包括塑造卓越领导力、打造高效执行力等与口腔护理队伍如何建设的专题讲座。李秀娥主任委员做了“发达国家牙医助理培养体系及职责”的专题讲座，她向护理同仁们介绍了美国、日本等发达国家牙医助理、齿科卫生士的培养体系和她们的工作职责，使与会代表足不出户了解了国外先进的理念，为我国口腔护理的发展指引了方向。本次大会还邀请中华护理学会张洪君副理事长进行了“拓展护理专业服务领域提升职业价值认同”、吴欣娟副理事长进行了“护士岗位管理与绩效考核”的专题讲座。此次会议交流分为大会发言、壁报交流两个环节。大会还对为本次会议组织工作贡献突出的李秀娥主任委员颁发了优秀组织奖。

中国口腔医学研究实验室发展战略研讨会暨 2016 转化医学高峰论坛

时间：2016 年 6 月 25 日

地点：陕西西安市

主办和承办单位：军事口腔医学国家重点实验室

内容提要：来自全国口腔医学实验室联盟的 28 家单位 55 位参会代表以及第四军医大学口腔医学院科室领导、实验室相关人员共计 260 余人到会交流。实验室主任赵铱民教授主持开幕式。本次会议邀请了上海交通大学张志愿院士、美国宾夕法尼亚大学施松涛教授、美国国立卫生研究院陈万军高级研究员、美国南加州大学柴洋教授、四川大学陈谦明教授、北京大学李铁军教授等 6 位国内外著名专家，围绕口腔转化医学主题分别做了精彩的学术报告。同时，来自美国南加州大学、四川大学、第四军医大学、北京大学、武汉大学等 11 家口腔医学实验室做了关于实验室管理与发展的讲座报告。会议现场气氛活跃，各实验室围绕人员管理、学术期刊管理、数字化管理、平台建设等实验室建设中的特色与优势，介绍了各自实验室发展的先进经验。四川大学华西口腔医院周学东院长、南京医科大学王林副校长、北京大学口腔医院李铁军副院长、邓旭亮副院长、广州医科大学口腔医院葛林虎院长、山西医科大学口腔医院张并生院长、中国医科大学口腔医院陈旭副院长等会议代表也就各自当前发展中存在的问题和困惑进行了热烈的讨论和交流。此次会议是实验室进一步加强国际高层学术交流的一次盛会，为推动全国口腔医学实验室联盟单位间的信息沟通与合作交流，促进各单位的融合共通、创新发展提供了良好的平台。

中国整形美容协会第二届口腔整形美容分会换届大会

时间：2016 年 8 月 19 －21 日

地点：北京市

主办和承办单位：中国整形美容学协会口腔整形美容分会，及北京口腔医学会口腔修复专业委员主办，中华口腔医学会口腔修复学专业委员会支持，口腔颌面修复学杂志、中华老年口腔医学杂志承办

内容提要：中国整形美容协会张斌会长、中国整形美容协会办公室靖宣主任、培训部李国兴主任、办公室余向玲副主任等协会领导以及分会相关领导、常务理事、理事出席本次换届大会。会议由中国整形美容协会办公室主任靖宣主持，经过全体与会理事以无记名投票方式进行民主选举，刘洪臣教授当选为中国整形美容协会第二届口腔整形美容分会会长，张志光教授当选为候任会长，房兵、董福生、沈刚、唐瞻贵、田卫东、赵吉宏、周彦恒教授当选为副会长；会议同时选出了 61 位常务理事和 136 位理事。大会同期举行青年医师优秀论文评选，10 位优秀青年医师论文获奖，其中南方医科大学口腔医院刘琦医师获得一等奖。口腔颌面部注射美容国家级继续教育学习班亦与大会同期举办。

第五届“口腔前景杯”中国口腔行业摄影大赛

时间：2016 年 9 月 25 －28 日

地点：陕西省西安市

主办和承办单位：中华口腔医学会主办、第四军医大学口腔医学院承办

内容提要：此次大赛共收到 51 个单位的参赛作品 627 幅。经评委会公开、公平、公正

评审，产生 130 幅参展作品、50 幅优秀作品、10 幅三等奖以上作品，并有 7 个单位获得组织奖。26 日的颁奖仪式上，中华口腔医学会王渤秘书长，第四军医大学口腔医学院王利民政委、政治部汪亮主任，国药前景口腔科技（北京）有限公司陈宁总经理、张芳董事出席了颁奖仪式并颁奖。本摄影大赛已创办十年，在中国口腔人的共同努力下，该赛事已成为中国口腔同仁交流情感体会，展示文化建设成果的绚丽舞台，打造出了中国口腔行业一张富有内涵的精美名片。

2016 口腔年会交叉学科论坛——"口腔麻醉－口腔药理－儿童口腔"儿童口腔病舒适化与安全治疗研讨会

时间：2016 年 9 月 25 日

地点：上海市

主办和承办单位：中华口腔医学会主办，中华口腔医学会口腔麻醉学专业委员会、中华口腔医学会口腔药学专业委员会及中华口腔医学会儿童口腔医学专业委员会共同承办

内容提要：论坛首先由亚洲口腔麻醉联盟主席、中华口腔医学会口腔麻醉学专业委员会主任委员、九院麻醉科主任姜虹教授致辞；接着，中华口腔医学会副会长孙正教授致辞，强调如何对口腔病患儿开展舒适化和安全治疗是口腔各科医生共同关心的话题。九院麻醉科副主任黄燕主任医师做了"儿童牙科治疗的镇静镇痛"主题演讲。最后，论坛从口腔医生普遍关注的患儿治疗产生疼痛恐惧时如何通过镇静、镇痛、麻醉、合理的药物使用等方法开展舒适化和安全的口腔医疗问题进行三学科主题演讲，分享经验，充分交流。

本次论坛共有 150 余名代表参加，邀请了 3 个专业委员会的多名专家针对儿童口腔病舒适化与安全治疗进行 6 场专家演讲。这次交叉论坛不仅使大家了解了儿童牙科治疗的镇静镇痛方法，合理用药，可能并发症，全身麻醉下儿童牙病治疗原则和注意事项等，更通过 3 个学科交叉论坛，各学科取长补短，拓宽视野，对儿童口腔治疗有更好的认识，有利于儿童口腔治疗水平的进一步提高。

第一届全国口腔激光医学学术会议

时间：2016 年 9 月 26 日

地点：上海市

主办和承办单位：中华口腔医学会口腔激光医学专业委员会主办，上海市口腔医学会承办

内容提要：会议由专委会秘书李倩副教授主持。来自全国的口腔医学院校、科研单位以及口腔医院的九十余名口腔激光医学专家参会。会议分为大会专题报告和自由投稿（口头发言、壁报交流），就口腔激光诊疗的相关基础研究、临床应用、病例报告、新技术新疗法等方面进行了热烈的交流与讨论，李迎新、周国瑜、彭彬、宋应亮、秦满、马跃、吴美娟、赵颖、杨文东、栗洪师、王宇光、黄晓峰、王琪教授等分别就激光的创新研究、口腔颌面外科、牙体牙髓病、口腔种植、儿童口腔、美容齿科、牙周治疗、正畸中的应用及低能量激光的应用进行专题演讲，国内医师的壁报和口头报告也体现了我国口腔激光技术的蓬勃发展，展示了口腔激光临床应用与科研的新篇章。王兴会长代表中华口腔医学会对专委会的成立表示祝贺，他充分肯定了口腔激光医学的重要性，督促专委会制定准入标准，规范激光仪器在口腔医疗领域的临床应用、出台相应的操作指南，让口腔激光技术在我国口腔医学领域安全有效地开展。北京协和医院口腔科主任赵继志教授当选为主任委员，丁一、彭彬、宋应亮、秦满、束蓉教授当选为副主任委员。在成立大会上，赵继志主委针对需求调研、发起申请及筹备等各项工作向委员们做了汇报，提出口腔激光技术具有多年的研究应用历史、广泛的医疗需求、学科交叉融合及专业覆盖范围广等专业特点，阐述了成立口腔激光专委会的必要性及任期内的规划：1）发展会员、凝聚力量；2）学术引导、临床科研；3）安全准入、规范培训；4）制定标准、规

范统一;5)国内平台、国际交流;6)专业协作、发挥优势。

中华口腔医学会第五届全国会员代表大会

时间:2016 年 9 月 27 日

地点:上海市

主办单位:中华口腔医学会

内容提要:第四届理事会王兴会长做了题为“不忘初心,继续前进”的工作报告,全面总结了第四届理事会的工作及取得的成就,并对学会今后的工作提出了殷切的建议和期望。大会审议通过了中华口腔医学会章程修改报告及财务工作报告等文件。大会通过无记名投票,选举产生了由 198 名理事组成的中华口腔医学会第五届理事会。首次设立了监事会,并选举产生了以孙正为监事长,黄洪章为副监事长,闫福华、高平、李新春任监事的监事会成员。

当天下午,召开了新一届理事会的第 1 次会议。选举产生了由 63 名常务理事组成的第五届中华口腔医学会常务理事会;选举俞光岩教授担任第五届理事会会长;选举王林、王松灵、卢海平、白玉兴、边专、刘洪臣、沈国芳、张斌、陈吉华、周诺、周学东、郭传瑸、凌均棨、章锦才、路振富共 15 位教授担任副会长;选举岳林教授担任秘书长。第五届理事会还决定聘请王兴、张志愿、赵铱民教授为中华口腔医学会第五届理事会名誉会长;聘请徐韬、王渤教授为中华口腔医学会第五届理事会顾问;聘请梁世民、张伟民、叶庆良、黄殿春、金力坚、黄骏杰、周明勇、李文胜、胡昆坪教授为中华口腔医学会第五届理事会名誉理事。

出席此次大会的有中国科协党组成员、书记处书记束为同志,国家卫生和计划生育委员会疾病预防控制局慢性病预防控制处吴良有处长,上海市卫生和计划生育委员会黄红书记,北京大学医学部主任詹启敏院士,中华预防医学会孔灵芝副会长,中国医师协会陆军副会长,中华志愿者协会宋志强秘书长,世界牙科联盟(FDI)前任主席黄殿春女士,韩国牙医学会崔南燮会长,还有来自港澳台兄弟学会的嘉宾。中华口腔医学会第四届理事会名誉会长邱蔚六院士、王大章教授、樊明文教授应邀出席大会。

第十四次全国数字化口腔医学学术会议

时间:2016 年 10 月 20 －22 日

地点:山西省太原市

主办和承办单位:中华口腔医学会口腔医学计算机专业委员会主办,山西医科大学口腔医院承办

内容提要:中华口腔医学会计算机专委会、山西省口腔医学会数字化专委会和山西省口腔医学会修复专委会的委员们及全国口腔界同仁共计 360 余人参加了本次会议。会议由赵彬院长主持。会议邀请了中华口腔医学会副会长、上海交通大学医学院附属第九人民医院党委书记沈国芳教授;中华口腔医学会口腔医学计算机专委会主任委员、北京大学口腔医学数字化研究中心主任王勇教授;中华口腔医学会常务理事、北京大学口腔医学院党委书记周勇胜教授;广西医科大学副校长、广西医科大学口腔医学院附属口腔医院院长周诺教授;首都医科大学附属北京口腔医院及口腔医学院院长白玉兴教授;中国医学科学院北京协和医院口腔种植中心主任宿玉成教授等多位享誉全国的知名专家学者进行专题学术报告。此次会议以“数字化技术与口腔临床应用”为主题,详细介绍了数字化技术在口腔各个领域的应用进展,尤其是在口腔修复、种植、外科以及正畸方面所取得的临床经验与突破,分享了临床经验,交流了学术成果。学术会期间,中华口腔医学会计算机专业委员第十四次全委会、山西省口腔医学会口腔修复学专业委员会二届二次全委会和山西省口腔医学会口腔医学数字化专业委员会成立大会胜利召开。

2016 年全国口腔医学教育学术年会暨全国口腔医学院校青年教师授课技能展示

时间:2016 年 10 月 16 －18 日

地点:贵州省遵义市

主办和承办单位:中华口腔医学会口腔医学教育专委会主办,遵义医学院口腔医学院(附属口腔医院)承办

内容提要:来自全国各大高校的领导、专家 320 余人参加了会议。会议主题是交流和深入探讨口腔专业住院医师规范化培训制度推进中的做法经验和主要问题以及开展全国口腔院校青年教师授课技能展示。邀请国内外专家就相关议题做主题演讲,分别是:专业学位研究生教育与规培融合培养卓越口腔医生(武汉大学口腔医学院、主任委员边专教授),Urology resident training in USA: advance clinical education(美国维克森林大学再生医学研究所张元原教授),口腔住院医师规范化培训分析及思考(首都医科大学口腔医学院王松灵教授),当代牙科教育:理论学习与临床训练(香港大学牙学院暨菲腊亲王牙科医院郑立武教授),住院医师规培制度的运行与优化(北京大学口腔医学院郭传瑸教授),住院医师规范化培训组织管理(上海交通大学九院临床医学院张伟教授),华西口腔住院医师规范化培训的现状与思考(四川大学华西口腔医学院叶玲教授),关于口腔住院医师规范化培训的实践与思考(第四军医大学口腔医学院贺建军教授)。通过专家报告与解读,与会代表深刻、全面了解了国内外住院医师培训的现状,培训方式、培训内容,分享了各单位成功的经验,也认识到目前口腔住院医师培训与专科医师培训存在的问题和今后改革发展的方向。

在口腔医学院校青年教师授课技能展示中,来自全国各地的 22 名青年教师将研究与教学相结合,进行了授课展示,充分体现了青年教师风采。期间最大的亮点是在决赛中,采取了现场投票方式,增加了微信投票,提高了人员参与度。最终,选出一等奖第一名 1 人(北京大学王雪东),第二名 1 人(四川大学周瑜),第三名 4 人。会议期间,圆满举行了中华口腔医学会第四届口腔医学教育专委会第二次全委会,100 多位委员参加了会议,共同探讨口腔医学发展之路。

中华口腔医学会全科口腔医学专业委员会第七次学术会议

时间:2016 年 10 月 29 - 31 日

地点:北京市

主办和承办单位:中华口腔医学会全科口腔医学专业委员会主办,中日医院、《全科口腔医学杂志》、北京口腔医学会口腔全科医学专业委员会、北京口腔医学临床技术研究会联合承办

内容提要:共有 500 余名来自全国各地的全科口腔医学及相关领域的专家、学者参加了会议,旨在探讨国内外最前沿的全科口腔医学进展与临床实用新技术,打造我国全科口腔医学交流的品牌平台,推动全科口腔医学事业的发展。中日医院副院长丁晶宏,中华口腔医学会秘书长岳林,中华口腔医学会全科口腔医学专业委员会现任主任委员、中日医院口腔医学中心主任徐宝华,中华口腔医学会牙周病学专业委员会前任主任委员、亚太地区牙周学会理事孟焕新等出席大会开幕式并讲话。大会开幕式上启动了“微笑行动”——中国口腔全科医生团队服务能力建设公益巡讲项目。会议设立多个分会场,进行了两天学术交流。本次会议从口腔医学研究的热点和重点出发,以临床需求为导向,聚焦国内外临床与基础研究的最新进展,注重多学科交融。既有口腔疾病与全身健康的新发现,也有数字化口腔医疗的新进展,更有口腔各个专科领域的临床新技术、新进展,如口腔种植新技术专场,隐适美隐形正畸专场,Insignia 精准正畸专场,口腔激光专场,无痛舒适治疗专场,口腔跨学科治疗专场,合学临床应用专场。

第十次全国修复学术会议

时间:2016 年 10 月 29 - 31 日

地点:浙江省杭州市

主办和承办单位：中华口腔医学会口腔修复学专业委员会主办，浙江大学医学院附属口腔医院承办

内容提要：来自海内外口腔领域的众多知名学者和专家及口腔修复从业人员参会。会议包括口腔修复学学术讲座与交流、青年优秀学术论文壁报比赛等内容。大会特邀国内外口腔修复领域专家学者前来演讲交流，主要围绕美学理念在口腔修复领域的工艺与实践、数字化技术在口腔修复领域的创新和应用、口腔种植与修复的前沿技术和最新进展、口腔种植与修复并发症及其防治等主题，对当前口腔修复医学进行集大成的总结与创新性的探索。

开幕式上，浙江省卫计委马伟杭副主任、浙江大学医学院附属口腔医院院长王慧明教授、中华口腔医学会会长俞光岩教授、韩国口腔修复学会会长 HeoSeongJoo 教授向大会致辞。会上，来自国内外口腔修复领域的著名专家教授与大家分享了各自研究领域的杰出成果，解放军总医院刘洪臣教授的“3D 打印在口腔修复中的应用”、韩国口腔修复学会主席 HeoSeongJoo 教授的“successful implant treatment”、第四军医大学赵铱民教授的“颌面修复的数字化时代”、香港大学 Dr. Nikos Matteos 讲授的“常见种植修复后并发症及其防治”、日本著名技师片冈繁夫的“关于全瓷美学修复公益”等主题讲座，让与会人员受益良多。在青年优秀论文比赛中，也涌现出一批突出的优秀人才，其中，来自四川大学华西口腔医学院的王剑凭借论文“从比色到制作——数字化全瓷修复配色系统的研制”荣获此次论文一等奖。

邱蔚六院士访问学者奖励基金、铁达闻教授访问学人奖签约仪式暨口腔颌面外科学术研讨会

时间：2016 年 11 月 7 日

地点：上海市

主办和承办单位：上海交通大学口腔医学院口腔颌面外科学系、上海口腔医学会口腔颌面外科专业委员会、香港口腔颌面外科医师协会联合主办

内容提要：中国工程院院士邱蔚六教授，中国工程院院士张志愿教授，上海九院院长吴皓教授出席签约仪式，上海九院口腔颌面－头颈肿瘤科主任张陈平教授主持签约。香港植齿及颌面外科中心主任、口腔医学院客座教授周国辉与上海九院党委书记、口腔医学院院长沈国芳教授分别代表香港植齿及颌面外科中心与口腔医学院签署合作协议。周国辉教授介绍，铁达闻教授是香港大学口腔颌面外科的创始人之一，与口腔医学院和上海九院素有渊源。希望双方在此基础上，能进一步开展合作与交流，发展形成一套完善的两地口腔颌面外科人才在学术和技术方面互相学习、定期交流的新型合作模式。

香港大学牙学院口腔颌面外科 Nabil Saman 教授介绍周国辉教授在促成此次合作工作中起到了非常重要的桥梁纽带作用。上海九院院长吴皓教授认为此次合作签约，对沪港两地口腔颌面外科青年医师而言都是难得的机会。

邱蔚六院士发言时讲到，中国口腔颌面外科在加入国际口腔颌面外科的历程中遇到过很多困难，能够成功进入国际组织，与香港口腔颌面外科同仁，尤其是铁达闻教授的大力支持和帮助是分不开的。据悉，香港植齿及颌面外科中心在合作期间将每年为口腔医学院提供价值 5 万美元的邱蔚六院士访问学者奖励基金，并作为“邱蔚六院士访问学者奖”给予口腔医学院推荐获批的 2 名在职临床医生出国、出境访问学习之用；香港方面则每年推荐并批准“铁达闻教授访问学人奖”得奖的香港或其他地区及国家的专科医生定期通过口腔医学院安排到上海九院口腔颌面外科交流学习。

签约仪式前，举行了沪港两地口腔颌面外科学术研讨会，上海九院口腔颅颌面科张

诗雷主任医师主持会议。香港大学 Nabil Samman 教授、香港种植颌面中心主任 James Chow、Philip KM Lee，上海九院口腔颌面－头颈肿瘤科季彤主任医师、口腔颅颌面科王旭东主任医师、口腔外科何冬梅主任医师分别做了精彩的学术演讲。

第十届全军口腔医学学术大会

时间：2016 年 11 月 9－11 日

地点：海南省海口市

主办和承办单位：全军口腔医学专业委员会主办，解放军第 187 医院承办

内容提要：共有来自全军 100 多家单位 210 余名军队口腔医学专家和代表参会。开幕式上，全军口腔医学专业委员会主任委员、第四军医大学口腔医学院院长陈吉华教授对“十三五”期间专委会的任务作了规划与解读，并指出当前正处于军队改革和编制体制调整的关键时期，进一步明确了“以医学发展为导向，医疗质量为核心，疾病防治为手段，为军服务为根本”的发展目标，全军口腔专委会作为军队口腔后勤保障的核心主力，要以服务部队，保障打赢为宗旨，瞄准世界军事齿科发展前沿，立足实际，加强整合和协作，促进我军口腔医学事业整体发展。

本次会议共收到稿件 176 篇，其中由专家评选出的 46 篇优秀论文的作者进行了大会发言。与会人员就军事口腔医学领域的热点课题及临床实用新技术和新进展及军队口腔医疗特点进行热烈的交流与讨论。同时，大会还特邀 12 位军内口腔医学专家进行专题报告。专委会顾问赵铱民教授在大会上做了题为“世界军事口腔医学发展现状及思考”的专题报告。在本次大会上还审议并通过下一届工作计划以及全军口腔医学会第二届青年委员名单。

本次会议是第十届专委会的第一次学术大会，各位口腔医学专家及与会代表积极参会的热情反映出军队口腔医务工作者在当前军队改革的关键时期对军队口腔医学事业的支持与挚爱。会后，由主委和副主委组成的专家组随第四军医大学口腔医学院海南行医疗队赴某基地为官兵开展口腔医疗服务工作。

全国口腔医疗数据集成与信息化管理高级研修班

时间：2016 年 11 月 24－25 日

地点：广东省广州市

主办和承办单位：中华口腔医学会口腔医疗服务分会主办、中山大学附属口腔医院承办

内容提要：来自全国各地的 150 余名专家学者齐聚花城，共同探讨口腔医疗数据集成与信息化管理。开幕式由中山大学附属口腔医院院长程斌教授主持，四川大学党委副书记周学东教授代表中华口腔医学会口腔医疗服务分会致辞，中山大学副校长余敏斌教授、广东省卫生计生委副主任刘冠贤教授、国家卫生计生委医政医管局王乐陈副处长分别代表中山大学、广东省卫生计生委和国家卫生计生委发表讲话。在为期一天半的主题报告时间里，多名专家围绕“口腔医疗数据集成与信息化管理”展开了精彩纷呈的讲座：国家卫生计生委医政医管局王乐陈副处长讲授“HQMS 系统与医疗质量控制”，国务院参事室邓小虹参事讲授“北京 DRGs 研究与应用情况”，北京大学口腔医院张伟副院长讲授“全国口腔医疗质量控制与数据采集”，南京医科大学王林副校长讲授“信息化管理对口腔医学教育的促进与推动”，国家卫生计生委医院管理研究所付强副所长讲授“医院感染监测基本数据集研发与应用介绍”，中山大学光华口腔医学院程斌院长讲授“口腔医院管理精细化的信息化促进手段”，北京大学口腔医院沈曙铭教授讲授“口腔专科医院医疗指标解读与实施”，上海交通大学附属第九人民医院吴正一副院长讲授“基于医疗大数据的现代医院管理”。与会代表结合自身工作实际和授课内容，与讲课专家展开积极互动，思维碰撞活跃，现场气氛热烈，为进行数据集成

和信息化管理提供了可行的方法和思路。

中华口腔医学会口腔美学专业委员会第二次学术年会

时间:2016 年 11 月 24 － 26 日

地点:北京市

主办和承办单位:中华口腔医学会口腔美学专业委员会主办,由北京大学口腔医院、北京口腔医学会口腔美学专业委员会、中国国际科技会议中心承办

内容提要:中华口腔医学会口腔美学专业委员会第二次学术年会暨第二届口腔美学优秀临床病例展评召开,来自全国各地不同专业的近 400 位参会。开幕式由中华口腔医学会口腔美学专委会主任委员、北京大学口腔医院谭建国教授致欢迎辞,北京大学口腔医院党委书记周永胜教授代表承办单位致辞,中华口腔医学会秘书长岳林教授代表学会领导讲话。学术年会主题为"临床口腔美学缺陷疾病多学科专家对话",谭建国、陈江、徐欣、陈智、房兵、马楚凡、韩向龙、黄翠教授等来自修复、种植、正畸、牙体、牙周、颌面外科等多学科的专家针对牙列磨耗、前牙缺失、露龈笑、前牙间隙等 4 类美学缺陷疾病,通过讨论与对话,确立了相应的多学科诊疗方案。

26 日举行了"心美学 · 新未来"口腔美学优秀临床病例全国总展评。现场病例报告展评和壁报展评邀请了解放军总医院刘洪臣教授和北京大学口腔医院冯海兰教授担任评委会主席,邀请岳林、卢海平、谭建国教授等 27 位来自不同学科的专家现场点评,充分体现了此次活动的专业性及权威性,也反映了口腔美学领域良好的学术氛围。病例展评自今年 6 月份启动,累计收到全国各地合格病例投稿近百份,内容涵盖修复、正畸、种植、牙体、牙周等多个学科。经过 20 位口腔医学各学科专家的层层初审和复审,最终有 22 位医师入围现场病例报告,34 位医师入围壁报展示,这些优秀病例代表了我国当前口腔美学缺陷疾病治疗的先进水平。

2016 年口腔修复工艺学学术大会

时间:2016 年 11 月 30 日－12 月 2 日

地点:重庆市

主办和承办单位:中华口腔医学会第五届口腔修复工艺学专业委员会主办、重庆医科大学附属口腔医院承办

内容提要:学术大会面向全国口腔修复工艺从业人员、临床医师、教师和学生,大会的主题是"数字化口腔修复工艺和美学",旨在促进国内外同行相互交流、促进先进技术先进工艺的传播,学术大会设主题演讲、特邀报告、大会发言、壁报等多种交流形式,方便参会代表交流先进加工工艺和经验。学术大会期间举行"第二届中国数字化口腔设计大赛暨中国优秀口腔技师技术展 · 评会",展评会与"第二届中国数字化口腔设计大赛"现场总决赛同时举行。通过预赛从全国各地选手中选拔出来的 12 位优秀口腔技师在现场进行数字化设计实操竞技,展现数字化口腔设计制作的魅力。

全国儿童口腔疾病综合干预项目县区培训暨经验交流会

时间:2016 年 12 月 13 － 15 日

地点:山西省太原市

主办和承办单位:中华口腔医学会主办,山西医科大学口腔医院承办

内容提要:全国 31 个省的项目县区 200 余名项目成员参加了会议,国家卫生计生委疾控局慢病处王莉莉副处长、国家项目办王渤主任、山西省卫生计生委疾控处冯智处长、山西医科大学口腔医院赵彬院长和国家项目办、技术组成员上海交通大学附属口腔医院冯希平教授、四川大学华西口腔医院胡德瑜教授、武汉大学口腔医院台保军教授等受邀出席会议。培训会上,国家项目办的刘雪楠副主任和王春晓教授分别就项目管理问题及对策和项目信息系统管理进行了详细说明。国家技术组胡德瑜教授就美国 2016 年窝沟封闭指南和参考意义及操作各环节常见问题

和处理办法与在场参会人员进行了交流。随后,国家技术组的专家、教授就项目实施中容易出现的问题及办法进行了培训。

2016 年全国卫生职业院校口腔技能大赛

时间:2016 年 6 月 25 -26 日

地点:福建省厦门市

主办和承办单位:中华口腔医学会、全国卫生职教委、中华职教社主办,厦门医学院承办

内容提要:此次大赛有包括行业专家、评委、嘉宾、工作人员、志愿者在内的 600 余人参加,2016 年全国卫生职业院校口腔技能大赛、第二届"黄炎培杯"全国口腔技能大赛、第十四届"日进杯"2016 年全国口腔职业教育论坛同期举行,来自全国 74 所院校的 189 名教师参加了论坛。华中科技大学同济医学院文历阳教授、湖南农业大学教育学院夏金星教授、3Shape 公司销售总监郑佳艳女士分别作主题演讲。四所来自全国各地的高校教师展示了示范性说课,与参会代表分享、探讨口腔医学教育的体会和经验。深圳康泰健牙科技术集团等 4 所企业代表作主题演讲,探讨校企合作的经验、思路及新理念。同期进行的全国口腔技能大赛,有来自全国 66 所学校近 200 名同学报名参加了比赛。大赛共设 3 个项目,分别为雕牙和排牙组、牙体制备组、CAD 修复体设计组。

第五次全国口腔药学学术会议

时间:2016 年 11 月 19 日

地点:北京市

主办和承办单位:中华口腔医学会口腔药学专业委员会主办,北京大学口腔医院承办

内容提要:来自全国各地口腔药学相关领域药师、医师和学生等共计 100 余人参加。学术会议开幕式由新一届主任委员郑利光主持。开幕式上,北京大学口腔医学院邓旭亮副院长代表医院对所有参会代表的到来表示热烈的欢迎,并表示医院将积极支持口腔药学专业委员会的发展,希望参会代表充分利用专委会平台,共同推动我国口腔药学事业的进步。开幕式上,还举行了由第一届主任委员王晓娟主任药师主编、包括北京大学口腔医学院在内多家口腔医院参编的《口腔科药物治疗学》的新书发布会。本次学术会议邀请了第四军医大学口腔医院王晓娟主任药师、胡开进教授、徐礼鲜教授,北京协和医院朱珠教授,首都医科大学宣武医院闫素英主任药师,首都医科大学附属北京口腔医院关晓兵主任医师等 6 名知名专家进行精彩授课。会前还举行了学术会议征文活动,共收到投稿 48 篇,经专家盲审,评选出优秀论文 9 篇,北京大学口腔医学院郑利光、赵电红各有 1 篇论文被评为优秀论文。

地方口腔医学会会议

陕西省口腔医学会牙体牙髓病学专委会第三次学术会议暨陕西省第二届根管治疗大赛决赛

时间:2016 年 1 月 8 -9 日

地点:陕西省宝鸡市

主办和承办单位:第四军医大学口腔医学院主办,宝鸡市口腔医院承办

内容提要:主任委员余擎教授担任主持,陕西省口腔医学会副会长陈永进教授出席会议并致辞,全省委员及会员参加此次会议。首先,召开了第一届牙体牙髓病学专委会第二次全体委员大会,主任委员余擎教授做总结汇报。紧接着,举办了陕西省第二届根管治疗大赛决赛,经层层筛选,激烈讨论,最终评选出 10 份获奖病例。最后,特邀北京大学附属口腔医院王祖华教授、首都医科大学附属口腔医院侯本祥教授、西安交通大学附属口腔医院侯铁舟教授、第四军医大学口腔医学院姜永博士做了精彩纷呈的专题讲座及操

作演示。

黑龙江省第一届口腔颌面外科专委会成立大会

时间:2016 年 1 月 24 日

地点:黑龙江省哈尔滨市

主办和承办单位:黑龙江省口腔颌面外科专委会主办,哈尔滨医科大学口腔医学院口腔颌面外科承办

内容提要:来自黑龙江省各县市区的一百余位口腔专业的专家及基层骨干参加了大会。会议选举产生了黑龙江口腔医学会口腔颌面外科专业委员会第一届常委和委员,其中主任委员 1 人,副主任委员 2 人,常委 24 人,委员 96 人。李吉辰教授当选主任委员,李春明教授、刘晓天教授当选副主任委员。仪虹秘书长宣读学会批复文件,李吉辰教授汇报专委会筹备情况和今后工作计划。黑龙江省口腔医学会张斌会长致辞,黑龙江省口腔医学会荣誉会长王遒谦教授致辞。全体常委及委员合影留念。孙沫逸教授做了题为口腔颌面部血管瘤和脉管畸形的诊治现状及思考的学术讲座,郭伟教授做了题为中国头颈黏膜黑色素瘤临床诊治的学术讲座。

广东省口腔医学会第四次会员代表大会暨第十三次口腔医学学术会

时间:2016 年 3 月 1 日

地点:广东省广州市

主办单位:广东省口腔医学会

内容提要:凌均棨会长致开幕词,广东省民间组织管理局王祖平副局长、王兴会长发表致辞。参加会议的会员代表 310 人。会议审议通过了广东省口腔医学会“第三届理事会工作报告”、“第三届理事会换届筹备工作报告”、“章程修订报告”、“第三届理事会财务工作报告”、“关于设立广东省口腔医学会监事会的报告”。大会进行广东省口腔医学会第三届理事会换届改选,选举产生第四届理事会。中山大学光华口腔医学院凌均棨教授继续担任新一届理事会会长,程斌教授、黄世光教授、吴补领教授、张志光教授、葛林虎主任医师、兰泽栋主任医师、黄盛兴主任医师担任副会长。陈小华主任医师担任秘书长,林焕彩教授、韦曦教授、于清华主任医师担任副秘书长。本届理事会共选出 126 名理事,其中常务理事 39 人。广东省口腔医学会第四届理事会特别推荐黄洪章教授、张国志教授担任名誉会长。

同期召开的第十三次口腔医学学术会议上,中华口腔医学会王兴会长、王渤秘书长,广东省口腔医学会凌均棨会长、吴补领副会长、张志光副会长分别作了“学科发展与学会的使命”“2016 年中华口腔医学会学术年会热点”“全面数字化——引领大数据时代口腔医学创新之路 ”“未来需共同关注的学科——老年口腔医学”和“颞下颌关节、颌骨与殆的生物力学应用研究”的学术报告。

广东省口腔医学会召开第四届理事会第一次全体理事会议

时间:2016 年 3 月 1 日

地点:广东省广州市

主办单位:广东省口腔医学会

内容提要:凌均棨会长祝贺广东省口腔医学会成立 15 周年和新一届理事会的成立,提出未来五年新一届理事会五点发展目标。①东拓西进共繁荣:提出“东拓西进”的发展方略,加强对粤东、粤西地区的技术帮扶,均衡发展和共同繁荣广东省口腔医疗局面,提高口腔医学整体水平,建设广东口腔强省。②百花齐放春满园:促进和加强口腔医学各学科建设,完善组织架构和建立管理制度,支持成立新专委会(如口腔护理、修复工艺等),继续做好届满专委会换届改选工作,使专委会保持和注入新鲜活力。③和衷共济齐发展:加强学会管理,增强学会凝聚力和影响力,全体理事应强化自身组织纪律,遵守学会章程,积极参加学会主办的各项会议和活动,树立学会“团结合作、和谐共进”的崭新形象。④雨后春笋创新颜:学会将一如既往支持民营口腔的发展,规范临床技术操作,提高诊断

治疗水平,加强形象建设,提高民营口腔行业正能量。⑤众人划桨开大船:学会将继续重视会员发展工作,与中华口腔医学会联动发展会员,壮大中华口腔医学会和广东省会员队伍,增强学会在全国的影响力,展现广东口腔强省的实力和体量。

四川省口腔全科医学专委会换届会议暨学术会议

时间:2016 年 3 月 4 —7 日

地点:四川省凉山州

内容提要:来自全省口腔行业的专家共 183 人参会。四川省口腔全科医学专委会自 2012 年成立以来,为进一步提升全省口腔诊疗服务技术、创造更好的社会效益打下了坚实的基础,为提升行业交流创造了良好的平台。

此外,为推广口腔医疗适宜技术,提高民族地区基层医师口腔疾病诊治水平,促进全省健康服务业的发展,由四川大学华西口腔医院和四川省口腔医学会主办、四川省口腔医疗质量控制中心协办、凉山州口腔医学会、凉山州口腔医疗质量控制分中心、凉山州第二人民医院承办的省级继续教育"口腔全科适宜技术"培训班也于口腔全科医学专委会换届会议后召开。相信通过此次培训班,将有效提升州内口腔颌面外科常规技术、牙体牙髓病现代常规治疗手段、口腔修复技术、口腔全科适宜预防技术、口腔临床感控、科室管理与临床研究等诊疗水平。

"川腔颂韵 · 历新传承"正畸大赏会议

时间:2016 年 3 月 5 日

地点:重庆市

主办和承办单位:四川省口腔医学会口腔正畸专业委员会和重庆市口腔医学会口腔正畸专业委员会联合主办、由重庆医科大学口腔医学院承办,重庆医科大学附属口腔医院正畸科等多个国家临床重点专科建设单位共同协办

内容提要:世界各国和各地区的知名正畸专家齐聚重庆医科大学附属口腔医院,共襄"川腔颂韵,历新传承"正畸大赏盛会。本次会议邀请到我国资深正畸学专家罗颂椒教授作为名誉主席出席会议。同时,来自世界各国和各地区的众多知名专家,国内知名正畸学者赵志河、王林、白丁、白玉兴、金作林等教授等参加盛会。厉松、宋锦璘、郑翼、黄宁、车晓霞等教授针对当下口腔正畸学的热点、难点,在大会上作了精彩的学术报告。加拿大维多利亚总医院饶跃教授、伊利诺伊大学陈开云教授、哈佛大学马玉慈教授、底特律大学周征教授和参会的人员进行了一场别开生面的"人生畅谈"。诸位专家从自身经历出发,讲述了中国正畸学者在异乡的酸甜苦辣,以及充满坎坷的成长历程。同时,他们用自己的人生故事,鞭策、激励各位正畸学者们要不畏艰辛、永不言弃,继续追寻科学梦想。

辽宁省口腔医学会第五次会员代表大会暨第 25 次学术会议

时间:2016 年 3 月 18 —19 日

地点:辽宁省沈阳市

主办和承办单位:辽宁省口腔医学会主办,中国医科大学附属口腔医院承办

内容提要:路振富会长作第四届理事会工作总结,从学会的历史沿革、组织建设、学术活动等五个方面对学会相关工作进行了详尽的汇报。卢利秘书长作了关于学会章程修改的说明,宣读了监事会职责,并做了第四届理事会的财务工作报告。投票选举产生辽宁省口腔医学会第五届理事会成员及监事会成员,其中理事 150 名,理事单位共 80 个,常务理事 47 名,副会长 6 名;路振富教授被聘为名誉会长,卢利教授当选第五届理事会会长,周青教授任秘书长;监事 5 名,李万冬教授当选监事长。3 月 19 日,辽宁省口腔医学会第 25 次学术会议成功举办。省内 260 余名代表参会。大会收到会议论文 475 篇;邀请中华口腔医学会会长王兴教授、吉林省口腔医学会会长周延民教授及来自省内的 7 名学者进行精彩的学术专题讲座;来自省内各医疗机构和民营口腔的 19

名代表在口腔颌面外科学(含基础)、口腔修复学(含种植)分会场进行了分组发言。会议同期还举办了辽宁省口腔医学会牙周病学专业委员会的相关会议。

内蒙古自治区口腔医学会换届暨成立大会

时间:2016 年 3 月 27 日

地点:内蒙古自治区包头市

主办单位:内蒙古自治区口腔医学会

内容提要:会议由北方医院口腔科主任王熙主持,由内蒙古自治区口腔医学会会长屈志国对内蒙古自治区口腔医学会的发展历程以及开展的工作做了回顾总结,并对自治区口腔医学会下一步的具体工作做了指示。内蒙古自治区口腔医学会秘书长陈丽春向参会的各位领导和专家们介绍了内蒙古口腔医学会各专业委员会的概况,宣读了专业委员会的换届名单及新专业委员会的组成人选,并对各专业委员会下一步的工作做了详细布置。随后,口腔颌面外科专业委员会主任委员达林泰和口腔医学护理专业委员会主任委员贾丽琴做了表态发言。本次会议还邀请了北大口腔医院李秀娥主任、许力心博士等多位专家为参会人员做了精彩的口腔专业知识讲座。本次内蒙古口腔医学会换届暨成立大会共有 7 个专业委员会进行了换届,新成立了 3 个专业委员会。全国各地口腔医学专家、内蒙古自治区口腔医学会专业委员会委员 220 余人参会。

天津市口腔医学会第四届理事会

时间:2016 年 4 月 23 日

地点:天津市

主办单位:天津市口腔医学会

内容提要:会议选举产生了由 78 名理事组成的天津市口腔医学会第四届理事会,经理事选举产生常务理事 28 名,又常务理事会选举会长 1 名、副会长 4 名,秘书长 1 名,同时会员代表大会选举产生天津市口腔医学会监事会,第三届理事会副会长张洪杰教授当选监事长。会议审议通过了天津市口腔医学会第三届理事会会长张连云教授所作《天津市口腔医学会第三届理事会工作报告》,天津市口腔医学会第三届理事会副会长王建国教授作《天津市口腔医学会第三届理事会财务分析报告》,张洪杰副会长宣读《天津市口腔医学会学会章程(草案)》,刘浩副会长宣读《天津市口腔医学会第四次会员代表大会会员代表产生办法》,陈瑞扬秘书长宣读《关于成立天津市口腔医学会监事会的提议》。通过选举产生天津市口腔医学会第四届理事会理事及监事会成员,选举产生常务理事、会长、副会长、秘书长以及名誉会长及顾问。

黑龙江省口腔修复专委会换届大会

时间:2016 年 4 月 28 日

地点:黑龙江省哈尔滨市

主办和承办单位:黑龙江省口腔修复主委会主办,哈尔滨医科大学附属口腔医院口腔修复科承办

内容提要:会上选举产生了黑龙江口腔医学会口腔修复专业委员会新一届主委、副主委、秘书及委员,其中主任委员 1 人,副主任委员 2 人,秘书 1 人,青年委员 27 认。谢伟丽教授当选主任委员,李天侠、胡伟平教授当选副主任委员。来自黑龙江省各县市区的一百余位口腔专业的专家及基层骨干参加了大会。秘书长仪虹宣读学会批复文件,谢伟丽教授汇报专委会筹备情况和今后工作计划,全体委员合影留念。由刘洪臣教授做了题为口腔数字化种植功能美学修复发展的学术讲座。

中美头颈肿瘤综合治疗研讨会

时间:2016 年 5 月 19 日

地点:上海市

主办和承办单位:上海市抗癌协会头颈肿瘤专业委员会和上海市口腔医学会口腔颌面 - 头颈肿瘤专业委员会联合举办,上海交通大学医学院附属第九人民医院承办

内容提要:本次会议主席为上海交通大学口腔医学院口腔颌面 - 头颈肿瘤科张陈平

主任，执行主席为放疗科朱国培主任医师。来自上海地区的 100 余名代表出席会议。会议特邀来自美国 Cleveland Case Medical Center 的 Pierre Lavertu 和 Min Yao 2 名头颈肿瘤著名专家针对经口机器人手术以及 PET－CT 在头颈肿瘤中的应用进行了专题演讲，季彤主任医师介绍了口腔癌的手术进展，朱国培主任医师解读了上海地区正在进行的头颈肿瘤前瞻性临床试验。

参会的专家在精准医疗和 MDT 合作的理念指导下，对头颈肿瘤的临床研究和中美两国不同的治疗方式和理念进行了深度交流，共同就口咽癌与早期舌癌的颈部处理等热点问题展开了热烈讨论，并对原发灶不明的颈淋巴结转移癌等疑难病例，结合本学科的经验体会，分享了各自的临床心得。

湖北省第九次口腔种植学术会议

时间：2016 年 5 月 20－22 日

地点：湖北省荆州市

主办和承办单位：湖北省第二届口腔种植专业委员会和武汉大学口腔医院种植科主办，荆州市中心医院承办

内容提要：湖北省口腔医学会秘书长李四群、荆州市卫计委主任向华祥、荆州市中心医院副院长杨元胜、荆州市中心医院原副院长黄陵生出席会议，来自全省各个地市州和相邻省份的口腔种植专家骨干近 200 人参会。本次学术会议邀请到中华口腔医学会口腔种植专业委员会主任委员、同济大学口腔医院王佐林教授，吉林大学口腔医院院长周延民教授，中山大学附属口腔医院陈卓凡教授，武汉大学口腔医院施斌教授、夏海斌教授等国内口腔种植界知名专家做专题讲座。其中，王佐林教授的讲座题目是“数字化导板在口腔种植中的应用”。此外，还组织了两场病例报告及其专题讨论。省内共 9 家医疗机构的口腔种植同行沈晓涵、张浩、汪芳、杨成和吴涛医师就种植美学及其骨增量技术作了精彩病例报告，周冠宇、赵德华、马毅慧、钟志华医师就后牙区骨增量和上颌窦底内、外提升种植技术作了特色病例报告。

江西省口腔正畸第六届疑难病例讨论会

时间：2016 年 6 月 19 日

地点：江西省南昌市

主办和承办单位：江西省口腔医学会口腔正畸专业委员会主办，南昌大学附属口腔医院承办

内容提要：来自全省的 232 名正畸医生参会。会议有三个重点内容：江西省口腔医学会口腔正畸专委委员会第二届换届选举、江西省首届“功能－关节”学习班及第六届疑难病例讨论会。讨论会邀请了朱玉芬教授、吴建勇教授、郭杰教授、车晓霞教授、江西省人民医院刘新庆教授、赣州市卫华口腔卢卫华院长以及南大口腔医院的李志华、伍军、刘剑老师作为点评嘉宾进行了精彩的点评。从数十份病例投稿中精选了 6 个疑难病例，涵盖省内各个层面的正畸医生，病例与历年比较是最多元化的一届。讨论会后，大会会务组召集今年换届的拟任候补委员及青年委员开了一个预备会议，为晚上的换届选举做好准备工作。

湖南省健康管理学会口腔健康管理专委会成立大会暨 2016 口腔医学新进展研讨会

时间：2016 年 6 月 24－26 日

地点：湖南省长沙市

主办和单位：中南大学湘雅口腔医院

内容提要：为了进一步促进湖南省健康管理、口腔医学发展，加强学术交流，会务组邀请了美国耶鲁大学 Cai YiQiang 教授，康涅狄格大学 David W. Rowe 教授、Xin Xiaonan 教授，洛马连达大学 Li YiMing 教授，丹麦奥胡斯大学高山教授，四川大学于海洋教授、北京大学谭建国教授、邱立新教授、孙凤教授，第四军医大学宋应亮教授，中南大学唐瞻贵教授和尹逊强教授等国内外知名专家，就口腔基础研究，以及口腔种植、美学修复重建等临床热点、难点问题进行了广泛和深入的交流

探讨，参会人员 200 余人。

山西省口腔正畸专业委员会全委会暨口腔正畸学术会议

时间：2016 年 6 月 25－26 日

地点：山西省太原市

主办和承办单位：山西省口腔正畸专业委员会主办，山西医科大学口腔医院承办

内容提要：山西省口腔同行共计 260 余人参加了此次会议。会议总结了 2015 年山西省口腔正畸专业委员会的工作，安排、部署了 2016 年专委会工作任务和目标。会议以"强化交流，促进提高，增进友谊，加强自律"为宗旨，邀请了来自北京大学口腔医院刘怡教授、首都医科大学附属北京口腔医院厉松教授、吉林大学口腔医院胡敏教授，上海交通大学附属第九医院潘晓岗教授、中山大学附属光华口腔医院王大为教授等国内知名专家进行了专题学术报告。此次会议学术报告以临床实用为主，介绍了正畸临床中治疗不同类型畸形的矫治技巧、常见问题的探讨及临床经验总结分享等。学术会后山西省口腔正畸专业委员会二届二次全委会召开。

山东省口腔医学会第四次学术年会暨第四届山东口腔医疗设备材料展览会

时间：2016 年 6 月 28－30 日

地点：山东省济南市

主办单位：山东省口腔医学会

内容提要：本次会议同期举行 42 场次学术交流，现场来自以色列 Barzilai 医学中心口腔颌面外科主任 Oded Nahlieli，中华口腔医学会副秘书长韩亮、中华口腔医学会口腔装备组组长张志军等国内外百名知名行业专家到会进行主题演讲，分享口腔领域最新权威技术。根据行业发展和客户需求，举办护理、教育、管理专科分会的学术年会及成立大会。各专科分会的成立将进一步完善山东省口腔医学会的组织架构，进一步规范行业准则、扩大行业规模。会议同期还举行 10 余场民营口腔培训班，专家现场实际操作，零距离授课。北京大学口腔医院谭建国教授、山东大学口腔医院徐欣院长、烟台市口腔医院柳忠豪院长、青岛大学口腔医学院邓婧院长等教授做专题活动，内容涵盖美学、管理、正畸、颌面外、种植等。

湖北省口腔医学会儿童口腔专业委员会成立大会

时间：2016 年 6 月 29 日

地点：湖北省武汉市

主办单位：湖北省口腔医学会

内容提要：湖北省口腔医学会会长边专教授、副会长陈智教授、秘书长李四群教授和中华口腔医学会儿童口腔医学专业委员会主任委员王小竞教授出席了成立大会，武汉大学口腔医学院儿童口腔科主任宋光泰教授当选为湖北省口腔医学会第一届儿童口腔医学专业委员会主任委员。

成立大会后，举办了为期三天的国家级继续医学教育项目－儿童口腔临床实用新技术学习班，学习班邀请了国内多位儿童口腔医学专家，包括第四军医大学王小竞教授、北京大学葛立宏教授、秦满教授、刘鹤教授、同济大学赵玉梅教授、上海交通大学汪俊教授、中国医科大陈旭教授和四川大学李小兵教授。来自全国各地的逾 150 名学员参加了本次学习。

2016 年内蒙古东部区牙体牙髓规范化治疗学习班

时间：2016 年 8 月 12－13 日

地点：内蒙古呼伦贝尔市

主办和协办单位：呼伦贝尔市人民医院主办，登士柏－西诺德（中国）、呼伦贝尔市健齿集团协办

内容提要：北京大学口腔医院牙体牙髓科王晓燕教授、冯琳副主任医师、曾艳副主任医师、龚斌副主任医师受邀为牙体牙髓规范化治疗学习班授课。12 日为理论学习时间，13 日标准化根充操作时间。王晓燕教授讲授规范化根管治疗；冯琳副主任医师讲授根管

治疗后的椅旁修复；曾艳副主任医师讲授根管治疗并发症防治策略以及显微镜在牙体牙髓治疗中的作用；龚斌副主任医师介绍规范化根管预备步骤；聂杰主治医师介绍规范化热牙胶根充步骤。

上海第一届正颌外科精品学习班

时间：2016 年 8 月 22－27 日

地点：上海市

主办单位：上海交通大学医学院附属第九人民医院口腔颅颌面科

内容提要：精品学习班由沈国芳教授，王旭东主任医师、房兵教授、徐兵主任医师、朱敏主任医师以及于洪波、江凌勇、张雷、蔡鸣等 4 名副主任医师共同组成理论讲师团。主要围绕正颌－正畸相关基本知识、各类正颌手术方案设计、正颌手术基本操作方法、正颌相关外科辅助治疗、正颌患者的围术期处理、唇腭裂＋创伤患者正颌治疗等方面进行课程教学。实践操作课程主要包括头影测量及面弓转移、模型外科、3D 手术设计等内容。首届正颌外科精品学习班以“知”为基础，以“行”为重点，以 3D 设计、头模外科为先导，全程由一流教授专家亲自带教。学员中有主任医师 6 名、副主任医师 8 名、主治医师 5 名、住院医师 1 名；理论及实操带教老师 33 名，教师与学员比高达 1.65∶1。

安徽省口腔学会 2016 年年会

时间：2016 年 8 月 25－27 日

地点：安徽省合肥市

主办和承办单位：安徽省口腔学会主办，安徽医科大学附属口腔医院承办，安徽医科大学第一附属医院，安徽省立医院、合肥市口腔医院、皖南医学院弋矶山医院、蚌埠医学院第一附属医院协办。

内容提要：来自全省 300 余名代表参加了本次学术会议。大会邀请中国工程院院士、上海交通大学附属第九人民医院张志愿教授在年会上作“口腔肿瘤精准医疗”的精彩报告。同时还邀请了十余位国内知名专家作报告，主题如下。广东省口腔医院周磊教授：不同种植系统个性化外科操作与种植成功的关系；四川大学华西口腔医学院赵志河教授：面部美学与美容正畸；武汉大学口腔医学院曹正国教授：牙周问题病因认识的深度策略；武汉大学口腔医学院黄翠教授：口腔粘接的要素管理和临床实践；上海交通大学医学院附属第九人民医院周曾同教授：中医药在口腔黏膜病诊疗中的应用；武汉大学口腔医学院李祖兵教授：颌面创伤后功能与轮廓美容的整复；安徽医科大学口腔医学院何家才教授：GBR 技术与前牙美学区种植。此次年会是安徽省口腔学会第 2 次全省口腔医学学术会议，口腔医学院领导将本次学术盛会作为安徽医科大学九十周年校庆献礼活动之一，高度重视。

上海首届口腔颅颌面畸形整复高峰论坛

时间：2016 年 8 月 28 日

地点：上海市

主办和承办单位：上海口腔医学会口腔颌面外科专业委员会、上海生物医学工程学会口腔生物医学工程专业委员会和相关单位联合举办

内容提要：中国工程院院士邱蔚六教授以及国内外及地区知名专家出席论坛口腔颅颌面科常务副主任王旭东教授主持开幕式。邱蔚六院士谈对“知行颌一”的解读，从古代思想家王阳明与近代教育家陶行知的“知行合一”反映到如今的学习班教育中，即应教导学生知行合一；再谈对学科交叉的理解，学科交叉是理论与实践的交叉，现实中理论指导实践，实践中出现问题才会继续研究，从而在交叉的基础上产生出新的学科。邱院士表示现在提出的精准外科有一定的聚集性，就目前而言的外科医生最能体现精准医学。

论坛主要涵盖了口腔颅颌面领域正颌、正畸、颅颌面整形、关节、种植和肿瘤切除后整复等多学科交叉的内容，重点聚焦正颌、正畸、整形等领域的热点和难点。第四军医大

学西京医院全军整形外科研究所、中华医学会整形外科专业委员会主任委员郭树忠教授,中华口腔医学会口腔颌面外科专业委员会主任委员、第四军医大学口腔医学院刘彦普教授,北京大学口腔医学院李自立教授、武汉大学口腔医学院李祖兵教授、韩国延世大学 Jina Linton Lee 教授、香港牙种植和颌面外科中心 James K. F. Chow 教授,以及上海九院沈国芳教授、李青峰教授、王旭东主任医师、朱敏主任医师和钱玉芬主任医师、昝涛副主任医师等国内外口腔颌面外科、整形外科和正畸科知名专家与学者分别作了精彩演讲。

陕西省口腔医学会口腔颌面外科专委会学术会议

时间:2016 年 9 月 3 日

地点:陕西省榆林市

主办和承办单位:第四军医大学口腔医院颌面外科主办,榆林市第一医院榆林市口腔医院承办

内容提要:特邀请北京大学口腔医院、武汉大学口腔医院、第四军医大学口腔医院、西安交通大学口腔医院等多名口腔颌面外科著名专家教授做精彩讲座,内容涵盖颅颌面畸形、颌面创伤、牙槽外科、唇腭裂多学科治疗、头颈部修复与重建的最新治疗理念和方法,内容丰富、实用性更强。通过交流学习,将进一步提高陕西省口腔颌面外科领域的临床操作技术以及学术水平。

第四届四川省抗癌协会头颈肿瘤专委会第三次学术研讨会

时间:2016 年 9 月 16 日

地点:四川省成都市

主办和承办单位:四川省抗癌协会头颈肿瘤专委会主办、四川大学华西口腔医院头颈肿瘤外科承办

内容提要:来自四川省内各地市洲各级医疗机构的 120 余名人员参加会议,四川大学华西口腔医院作为四川省抗癌协会头颈肿瘤专委会主任委员单位对本次会议进行了周密的前期准备。会议由四川大学华西口腔医院头颈肿瘤外科主任、四川省抗癌协会头颈肿瘤专委会主任委员李龙江教授主持,同时邀请了国内在头颈肿瘤术后缺损修复重建领域的著名专家 12 人进行了主题交流,与会代表充分探讨了头颈部不同区域缺损修复重建的原则、优化方法及临床进展,形成了较为一致的认识,为未来的临床工作展开提供了有重要指导价值的专家共识。学术会议同期召开了第四届四川省抗癌协会头颈肿瘤专委会第三次全体委员会,专委会主任委员李龙江教授、副主委王力红教授及陈建超教授对本届工作进行了总结,会议讨论并审议了专委会第五届拟推荐委员名单,与会委员对专委会今后发展、下阶段工作安排进行了讨论。

辽宁省口腔医学会第五届老年口腔医学专业委员会、第二届全科口腔医学专业委员会换届大会

时间:2016 年 9 月 18 日

地点:辽宁省沈阳市

主办单位:辽宁省口腔医学会

内容提要:辽宁省口腔医学会会长卢利教授、周青秘书长主持并参与了此次换届选举大会。在此次换届大会上,辽宁省人民医院口腔科孙晓菊教授当选为第五届老年口腔医学专业委员会现任主任委员、中国医科大学附属盛京医院口腔科林晓萍教授当选为第五届老年口腔医学专业委员会候任主任委员,贾兴亚、刘原宁、庄广慧、刘登丰、纪思革、郑立娟、张纯七人当选为第五届老年口腔医学专业委员会副主任委员,魏红等 67 人当选为第五届老年口腔医学专业委员会委员。李峰为第五届老年口腔医学专业委员会秘书。辽宁省人民医院口腔科谢洪教授当选为第二届全科口腔医学专业委员会主任委员、沈阳军区总医院口腔科张晓东教授当选为第二届全科口腔医学专业委员会候任主任委员,王学金、王秋旭、张斌、李雪莲、邓巍、杜原宏、朱伟七人当选为第二届全科口腔医学专业委员

会副主任委员，安辉等 102 人当选为第二届全科口腔医学专业委员会委员，汤雨龙为第二届全科口腔医学专业委员会秘书。

四川大学华西口腔医学院大型义诊活动

时间:2016 年 9 月 18 日

地点:四川省成都市

主办单位:四川大学华西口腔医学院

内容提要:四川大学华西口腔医学院踊跃参与“共庆 120 年校庆，华西千名医生在您身边”大型义诊活动。四川大学华西口腔医学院 8 个国家临床重点专科:牙体牙髓病科、牙周病科、口腔黏膜病科、口腔颌面外科、修复科、种植科、正畸科、儿童口腔科以及老年口腔科、预防科、中医科、口腔疾病研究国家重点实验室、国际牙医师学院(ICD)的 150 余位名医专家与护士、志愿者积极参与到“共庆 120 年校庆，华西千名医生在您身边”大型义诊活动中，为成都市民开展口腔义诊。尽管阴雨绵绵，但义诊现场气氛火爆。院领导亲自挂帅，各科室医护人员踊跃参与，悉心为患者答疑解惑，排除病患。四川大学华西口腔医学院医生、护士和志愿者还为前来接受义诊的群众进行了口腔健康知识宣教，赠送口腔保健礼品。四川大学华西口腔医学院南丁格尔护理志愿服务队还竭诚为患者提供最优质的护理延伸服务。名医专家还积极与媒体合作，通过媒体直播回答场外患者关心的问题，更广泛地宣传口腔健康知识，唤醒口腔健康意识，受到了群众的一致好评。

此次义诊是深入贯彻落实全国卫生与健康大会精神和“两学一做”学习教育的实际行动，是践行公立医院社会责任和担当的切实体现，是促进医疗卫生“双下沉、两提升”的重要成果，是推动健康中国建设的具体措施，是迎接四川大学双甲华诞、百廿盛会的隆重献礼。

黑龙江省第一届儿童口腔医学专委会成立大会

时间:2016 年 9 月 20 日

地点:黑龙江省哈尔滨市

主办和承办单位:黑龙江省儿童口腔医学专委会主办，哈尔滨医科大学口腔医学院儿童口腔科、哈尔滨市儿童医院口腔科承办

内容提要:会上选举产生了黑龙江口腔医学儿童口腔医学专业委员会第一届委员和青年委员，其中主任委员 1 人，副主任委员 2 人，委员 33 人，青年委员 22 人，刘英群教授当选主任委员。来自黑龙江省各县市区的一百余位口腔专业的专家及基层骨干参加了大会。秘书长仪虹宣读学会批复文件，刘英群教授汇报专委会筹备情况和今后工作计划。黑龙江省口腔医学会张斌会长致辞，中华口腔医学会儿童口腔医学专业委员会主任委员王小竞教授致辞。全体委员及青年委员合影留念。由王小竞教授做了题为儿童早期咬合诱导诊疗要点分析的学术讲座。

陕西省口腔医学会牙体牙髓病学专委会第四次学术会议

时间:2016 年 10 月 14－16 日

地点:陕西省铜川市

主办和承办单位:陕西省口腔医学会牙体牙髓病学专业委员会主办，铜川市人民医院承办

内容提要:会议由铜川市人民医院口腔科主任江川主持。会议联合全科、修复、牙周、儿牙、美学等多位专委会专家，围绕牙体缺损修复等临床问题展开。上海交通大学附属口腔医院梁景平教授、束蓉教授，第四军医大学附属口腔医院陈永进教授、王勤涛教授、张玉梅教授、王小竞教授、余擎教授，西安交通大学附属口腔医院侯铁舟教授进行了精彩的学术报告，全市同行参会交流。学术报告中，各位教授分别就复杂牙病的整体诊疗计划与实施、牙体缺损修复的难点分析与对策、如何有效控制牙周病变、根管治疗后疼痛的原因及其对策、复合树脂直接充填、牙体缺损修复的美学与功能等方面做了精彩的专题演讲。

GBT 中欧专家高峰论坛

时间:2016 年 10 月 19 日

地点:四川省成都市

主办单位:四川大学华西口腔医学院国家临床重点专科牙周病科

内容提要:以菌斑为导向的牙周治疗(Guided biofilm therapy,GBT)中欧专家高峰论坛吸引了四川省内各单位的两百余位同行前来参会。本次论坛特邀来自意大利巴莱西亚大学牙医学院牙周病学、口腔外科学及口腔种植学教授 Magda Mensi。Mensi 教授向大家介绍了一种新颖的牙周治疗理念——以菌斑为导向的牙周治疗方案。她以生动有趣的语言、大量的临床病例图片以及视频演示向大家介绍和展示了该治疗方案的特点、优点以及适应证,并辅以有力的临床实验数据支持。四川大学华西口腔医学院牙周病科的吴亚菲教授也进行了题为"牙周病治疗成功的关键——菌斑控制"的演讲。吴亚菲教授向大家介绍了牙菌斑的本质,追溯了菌斑研究的历史,普及了菌斑控制的方法,并结合最新的成功治疗病例向大家展示了仅通过控制菌斑感染即可达到的良好的牙周治疗效果。此次活动紧密结合临床实际需求,为众多口腔医生提供了新的理念、新的治疗方案及如何选择的判定依据。相信 GBT 今后能在为患者提供最佳治疗方案、提高疗效、减轻患者不适等方面有所作为。

中华医学会儿科学分会成立口腔医学组

时间:2016 年 10 月 21 日

地点:珠海市

主办和承办单位:中华医学会儿科学分会

内容提要:中华医学会儿科学分会口腔医学组在珠海正式成立,同期召开口腔医学学组第一届委员会会议。中华医学会儿科学分会口腔医学组由四川大学华西口腔医学院发起,四川大学华西口腔医学院儿童口腔科副主任李小兵教授新当选为学组首任组长。口腔医学组覆盖全国 32 个省市自治区的口腔医院、儿童医院及综合性医院口腔科,由 70 位专家组成。将口腔医学纳入儿科学学会是中华儿科学学会改革与创新的重要探索。口腔健康是儿童全身健康的重要基础,承担着守护从胚胎到发育、从口腔到全身健康的光荣使命。将口腔医学与医学紧密地结合在一起,以科学的理念、全身的思维推动儿童口腔医学的科学研究及临床实践,必将促进我国儿童口腔医学与儿科学的全面融合与交流。

2016 年度四川省口腔医学会牙体牙髓专委会暨老年专委会临床学术会议

时间:2016 年 11 月 10 − 12 日

地点:四川省南充市

主办和承办单位:四川省口腔医学会牙体牙髓病学专业委员会和四川省口腔医学会老年口腔医学专业委员会主办,川北医学院附属医院和川北医学院口腔医学系承办

内容提要:本次会议特邀来自四川大学华西口腔医院的黄定明、吴红崑、楼北雁教授,昆明医科大学附属口腔医院雷雅燕教授,重庆医科大学附属口腔医院杨德琴教授,川北医学院米方林教授以及来自四川大学华西口腔医院、西南医科大学附属口腔医院、川北医学院附属医院口腔科的青年专家们,为大家带来了一场学术盛宴。会上,各位专家学者围绕牙体牙髓病及老年口腔病领域的最新临床研究成果、临床经验与改良方法等内容进行了交流。各位专家学者针对口腔医学各个领域深入探讨,想法大胆创新,不仅有经验的交流,更有思维的碰撞。同时进行了青年医生病例分享和专家点评。会议期间,来自四川大学华西口腔医院的部分专家和医师还到医院丝绸路口腔门诊部和中心医院嘉陵区分院进行义诊,为基层口腔医疗传经送宝。此次会议为本届四川省口腔医学会牙体牙髓专委会和老年专委会成立后的第一次全省会议。

江西省口腔医学会第三届学术双年会

时间:2016 年 11 月 12 − 15 日

地点:江西省南昌市

主办和承办单位:江西省口腔医学会主办,南昌大学附属口腔医院承办

内容提要:为提高江西省口腔医疗、教

学、科研水平，活跃学术气氛，加强与兄弟省份之间的学术交流，促进各地区口腔医疗事业的发展，江西省口腔医学会第三次学术双年会暨江西省科协学术年会分会场在南昌召开。此次会议邀请包括中国工程院院士张志愿教授，国际 Roth－Williams 正畸协会（RWISO）主席 Jina Linton Lee 教授，中华口腔医学会副会长、中华口腔医学会牙体牙髓病学专委会主委凌均棨教授，中华口腔医学会儿童口腔医学专委会主任委员王小竞教授，国际口腔种植学会专家组成员、中华口腔医学会口腔种植专委会候任主任委员宿玉成教授，中华口腔医学会口腔修复学专业委员会前任主委王贻宁教授、中华口腔医学会口腔护理专委会主任委员李秀娥主任护师、中华口腔医学会口腔正畸学专委会副主任委员贺红教授，著名口腔颌面外科专家、中山大学附属口腔医院廖贵清教授，鼎点口腔全国连锁机构执行董事刘真雨等国内外口腔知名专家莅临指导讲学。与会专家将就目前口腔临床及科研的热点难点问题作大会主题演讲及相关学术讲座，期间共举办学术活动 80 余场，涵盖了学术会议、论坛、继续教育学习班、现场操作演示及书法竞赛等多种形式，来自全省 700 多名口腔医生和口腔专业的本科生研究生积极参加。

内蒙古口腔医学会第三次会员代表大会暨内蒙古口腔医学会第三届理事会换届大会

时间：2016 年 11 月 12 日

地点：内蒙古呼和浩特市

主办和承办单位：内蒙古医学会

内容提要：本次会议参会人员约 210 人次，得到了内蒙古人民医院和广大区内口腔医务工作者的大力支持。内蒙古自治区科协副主席、内蒙古自治区科学技术协会主席牛广明教授；内蒙古卫计委乌兰教授；内蒙古自治区科学技术协会学术部苏雅来部长、内蒙古自治区人民医院石向荣副院长，北京大学口腔医院牙周科胡文杰教授参会。会议完成了内蒙古口腔医学会第三次代表大会的各项议程，选出了内蒙古口腔医学会第三届理事，选出理事 181 人。同时召开了内蒙古口腔医学会第三届理事会第一次理事会议。选举产生了内蒙古口腔医学会第三届理事会常务理事 71 人、会长、副会长、秘书长。屈志国当选第三届会长，陈丽春、李志杰、吕广辉、曹利、杨剑、王熙、达林泰、王忠厚当选第三届副会长，韶波当选为秘书长。会后，特别邀请北京大学牙周科胡文杰教授为全体参会代表讲授了“运用牙周特色手术创造有利于健康、功能和美观的修复和种植条件”大家受益匪浅。

江苏省口腔医学大会

时间：2016 年 11 月 13－15 日

地点：江苏省南京市

主办和承办单位：江苏省口腔医学会、江苏省医师协会口腔医师分会、江苏省医院协会口腔医院分会、江苏省中西医结合学会口腔疾病专委会、江苏省整形美容协会口腔颌面整形分会联合主办。南京医科大学附属口腔医院（江苏省口腔医院）协办

内容提要：由来自全省的近 700 人参加了此次盛会。中华口腔医学会会长王兴应邀指导工作并为大会做了“发展中国口腔医学事业的历史重任”的主题报告。会长王林为大会致欢迎辞并做了“江苏口腔卫生事业的发展”的主题报告。副会长杨建荣、王文梅、闫福华、王鹏来、刘正彤、高美琴，江苏省中西医结合学会副会长黄亚博、口腔疾病专委会主任委员范媛等出席了此次大会。中国工程院副院长樊代明院士、华大基因首席科学家杨焕明院士、江苏省委党校黄菡教授、南京大学医学院附属口腔医院院长胡勤刚教授、江苏省物价局黄伟民处长应邀为大会作了主题报告，内容涵盖临床医学、基础医学、口腔医学和社会心理学等领域。大会同时开设了“口腔颌面外科－颌面整形”、“牙体－牙周－黏膜－中西医”、“种植－修复”、“正畸－正颌”、“口腔基础研究”、“医院管理－文化”等

6 个专题分会场。50 余位来自全省各地的口腔医学同仁在各专题会场作了精彩的学术报告和演讲。

北京口腔医学会第一届口腔美学专业委员会成立大会

时间:2016 年 11 月 24 日

地点:北京市

主办单位:北京市口腔医学会

内容提要:北京口腔医学会孙正会长、丁笑乙秘书长出席会议;北京大学口腔医院郭传瑸院长、中华口腔医学会口腔美学专业委员会谭建国主委到会祝贺,大会由丁笑乙秘书长主持。大会选举周永胜为主任委员,王成龙、尹宁北、陈溯、林松杉、徐宝华、宿玉成为副主任委员,并选举产生了三十名常委;专委会还聘请中华口腔医学会刘洪臣副会长、中华口腔医学会口腔美学专委会主委谭建国为顾问。北京口腔医学会第一届口腔美学专业委员会包括委员 84 名,委员的专业背景涵盖了口腔修复、口腔正畸、口腔种植、牙体牙髓、牙周、口腔颌面外科、全科口腔医学等不同口腔分支学科。

湖北省口腔颌面外科专业委员会 2016 年学术会议

时间:2016 年 11 月 25－27 日

地点:湖北省咸宁市

主办和承办单位:湖北省口腔医学会、武汉大学口腔医院主办,咸宁市中心医院承办

内容提要:大会共安排专题发言 18 人,涉及口腔颌面头颈肿瘤外科、正颌外科、唇腭裂外科、关节外科、牙槽外科以及美容整形外科等多个领域,涵盖当前口腔颌面外科领域最新的研究方向和发展动态。

来自武汉大学口腔医院、华中科技大学附属同济医院、协和医院、广州军区武汉总医院等多家单位的专家及全省各地市专家代表共聚一堂,与会专家代表就口腔颌面外科各个专业方向的发展现状及未来进行了深入探讨。本次大会还邀请到张志愿院士、赵怡芳教授、李祖兵教授、张文峰教授等国内著名专家莅临并做了权威报告。

山西省口腔医学会第二届第四次全体理事会暨第十三次山西省口腔医学学术会议

时间:2016 年 11 月 26－27 日

地点:山西省太原市

主办和承办单位:山西省口腔医学会主办,山西医科大学口腔医院承办

内容提要:山西省政协常务副主席朱先奇、山西医科大学校长段志光、山西省卫计委副主任梅志强出席了大会开幕式。会议总结了 2016 年度的工作,对 2017 年度的工作进行了详尽的具体部署;组织了 13 场高水平、高质量的精彩学术讲座,同时举办了“全科专委会第一届病例大赛”、“口腔护理门诊医院感染管理培训班”、“牙周治疗培训班”、“口腔种植培训班”,组织召开了“山西省口腔医学会第十八次会长会议”、“口腔护理专委会全体委员会议”、“预防口腔医学专委会全体委员会议”、“第二届老年口腔专委会换届大会”、“牙周病学专委会成立大会”、“口腔病理学专委会成立大会”。对 2016 年度各方面工作突出、成绩显著的优秀医务工作者进行了隆重表彰。

吉林省口腔种植年会——口腔种植研讨会

时间:2016 年 11 月 26－27 日

地点:吉林省长春市

主办单位:吉林省口腔医学会口腔种植专业委员会

内容提要:口腔种植研讨会暨吉林省口腔种植专委会第一届第四次会议召开,会议邀请了武汉大学、山东大学、吉林大学等国内著名口腔种植专家授课,吉林省口腔医学会口腔种植学专委会主任委员周延民院长作了“微创理念指导种植临床”的报告;专委会副主任委员吉林大学口腔种植科孟维艳主任作了“数字化技术在种植外科的应用与思考”报告;武汉大学口腔医院种植科施斌主任、山东大学口腔医院徐欣院长、吉林大学口腔医学

院牙周病科林崇韬主任、口腔种植科李艳秋护士长分别从"Active 在种植手术中的应用"、"无牙殆种植的设计"、"牙周健康在修复的重要性"、"口腔种植护理的操作规范化流程"等方面，就口腔种植－修复相关的基础研究、临床技巧进行了精彩的演讲及讨论。代表们就当今口腔种植修复的各个热点领域如种植美学修复、数字化种植、口腔颌学、牙周疾病等相关方面作了广泛、深入的交流。本次会议致力于将国际口腔新技术、新成果、新理念引入吉林省，推进东北地区乃至整个中国口腔健康事业的蓬勃发展。

第三届海西口腔学术研讨会暨 2016 福建省口腔医学会学术年会

时间:2016 年 12 月 8－10 日

地点:福建省福州市

主办和协办单位:福建省口腔医学会主办、厦门海名国际会展有限公司协办

内容提要:近 3 000 位口腔同仁参加了会议，本届大会以学术交流融合展览为主旋律，在办会的深度和广度上都实现了新的突破，并且是华东六省一市口腔医学年会首次在福建省举办。本次展会展览面积达 10 000 平方米，共有 400 余家优质企业参展。中华口腔医学会会长、福建省口腔医学会会长、副会长、秘书长等相关领导出席开幕式。本届大会以"多方协作，共同创造口腔新未来"为宗旨，旨在共同促进海内外多方口腔医学事业的发展。大会开幕式上，俞光岩会长代表中华口腔医学会领导发言，对本次国际共同交流的大会旨在促进海内外交流的主旨予以高度评价，并预祝会议圆满成。本届展会的学术会议区设置 1 个主会场、5 个分会场，举行了学术年会、海峡两岸口腔学术交流会、第八次华东六省一市口腔医学年会等，邀请到来自国内外的近 100 位知名专家做大会主题演讲和专题讲座，同时举行现场病例汇报比赛、壁报展示、医院诊所展示等活动。

北京医学会显微外科分会第一届学术交流大会

时间:2016 年 12 月 9－11 日

地点:北京市

主办和承办单位:北京医学会显微外科学分会主办，北京大学口腔医院同解放军总医院及北京积水潭医院共同承办

内容提要:来自北京内外地区显微外科领域的 200 余位专家学者汇聚一堂，针对显微外科的发展前沿及热点问题进行了深入的学术交流和探讨。开幕式由北京大学口腔医院院长助理、口腔颌面外科副主任蔡志刚教授主持。中国人民解放军总医院整形外科韩岩教授作为首届北京显微分会主委对分会成立一年的工作做了总结。北京医学会向去年成立的北京医学会显微外科学分会第一届委员会全体委员、常委、副主委和主委颁发了证书。本次会议学术交流内容涉及软组织显微修复、骨显微修复、再植与再造、颅颌面显微重建、基础研究等领域，集中展示了国内各大院校显微外科近年来取得的新经验、新成果。大会后进行了为期两天的实践课程，各学科专家就人体头颈、四肢和胸腹创面修复中的常用复合组织瓣进行了系统讲授与演示。此次大会的召开，增进了口腔颌面外科与显微修复重建相关的多个学科间的学术交流，增进了各大院校的了解和友谊。通过多学科专家学者深入探讨、广泛交流，对促进显微外科及各相关学科的交叉融合，推动各相关学科的创新发展起到了重要作用。

河南省口腔医学会 2016 年会暨二次学术研讨会

时间:2016 年 12 月 10 日

地点:河南省郑州市

主办和承办单位:河南省口腔医学会主办，郑州大学第一附属医院(河南省口腔医院、郑州大学口腔医学院)、郑州市口腔医院共同承办

内容提要:本次会议开幕式由会议执行主席李新明教授担任主持，河南省口腔医学会曹选平会长致开幕辞。解放军口腔医学研究生

所长刘洪臣教授、中华口腔医学会岳林秘书长、第四军医大学第三附属医院儿童口腔科主任王小竞教授、郑州大学第一附属医院副院长刘章锁教授、郑州市口腔医院院长王章正教授等知名口腔专家出席了本次大会。

来自国内近 600 名口腔专家学者及 38 家口腔理事单位齐聚于此，共同探讨新技术、交流新经验。本次学术研讨会邀请了全国各大口腔医学院校 10 多位著名专家来前来授课，口腔医学会的成立对于推进口腔医学科学研究、促进口腔医学教育事业发展、提高口腔医疗诊治水平、提升公众口腔健康意识，都起到长期而积极的重要作用。

陕西省口腔医学会儿童口腔医学专业委员会学术年会

时间:2016 年 12 月 18 日

地点:陕西省西安市

主办和承办单位:陕西省口腔医学会主办，第四军医大学口腔医学院儿童口腔科承办

内容提要:中华口腔医学会名誉会长、第四军医大学口腔医学院赵铱民教授应邀莅临并发表开幕词。他肯定了陕西省儿童口腔医学近年来取得的进步，并结合口腔医学发展趋势对陕西省儿牙发展方向提出了希冀和要求。陕西省口腔医学会副会长、西安交通大学口腔医院党委书记周洪教授，中华口腔医学会儿童口腔医学专业委员会主任委员、第四军医大学口腔医学院儿童口腔科主任王小竞教授，南京医科大学附属口腔医院副院长梅予锋教授分别针对儿童青少年错殆畸形早期矫治，儿童牙髓病诊疗和儿童口腔诊疗行为管理这三大热点问题进行了精彩演讲。多名学者对儿童口腔医学临床前沿进行了汇报和经验分享，获得了与会者的一致好评。会议还同期召开了陕西省口腔医学会儿牙专委会第一届委员会第四次常委会及第三次全委会。

黑龙江省第一届口腔预防保健专委会成立大会

时间:2016 年 12 月 22 日

地点:黑龙江省哈尔滨市

主办和承办单位:黑龙江省口腔预防保健主委会主办，哈尔滨医科大学附属口腔医院口腔预防保健科承办

内容提要:会议选举产生了黑龙江口腔医学会口腔预防保健专业委员会第一届委员和青年委员，其中委员 31 人，青年委员 18 人。袁杰教授当选主任委员，李岩教授、王兆宏教授当选副主任委员。来自黑龙江省各县市区的一百余位口腔专业的专家及基层骨干参加了大会。由仪虹秘书长宣读学会批复文件，袁杰教授汇报专委会筹备情况和今后工作计划，全体委员及青年委员合影留念。由冯希平教授做了题为口腔流行病学调查的学术讲座;张磊副教授进行了口腔预防保健科工作汇报。

四川省口腔医学会第三届会员代表大会

时间:2016 年 12 月 30 日

地点:四川省成都市

主办单位:四川省口腔医学会

内容提要:来自全川 21 个地市州的 180 余名会员代表参加了本次会议。四川省科学技术协会党组成员、副主席黄竞跃，四川省口腔医学会会长周学东出席会议并讲话，第二届理事会副会长兼秘书长郭锡久代表学会第二届理事会向大会做工作汇报，副会长兼副秘书长孙勇向大会做四川省口腔医学会章程修改报告。大会通过无记名投票，选举产生了由 108 名理事组成的四川省口腔医学会第三届理事会;选举产生了由 28 名常务理事组成的常务理事会;选举周学东担任第三届理事会会长;选举郭锡久、叶玲、陈谦明、孙勇、米方林、费伟、聂敏海、季小平担任第三届理事会副会长;选举郭锡久担任秘书长。依据修改后的章程，学会首次设立了监事组，并选举杨小民为监事组组长，王晓毅、吴亚菲为监事组成员。

中国医师协会口腔医师分会会议

口腔医师风险防范与权益维护高级研修班

时间:2016 年 5 月 6－7 日

地点:北京市

主办单位:中国医师协会口腔医师分会、北京大学口腔医学院主办

内容提要:来自 28 个省、市、自治区 62 家医疗机构 186 名正式代表参会。中国医师协会杨民常务副会长兼秘书长、中华口腔医学会王兴会长、北京大学口腔医学院院长/中国医师协会口腔医师分会会长郭传瑸教授出席研修班开幕式并致辞。

本次研修班邀请了国家卫生和计划生育委员会宣传司毛群安司长、最高人民法院研究室周加海副主任、公安部治安管理局五处孙海波副处长、北京大学医学人文研究院王岳院长助理、北京大学口腔医学院沈曙铭副研究员、四川大学华西口腔医学院赵志河副院长、上海交通大学医学院附属第九人民医院吴正一副院长、广东华南口腔医院欧尧院长等领导和专家分别就"医疗机构如何应对突发事件""涉医违法犯罪的法律制裁""对当前医院主要安全问题的思考""医师维权与医患关系重构——消极改变 OR 积极改变?""医师执业风险与法律规范""口腔门诊医疗的风险控制""有效应对舆情危机,依法维护医院合法权益""民营口腔医生自律、维权状况调查与分析"等内容进行了专题报告与授课,内容主要从医疗机构应当重视所面临的系统性风险,努力树立医疗行业公信力;惩处涉医违法犯罪的法律依据与犯罪行为界定;结合大量真实生动涉医案例与视频介绍医院安全突出问题与伤医、闹医事件处理措施;医师自身加强自律,积极改变重构"师生"式医患关系;医师执业调查、法律规范与口腔医疗典型案例报告;通过正畸专业诊疗病例展示口腔门诊风险分层管理;医疗机构面对侵权行为及媒体舆论危机的应对策略与经验介绍;广东省民营口腔医疗发展现状与民营口腔医师行业组织自律管理等。

中国医师协会口腔医师分会第十四届口腔医师论坛——口腔医师执业与医患沟通

时间:2016 年 6 月 9 日

地点:北京市

主办和承办单位:国家卫生与计生委员会国际交流与合作中心主办、中国医师协会口腔医师分会承办

内容提要:本次论坛参会者 473 人次,来自 21 个省、市、自治区,涉及公立医疗机构 135 家、民营医疗机构 209 家,多数为中、初级口腔医师,同时有医学生、护理、管理等人员。同时,分会第一期西部基层口腔医师赴京学术培训活动资助的 28 名医师也到会聆听。国家卫生与计生委员会国际交流与合作中心王健副主任、中国医师协会口腔医师分会郭传瑸会长出席本次论坛并致辞。论坛由口腔医师分会凌均棨、周洪两位副会长主持。

本次论坛邀请了北京大学口腔医院许天民教授、张祖燕教授、秦满教授与武汉大学口腔医院彭彬教授分别就"生理性支抗控制新概念""口腔颌面部医学影像学检查的规范化与风险管理""儿童口腔疾病规范诊疗与风险防范""根管治疗临床诊疗风险与医患沟通"进行了专题报告,内容涉及正畸治疗中生理性支抗丢失的原因、特点、应对策略以及如何与"安全第一"的治疗理念相融合;口腔颌面部医学影像学发展现状、新兴技术潜在风险与口腔医学影像的相关法律问题;儿童口腔病诊疗中医患关系特点与儿童生理、心理、治疗不确定性等因素;根管治疗操作中的风险控制与规范诊治、医患沟通要点等。讲课专

家通过结合自身临床经验展示大量病例的方式进行授课，内容生动新颖、观点鲜明、重点突出，语言幽默，不断将会场的学习气氛推向高潮；与会观众反响热烈，就自己关心的问题和实际遇到的病例与讲课专家进行互动交流，并纷纷表示在口腔临床诊疗技术应用、医患关系认知、人文医学素养提升等等方面均获益匪浅。

中国医师协会口腔医师分会第四届委员会第二次全体委员工作会议

时间：2016 年 6 月 9 日

地点：北京市

主办单位：中国医师协会口腔医师分会

内容提要：会议审议并通过郭传瑸会长就第四届委员会成立以来工作开展情况的报告。第四届委员会于 2015 年 4 月换届以来，积极推进分会自身建设，完成下设工作委员会组建，制定《会员发展指导意见》大力发展会员，积极参与协会“中国医师奖”评选，举办多项国家级继续医学教育项目，认真行使自律维权职能，提供大量基层口腔医师帮扶服务，完成协会交付的各项任务。会议审议并通过会员、自律与维权、继续教育、人文与道德建设、民营口腔医师工作委员会主任委员的工作情况汇报。此外，会议还讨论分会会员发展、基层口腔医师资助方案、各工作委员会工作难点、委员会纪律与考勤等问题。

全国口腔诊疗器械消毒灭菌技术规范培训高级研修班

时间：2016 年 6 月 29 日－7 月 3 日

地点：陕西省西安市

主办和承办单位：中国医师协会口腔医师分会、西安交通大学口腔医院主办，西安交通大学口腔医院承办

内容提要：参加本次培训的学员共计 200 余人，分别来自 20 个省市自治区的 87 家医疗机构。其中，40 家口腔专科医院 131 人参会，36 家综合医院口腔科 55 人参会，11 家民营口腔医疗机构 14 人参会。陕西省卫生计生委医政医管局张一力处长、西安交通大学医学部王子明副主任、中国医师协会口腔医师分会周洪副会长等领导应邀出席并致辞，中国医师协会口腔医师分会赵铱民副会长做研修班总结发言。

本次研修班邀请了来自中国疾病预防控制中心、浙江省杭州市疾病预防控制中心、湖北省武汉市疾病预防控制中心、北京大学口腔医院的国家级医院感控专家从消毒与灭菌监测、病原微生物、医用织物、医疗机构环境卫生标准、医院感染与医疗安全案例解析等方面进行了理论与实践授课，授课内容丰富、信息量大、新技术新知识含金量高，传达了国家层面对医院感染管理的最新理念和要求。研修班同时就已在国家卫生计生委报批通过的《口腔器械消毒灭菌技术规范》医院感控管理项目进行了重点宣讲与培训，由主持课题的北京大学口腔医院及参与课题的首都医科大学附属北京口腔医院、中山大学光华口腔医院、吉林大学口腔医院、浙江大学口腔医院等口腔业内相关医院感控专家对规范进行详细解读，授课内容具有较高的理论水平并充分结合了临床实际工作经验，得到学员一致好评，大家纷纷表示本次培训内容更加丰富，口腔专业感控理念与方法更加接地气、可操作性强，对基层院感工作具有极强的指导作用。研修班会场气氛热烈，学员就自己工作中遇到的实际问题、困惑与专家们进行充分的互动交流，收效明显。此次研修班对我国，特别是对陕西地区口腔医院感控工作起到积极地推动与促进作用。

中国口腔人文与道德建设学术研讨会

时间：2016 年 11 月 10 －12 日

地点：宁夏银川市

主办和承办单位：中国医师协会口腔医师分会主办，宁夏医科大学口腔医学院承办

内容提要：中国医师协会口腔医师分会人文与道德建设专委会约 20 名委员出席会议。会议包括大会主题报告和专题研讨两部分，郭

传琮会长和宁夏医大杨银学副校长做大会致辞,中国工程院院士邱蔚六、沈曙铭副总干事及宁夏医大田淑卿副书记应邀做大会主题报告,专委会主委郭莲、委员王磊、罗萍以及特邀医学人文专家徐萍风进行了专题交流。

会议期间,应宁夏医科大学总医院口腔医院的邀请,由郭传瑸会长带队举办了"宁夏医科大学口腔医学院教学改革、学科建设与学位点建设研讨会"。与会专家对宁夏医科大学口腔医学院的课程设置和学生培养体系进行了评估,结合各参会专家所在院校的情况给予了建议。宁夏医科大学口腔医学院刘英副院长对本院的本科生及专业硕士学位的培养计划进行了介绍。

口腔医疗数据集成与信息化管理高级研修班

时间:2016 年 11 月 23－25 日

地点:广东省广州市

主办和承办单位:中华口腔医学会口腔医疗服务分会暨医疗质量管理学组主办、中国医师协会口腔医师分会协办、中山大学光华口腔医学院·附属口腔医院承办

内容提要:本次研修班参会代表 160 余人,分别来自 24 个省、市、自治区 44 家口腔医疗机构,其中公立医疗机构 37 个,非公立医疗机构 14 个,企业 3 个;来自各类医疗机构的院级领导 34 人。会议由中山大学光华口腔医学院程斌院长主持,四川大学党委副书记兼华西口腔医院院长/中华口腔医学会口腔医疗服务分会会长周学东教授、广东省卫计委副主任、中山大学副校长出席开幕式。

本次研修班由国家卫生计生委医政医管局综合评价处王乐陈副处长做题为《HQMS 系统与医疗质量控制》的专题报告,报告对 HQMS 系统建立发展、数据采集内容、数据质量要求、实例应用分析等进行了专门讲解。国务院参事室邓小虹参事针对《北京 DRGs 研究与应用情况》做专题讲座,系统解读 DRGs 研究与发展历程,结合北京地区应用实例详细阐述 DRGs 在医院绩效评价、医保改革等方面的积极作用与现实意义,并对口腔专业 DRGs 的开展前景进行分析。南京医科大学王林副校长、北京大学口腔医院张伟副院长、国家卫生计生委医院管理研究所付强副所长分别就《信息化管理对口腔医学教育的促进与推动》《全国口腔医疗质量控制与数据采集》《医院感染监测基本数据集研发与应用介绍》进行专题报告。程斌院长、沈曙铭副研究员、吴正一副院长分别就《口腔医院管理精细化的信息化促进手段》《口腔专科医院医疗指标解读与实施》《基于医疗大数据的现代医院管理》进行报告。在研修班专门设置的讨论环节中,口腔医疗服务分会周学东会长就专家报告做出了引领性讨论,得到与会学员们的强烈共鸣。

口腔设备器械展览会暨学术研讨会

第二十一届华南国际口腔医疗器材展览会学术研讨会

时间:2016 年 3 月 2－5 日

地点:广东省广州市

主办和承办单位:51 070 名来自世界 100 多个国家和地区的牙医、口腔医疗器械采购商、经销商、口腔医学界专家参会。华南口腔展展览面积达 50 662 平方米,来自全球 20 多个国家的 927 家企业参展。国内外顶尖口腔医疗器械企业通过现场的产品展示、临床操作演示等方式,向全球观众展示各类高端科技产品,如各类激光齿科治疗仪、数字牙科 3D 打印机、口腔锥形束 CT 等。本次口腔展同期举办的 120 多场研讨会,来自中国、美国、日本、德国等 160 多位专家分享口腔行业知识。华南国际口腔展推出美国牙医学会培

训日(操作班)、牙体牙髓专题培训班、正畸专题培训班、牙周专题培训班、种植专题培训班,邀请国内外口腔行业知名学者,结合常见临床疑难病例、现场专家演示及学员实操进行专业培训。美国牙医学会培训日(操作班)今年邀请的是 Dr. John L. Alonge,在会议现场,学员们都配备操作仪器, Dr. John L. Alonge 通过现场演示操作及学员互动的方式教习。正畸国际专场和种植国际专场是 2016 年华南国际口腔展首次举办的会议,来自韩国的 Dr. Seong - Hun Kim,宾夕法尼亚大学牙科学博士、口腔生物学理学硕士 Dr. Antonino G. Secchi,华盛顿大学牙周病科助理教授 Dr. Georgios Kotsakis,MALO CLINIC 董事及品牌创始人 Paulo Malo 博士分别作了精彩的学术演讲。作为口腔医疗界人士一年一度的盛会,中国口腔医院发展论坛、中华口腔医学会第八次专业委员会(分会)工作会议、中华口腔医学会儿童牙科专委会工作会议、2016 中国儿童口腔医学高端论坛暨微创技术应用专题研讨会在华南国际口腔展成功举办。

第十五届中国(西部)国际口腔设备与材料展览会暨口腔医学学术会议

时间:2016 年 4 月 25 －29 日

地点:四川省成都市

主办和承办单位:中国西部口腔医学协作组、四川省口腔医学会、陕西省口腔医学会、重庆省口腔医学会、四川大学华西口腔医学院、第四军医大学口腔医学院、重庆医科大学口腔医学院联合主办,成都市博览局、中国西部口腔医学协作组各成员单位及西部各口腔医学会联合协办,中英合资好博塔苏斯展览有限公司成都分公司承办

内容提要:本届展会吸引了 23 846 名的专业观众到场参观,6 853 名口腔医生来展会现场参加培训,也有来自国内外 450 余家医疗器械产品的生产商、经销商和行业媒体参展。设展位 1 023 个,其中标准展位 261 个,空地特装折合展位 762 个。来自中国、德国、韩国、美国、日本、奥地利、荷兰、法国、丹麦、以色列、瑞士、芬兰、马来西亚、泰国和巴基斯坦等 17 个国家的国际展商都把先进牙科技术、设备带来展会现场。其本届参展商 80% 是牙科品牌原厂企业,有美国 3M、德国 KaVo、奥地利 W&H、英国葛兰素史克 GSK 等,全面覆盖口腔行业产业链的各种产品和解决方案。此次展览会涉及的展品有:口腔影像设备、口腔种植设备器材、口腔正畸设备器材等类别。

展会同期举办 18 个专题 155 场学术交流,邀请来自于华西口腔医学院、第四军医大学口腔医学院、上海复兴牙科、上海交通大学口腔医学院、解放军总医院口腔医学中心等口腔行业共 160 位知名专家教授亲自授课。全面讲授口腔医学领域中各科临床实用新技术和新进展。授课内容全方位涵盖口内、口外、修复、正畸、技工技术及时下热门话题“口腔数字化”。展会同期还举办种植培训班、儿童口腔培训班、牙体牙髓培训班、美学修复实操班、正畸培训班、护理培训班、微创拔牙培训班。在展会现场搭建 1:1 口腔手术室,专家结合临床设备及器械进行现场操作演示,并配有专业医师在旁边讲解。通过学术会与培训班招募 6 853 名口腔医生来展会现场参加培训。

2016 西部国际口腔展再次启动“一带一路”,口腔医学 · 成都论坛——西部 4 省市区口腔日分论坛主题活动。如四川主题论坛:大数据在口腔医疗中的运用;重庆主题论坛:重庆口腔种植修复专场,同期还进行 川渝种植修复辩论赛;云南主题论坛:湄公河流域国际口腔医学论坛;新疆口腔日:牙周牙髓联合病变综合 治疗新进展。展示西部各省在科研、教学、临床方面的新进展,新成就;搭建西部各省市区口腔医生的交流 学习平台,推动西部口腔医疗技术的发展进步。

丝绸之路国际口腔医学论坛暨丝绸之路国际口腔器材设备展览会

时间:2016 年 8 月 17 －19 日

地点:陕西省西安市

主办和承办单位:丝绸之路国际口腔医学论坛组委会主办,第四军医大学口腔医院承办

内容提要:此次论坛由陕、甘、宁、青、新、晋、豫、蒙 8 省(自治区)口腔医学会、解放军口腔医学会和中西部地区 18 家口腔医(学)院共同发起成立。中华口腔医学会赵铱民副会长任论坛主席,口腔医院陈吉华院长任论坛执行主席。中华口腔医学会王兴会长,中国工程院张志愿院士,中华口腔医学会边专副会长、刘洪臣副会长、孙正副会长、周诺副会长,以及来自国内 46 家著名口腔医学院的院长和来自日本、印度尼西亚、瑞士、中国香港的 7 所大学的口腔医学专家及会议代表共 3 000 余人参加会议。丝绸之路国际口腔医学论坛旨在搭建高水平区域口腔医学学术交流平台,进一步改善西部地区口腔医疗水平低、口腔医疗设备落后等状况,为促进中西部地区口腔医学事业的发展做出贡献。

论坛共设计了 14 个专科论坛,除 2016 亚太地区牙科学院院长论坛外,内容涉及仿生矿化、修复、数字化、牙周黏膜、牙体牙髓、儿童口腔医学、正畸、口腔外科、种植、镇静镇痛论坛、口腔再生医学、口腔急救论坛、护理等;举办牙周基础治疗及相关病例大赛、牙体美学修复病例竞赛、全国根管治疗病例竞赛、儿童牙齿美容修复病例竞赛 4 项专业竞赛;开办口腔遗传性疾病诊断与研究进展、隐形矫正新技术、口腔黏膜诊疗、椅旁 CAD/CAM 全瓷嵌体修复技术、前牙区美学设计与瓷粘接修复技术、口腔美学临床摄影技术、颌骨缺损与畸形数字化设计及手术导航应用、口腔专科规范化护理新进展、牙周病治疗新技术、舒适微创拔牙等 10 个专科培训班。院长论坛中,来自日本、印度尼西亚、瑞士、马来西亚、中国大陆与香港 6 个国家及地区的 74 位院长莅临交流。126 位国内外知名专家学者为论坛奉献了百余场精彩纷呈的学术讲演。期间,还举行了 2 个中华口腔医学会和 3 个陕西省口腔医学会学会会议。

学会工作简讯

中华口腔医学会第六届口腔修复学专业委员会换届大会

2016 年 1 月 10 日,中华口腔医学会口腔修复学专委会换届大会在北京召开。本次会议有来自全国各地 1 200 多名口腔医生参加。中华口腔医学会副会长俞光岩教授出席并致辞,对第五届专委会开展的工作以及贡献提出了肯定,对新一届专委会工作提出了三个“注重”,一是继续注重学术活动提高专业学术水平;二是注重学科建设,高层次学术人才及基础专业人才相并重,提高口腔修复专业全国水平;三是注重国际交流,希望更多的专家进入国际组织,提高国际影响力及学术地位。换届大会由中华口腔医学会副秘书长陈铭主持,王渤秘书长宣读了口腔医学会对新一届专委会组织人员的批复。王贻宁主委从学术活动、继续教育、国际交流、会员发展、承接政府职能等方面做工作总结。第六届委员会由 310 人组成。其中常委 100 名。解放军总医院刘洪臣教授当选为中华口腔医学会第六届口腔修复学专业委员会主任委员,第四军医大学口腔医学院陈吉华教授当选为候任主任委员,副主委 8 人。

广东省口腔医学会第四次会员代表大会暨第十三次口腔医学学术会议

2016 年 3 月 1 日,广东省口腔医学会第四次会员代表大会暨第十三次口腔医学学术会议在广州召开。参加会议的会员代表有

310 人。凌均棨会长致开幕词，王祖平副局长、王兴会长发表致辞。中华口腔医学会和北京口腔医学会、上海市口腔医学会、广东省医学会等兄弟学会发来贺电，祝贺本次会议的召开和广东省口腔医学会成立 15 周年。会议审议通过了广东省口腔医学会“第三届理事会工作报告”“第三届理事会换届筹备工作报告”“章程修订报告”“第三届理事会财务工作报告”“关于设立广东省口腔医学会监事会的报告”。

大会进行广东省口腔医学会第三届理事会换届改选，选举产生第四届理事会。中山大学光华口腔医学院附属口腔医院凌均棨教授继续担任新一届理事会会长，程斌教授、黄世光教授、吴补领教授、张志光教授、葛林虎主任医师、兰泽栋主任医师、黄盛兴主任医师担任副会长。陈小华主任医师担任秘书长，林焕彩教授、韦曦教授、于清华主任医师担任副秘书长。本届理事会共选出 126 名理事，其中常务理事 39 人。广东省口腔医学会第四届理事会特别推荐黄洪章教授、张国志教授担任名誉会长。同日下午，召开第十三次口腔医学学术会议，中华口腔医学会王兴会长、王渤秘书长，广东省口腔医学会凌均棨会长、吴补领副会长、张志光副会长分别作了“学科发展与学会的使命”“2016 年中华口腔医学会学术年会热点”“全面数字化——引领大数据时代口腔医学创新之路 ”“未来需共同关注的学科——老年口腔医学”和“ 颞下颌关节、颌骨与牙殆的生物力学应用研究”的学术报告。

中华口腔医学会召开第八次专业委员会(分会)工作会议

2016 年 3 月 3 日，中华口腔医学会第八次专业委员会(分会)工作会议在广州召开。33 个专业委员会(分会)前任、现任、候任主任委员及秘书共 87 人参加会议。王兴会长在讲话中强调会议召开的必要性及重要性，特别是关于专委会(分会)换届改选，希望各主委认真学习相关办法，并对换届中出现的问题充分讨论、坦率发表意见。许天民副秘书长逐条解读《办法》，对《办法》中的修订条目予以说明，并特别以实例重点解读工作中出现问题的条目。随后，参会人员对“专委会(分会)发起人资质”“学术活动开展”“委员任期”“专委会(分会)届期”等问题展开热烈讨论，并对《办法》中个别条目的用词提出建议，使得描述更加严谨。常朝辉部长向参会代表汇报了第五次全国会员代表大会专科会员会费调整方案(草案)，王渤秘书长通报了 2016 学术年会筹备情况。

中华口腔医学会口腔急诊专业委员会成立

2016 年 4 月 7 日，由中华口腔医学会主办，第四军医大学口腔医学院急诊与综合临床科承办的第一届口腔急诊专业委员会成立大会在西安召开。会议选举第四军医大学口腔医学院急诊与综合临床科主任陈永进教授为主任委员，朱亚琴、张英、陈亚明、姬爱平、龚怡为副主任委员。中华口腔医学会王兴会长、赵铱民副会长、王渤秘书长出席大会并表示祝贺。

陈永进主委从急诊现状调查、发起成立申请、筹备成立大会 3 个阶段报告了专委会筹备成立过程，提出口腔急诊全科要求最高、工作强度最大、承担责任最重、最易出现医患纠纷，并从发展会员、学术牵引、横向协作、急救实操、国际交流、制定标准等 6 方面做了任期规划。中华口腔医学会王兴会长高度赞赏陈永进主委的成立报告和任期规划，希望专委会进一步深化“四个最”的内涵，更好地为老百姓解决各类口腔急症带来的痛苦。中华口腔医学会赵铱民副会长在讲话中强调，专委会一定要注重急诊医学与急救医学的结合，希望通过拓展急救训练让更多的人受益。

口腔急诊专委会第一次全国口腔急诊医学学术会议暨陕西省口腔急诊与急救论坛同期举办，近 400 名来自全国各地的口腔医务工作者参会。论坛邀请首都医科大学口腔医院、北京大学口腔医院、中国医科大学口腔医院、中山医科大学口腔医院及第四军医大学口腔医学院相关专家，围绕口腔疾病急诊和口腔日常门诊常见全身性急症的主题开展多场学术报告，吸引了。大会同时举办口腔门诊突发急症的急救技能培训，内容涵盖基础生命支持、高级生命支持以及团队协作急救演练等科目，会议期间共培训 200 余人次。

中华口腔医学会首届口腔数字化种植导板病例设计大赛

2016 年 6 月 10 日，中华口腔医学会首届口腔数字化病例决赛在北京国家会议中心举行，王兴会长亲临现场指导。时任中华口腔医学会种植专业委员会主委王佐林教授等 8 名专家担任评委，经过初赛遴选来自全国各地的 18 名口腔医生最终参加了本次决赛。本次大赛围绕种口腔种植数字导板设计，共设置前牙美学区种植，后牙种植及无牙颌种植三个组别，每组 6 个病例，由选手现场抽签，现场设计，现场答辩，由评委进行提问和打分。经过 6 个小时的激烈角逐，华西口腔医学院的李俊颖博士（导师于海洋教授）获得前牙美学区种植组一等奖；北京大学口腔医院的毋育伟医生获得无牙颌种植组一等奖；烟台市口腔医院的于惠医生获得后牙种植组一等奖。

中华口腔医学会参加香港牙医学会年会暨第 38 届亚太牙科联盟大会

2016 年 6 月 17 – 19 日，香港牙医学会年会暨第 38 届亚太牙科联盟会议（Asian Pacific Dental Congress）在中国香港召开。王兴会长、俞光岩副会长、岳林副秘书长、刘怡部长受邀参会。中华口腔医学会目前并不是亚太牙科联盟（Asian Pacific Dental Federation，APDF）会员国，会议期间，学会领导与 APDF 高层进行了有效的沟通，双方均表示希望在亚太地区建立一个广泛代表亚洲大多数国家的牙科组织，该组织必须与世界牙科联盟的章程保持一致，需要包含重要的亚洲国家，并能为该地区牙科工作者及人民提供口腔健康服务及相关支持。双方均愿意为了这一目标努力。

受学会及香港牙医学会学术交流基金资助，来自内蒙古、宁夏、青海等西部十一个省区及相关支持“西部行”公益活动的医学院校代表共计 22 人，也同期赴港参加学术会议。通过参观和学习，代表们开阔了视野，增进了对国际口腔医学、口腔器材发展的了解。这是该基金连续第三年支持西部代表参加学术会议。基金由双方等额出资建立，支持中国西部地区口腔医生参加国际、国内学术交流，推动我国西部地区口腔医学的发展。

中华口腔医学会镇静镇痛专业委员会成立

2016 年 8 月 19 日，中华口腔医学会镇静镇痛专业委员成立大会在西安召开，来自全国 500 多名镇静镇痛专家学者汇聚一堂，围绕我国镇静镇痛技术的发展进行了回顾和展望。会上，第四军医大学口腔医学院麻醉科徐礼鲜教授高票当选首届中华口腔医学会镇静镇痛专业委员会主任委员，北京协和医院万阔教授为候任主委，张伟、郁葱、徐辉教授任副主委。学会的成立，标志着我国口腔医疗舒适化服务从此迈上了快速发展的正规化道路。

随着口腔医疗舒适化的快速发展，患者在整个就医过程中需要享受到心理和生理方面的无痛苦、无恐惧的医疗舒适化服务已经成为当今发展趋势。成立会上，徐礼鲜教授提出了镇静镇痛技术在临床上具有广泛医疗需求、系统理论体系、专业交叉融合等特点，指出了镇静镇痛专委会成立的重要意义，并从 6 个方面全面阐述了任期规划。发展会员、凝聚力量；学术引领、提高临床；横向协作、交叉融合；临床实操、重在培训；加强交流，放眼国际；制定标准、统一规范。希望所有委员团结一致，为专委会发展做出贡献。赵铱民教授代表学会及陕西省口腔医学会讲话，鼓励专委会创造创新、普及镇静镇痛技术。提出当今舒适化口腔治疗技术机遇与挑战并存,督促专委会制定标准,规范口腔治疗中镇静镇痛技术的临床应用、出台相应操作指南,使得镇静镇痛技术在我国口腔医学领域安全有效的开展。

徐礼鲜主委躬身临床实践及科学研究领域,开展的多项科研成果获省部级以上奖项。其中,"特殊军事作业环境缺氧防治新技术及应用"获国家科技进步二等奖;"高氧液体对战创救治和缺氧治疗的基础与临床研究"获军队科技进步一等奖;"全身麻醉中枢作用部位镇痛机制的基础和应用研究"项目获陕西省科技进步一等奖。主持研发的"微型便携式多功能输液装置"获国家专利 4 项、国际专利 2 项。

中华口腔医学会口腔医学科研管理分会成立

2016 年 9 月 26 日,中华口腔医学会口腔医学科研管理分会成立大会在上海召开。中华口腔医学会王兴会长、俞光岩副会长、边专副会长、王渤秘书长和许天民副秘书长、北京大学口腔医学院郭传瑸院长出席会议,首都医科大学王松灵副校长和上海交通大学医学院附属第九人民医院张志愿院士作为口腔医学科研管理分会顾问参加大会。大会由许天民副秘书长主持,王渤秘书长宣读了对口腔医学科研管理分会成立大会召开的批复及 59 名委员组成名单。全国 24 个省、市、自治区的 55 名到会委员采取无记名投票,选举出了北京大学口腔医学院副院长邓旭亮教授为主任委员,副主任委员 8 名,常务委员 10 名。邓旭亮主任委员从口腔医学科研管理分会的成立背景、成立意义出发,详细介绍了分会的筹备成立过程,学习了《中华口腔医学会总会章程》和《中华口腔医学会专业委员会管理办法》,介绍了口腔医学科研管理分会候选委员分布和主任委员、副主任委员的基本情况,并从发展会员、搭建平台、人才培养、沟通协调、国际交流五个方面做了任期规划。

国际牙医师学院(ICD)中国区代表赴美参加 2016 年 ICD 国际理事会

2016 年 10 月 21 – 23 日,国际牙医师学院(International College of Dentists, ICD)国际理事会在美国丹佛市举行,ICD 第十三区——中国区行政助理蒋琰主任和洪潇副教授参加了会议。大会各委员会分别对本年度开展的各项工作进行了讨论和总结,其中牙科安全计划专门工作组(ICD Dental Safety Program Task Force)主席 Dr. Christine Benoit 对 ICD 中国区在 2015、2016 年分别举行的口腔继续教育项目给予了高度评价。

大会进行了换届选举,来自第六区——印度的 Dr. Rajesh Chandna 当选为 2017 年国际主席,来自第八区——澳大利亚的 Dr. Clive Ross 当选为候任主席,来自第七区——日本的 Dr. Akira Senda 当选为副主席。

中华口腔医学会第二届口腔药学专委会在北京换届

2016 年 11 月 19 日,中华口腔医学会口腔药学专委会在京召开换届大会。到会委员无记名投票,选举北京大学口腔医学院郑利光教授为主任委员,王晓娟、朱李微、刘习强、刘青、吴飞华为副主委,常委 19 人。会议由学会会员部常朝辉部长主持。新一届主委郑利光教授从 6 个方面进行任期规划汇报:发展会员,凝聚口腔药学人才;办好学术会议,注重青年医师、药师参与;加强与相关学术团体交流,促进临床合理用药;编写口腔药学相关标准、指南、教材;促进口腔医院药学部门建设;联合开展口腔药学研究。路振富副会长代表学会讲话,对第一届口腔药学专委会在会员发展、专委会文化建设、行业准则及规范的制定等方面的工作表示充分肯定,并提出希望在新一届专委会及全体口腔药学工作者的共同努力下,促进我国口腔药学事业全面、健康、快速发展,为我国口腔临床合理用药做出更大贡献。

王晴教授荣获全国乒乓球赛女子单打冠军

2016 年 12 月 3 – 4 日,2016 中国科协全

国学会乒乓球赛（第七届）在北京月坛体育中心隆重举行，来自全国学会和中国科协机关、直属单位的 50 支代表队，共 360 余名运动员参加了比赛。由中华口腔医学会组织的来自全国各单位的 10 名会员选手代表学会参加了比赛，编辑部主任王晴教授通过选拔，代表中华口腔医学会参赛。经过两天激烈的角逐，王晴教授最终获得此次比赛的女子单打冠军。

院校新闻动态

International Journal of Oral Science 和 *Bone Research* 杂志再获高影响因子

2016 年 6 月，据美国 Thomson Reuter 发布最新期刊引文报告（Journal Citation Report，JCR），口腔疾病研究国家重点实验室、四川大学华西口腔医院主办的英文专业期刊 *International Journal of Oral Science*（IJOS）最新影响因子（IF）2.595，连续 4 年位居 Q1 方阵（即 IF 前 25%），是亚洲排名第 1 的口腔医学英文期刊，进入世界权威口腔医学期刊行列。同期发布的最新期刊引文报告（Journal Citation Report，JCR）还表明，口腔疾病研究国家重点实验室、华西口腔医院主办的骨科学英文期刊 Bone Research 获影响因子 3.549，蝉联亚洲排名第一的骨科学英文杂志。*International Journal of Oral Science* 和 *Bone Research* 均入选中国最具国际影响力学术期刊。

北京大学口腔医院教授邓旭亮获第十一届光华工程科技奖（青年奖）

2016 年 6 月，中国工程院公布了第十一届光华工程科技奖获奖名单，经过候选人材料审阅、评审、投票等程序，从 225 位有效候选人中产生了 34 位获奖人，其中北京大学口腔医院教授邓旭亮获第十一届光华工程科技奖（青年奖），成为医院首位获此殊荣的教授。光华工程科技奖是由两院院士朱光亚先生，台湾实业家陈由豪先生、杜俊元先生和尹衍木梁先生共同捐资设立的奖项，由中国工程院负责评奖的具体工作。该奖包括成就奖、工程奖和青年奖 3 个奖项，每两年颁奖一次，于 1996 年首届颁发，迄今共奖励了涉及能源、矿业、环境、管理等十几个工程领域的近两百位院士和专家。

上海交通大学口腔医学院蒋欣泉教授应邀参加第 10 届世界生物材料大会

2016 年 5 月 17 – 22 日，第 10 届世界生物材料大会（10th World Biomaterials Congress）在加拿大蒙特利尔会展中心召开。本次大会汇集了来自全球 60 多个国家 4 000 余名从事生物材料研究的专家与学者，有 1 200 多场口头报告，2 400 多份海报展示以及 3 500 多份摘要交流。蒋欣泉教授应邀在青年科学家论坛（Young scientist Forum）做了题为“How to realize multidisciplinary and international networking in translational research: The key to success”（如何认识国际多学科合作在转化研究中作用：成功的关键）的特邀发言。此外，蒋欣泉教授作为分会场共同主席（Chair），主持了“Biomaterials in dental applications”（牙科生物材料应用）专题，并担任本次世界生物材料大会评奖委员会（Award committe）委员。

遵义医学院口腔医院成功开展贵州省首例“全麻下儿童口腔治疗术”

2016 年 6 月 15 日，遵义医学院附属口腔医院预防儿童牙科与麻醉科合作，成功完成贵州省首例门诊“儿童全麻插管下口腔治疗”。该院成为贵州省首家开展此项诊疗项目的医院。此项技术的开展，标志着该院儿童口腔疾病的诊治水平又上了一个新台阶。

该院自2010年就率先在省内开展了“儿童全麻下口腔治疗”，但鉴于当时的客观限制，所有治疗均是在住院部麻醉室完成。为了方便患者、持续改进医疗服务质量，今年在各级领导的关心和各科室的大力配合下，该院建立了贵州省首个“口腔门诊麻醉室”，并率先在贵州省开展“儿童全麻下口腔治疗业务”，做到小孩当天来院、当天麻醉、当天治疗、当天离院。

吉林大学口腔医院护理团队参加全国口腔护理学术交流会议并荣获优秀论文一等奖

2016年6月24－27日，吉林大学口腔医院刘东玲副院长、边立新科护士长、李秀英老师及王秀丽参加了由中华护理学会与中华护理杂志社共同举办的“全国口腔护理学术交流会议”，来自全国各省市共450多名代表参加了会议。王秀丽代表医院护理人员进行大会发言，交流文章题目为“不同漱口方式在超声洁治中的应用研究”，并荣获了“中华护理学会全国口腔护理学术交流会议”优秀论文一等奖。

广西医科大学口腔医学院赴柬埔寨开展口腔医疗义诊活动

2016年12月6日，由广西医科大学副校长、口腔医学院院长周诺教授率领的口腔医疗义诊团远赴柬埔寨金边市中心小学开展口腔医疗义诊活动。本次义诊活动是“中国－柬埔寨口腔医疗合作探索”项目下的具体实践，作为国家卫计委面向东盟地区开展口腔卫生合作交流项目的首家执行单位，广西医科大学口腔医学院在开展中柬口腔卫生合作方面进行了大量积极有益的探索，迈出了实质性的步伐。义诊活动上，义诊团队与金边市当地的医护人员共同对学生们进行口腔急症处理、口腔健康检查以及口腔健康教育等，切实解决学生们的口腔健康问题。活动受益的学生约300人，除进行口腔健康宣教和相应的牙病治疗外，还特别赠送给当地儿童牙膏300余支及各类口腔健康宣教材料300余份。

人　物

第十届中国医师奖获奖医师

胡静

胡静，男，1963 年 11 月出生，四川乐山人，教授、博士生导师。卫生部有突出贡献的中青年专家，国家杰出青年科学基金获得者，教育部“长江学者”特聘教授，2011 年全国百篇优秀博士论文指导教师。生前任四川大学华西口腔医院正颌与关节外科主任，擅长口腔颌面畸形的外科矫正及面部轮廓整形。近年在牵张成骨、颞下颌关节重建、生物材料/组织工程等领域开展研究工作并取得突出成绩。主持国家及部省级科研课题 10 余项，在 *JBMR*，*Bone*，*Biomaterials*，*J Dent Res* 及 *Plast Reconstr Surg* 等国际知名期刊发表 SCI 论文 100 余篇，获国家科技进步二等奖及教育部高等学校科技进步一等奖等 8 项科技奖励。

（四川大学华西口腔医学院供稿）

马绪臣

马绪臣，男，1945 年 11 月出生，山东惠民人，教授、博士生导师，是我国颞下颌关节病及口颌面痛领域和口腔颌面放射学领域的著名专家。长年工作在临床第一线。发表于国内外的学术论文 200 余篇，包括在 *ARTHRITIS & RHEUMATISM*、*Journal of Neuroscience* 等国际著名杂志发表研究论文。主编专著 5 部，高校教材两部；曾任中华口腔医学杂志副总编，中华口腔医学会颞下颌关节病及𬌗学专委会主任委员，口腔颌面放射专委会主任委员，国际口腔颌面放射学会主席。多次获得卫生部、国家教委等科技成果奖。1993 年开始享受国务院津贴，1996 年评为卫生部有突出贡献中青年专家，2013 年获北京大学医学部桃李奖。

（北京大学口腔医学院供稿）

2016 年度全国卫生系统先进工作者

金岩

金岩，男，汉族，河北秦皇岛人，中共党员，1963 年 4 月出生。1985 年毕业于第四军医大学，于 1991 年获博士学位。现任全军口腔医学研究所常务副所长、创建并担任第四军医大学组织工程研发中心主任，主任医师、教授、博士生导师，是国际知名的组织工程与再生医学专家。为教育部“长江学者”特聘教授、国家杰出青年基金获得者、国家重大科学研究计划项目首席科学家、教育部创新团队牵头人、入选国家百千万人才工程并被授予“有突出贡献中青年专家”荣誉称号、军队高层次科技创新人才工程科技领军人才、全国优秀科技工作者。创建第四军医大学组织工

程研发中心并担任主任。为中国组织工程与再生医学分会主任委员，中华口腔医学会口腔生物医学侯任主任委员。

长期从事组织工程与再生医学的研究。研制成功我国第一个组织工程产品——组织工程皮肤、国际上第一个生物角膜产品；发现了炎症、衰老等因素对干细胞影响的新机制，在牙、骨再生等方面的基础与应用研究方面有所贡献。在 *Cell Metabolism*、*Cell Death Diff*、*Stem Cells*、*Biomaterials*、*JBMR*、*CDDis*、*J Control Release*、*Scientific Report*、*Mol Therapy* 等发表 SCI 收录文章 150 余篇。获国家科技进步一等奖 1 项、军队和省级科技进步一等奖 4 项。

2016 年，当选为第七届全国优秀科技工作者。

（第四军医大学口腔医学院供稿）

第七届全国优秀科技工作者

陈江

陈江，男，1964 年 9 月出生，福建福州人，福建医科大学口腔医学院及附属口腔医院院长。1986 年毕业于福建医科大学口腔系获学士学位，1992 年获华西医科大学口腔临床医学专业硕士学位，1999 年获华西医科大学口腔临床医学博士学位。享受国务院政府特殊津贴，福建省百千万人才工程人选，福建省临床重点专科（口腔种植学）学科带头人，福建医科大学学科带头人，荣获全国优秀科技工作者、2013 - 2014 年度福建省卫生计生系统有突出贡献中青年专家、福州市劳动模范等称号。兼任中华口腔医学会常务理事，中华口腔医学会口腔种植专业委员会副主任委员，福建省口腔医学会会长，国际种植学会（ITI）专家组成员。担任《中华口腔医学杂志》特约审稿专家，《口腔医学研究》《口腔疾病防治》副主编，《中国实用口腔科杂志》编委、《口腔种植技术管理规范》专家组成员。1995 年公派在香港大学口腔颌面外科作短期学术交流，2000 年获得国家留学基金资助在哈佛大学牙医学院及塔夫茨大学新英格兰医学中心进行访问研究。近年来多次赴美国、德国、奥地利等国家进行学术交流，在口腔种植学、口腔生物材料学及口腔颌面外科学领域开展了多方面的研究，主持十余项国家自然科学基金项目、国家卫计委共建科学基金项目、福建省科技重大科研项目、福建省自然科学基金项目。近年来参与撰写 4 部大型学术专著，主译出版 4 部专著。获福建省科技进步二等奖 1 项，福建省医学科技三等奖 1 项，新型实用与发明专利三项。

（福建医科大学口腔医学院供稿）

全国五一劳动奖章获得者

袁杰

袁杰，女，1964 年 2 月出生于黑龙江省五常。1982 – 1987 年就读于哈尔滨科大学口腔系，1991 – 1992 于上海医科大学口腔医学院儿童口腔科进修学习，1998 – 1999 年哈尔滨医科大学在职硕士研究生班学习，2007 年香港大学牙学院访问学者，2008 – 2013. 6 哈尔滨医科大学统招博士研究生。1987 – 1991 年就职于哈尔滨医科大学附属第一医院口腔内科工作，1992 – 1998 年、1999 – 2002 年于哈尔滨医科大学附属第一医院口腔儿童牙科工作，2002 – 2007 年于哈尔滨医科大学附属口腔医学院口腔预防科工作科 科副主任、科主任。研究方向：龋病早期预防以及流行病调查。擅长牙体病、牙髓病、根尖周病、牙周病、黏膜病以及儿童牙病的诊断及治疗，以及对青少年、老年、孕妇等特殊人群的口腔卫生保健。

（哈尔滨医科大学口腔医学院供稿）

第十一届光华工程科技奖

邓旭亮

邓旭亮，男，1972 年 2 月出生，现任北京大学口腔医院科研副院长，主任医师，教授，博士生导师，教育部长江学者特聘教授。中国生物医用材料产业技术创新战略联盟副理事长，口腔数字化医疗技术和材料国家工程实验室副主任，生物医用材料北京实验室副主任，口腔数字医学北京市重点实验室副主任，中国生物材料学会骨修复材料与器械分会副主任委员，中国生物材料学会纳米生物材料分会副主任委员，中国生物医学工程学会生物材料分会理事。获国家杰出青年科学基金资助，获选科技部中青年科技创新领军人才，作为第一完成人获教育部高等学校科学研究优秀成果奖技术发明二等奖 1 项，入选教育部新世纪优秀人才计划。邓旭亮从口腔关键材料的临床应用特点及存在的问题出发，在新型口腔树脂基修复材料及引导组织再生支架材料的组成、结构设计、制备和功能仿生、纳米效应发挥及组织修复机理等方面进行了长期基础研究，取得多项重要理论研究进展和应用成果。

近年来其作为项目负责人主持了 18 项科研项目，其中国家自然科学基金项目 5 项、国家 863 项目 4 项、科技部国际合作项目、教育部新世纪优秀人才支持项目、卫生部行业科研专项课题、北京市科技计划等；作为主要完成人和学术骨干参加了国家及省部级科研项目 14 项；发表论文 176 篇，其中 SCI 收录论文 59 篇，其中通讯作者 36 篇，总被 SCI 他引 608 次，单篇引用最高 96 次；申请 22 项国家发明专利，已授权 14 项；获国药局Ⅲ类医疗器械注册证 3 个；国内外学术特邀报告 12

次，其中含大会报告 6 次(国际 3 次)；指导硕士研究生 23 名，博士研究生 8 名。

光华工程科技奖是由中国科学院、中国工程院院士朱光亚先生，台湾实业家陈由豪先生、杜俊元先生和尹衍木梁先生共同捐资设立的，由中国工程院负责评奖工作。该奖包括成就奖、工程奖和青年奖 3 个奖项，每两年颁奖一次，1996 年首次颁发，迄今共奖励涉及能源、矿业、环境、管理等十几个工程领域的近 200 位院士和专家。中国工程院公布了第十一届光华工程科技奖获奖名单，经过候选人材料审阅、评审、投票等程序，从 225 位有效候选人中产生了 34 位获奖人，其中北京大学口腔医院教授邓旭亮获奖，成为医院首位获此殊荣的教授。

(北京大学口腔医学院供稿)

全国优秀护理部主任

刘蕊

刘蕊，女，1973 年 2 月出生，陕西铜川人。第四军医大学口腔医院护理部主任，硕士学位，研究生导师。主要研究护理管理、口腔护理、手术室护理等。中华护理学会口腔专业委员会副主任委员，中华口腔医学会护理专业委员会副主任委员，中国人民解放军护理专业委员会手术学组副组长，中国生命关怀协会人文护理专业委员会常务委员，陕西省护理学会常务理事，陕西省护理学会口腔专业委员会副主任委员，手术室专业委员会副主任委员，全国一类护理源期刊杂志编委，全军科学技术成果网络评审专家，陕西省高级职称评审专家。

以第一完成人承担军队及省部级课题 6 项，获军队医疗成果奖 3 项，发表源期刊论文 40 余篇，通讯作者发表 SCI 论文 1 篇，获批专利 1 项，主编及参编专著 9 部。每年承担全军远程教育及全军护理培训班授课 20 余学时，主持国家级继续教育项目 10 余次。协办全国第一届口腔护理技能大赛，多次主办国家级口腔护理培训班等活动。获全国“优秀护理部主任”，陕西省优质护理先进个人，总后团职指挥干部培训班优秀学员，陕西省优秀护士，第四军医大学十佳护士，2008 年作为第四军医大学第七医疗队护理管理者，赴川抗震救灾，并荣立三等功。

(第四军医大学口腔医学院供稿)

2016 年新增列口腔医学博士研究生导师

陈溯

陈溯，男，1968 年 2 月出生，浙江杭州市人。1992 年毕业于北京医科大学口腔医学院，2004 年于首都医科大学口腔医学院获得口腔医学临床硕士学位，2008 年于首都医科大学口腔医学院获得口腔医学临床博士学位。现任首都医科大学附属北京口腔医院特诊特需及多学科诊疗中心主任、教授、主任医师、博士研究生导师。研究方向为种植体表面改性、种植修复数字化技术、种植咬合分析。临床专长口腔修复及种植。兼任中华口腔医学会口腔医学计算机专业委员会常委、

中华口腔医学会口腔修复学专业委员会委员、北京口腔医学会美学专委会副主任委员、北京医师协会口腔专科医师分会理事、北京口腔医学会修复专委会委员、全国口腔材料和器械设备标准化技术委员会委员、《北京大学学报》《北京口腔医学杂志》《上海口腔医学杂志》审稿人。已发表多篇 SCI 论文，主持完成了国家 863 课题、国家自然科学基金、北京市自然科学基金、北京市科委卫生发展科研专项等多项研究课题。

（首都医科大学口腔医学院供稿）

陈泽涛

陈泽涛，男，1987 年 1 月出生，广东潮安人。现任中山大学光华口腔医学院副研究员，博士生导师。2010 年硕士毕业于中山大学光华口腔医学院，获口腔临床医学硕士学位。在澳大利亚昆士兰科技大学全额奖学金支持下，开始攻读博士学位，2015 年取得博士学位后留校任 Research Associate，2016 以中山大学百人计划引进人才身份全职回国开展进一步的研究工作。

研究方向主要集中于骨替代材料与机体相互作用的机制研究。创新提出的骨免疫调节性能概念得到国际同行的认可并且在骨生物材料界形成一定的学术影响力，系列成果发表于 *Materials Today*，*Biomaterials*，*Nanoscale*，*ACS Applied Materials & Interfaces*，*Journal of Materials Chemistry B* 等，累计影响因子达 111.225，并列通讯 1 篇，第一/并列第一 11 篇（累计影响因子 81.496），受邀发表综述 1 篇，参编专著 1 章，近三年内被引用 252 次，单篇最高影响因子 17.793，H－index 为 10。获邀参编专著 *The Immune Response to Implanted Materials and Devices*，将骨免疫调节性能概念写入参考书中。

（中山大学光华口腔医学院供稿）

范文国

范文国，男，1972 年 12 月出生，山东省临沂市人。2006 年 6 月获得青岛大学硕士学位，2009 年 6 月，获得中山大学博士学位并留校于麻醉科、口腔解剖生理教研室工作至今。中山大学光华口腔医学院·附属口腔医院副教授，副主任医师，博士研究生导师，中华口腔医学会会员，中华口腔医学会口腔急诊委员会委员，IADR 会员。

长期致力于口颌面疼痛调节机制，牙髓炎症的神经和免疫机制的研究。主持国家自然科学基金面上项目，中央高校基本科研业务费资助项目和广东省自然科学基金项目各一项，参与多项国家级、省部级及校级研究项目，发表 SCI 收录论文 27 篇，获得了国际会议、省级和校级的多项奖励，包括广州赛莱拉生物基因工程优秀学生奖学金；2008 ICFDCR Beijing Excellent Paper Winner，广东省高校南粤优秀研究生，中华口腔医学会－香港大学牙医学院优秀青年人才入围奖。

（中山大学光华口腔医学院供稿）

范志朋

范志朋，男，1972 年 4 月出生于天津市。1998 年毕业于北京医科大学口腔医学院，口

腔医学七年制本硕连读生；2001 - 2004 年于首都医科大学口腔医学院攻读博士学位；2004 - 2009 年在美国密西根大学牙医学院及加州大学洛杉矶分校牙医学院从事博士后研究工作。现任首都医科大学附属北京口腔医院研究所任办公室副主任，教授/研究员，博士研究生导师。

主要研究方向：口腔颅颌面干细胞生物学及再生医学。发表 *Nat Cell Biol*、*Cell Stem Cell*、*Nat Med*、*PNAS*、*Blood*、*Stem Cells*、*J Med Genet*、*J Dent Res* 等 SCI 论文 60 多篇。

（首都医科大学口腔医学院供稿）

方厂云

方厂云，男，1965 年生，汉族，湖北武穴人。教授，医学博士，博士研究生导师。1986 年于现武汉大学口腔医学院本科毕业，2008 年中南大学湘雅医学院博士研究生毕业，先后在教育部口腔生物工程学重点实验室和哥本哈根大学访问学习，长期从事口腔内科临床工作及牙体牙髓病学、口腔材料学等课程的教学工作，是学科学术带头人之一。擅长牙体牙髓病、口腔黏膜病疑难病例的诊治。国家卫计委 3D 打印专家委员会委员，中华医学会牙体牙髓病学专业委员会委员、口腔全科医学专委会常委、科研管理委员会常委，湖南省口腔医学会副理事长、牙体牙髓病学专业委员会主任委员，湖南省干部保健委员会特聘专家。中南大学湘雅医院口腔医学中心主任。

主要从事口腔黏膜下纤维化病因、发病机制研究，以及牙体牙髓病的临床研究等方面的研究，所在的课题组曾获中华医学科技三等奖，获多项院级医疗新技术奖，主持省部资助课题 8 项，主持和参与国家自然基金课题 2 项，参与国家重点研发计划 1 项，发表学术论文 70 余篇，参编专业参考书 5 本。

（中南大学湘雅口腔医学院供稿）

冯强

冯强，男，1986 年 7 月出生于山东省潍坊市。2003 - 2007 年就读于西北大学，获理学学士；2007 - 2010 年就读于武汉大学，获理学硕士；2012 - 2015 年就读于哥本哈根大学，获理学博士。现任山东大学口腔医学院教授、博导，齐鲁青年学者，毕业于哥本哈根大学，兼任华南农业大学客座教授，暨南大学客座教授，香港中文大学组学创新中心荣誉顾问等，曾任深圳华大基因研究院副院长。从事微生态的宏基因组学研究，完成人升级版肠道菌群基因集，老鼠，猪等肠道菌群基因集的构建，为后续科学研究和产品开发做好充实基础。建立并完善宏基因组学与疾病的关联分析流程并基于此完成结肠癌，类风湿关节炎，冠心病，肥胖等一系列疾病的宏基因组学研究并多项成果。发起百种功效食材的肠道菌群研究，系统建立每种食材与肠道菌群的关系。开发并建立肠道厌氧细菌的分离、培养、鉴定和应用的一整套流程，目前完成 15 000 株肠道细菌库的建立。

目前已发表包括 *Nature* 及其子刊在内的 SCI 收录论文 33 篇，第一作者或通讯作者 11 篇，申请专利 102 项，参与多项科技部 973 项目，863 项目课题及多项国际研究课题，如

MetaHIT、*IHMS*、*MetaPIG* 等。获 2012 年“中国糖尿病研究十大进展”，主持的婴儿肠道菌群发育课题荣获 2015 年“肠道菌群十大科技进展”，参与撰写专著《骨内科学》《基因的分子生物学》等教科书。

（山东大学口腔医学院供稿）

付强

付强，男，1972 年 1 月出生于中国安徽。1995 年本科毕业于华西医科大学，2000 年于华西医科大学获博士学位。2000 - 2003 年任中山大学附属口腔医院讲师；2003 年 6 月至今陆续任中山大学硕士生导师、副教授/副主任医师、主任医师以及博士生导师。期间 2011 - 2012 年于美国纽约州罗切斯特大学骨科学研究中心从事博士后研究。广东省高等学校千百十工程校级培养对象，2010 年获中华口腔医学会优秀青年人才奖入围奖，2015 年获中山大学附属口腔医院医疗新技术奖。

长期从事于口腔修复学的临床、教学和科研工作。擅长口腔美学及微创修复、种植义齿修复、复杂义齿修复等。科学研究方向为骨组织工程、口腔颅颌面部骨生物学/骨生物力学以及口腔修复/口腔材料学。主持国家自然科学基金及省部级科研项目 10 余项，在国内外学术期刊上发表论文约 30 篇，主编、参编学术论著多部。现任广东省口腔医学会口腔修复学专委会常委、中华口腔医学研究杂志（电子版）编委，任骨科学、材料学及生物化学/物理学等多个领域国际期刊及中华口腔医学杂志的审稿人。

（中山大学光华口腔医学院供稿）

龚忠诚

龚忠诚，1974 年 9 月出生，农工党，陕西人。博士后，教授，主任医师，博导，国际牙医师学院院士。2002 - 2005 年就读于新疆医科大学，获口腔临床硕士学位；2007 - 2010 年就读于武汉大学，获医学博士学位。分别于 2012 年在德国 St. Lukas Klinic 及 2013 年在英国 Morriston Hospital 访问学习。新疆医科大学第一附属医院口腔颌面肿瘤外科主任，新疆医科大学口腔医学院口腔颌面外科教研室副主任。中国医师协会睡眠科学专业委员会委员，中华口腔医学会颞下颌关节疾病及牙合学委员会成员，中华口腔医学会口腔激光专业委员会委员，中华医学会儿科学分会口腔学组委员，中国研究型医院学会整合医学专业委员会委员。学科骨干，新疆医科大学教学能手，自治区优秀青年科技创新人才培养对象，天山英才。发表论文 80 篇，SCI 8 篇，参编教材 1 部，论著 4 部。担任 Oral &Maxillofacial Surgery: Clinics in Surgery 编委；《中国循证医学杂志》《中国组织工程研究》《实用肿瘤学杂志》《新疆医科大学学报》审稿专家。主持国家自然科学基金 1 项，省部级科研项目 3 项，校级项目 1 项，院级科研项目 2 项。获自治区科技进步奖二等奖 1 项，新疆医学科技奖二等奖 1 项，第十二届自治区自然科学优秀学术论文三等奖。主要研究方向为颞下颌关节疾病及口腔颌面部肿瘤的基础与临床。

（新疆医科大学口腔医学院供稿）

韩正学

韩正学，男，1963 年 8 月生于江苏沛县。1982 年本科毕业于南京医学院口腔系，1997

年在上海第二医科大学获得硕士学位，2004 年在上海第二医科大学获得博士学位。现任首都医科大学口腔医学院口腔颌面头颈肿瘤科主任，博士生导师，教授，主任医师，口腔颌面外科教研室主任。兼任中华口腔医学会口腔颌面外科专业委员会常委，中华口腔医学会颌面修复专业委员会常委，中国抗癌协会头颈外科专业委员会常委，北京口腔医学会理事，北京口腔医学会口腔颌面外科专委会副主任委员。第 7 版统编教材《口腔颌面解剖学》编委，《北京口腔医学》杂志编委，国家基金委评审专家，多个国内外著名期刊的审稿专家。

（首都医科大学口腔医学院供稿）

和红兵

和红兵，男，纳西族，1967 年 1 月出生于昆明市，籍贯云南丽江。1989 年 7 月毕业于昆明医科大学口腔医学院，1989 年 8 月至 1990 年 7 工作于云南省卫生厅医疗队，1990－2006 年于昆明医科大学第一附属医院口腔内科，其中 1998 年澳大利亚拉筹伯大学卫生管理研究生培训，2000 年 7 月获得昆明医科大学口腔医学院口腔临床硕士，2002－2003 年美国波士顿大学牙医学院牙周病学访问学者，2012 年获中国科学院大连化学物理研究生分析化学代谢组学方向理学博士学位。

长期专注于牙周病学临床、教学和科研，在牙周炎性骨破坏的机理、全身疾病与牙周病相关性研究及多学科联合治疗等领域有较深入的研究。已完成国家自然科学基金一项、云南省科技重点项目一项、云南省与昆明医科大学联合专项二项，现主持国家自然科学基金一项、横向课题二项。已发表 SCI 论文 4 篇。

（昆明医科大学附属口腔医学院供稿）

侯劲松

侯劲松，男，1969 年 2 月出生，湖北荆门人，肿瘤学博士、主任医师、博士研究生导师。1993 年本科毕业于武汉大学口腔医学院，1999 年获武汉大学口腔医学院口腔颌面外科学硕士学位，2002 年获中山大学肿瘤学博士学位。博士毕业后留校从事口腔颌面外科临床、教学及科研工作。现任中山大学光华口腔医学院口腔颌面外科副主任，中华口腔医学会口腔颌面外科专业委员会委员，中国抗癌协会头颈肿瘤专业委员会委员，亚太重建显微外科学会中国部委员，中国医疗保健国际交流促进会肿瘤整形外科与功能性外科分会委员，中国唇腭裂诊疗联盟委员，广东省口腔医学会口腔颌面外科专业委员会副主任委员，广东省抗癌协会头颈肿瘤专业委员会常委。美国得克萨斯大学 MD Anderson Cancer Center 访问学者。《中华口腔医学研究杂志》（电子版）编委，国家自然科学基金、广东省自然科学基金及科技计划项目评审专家。科技部国家科技专家库及教育部科技评价与评审专家库专家。2015 年度、2016 年度“岭南名医”。

研究方向主要为口腔癌发病及侵袭转移分子机制，对口腔颌面部良恶性肿瘤、血管瘤和脉管性疾病、口腔颌面部创伤、先天性唇腭裂的临床治疗以及口腔颌面－头颈部组织缺损修复重建有丰富的治疗经验。发表专业论著 89 篇，其中 SCI 论文 16 篇。先后主持国家自然科学基金、广东省自然科学基金等国家和部省级科研课题12项，中山大学临床医学研究5010计划项目1项，参与国家和部省级科研课题9项，参编专著7部。获教育部提名国家科学技术奖科技进步二等奖1项。

（中山大学光华口腔医学院供稿）

胡颖

胡颖，女，1972年9月出生，吉林长春。1993年毕业于白求恩医科大学公共卫生学院，2001年在吉林大学获得卫生毒理学硕士学位，2004年在吉林大学获得放射医学博士学位，2004－2006年在中国医学科学院基础医学研究所从事博士后研究。2008－2009年在英国University College London作为公派访问学者进行交流。2011－2013年在美国University of Connecticut Health Center从事博士后研究。

现任首都医科大学口腔医学院研究员、教授、博士研究生导师。兼任中国遗传学会科普委员会委员，国家自然科学基金评审专家。承担国家自然科学基金、北京市自然科学基金、北京市优秀人才和北京市卫生系统高层次卫生技术人才学科骨干和教育部留学回国人员科研启动基金等科研项目。以第一作者和通讯作者，在SCI收录杂志发表学术论文10篇，最高影响因子为8.672，影响因子累计超过30。

（首都医科大学口腔医学院供稿）

黄晓晶

黄晓晶，女，1971年2月出生，福建福州人。教授，主任医师，博士生导师，博士。分别于1994、1997、2000年毕业于华西医科大学口腔医学院（现四川大学华西口腔医学院），

并获学士、硕士、博士学位。2014年获国际牙医师学院院士称号。2003－2004年于英国伦敦大学国王学院任国家公派访问学者1年。现任福建医科大学附属口腔医院党委副书记、纪委书记。兼任中华口腔医学会口腔激光医学专委会及老年口腔医学专委会常务委员，中华口腔医学会牙体牙髓病学专委会委员、福建省口腔医学会常务理事、福建省口腔医学会老年口腔医学专业委员会主任委员及牙体牙髓病学专委会常务委员。

主要从事牙体牙髓病学及其相关基础研究。近五年主要研究方向为慢性根尖周炎与全身健康关系及临床治疗新技术研究，其中一部分是针对机理的研究，探讨慢性根尖周炎及特定病原菌对全身炎症因子的影响，以及和基础性疾病（如高脂血症）间的关系；另一部分特色是临床治疗新技术和材料研究，包括年轻恒牙牙髓血管再生治疗、新型窝洞和根管消毒技术（如激光、光活化消毒等）、新型生物盖髓材料等的研究。主持承担国家、省市各级各类科研课题十余项，已在省级以上刊物发表第一作者和通讯作者学术论文五十余篇（其中SCI收录7篇），参与编写译著2本。撰写论文获《中国口腔医学年鉴》第九卷优秀论文奖、第九届福建省自然科学优秀学术论文三等奖、第十届福建省自然科学优秀学术论文二等奖。

（福建医科大学口腔医学院供稿）

李煌

李煌，女，1976年12月出生，江西省鹰潭市，籍贯江苏赣榆。教授，主任医师，博士生导师，口腔正畸科主任。1999年毕业于江西医学院；1999－2002年在昆明医学院攻读硕

士学位；2002 - 2005 年在四川大学华西口腔医学院攻读博士学位；2008 - 2010 年在南京大学生命科学院博士后流动站工作；2011 - 2012 年在美国密西根大学做访问学者。2005 - 2007 年在昆明医学院附属口腔医院工作；2007 - 2017 年在南京大学医学院附属口腔医院工作。获江苏省卫生拔尖人才江苏省“333”人才工程，南京市中青年行业技术学科带头人，南京市卫生巾帼标兵称号。现为中华口腔医学会颞下颌关节病学与牙𬌗学专业委员会委员，中华口腔医学会口腔正畸专业委员会委员，江苏省口腔医学会理事，江苏省口腔正畸专委会副主任委员。

研究方向为异常压应力刺激下颞下颌关节病理变化的机制研究和新型磁力矫治器的研发。擅长青少年及成人各类错𬌗的矫治，在常见错𬌗畸形的预防性矫治、阻断矫治、常规矫治以及骨性畸形矫治方面有丰富经验。能积极开展各项新技术如磁力矫治、自锁托槽、舌侧矫治、隐形矫治、种植支抗等。以第一负责人主持 4 项国家自然科学基金，2 项博士后科学基金，2 项南京市卫生局重点项目。获 2 项省科技进步二等奖，实用新型专利 8 项，在国内外期刊发表论文四十余篇，其中 SCI 论文十余篇，包括 *Journal of Biological chemistry*、*Journal of Dental Research*、《美国口腔正畸学杂志》等。

（南京大学医学院附属口腔医院供稿）

刘怡

刘怡，女，汉族，1972 年 9 月生于四川。1996 年本科毕业于四川大学华西口腔医学院。2002 年在四川大学华西口腔医学院获得口腔临床医学硕士。2006 年在首都医科大学

口腔医学院获得博士学位。2008 - 2012 年在美国南加州大学从事博士后研究工作。现任首都医科大学附属北京口腔医院牙周科主任，教授，主任医师，博士生导师。兼任中华口腔医学会牙周病学专业委员会常务委员，中华口腔医学会激光专业委员会常务委员，中华口腔医学会口腔生物医学专业委员会委员，北京口腔医学会牙周病学专业委员会副主任委员。

主要研究方向是颌面部骨组织工程。参与项目获国家科学技术进步二等奖，北京科学技术进步一等奖，北京医学科技奖二等奖等。

（首都医科大学口腔医学院供稿）

刘奕杉

刘奕杉，女，1963 年 9 月出生，山东人。博士研究生导师，副教授，主任医师。1985 - 1988 年于新疆医学院就读临床医学专科，1999 - 2002 年于新疆医科大学就读口腔医学专业硕士研究生。中华口腔医学会儿童口腔专业委员会委员，中华口腔医学会新疆分会儿童口腔专业副主任委员，IAPD 会员。研究领域在于口腔疾病病因研究和临床干预治疗：龋病一二级预防，龋病易感基因筛选；乳牙列和替牙列错𬌗畸形牙槽骨塑性，错𬌗畸形发生发展的分子机制研究；年轻恒牙疾病与组织工程化牙髓牙本质复合体。主持和参与科研项目近 10 项，主持国家自然科研基金 1 项，公开发表论文近 40 篇，参与 1 部教学著作及三项科研奖励。主持口腔本科专业《儿童口腔医

学》《口腔预防医学》《口腔医学导论》的理论和实习教学，口腔专业硕士研究生《口腔医学新进展》理论教学。擅长龋病和牙髓病变一二级预防；牙齿早失间隙管理；儿童生长发育管理和行为管理；错殆畸形早期矫治；年轻恒牙疾病及牙外伤序列治疗。

（新疆医科大学口腔医学院供稿）

刘志辉

刘志辉，男，1975 年 5 月出生，吉林省吉林市人。1999 年毕业于原白求恩医科大学口腔医学专业，获学士学位；2002 年毕业于吉林大学，获硕士学位并留校任教；2009 年毕业于吉林大学，获博士学位；2010 年进入吉林大学力学博士后科研流动站。历任修复科医师（助教）、主治医师（讲师）、副主任医师（副教授）、主任医师。现任吉林大学口腔医院修复科主任医师，副教授，博士研究生导师。兼任中华医学会教育技术分会专业组委员，国家卫生计生委人才交流服务中心全国卫生人才评价领域专家，吉林省中青年科技领军人才及团队建设项目负责人，吉林省及长春市科技评审专家，吉林大学青年教师交流协会副会长，吉林大学青年科技工作者协会理事。

从事口腔修复学教学、科研和临床工作，对前牙个性化美学修复、牙列缺损的咬合重建及线性牙殆总义齿修复有较丰富的临床经验。主要研究方向为牙颌面组织缺损的系统重建，口腔修复材料钛合金的表面改性及其对残根残冠的保存修复研究和核壳型多药载药缓释系统的研发。近五年主持省市重点、重大、双十科技攻关等科技项目十余项，获省科技进步奖 3 项、市科技进步奖 3 项；获发明专利 1 项；发表学术论文 30 余篇，其中被 SCI 收录 14 篇；已指导硕士研究生 10 余名。

（吉林大学口腔医学院供稿）

卢友光

卢友光，男，1963 年 10 月出生，福建福州人。主任医师，教授，博士，博士生导师。1987 年毕业于福建医学院，获学士学位；2006 年毕业于四川大学基础医学院，获博士学位。现任福建医科大学附属口腔医院党委书记。兼任中华口腔医学会理事，中华口腔医学会预防口腔医学专委会副主任委员，中华预防医学会口腔保健专业委员会常务委员，中国牙病防治基金会专家委员会专家，福建省口腔医学会副会长，福建省口腔医学会预防口腔医学专业委员会主任委员，福建省健康教育协会常务理事，《口腔医学研究》杂志编委，《广东牙病防治》杂志编委等职务。主持国家自然科学基金 2 项，省、厅级基金项目十余项，已经培养硕士研究生 30 名，发表各类科研论文 40 余篇（SCI 收录 6 篇），参编论著 4 本。担任省级精品课程《预防口腔医学》负责人，负责主持福建省第二次口腔健康流行病学抽样调查及全国第三次、第四次口腔健康流行病学福建省的调查工作。

主要从事口腔肿瘤的基础方面的研究，自 2004 年开始研究 NOTCH 信号通路基因、FZD 家族基因、基质金属蛋白酶家族基因和钙粘素家族基因与涎腺腺样囊性癌增殖、侵袭和转移之间的关系，包含细胞层面的分子生物学研究、动物实验研究和相关基质的探讨。还从事口腔流行病学和口腔常见病的预防和公共口腔卫生方面的研究工作。2004 年获福建省科技进步三等奖、2005 年获全国第三次口腔流行病学抽样调查先进个人、2008

年获全国百名口腔健康卫士称号、2009 年获福建省教学成果二等奖 1 项、2016 年获福建省卫生科技三等奖。

（福建医科大学口腔医学院供稿）

彭云

彭云，男，1978 年 9 月出生，籍贯湖南。2001 年本科毕业于西北农林科技大学，2010 年在中国科学院神经科学研究所取得神经生物学博士学位。博士毕业后于美国亚利桑那大学、华盛顿大学等学校，从事博士后岗位的研究工作。2016 年，特聘为中山大学附属口腔医院的研究员，中山大学百人计划二期引进人才。

主要的研究方向为口腔疾病的神经病理机制和神经元树突发育的分子机理。已在国际期刊上总共发表文章 8 篇，其中以第一作者在 *Molecular Psychiatry* 和 *PNAS* 等杂志上发表共 4 篇。参与专业书籍的编辑 1 部。正在申请国际专利 1 项。前期工作的主要内容包括：1）揭示膜物质在神经元不同级别树突上的转运方式；2）揭示 MET 基因突变小鼠中大脑中，神经环路水平上，树突结构和功能的变化；3）明确细胞黏附分子 N－钙粘蛋白（N－cadherin）在稳定神经元树突结构方面的作用。

（中山大学光华口腔医学院供稿）

孙建波

孙建波，男，1979 年 1 月出生，籍贯湖南隆回县，1998－2008 年的本科及研究生均就读于中国农业大学，获理学博士学位。博士毕业后，2008－2011 年在西奈山医学院遗传学与基因组科学系、2011－2016 年在哥伦比亚大学医学院微生物与免疫系从事博士后和副研究员岗位工作。2016 年 7 月通过中山大学

百人计划引进入中山大学附属口腔医院，担任研究员和博士生导师。并担任 *Drug Design、Development、Therapy* 副主编，*Bio－Medical Materials and Engineering* 特邀编委、*The Internet Journal of Medical Informatics* 编委、美国癌症学会（AACR）会员、及多个 SCI 期刊特邀/长期审稿人。在生物合成磁纳米药物载体及 B 细胞生物学领域取得突出成果，迄今为止在 *Genes & Development*、*Cell Reports*、*Nanotoxicology* 及 *Cancer Letters* 等国际知名刊物共发表 17 篇 SCI 论文，其中一作及通讯作者论文 10 篇。另有 3 篇中文专业论文、2 个书本章节、3 个授权专利及多篇会议论文。近五年论文引用总数超过 470，SCI 他引总数超过 300。

主要研究方向：①B 细胞促控免疫反应的分子机制及其在口腔感染、癌症与自身免疫疾病精准诊疗方面的应用；②新型磁纳米药物研发及其在口腔损伤修复与再生及恶性肿瘤精准治疗方面的应用。

（中山大学光华口腔医学院供稿）

谭家莉

谭家莉，女，1980 年 11 月出生。中山大学附属口腔医院正畸科副主任医师、副教授、博士生导师。2010 年博士毕业于第四军医大学口腔医学系，2009－2010 年赴美国加州大学旧金山分校留学，期间参加美国 NIH RO1 重点项目研究，美国哥伦比亚大学牙医学院客座副教授（Adjunct Associate Professor）。2012 年

获得中山大学百人计划人才引进，广东省特支计划百千万工程青年拔尖人才，广东省千百十人才培养工程培育对象。现为中国老年学学会骨质疏松委员会口腔骨代谢学组组长，中华口腔医学会正畸专业委员会青年委员，广东省口腔正畸专业委员会委员，国际牙科研究会（IADR）会员，美国正畸协会（AAO）会员，美国 Tweed 正畸基金会会员。主持 2 项国家自然科学基金项目，1 项省部级重大专项，1 项省部级重点项目及 3 项省部级面上项目。发表 SCI 论文 20 余篇，其中第一作者及通讯作者 SCI 论文 10 余篇。现为 *Molecular Biology Reports*、*Journal of Cellular Biochemistry*、*Current Pharmaceutical Design* 等期刊的审稿人，《全科口腔医学电子杂志》编委，参编专著 3 部。已授权专利 1 项。

主要研究方向：①3D 打印及数字化技术在口腔医疗领域的基础研究与临床应用；②干细胞生物材料与组织工程再生医学转化相关研究；③骨代谢和衰老相关机制研究，表观遗传学及重编程在干细胞命运调控中作用等。

（中山大学光华口腔医学院供稿）

汤春波

汤春波，女，1966 年 12 月出生于江苏淮安，籍贯江苏溧阳。1984 – 1989 年就读于南京医学院口腔系，获学士学位；1999 – 2002 年就读于吉林大学口腔医学院，获硕士学位；2006 – 2009 年就读于南京医科大学口腔医学院，获博士学位。1989 – 2008 年在南京市口腔医院修复科和种植科工作，2008 – 2009 年在美国加州大学牙学院访问学者。2009 – 今在南京医科大学附属口腔医院种植修复科工作，科副主任，主任医师。主持国家自然科学基金及省市级课题 8 项，发表论文 50 余篇，其中 SCI 收录 13 篇。2010 年入选江苏省“六大人才高峰”梯队，2015 年获南京市高科技领军人才计划一项，在全国的口腔种植病例大赛中多次获奖。

主要研究方向是口腔种植学组织再生和种植义齿生物力学研究。擅长于活动义齿、固定义齿、赝复体及口腔种植修复。获得国家发明专利一项、计算机软件著作权一项、江苏省卫生新技术引进奖 3 项，江苏省科学技术奖二等奖一项，江苏医学科技奖三等奖一项。参编《口腔种植学》本科生教材。

（南京医科大学口腔医学院供稿）

腾伟

滕伟，男，1969 年出生，吉林省长春市人，主任医师、博士生导师。1992 年本科毕业于白求恩医科大学口腔医学院，1997 年获得中山医科大学口腔医学硕士学位，在中山大学光华口腔医学院 · 附属口腔医院从事口腔修复学与口腔材料学的医疗、教学和科研工作，2014 年获得中山大学口腔医学博士学位，2014 年 6 – 8 月在美国明尼苏达大学作访问学者。现任中华口腔医学会口腔修复学专业委员会委员、广东省口腔医学会口腔修复学专业委员会委员、广东省口腔医学会老年口腔专委会常委。

从事口腔修复 20 年，长期担任《口腔修复学》教学工作，讲授牙体缺损修复、颌面部缺损修复等章节。擅长牙体缺损修复、牙列缺损的可摘义齿、固定义齿等常规修复技术，对前牙漂白、瓷贴面及全瓷修复等美学修复技术、牙体缺损保存修复及复杂可摘局部义齿修复、种植修复等方面也具有较丰富的临床经验。致力于钛种植体表面改性基础性研究和牙科个性化增材制造技术的临床性和基础性研究。主持国家自然科学基金 1 项，省部科研课题 7 项，省级、校级教学课题 4 项，在国内外重要学术刊物发表论文共 20 余篇。

（中山大学光华口腔医学院供稿）

魏福兰

魏福兰，女，1976 年出生，山东郓城人。1994 – 1999 年就读于山东医科大学口腔医学系，获学士学位；2001 – 2004 年于山东大学获硕士学位；2004 – 2007 年于山东大学获博士学位。2007 – 2010 年于山东大学第二医院及首都医科大学口腔医学院，任主治医师及博士后研究。2010 – 今，山东大学口腔医院教授，博士研究生导师。现为山东省泰山学者青年专家，山东大学口腔医学院正畸教研所副所长。任中华口腔医学会口腔生物医学专业委员会委员，山东省口腔医学会口腔正畸分会委员及秘书，山东省医师协会口腔正畸医师分会委员及秘书，山东省口腔医学会口腔医学教育分会委员及秘书，山东省医学会再生医学分会委员。担任 *Plos One*、*Angle*、*Cell proliferation* 等杂志审稿专家。国家自然科学基金评审专家。

研究方向主要从事正畸牙齿移动骨改建，干细胞与牙齿及相关组织再生研究。利用 Vit C 诱导的新鲜及冻存牙周膜干细胞膜片进行牙周组织及生物牙根再生，取得了良好的效果；并证实了 ATF4、内质网应激 PERK – eIF2a – ATF4 信号通路及 miRNA 参与了机械力作用下牙周膜干细胞成骨向分化骨改建。主持国家自然科学基金 2 项，省市级课题 3 项。第一作者/通讯作者发表 SCI 收录论文 10 篇，其中一篇为封面论文。参编人民卫生出版社研究生教材《口腔分子生物学和口腔实验动物模型》。参编外文书 *Stem cells*、*Craniofacial development and regeneration* 及 *Textbook and Color Atlas of Traumatic Injuries to the Teeth*。现为世界牙科联盟 WFO 会员，隐适美矫治认证医师，3M Incognito 舌侧矫治认证医师，参加 O3 目标引导的正畸治疗系统培训。擅长口腔正畸常见错𬌗畸形的诊断治疗，注重美学和功能矫治。

（山东大学口腔医学院供稿）

吴炜

吴炜，男，安徽池州人，1980 年 4 月出生。现为第四军医大学口腔医院口腔颌面头颈肿瘤外科副教授，擅长于头颈肿瘤的外科治疗以及面颈部缺损的修复重建外科，在计算机辅助肿瘤缺损的修复重建方面具有丰富的临床经验以及手术创新。在科研方面，致力于生物材料、动脉移植体的构建及其体内再生血管、血管化骨再生。在从事组织工程以及再生医学研究期间，研究成果已经在 *Nature Medicine*、*Biomaterials*、*Tissue Engineering*（Part A）、*Journal of Tissue engineering & Regenerative medicine* 等专业期刊发表 SCI 论文 18 篇，其中第一作者和通讯作者论文共 14 篇。论文总引用次数 500 余次。学术成果被国际著名期刊 *Science Translational Medicine* 作专题评述、在著名再生医学期刊 *Tissue Engineering*（part A）封面发表，被科技媒体 *Science Daily*、*Yahoo News*、*The Engineer* 专题报道。

主持国家 863 计划青年科学家专题，国家自然科学基金面上项目等四项国家级课题。为国家自然科学基金优秀青年基金获得者，获 2012 年陕西省科学技术一等奖、2012 年度美国耶鲁大学外科学部杰出研究奖、2015 年度解放军总后勤部优秀青年科技人才扶持对象，2015 年度陕西省青年科技新星，2016 年度口腔颌面外科专委会曙光奖提名。

（第四军医大学口腔医学院供稿）

许宝山

许宝山，男，1981 年 1 月出生于天津市，籍贯山东济南。1999 年 9 月至 2003 年 7 月在中国农业大学获得理学学士，2003 年 9 月至 2008 年 7 月在中国农业大学获得理学博士。2008 年 9 月至 2011 年 5 月在美国路易斯安那州立大学健康科学中心从事肿瘤生物学研究，2011 年 5 月至 2016 年 11 月在美国斯托沃斯研究所从事颅颌面发育生物学研究。2016 年 12 月起在中山大学光华口腔医学院·附属口腔医院任职副研究员，研究方向为颅颌面部遗传疾病和发育畸形的机制、头颈部肿瘤的分子靶向性治疗。业务专长是发育生物学，肿瘤生物学，细胞和分子生物学。

发表同行评审的 SCI 收录学术论文共计 30 篇，他引次数总共 883 次。其中第一作者论文 12 篇，他引次数共 437 次，单篇第一作者论文他引频次最高 103 次。其中发表在 *PLOS Genetics* 的工作被美国科技新闻媒体 *Science Daily* 专题报道。获美国 *CdLS* 综合征基金会（*Cornelia de Lange Syndrome Foundation*）2013 年和 2014 年的 2 次基础科学奖、*March of Dimes* 出生缺陷基金会（*March of Dimes Foundation*）2014 年的基因发现和转化医学研究奖。受邀在国际学术会议做口头报告 4 次。长期担任 *International Journal of Cancer*、*Toxicological Sciences*、*Toxicology Letters* 等 11 家国际学术期刊的审稿人。

（中山大学光华口腔医学院供稿）

许艳华

许艳华，女，1977 年 1 月出生，云南楚雄人。教授，博士生导师。1998 年毕业于中南大学湘雅医学院，获学士学位；1998 - 1999 年在昆明医科大学第一附属医院口腔科工作；2002 年毕业于昆明医科大学口腔医学院，获硕士学位；2002 - 2005 年 8 月在四川大学华西口腔医学院攻读正畸学博士学位。毕业后在昆明医科大学口腔医学院工作至今，期间曾赴加拿大多伦多大学牙学院留学 1 年。现任中华口腔医学会正畸专业委员会青年委员，云南省口腔医学会正畸专业委员会常委，云南省医学会医学美学与美容分会第五届委员，云南省医学会医疗事故鉴定专家，云南省执业医师资格实践技能考试考官。

主持国家自然科学基金 2 项，主持省基金、省教育规划等课题 7 项，发表文章 58 篇，专利 2 项。研究方向：磁力正畸的基础和临床研究、软骨的生长发育。对颌骨患者的正畸治疗有较为丰富的临床经验。

（昆明医科大学附属口腔医学院供稿）

许跃

许跃，男，1975 年 4 月出生于广东省汕头市。主任医师、教授、博士生导师。1998 年本科毕业于中山医科大学口腔系，2001 年硕士毕业于中山大学光华口腔医学院，2006 年博士毕业于四川大学华西口腔医学院。2012 - 2013 年于美国凯斯西储大学做访问学者，2014 - 2015 年于美国南加州大学做访问学者。

擅长青少年错𬌗畸形的早期矫治和功能

矫治，成年人唇侧固定矫治、无托槽隐形矫治、正颌正畸联合治疗、颞下颌关节病正畸治疗、唇腭裂正畸治疗、舌侧固定矫治。主要研究方向：颞下颌关节、错𬌗畸形治疗及其机制研究、数字化动态颌位研究、口腔生物力学、骨组织改建。本人及研究团队先后研发并应用"关节内压测量系统"、"关节液测量系统"和"下颌运动轨迹记录系统"等 3 项医疗器械，在全国 21 个高等院校推广应用，创造逾 500 万的经济效益；在国际上率先开展了颞下颌关节计算流体动力学研究，发表论著 60 余篇，其中 SCI 收录 21 篇。申请专利 7 项，均已获得授权。系列研究成果荣获 2014 年广东省科学技术一等奖（第一完成人）和 2014 年广东省科学成果二等奖。

（中山大学光华口腔医学院供稿）

轩昆

轩昆，男，1974 年 9 月出生于黑龙江省佳木斯市，籍贯山东梁山。中国人民解放军第四军医大学，第三附属医院儿童口腔科，副教授，副主任医师，博士研究生导师。1996 年、2001 年、2004 年毕业于第四军医大学，分获学士、硕士、博士。1996 – 今工作于第四军医大学，第三附属医院儿童口腔科。2009 – 2010 年，于日本明海大学齿学部小儿齿科学讲座，访问学者；2011 年于香港大学牙医学院正畸科、儿童口腔科，访问学者；2011 – 2012 年于美国南加州大学颅颌面分子生物学研究中心，访问学者。现任中华口腔医学会儿童口腔医学专业委员会委员；中华口腔医学会口腔生物学专业委员会委员；中华生物医学工程学会组织工程与再生医学分会理事会委员；国家自然科学基金评审专家；陕西省科技计划项目评审专家；*International Association of Pediatric Dentistry*、*International Association of Dental Traumatology*、*International Association for Dental Research* 会员；《牙体牙髓牙周病学杂志》《实用口腔医学杂志》《中国组织工程研究》编委及审稿专家；*Biomaterials*、*Archives of Oral Biology*、*Dental Traumatology*、*Journal of Dentistry* 等 SCI 杂志特约审稿专家。

在婴幼儿龋的无痛治疗、儿童复杂牙齿外伤的保存治疗，儿童错𬌗畸形的早期诊治和儿童牙齿发育异常疾病的诊治等方面具有鲜明的临床特色，完成了国际首个利用自体乳牙牙髓干细胞聚合体进行年轻恒牙牙髓再生的临床试验（美国 NIH 临床试验注册中心批准号：ClinicalTrials. gov：NCT01814436），获中华口腔医学会 – 香港大学优秀青年人才奖，军队优秀专业技术人才岗位津贴获得者。承担国家自然科学基金面上项目 3 项及青年基金项目 1 项，参与国家自然科学基金重大国际合作项目 1 项；承担陕西省科技攻关项目 2 项，国际交流及合作项目 4 项，院校级课题 5 项。第一作者及通讯作者发表国际 SCI 文章 12 篇；以第一作者及通讯作者发表国内核心及统计源期刊文章 67 篇；参编全国高等院校研究生口腔医学专业、国家卫生计生委"十二五"规划教材《口腔颌面发育生物学及再生医学》等专著 7 部；曾获陕西省科技进步一等奖，国际佳洁士青年学者优秀研究奖。指导及辅导博士研究生 5 名及硕士研究生 14 名，获第四军医大学优秀硕士研究生导师以及双十佳教员等称号。

（第四军医大学口腔医学院供稿）

杨国利

杨国利，男，1977 年 12 月出生，籍贯山东莱芜。1997 - 2001 年于山东滨州医学院口腔医学系就读并获学士学位；2001 - 2004 年于河北医科大学口腔医学系就读并获硕士学位；2005 - 2008 年于浙江大学医学院口腔医学系就读并获博士学位，2008 年 8 月至今于浙江大学医学院附属口腔医院种植科、科教科就职。

主要研究方向为种植体表面改性、种植体 - 骨结合及牙龈界面形成机理、国产 ZDI 种植系统研发和临床观察研究。擅长各种牙槽骨骨增量手术、复杂种植手术、种植上部修复、前牙美容修复、全口义齿。主持国家自然科学基金面上项目 2 项，国家自然科学青年基金 1 项，省部级项目 3 项。浙江省卫计委医坛新秀、151 人才工程第三层次培养人员。工作以来曾获浙江省科学技术进步奖三等奖，浙江省医药卫生科技奖二等奖，以第一作者或通讯作者共发表 SCI 论文 20 余篇，其中影响因子 5.0 以上论文 4 篇，最高影响因子 7.758。获得国家授权发明专利一项。

（浙江大学医学院附属口腔医院供稿）

张晓磊

张晓磊，男，1977 年 12 月出生于湖北省武汉市。副教授，副主任医师，博士生导师。2001 年本科毕业于武汉大学口腔医学院，2006 年博士毕业于武汉大学口腔医学院，2006 - 2008 年在同济大学附属口腔医院工作。2008 年前往比利时鲁汶大学（KU Leuven）牙学院 BIOMAT 实验室工作，攻读 Biomedical Sciences 博士学位。2011 年 12 月学成回国，通过中山大学百人计划引进至光华口腔医学院。现任中华口腔医学会口腔激光医学专业委员会委员，广东省口腔医学会牙体牙髓病学专业委员会委员，广东省医学美容学会口腔专业委员会委员，CSA 会员，IADR 会员，AAE 会员，广东省高等学校千百十工程第七批校级培养对象。

从事牙体牙髓病学专业的医、教、研工作，研究方向为牙体牙髓病学、口腔生物学。先后主持国家自然科学基金 2 项，其他课题 4 项；发表中外学术论文 26 篇（其中第一/通讯作者 SCI 论文 8 篇）。

（中山大学光华口腔医学院供稿）

张辛燕

张辛燕，女，1970 年 4 月生于山西大同，籍贯重庆市。1993 年毕业于华北煤炭医学院临床医学系，1999 年在北京医科大学获得硕士学位，2003 年在北京大学医学部获得博士学位，2004 - 2007 年在美国新泽西罗格斯大学从事博士后研究。2007 年就职于首都医科大学附属北京口腔医院，现任北京口腔医院口腔医学研究所研究员，教授，博士生导师。中华口腔医学会口腔生物医学专业委员会委员，北京口腔医学会口腔生物医学专业委员会委员；《口腔生物医学》杂志编委。

主要从事口腔黏膜癌变的发病机制、早期诊断和化学预防方面的研究。作为课题负责人在该研究方向上主持多项科研基金，包括国家自然科学基金，北京市自然科学基金，北京市优秀人才等基金资助，在 SCI 和核心期刊上发表 50 余篇科研论文。

（首都医科大学口腔医学院供稿）

逝世人物

胡静（1963—2016）

中国著名口腔颌面外科专家、口腔医学教育家、口腔疾病研究国家重点实验室组织与细胞工程实验室主任、四川大学华西口腔医学院口腔颌面外科学二级教授、博士研究生导师，正颌及关节外科主任。胡静教授因病医治无效，于 2016 年 2 月 12 日在成都不幸英年早逝，享年 52 岁。

胡静教授，男，1963 年 11 月出生。四川乐山人，教授、博士生导师。1979 年考入四川医学院口腔医学系（现四川大学华西口腔医学院），1991 年获口腔医学博士学位，1999 年晋升教授，1999 – 2000 年在美国匹兹堡大学牙学院口腔颌面外科任客座教授，2008 年获得国家杰出青年基金资助，2010 年受聘教育部长江学者特聘教授、国务院学科评议组专家、口腔疾病研究国家重点实验室首席专家、四川省卫生系统领军专家、四川大学二级教授、华西口腔医学院教授委员会主席、正颌与关节外科主任。

胡静教授在其从医生涯中，德行高洁，医术精湛，擅长口腔颌面畸形的外科矫正及面部轮廓整形。近几年在牵张成骨、颞下颌关节重建、生物材料/组织工程等领域开展研究工作并取得突出成绩。主持国家及部省级科研课题 10 余项，在 *JBMR*、*Bone*、*Biomaterials*、*J Dent Res* 及 *Plast Reconstr Surg* 等国际知名期刊发表 SCI 论文 100 余篇，获国家科技进步二等奖及教育部高等学校科技进步一等奖等 8 项科技奖励。胡静教授为我国口腔医学事业特别是口腔颌面外科的发展，做出了卓越贡献，堪称中国口腔人学习的楷模。

（四川大学华西口腔医学院供稿）

索　引

P

Q

R

S

T

W

X

Y

Z